21世纪全国高职高专国际商务专业规划教材

韩玉珍◎总主编

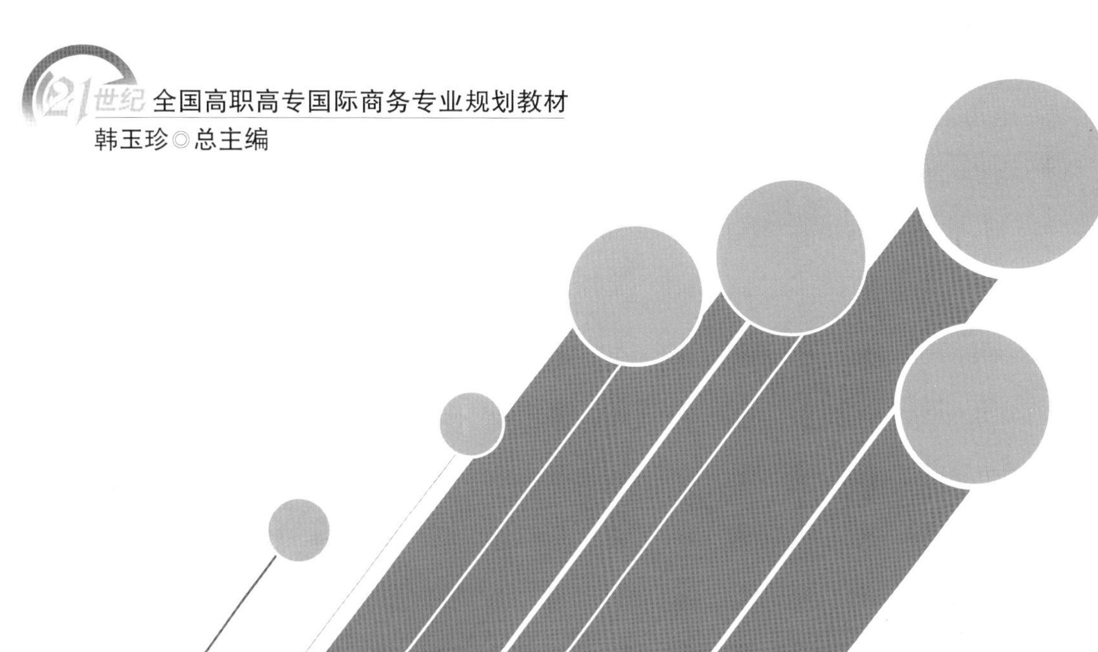

# 对外贸易概论

DUIWAI MAOYI GAILUN

韩玉珍◎主编

北京大学出版社
PEKING UNIVERSITY PRESS

**图书在版编目(CIP)数据**

对外贸易概论/韩玉珍主编.—北京:北京大学出版社,2006.8
(21世纪全国高职高专国际商务专业规划教材)
ISBN 978-7-301-10982-3

Ⅰ.对… Ⅱ.韩… Ⅲ.对外贸易-中国-高等学校:技术学校-教材
Ⅳ.F752

中国版本图书馆CIP数据核字(2006)第095914号

**书　　名**:对外贸易概论
著作责任者:韩玉珍　主编
责 任 编 辑:石会敏　蔡湘京
标 准 书 号:ISBN 978-7-301-10982-3/F·1446
出 版 发 行:北京大学出版社
地　　址:北京市海淀区成府路205号　100871
网　　址:http://www.pup.cn
电　　话:邮购部62752015　发行部62750672　编辑部62752926　出版部62754962
电 子 邮 箱:em@pup.pku.edu.cn
印 刷 者:北京宏伟双华印刷有限公司
经 销 者:新华书店
730毫米×980毫米　16开本　23.5印张　381千字
2006年8月第1版　2011年6月第3次印刷
印　　数:8001—11000册
定　　价:29.00元

---

## 内容简介

本教材是结合作者多年的教学经验以及对中国对外贸易概论学科领域的深入研究编写而成的，主要包括中国对外贸易体制的改革与发展、中国对外贸易管理、中国对外贸易的进口贸易战略、出口贸易战略、大经贸战略、中国与世界贸易组织的关系、中国对外贸易关系等内容。

本教材的特色主要体现在以下几个方面：第一，具有内容新颖、体系完整的特点，既考虑了知识和内容的新颖性，又兼顾了内容和体系的完整性；第二，重实用，注意理论联系实际，从企业出发，用案例说话，着力于实务操作；第三，突出技能训练，重视案例教学和技能实训，将学习、探究、实训、拓展有机结合，使学生在学习知识的同时，提高自主学习的能力。

本教材可作为高等职业技术院校、成人高等院校、普通高等院校学生的教材，也适合作为企业、公司及各类管理人员学习对外贸易知识和参加继续教育培训的教材。

## 作者简介

韩玉珍，女，教授。原国家经贸委“十五”期间工商管理培训“国际商务”教学研究组组长，北京市中青年骨干教师，北京市经济管理干部学院经贸系系主任，院特聘教师。

近年来出版著作、教材、论文等五十余项，其中由首都经济贸易大学出版社出版的《国际金融》被北京市评为精品教材和高等院校经济与管理核心课经典系列教材，由北京大学出版社出版的《国际贸易与国际金融》已成为工商管理培训的重点使用教材；主持并负责承担的教育部“高职国际商务专业教育教学改革的研究与实践”课题，获北京市 2004 年教育教学成果一等奖，教育部 2005 年教育教学成果二等奖。

# 编写说明

高等职业教育是我国高等教育体系的重要组成部分。深化高职教育改革，以服务为宗旨，以就业为导向，以培养高技能人才为目标，是满足社会发展和经济建设需要，促进高职教育持续健康发展的关键环节。为此，教育部启动了“新世纪高等教育教学改革工程”，在高职高专教育中开展专业教学改革试点工作，并分两批组织实施了《新世纪高职高专人才培养模式和教学内容体系改革与建设项目计划》。北京市经济管理干部学院的国际商务专业是北京市高职高专教育教学改革试点专业，也是教育部《新世纪高职高专教育人才培养模式和教学内容体系改革与建设项目计划》第二批批准立项的《高职高专教育财经类专业人才培养规格和课程体系改革、建设的研究与实践》(Ⅱ15—1)项目中重点研究和推广的优秀专业。“21世纪全国高职高专国际商务专业规划教材”正是几年来该试点专业根据高职教育培养目标的要求，在实践中进行教学内容和课程体系改革的成果。

《21世纪全国高职高专国际商务专业规划教材》的编写，坚持以就业为导向，以职业能力为本位，按照岗位要求设置课程、整合教学内容的指导思想，力求在建立完善的基本理论知识体系的同时，强化智能结构、知识结构对开发学生潜能的影响。该系列教材涵盖了国际商务及相关专业的骨干课程，旨在构建以核心职业能力培养为主线的理论与实务相结合的特色鲜明的课程教材体系。该系列教材在体例上力图新颖，各章前设“导读”，中间设“思一思”、“议一议”，章后设“本章小结”、“案例分析”、“思考与练习”、“技能实训”；在内容上，充分反映时代特点及国外同类教材之优点，并将学习、探究、实训、拓展有机结合，使大学生在学习知识的同时，自主学习能力得到提高。

《21世纪全国高职高专国际商务专业规划教材》是身处教学改革第一线的教师们，在深入研究高职教育思想，广泛汲取国内外优秀教材精华的基础上，以创新的意识和大胆改革、勇于实践的精神，经过集体研讨、反复试验而编写完成的。我们期待着这一成果能为推动高职教改作出贡献。我们国际商务高职试点专业的教学改革还在不断深入进行，这一系列教材能否得到广大老师和学生的认可，还有待在实践中检验。我们真诚地欢迎老师和同学们提出宝贵意见。

本系列教材不仅可作为高职高专财经类专业的教材，也可作为高职高专财经类大学生的自学用书。

课题组

2006 年 6 月

# 前言

中国对外贸易概论是一门在总结我国对外经贸实践和理论研究基础上不断发展的新学科。该学科对中国对外贸易的发展进行理论指导和实践总结,是理论与实践相结合的综合性专业基础学科。其主要任务是分析研究我国发展对外经济贸易的基本理论;正确阐述我国发展对外贸易所遵循的方针、政策和原则;分析总结我国发展对外经济贸易的经验教训;研究探讨当前我国发展对外经济贸易的主要问题。本教材是结合中国加入WTO几年来对外贸易发展成就、外贸形势的变化,对中国对外贸易课程教学内容进行积极探索和研究后的书面成果。

全书分为七章,全面系统地介绍了中国对外贸易的概况,主要内容包括中国对外贸易体制的改革与发展、中国对外贸易管理、中国对外贸易的进口贸易战略、出口贸易战略、大经贸战略、中国与世界贸易组织、中国对外贸易关系等。本教材的特色主要体现在以下几个方面:

第一,内容新颖、体系完整。全书不仅从宏观的角度介绍了中国对外贸易的基本理论、政策、发展战略等,还依据中国新修订的《中华人民共和国对外贸易法》及其他有关法律法规,对进出口商品管理、国营贸易管理、鼓励、限制或禁止进出口制度等知识做了较为全面且具体的论述和介绍,既考虑了知识和内容的新颖性,又兼顾了内容和体系的完整性。

第二,重实用。本教材注意理论联系实际,从企业出发,用案例说话,着力于实务操作,每章都配有相关内容的案例分析。这种亲验型、参与型的引导学习方式,必将有助于读者提高分析问题和解决问题的能力。

第三,突出技能训练。本教材通过大量的思考题、练习题和技能实训,除培养学生自主学习的能力和扎实的专业知识功底外,还特别注重专业技能的培养和训练,减少学生从理论到实践的磨合期,以使学生适应以后的职业资格考试和岗位要求。

第四,在体例上具有独特的特点。各章前设"导读",中间设"思一思"、"议一议",章后设"本章小结"、"案例分析"、"思考与练习"、"技能实训"等,将学习、探究、实训、拓展有机结合,使学生在学习知识的同时,提高自主学习的能力。

鉴于本教材的特点，它可作为高等职业技术院校、成人高等院校、普通高等院校学生的教材，也可以作为企业、公司外经贸干部工作用书和党政干部培训用书。

本教材在编写过程中，借鉴、吸收了国内外专家学者的研究成果，并得到了国内外有关专家学者、企业和出版单位的大力支持和帮助，在此一并致谢。参与本教材编写的人员都是具有多年教学实践经验的教师，他们集教学经验和研究成果于一体，严谨认真地编写了本教材。全书共分七章，第一、五、六章由魏彩慧执笔，第二章由王慧敏执笔，第三章由刘雅丽执笔，第四章由韩玉珍执笔，第七章由李多全执笔，全书由韩玉珍总纂、审定、定稿。

本教材虽然几经修改，但因水平有限，错误或疏漏之处在所难免，敬请同行和读者批评指正。

韩玉珍

2006 年 1 月

# 目录

# 第一章 中国对外贸易体制的改革与发展

【导读】 对外贸易体制是对外贸易经营管理体制的简称，是指对外贸易的组织形式、机构设置、管理权限、经营分工和利益分配等方面的制度。外贸体制属于上层建筑范畴，由经济基础决定，是根据经济基础的要求建立起来并为经济基础服务的。在经济条件发生变化后，外贸体制应作相应的调整和改革。本章重点介绍了改革开放后的中国外贸体制及其进一步改革发展的方向，介绍了对外贸易与经济增长的关系，介绍了对外贸易对中国经济的促进作用及当前中国现行的外贸政策。

## 第一节　改革开放后的中国对外贸易体制

对外贸易体制是对外贸易经营管理体制的简称，是指对外贸易的组织形式、机构设置、管理权限、经营分工和利益分配等方面的制度。它是经济体制的重要组成部分，同国民经济的其他组成部分有着密切的关系。我国外贸体制改革的目标是建立适应社会主义市场经济体制和国际贸易规范的新体制，改革的方向是统一政策、放开经营、平等竞争、自负盈亏、工贸结合，推行代理制。

改革开放以前即1979年前，与产品经济和单一的计划经济的国家经济体制相适应，我国建立了由外贸部统一领导、统一管理，外贸各专业公司统一经营，实行指令性计划和统负盈亏的高度集中的对外贸易体制。这种外贸体制在特定的历史条件下有利于使我国在国际收支中避免出现逆差，有利于将我国国内市场与国际市场（被资本主义国家控制的）中的任何不确定因素隔离开来，有利于控制我国进出口水平和构成，达到保护民族幼稚工业、实现进口替代战略的目的。但是，该体制也存在着严重的弊端，主要表现在以下几个方面：(1) 独家经营，难以调动地方的主动性和积极性；(2) 统得过死，阻碍了企业与买方、卖方的接触，不利于外贸企业发挥自主经营的能力；(3) 统包盈亏，不利于外贸企业走上自主经营、自负盈亏、自我发展、自我约束的企业经营之路，而且未能体现国家、地方、企业、个人的利益关系，影响了他们积极性的发挥。

### 一、中国外贸体制改革的历程

自1978年党的十一届三中全会以来，伴随着经济体制改革的进程，我国外贸体制的改革也陆续展开，从放权、让利、分散，到推行外贸承包制和放开经营，在层次上渐次推进，取得了一个又一个新的突破。我国外贸体制的改革可分为以下几个阶段：

#### （一）*初步改革——放权过渡阶段*（1979—1987）

简政放权是这一阶段外贸体制改革的主旋律。1984年，经贸部实施简政放权的一系列改革措施，最为重要的措施有：(1) 从1984年1月起，多数省份有权保留一定比例的外汇收入，从1985年1月起，允许企业自己决定使用50%的留成外汇；(2) 1984年1月，明确28种限制进口商品，允许一批机构无须经过经贸

部就可进口非限制类商品,这些机构包括经贸部所属的外贸公司和分公司、其他部门所属的外贸公司、省政府经营的外贸公司;(3) 1984年9月,通过了外贸体制改革报告,内容包括“政企分开”、“简政放权”、“实行外贸代理制”、“改革外贸计划体制”和“改革外贸财务体制”等。至此,高度集权的外贸总公司垄断全国外贸的局面已被打破,各省及下属外贸组织开始成为外贸活动的主力军。简政放权扩大了省一级外贸自主权,外贸公司的数量显著增加。据统计,自1979年下半年至1987年,全国共批准设立各类外贸公司2 200多家,比1979年增加了11倍多。

(二) 探索改革——全面推行外贸承包经营责任制阶段 (1988—1990)

从1988年起,我国全面推行了对外贸易承包经营责任制,其主要内容是:(1) 由各省、自治区、直辖市和计划单列市政府以及全国性外贸(工贸)总公司向国家承包出口收汇、上缴外汇额度和经济效益指标,并且承包指标三年不变;(2) 取消外汇使用控制指标,凡地方、部门和企业按规定所取得的留成外汇,允许自由使用,并开放外汇调剂市场;(3) 进一步改革外贸计划体制,除统一经营、联合经营的21种出口商品保留双轨制外,其他出口商品改为单轨制,即由各省、自治区、直辖市和计划单列市直接向中央承担计划,大部分商品均由有进出口经营权的企业按国家有关规定自行进出口;(4) 在轻工、工艺、服装三个进出口行业进行外贸企业自负盈亏的改革试点。以外贸承包经营责任制为主要特征的改革,打破了长期以来外贸企业吃国家“大锅饭”的局面,为解决责权利不统一的状况迈出了一大步;同时,调动了各级地方政府的积极性,调动了各类外贸企业和出口生产企业扩大出口的积极性;促进了外贸企业内部机制的改善,促进了工贸结合,有利于增强外贸企业的国际竞争力;有利于解决我国经营体制上长期存在的政企不分问题,让企业逐步走向自主经营的道路。

(三) 巩固改革——外贸企业经营机制转变阶段 (1991—1993)

1990年12月9日,国务院做出了《关于进一步改革和完善对外贸易体制若干问题的决定》,巩固改革成果,以加快改革开放的总进程。这一轮外贸体制改革的重点放在微观管理层的变革上,在一系列改革措施中,有两项特别重要:(1) 取消国家财政对出口的补贴,按国际通行的做法由外贸企业综合运筹,自负盈亏;(2) 改变按地方实行不同比例外汇留成的做法,实行按不同大类商品统一比例留成制度。另外,在总结和完善外贸承包经营责任制的基础上,推行新一轮的承包,保持政策的连续性和稳定性。外贸财政补贴的取消使外贸企业第一次被真正作为外贸经营主体和参与竞争的独立实体而受到重视,使国内外贸企业能够在自主经营、自负盈亏的前提下,建立和完善自我发展、自我约束的经营机制,改善经营管理,提高国际竞争能力,从而在更深更广的范围内参与国际分工;同时,扩大了企业对外汇的支配使用权,有利于保持适度的进口增长,为进一步拓展对外贸易关系创造了良好条件。此后,中国外贸经营基本打破了"大锅饭"体制,外贸企业的经营机制发生了根本性的改变。

(四) 深化改革——实行汇率改革、取消承包制、加强宏观管理阶段(1994—2001)

1994 年,中国政府开始了以汇率并轨为核心的新一轮外贸体制改革。这一时期的改革内容主要有三个方面,即改革外贸宏观管理体制、改革外贸企业经营机制、建立和健全协调服务机制。

1. 改革外贸宏观管理体制

外贸宏观管理体制改革的目标是运用经济、法律手段并辅以必要的行政手段调控对外贸易。为此,改革的具体措施主要有以下几方面:(1) 强化经济调节手段,即:① 改革外汇体制,发挥汇率对外贸的重要调控作用;② 降低进口关税水平,调整关税结构;③ 改革所得税制;④ 完善出口退税制度;⑤ 实行鼓励出口的信贷政策;(2) 加强外贸法制建设,即制定《中华人民共和国对外贸易法》及《反倾销和反补贴条例》等配套法规;(3) 改革外贸行政管理手段,即按照国际贸易通行规则对现行行政管理手段进行改革,使其做到规范化和制度化。

2. 改革外贸企业经营体制

第一方面是企业制度的改革。国有外贸企业围绕国有资产保值增值和科学管理,积极推进现代企业制度和设立监事会、内部职工持股等试点,实行资产经营责任制,实行企业股份制改造,以建立现代企业制度。第二方面是外贸企业经营制度的改革即转换企业经营机制。外贸企业从单纯追求创汇数额,转向重视效益,并在此基础上多出口、多创汇;从商品经营转向资产经营;从单一经营转向一业为主、多种经营;从传统的收购制度转向服务型的代理制;从分散经营转向规模经营;大型外贸企业走实业化、集团化、国际化道路。第三方面是企业内部管理制度的改革。

3. 建立和健全协调服务机制

这方面的改革主要有:(1) 改进进出口商会职能,充分发挥其在外贸经营中的协调、服务和纽带作用;(2) 建立和健全外贸中介服务体系,具体工作有:① 加强外经贸信息网络建设;② 完善金融、保险、运输等配套体系;③ 建立、健全法律、会计、审计等中介机构,为外贸企业提供相关的服务。

(五) 入世后的对外贸易体制改革——建立适应社会主义市场经济发展的、符合国际贸易规范的新型外贸体制阶段(2002— )

使本国经济贸易体制与 WTO 多边体制相一致,是世贸组织成员的一项基本义务。我国外经贸体制经过二十多年的改革,取得了重大突破,已从根本上解决了与 WTO 多边贸易体制相容性的问题,但在某些局部上还存在不尽一致或不相适应的地方,需要按照 WTO 的要求、我国的承诺以及我国的国情进行进一步的规范和调整。

资料卡

### 中国加入世界贸易组织时的主要承诺

(一) 为世界贸易组织成员方提供非歧视待遇

我国承诺在进口货物、关税、国内税等方面,给予外国产品的待遇不低于给予国内同类产品的待遇,并承诺对仍在实施的与国民待遇原则不符的做法和政策进行必要的修改和调整。

(二) 贸易政策统一实施

承诺在整个中国关境内(包括民族自治地方),借鉴特区、沿海开放城市以及经济技术开发区的做法,统一实施贸易政策。

(三) 保持贸易政策透明度

承诺公布所有涉及经贸的法律和部门规章,未经公布的不予执行。加入世界贸易组织后将设立一个或多个咨询点,在咨询点中可获得有关或影响货物贸易、服务贸易、知识产权保护或外汇管制的法律、法规及其他措施的信息。并向 WTO 通知任何咨询点及其职责。

(四) 进行外贸经营权改革

承诺在加入世界贸易组织 3 年内取消外贸经营权的审批制,实施登记制。在中国的所有企业,在登记后都拥有经营除国营贸易产品外的所有产品。

（五）降低关税壁垒

承诺继续分步降低关税税率，到2005年，中国关税税率将降到发展中国家的平均水平以下，平均关税税率则降至10%左右。同时将全面实施世界贸易组织海关估价协议，促进海关税率征收工作的规范、公正、透明、高效。

（六）削减非关税措施

承诺将入世前对四百多项产品实施的非关税措施在2005年1月1日之前取消，并承诺除非符合世界贸易组织的规定，否则不再增加或实施任何新的非关税措施。

（七）关于出口补贴

承诺遵守世界贸易组织《补贴与反补贴措施协定》的规定，取消协定禁止的出口补贴，通知协定允许的其他项目补贴。

（八）实施《与贸易有关的投资措施协定》

承诺加入世界贸易组织后实施《与贸易有关的投资措施协定》，取消贸易和外汇平衡要求、当地含量要求、技术转让要求等与贸易有关的投资措施。承诺在法律、法规和部门规章中不强制规定出口实绩要求与技术转让要求，而由投资双方通过谈判议定。

（九）接受过渡性审议机制

接受过渡性审议机制，即在中国加入世界贸易组织8年内，世界贸易组织的有关委员会将对中国履行世界贸易组织义务和实施加入世界贸易组织谈判所做的承诺情况进行年度审议，在第10年终止审议。

（十）接受特殊保障条款

鉴于中国还不是正常的市场经济国家，中国入世之后12年之内，如果中国产品在出口至世贸组织其他成员领土时，增长的数量或所依据的条件对生产同类产品或直接竞争产品的其他世贸组织成员的生产者造成威胁或造成市场扰乱，可以仅针对中国的产品采取保障措施。

（十一）反倾销反补贴条款

有的世贸组织成员对中国的倾销产品采取特殊的程序，该程序在中国入世之后维持15年。该规定也适用于反补贴措施。

（十二）关于服务领域的开放

服务业市场开放是中国加入世界贸易组织承诺的主要组成部分，议定书中中国对开放电信、银行、保险、证券、音像、分销等服务业的进程一一做了具体承诺。

1. 转变政府职能

由于世贸组织法律文件中 90% 以上是针对政府的，《中国加入世界贸易组织议定书》95% 也是约束政府的，所以，我国政府为了兑现加入 WTO 的承诺，为企业参与国际竞争创造良好条件，需要进一步转变政府职能，积极推进依法治政，改革公共服务，提高执政效率。为此，政府保护国内市场的方式、支持国内产业的方式、对外经贸管理的办法、涉外经济管理的机构必须改变或调整。我国政府转变职能采取的主要措施有：(1) 成立了商务部，统一管理国内外贸易与国际经济合作，实现内外贸管理一体化；(2) 清理、修订了法律法规，完成世贸组织规则与国内法的转换，且保持外贸政策统一性和透明度，力争依法治政；(3) 进一步改进了政府管理方式，把主要以行政审批管理企业的方式转变为主要通过市场和法律引导企业，并且把政府对企业的支持、保护纳入到世贸组织规则所允许的范围，运用多边规则处理贸易纠纷；(4) 减少关税壁垒，大幅减少和规范非关税壁垒措施，规范货物进出口管理办法；进一步开放市场，扩大服务领域的开放；减少外贸经营权限制，除少数关系国计民生的及极易引起贸易摩擦的商品外，大多数商品均允许有外贸经营权的企业自主经营、公平竞争，并在全国较大范围内推行外贸经营权的登记制度。

**思一思、议一议：**

**何谓关税壁垒？何谓非关税壁垒？非关税壁垒主要有哪些？**

2. 深化国有外贸企业改革

入世后，按照计划，一些大中型国有外贸企业通过资产重组、股份制改造、国内外上市，形成了一批有规模、有实力的企业集团；一些中小型外贸公司，通过改组、联合、兼并、租赁、承包经营和内部职工持股、股份合作等多种形式，实现了机制创新和改造。我国的外贸企业通过整体改革，优化了企业股权结构，强化了信用体系，促进了资产增值保值，提高了企业的经济效益。

## 二、入世后的中国外贸体制

### （一）对外贸易经营体制

2004 年 7 月 1 日，我国实施了新的《中华人民共和国对外贸易法》及《对外贸易经营者备案登记办法》。新《中华人民共和国对外贸易法》中对对外贸易经营者的资格、经营范围进行了调整与规范；《对外贸易经营者备案登记办法》规定了备案登记管理机关、对外贸易经营者备案登记程序及其相关手续等。《中华人民共和国对外贸易法》和《对外贸易经营者备案登记办法》是目前我国外贸经营体制方面的主要法规。

1. 对外贸易经营者资格

对外贸易经营者资格是指享有对外签订进出口合同的资格。2004 年 7 月 1 日实施的新《中华人民共和国对外贸易法》中规定：只要依法获得从业手续，并在商务部及其委托机构进行了办理货物进出口或技术进出口的备案登记，任何企业、组织或个人都可以从事对外贸易经营活动。也就是说，从事货物与技术进出口的经营者，只要进行了工商税务登记并向国务院对外贸易主管部门或其委托机构办理了备案手续，即可进行对外贸易；没有办理备案登记的，可以委托有对外贸易经营资格的企业、组织或个人在其经营范围内代为办理外贸业务；外商投资企业依照有关外商投资企业的法律、行政法规的规定免予办理备案登记。

至此，对外贸易经营资格不再划分为外贸流通经营者资格和生产企业自营进出口资格，外贸经营权完全变为登记制。

**资料卡**

**新《中华人民共和国对外贸易法》中**
**有关“对外贸易经营者”的规定**

**第八条**　本法所称对外贸易经营者，是指依法办理工商登记或者其他执业手续，依照本法和其他有关法律、行政法规的规定从事对外贸易经营活动的法人、其他组织或者个人。

**第九条**　从事货物进出口或者技术进出口的对外贸易经营者，应当向国务院对外贸易主管部门或者其委托的机构办理备案登记；但是，法律、行政法规和国务院对外贸易主管部门规定不需要备案登记的除外。备案登记的具体

办法由国务院对外贸易主管部门规定。对外贸易经营者未按照规定办理备案登记的，海关不予办理进出口货物的报关验放手续。

**第十条** 从事国际服务贸易，应当遵守本法和其他有关法律、行政法规的规定。

从事对外工程承包或者对外劳务合作的单位，应当具备相应的资质或者资格。具体办法由国务院规定。

2. 对外贸易经营范围

对外贸易经营范围是指国家允许对外贸易经营者从事进出口经营活动的商品类别和经营方式。按照新《中华人民共和国对外贸易法》的规定，对经营范围的限制主要限于国营贸易货物。《中华人民共和国对外贸易法》第 11 条规定：“国家可以对部分货物的进出口实行国营贸易管理。实行国营贸易管理货物的进出口业务只能由经授权的企业经营；但是，国家允许部分数量的国营贸易管理货物的进出口业务由非授权企业经营的除外。实行国营贸易管理的货物和经授权经营企业的目录，由国务院对外贸易主管部门会同国务院其他有关部门确定、调整并公布。”“违反本条第一款规定，擅自进出口实行国营贸易管理的货物的，海关不予放行。”

**思一思、议一议：**
**何谓进出口国营贸易？目前我国国营贸易货物有哪些？**

3. 对外贸易经营者备案登记

从事货物进出口或者技术进出口的对外贸易经营者，应当向中华人民共和国商务部（以下简称“商务部”）或商务部委托的机构办理备案登记；但是，法律、行政法规和商务部规定不需要备案登记的除外。对外贸易经营者未办理备案登记的，海关不予办理进出口的报关验放手续。

商务部是全国对外贸易经营者备案登记工作的主管部门。对外贸易经营者备案登记工作实行全国联网和属地化管理。商务部委托符合条件的地方对外贸易主管部门（以下简称“备案登记机关”）负责办理本地区对外贸易经营者备案登记手续；受委托的备案登记机关不得自行委托其他机构进行备案登记。备案登记机关凭商务部的书面委托函和备案登记印章，通过商务部备案登记网络办理备案登记手续。对外贸易经营者在本地区备案登记机关办理备案登记。

对外贸易经营者备案登记程序如下：

(1) 领取《对外贸易经营者备案登记表》(以下简称"《登记表》")。对外贸易经营者可以通过商务部政府网站(http://www.mofcom.gov.cn)下载,或到所在地备案登记机关领取《登记表》。

(2) 填写《登记表》。对外贸易经营者应按《登记表》要求认真填写所有事项的信息,并确保所填写内容是完整的、准确的和真实的;同时认真阅读《登记表》背面的条款,并由企业法定代表人或个体工商负责人签字、盖章。

(3) 向备案登记机关提交如下备案登记材料:① 按上面介绍的要求填写的《登记表》;② 营业执照复印件;③ 组织机构代码证书复印件;④ 对外贸易经营者为外商投资企业的,还应提交外商投资企业批准证书复印件;⑤ 依法办理工商登记的个体工商户(独资经营者),须提交合法公证机构出具的财产公证证明;依法办理工商登记的外国(地区)企业,须提交经合法公证机构出具的资金信用证明文件。

资料卡

**对外贸易经营者备案登记的其他规定**

备案登记机关应自收到对外贸易经营者提交的上述材料之日起5日内办理备案登记手续,在《登记表》上加盖备案登记印章。备案登记机关在完成备案登记手续的同时,应当完整准确地记录和保存对外贸易经营者的备案登记信息和登记材料,依法建立备案登记档案。

对外贸易经营者应凭加盖备案登记印章的《登记表》在30日内到当地海关、检验检疫、外汇、税务等部门办理开展对外贸易业务所需的有关手续。逾期未办理的,《登记表》自动失效。

《登记表》上的任何登记事项发生变更时,对外贸易经营者应在30日内办理《登记表》的变更手续,逾期未办理变更手续的,其《登记表》自动失效。备案登记机关收到对外贸易经营者提交的书面材料后,应当即时予以办理变更手续。

对外贸易经营者已在工商部门办理注销手续或被吊销营业执照的,自营业执照注销或被吊销之日起,《登记表》自动失效。

根据《中华人民共和国对外贸易法》的相关规定，商务部决定禁止有关对外贸易经营者在1年以上3年以下的期限内从事有关货物或者技术的进出口经营活动的，备案登记机关应当撤销其《登记表》；处罚期满后，对外贸易经营者可依据《对外贸易经营者备案登记办法》重新办理备案登记。备案登记机关应当在对外贸易经营者撤销备案登记后将有关情况及时通报海关、检验检疫、外汇、税务等部门。

对外贸易经营者不得伪造、变造、涂改、出租、出借、转让和出卖《登记表》。

（二）对外贸易管理体制

我国根据对外贸易的需要，先后建立了对外贸易的行政管理机构和全国性的外贸行业自律管理机构，并经过一系列的改革，形成了符合社会主义市场经济运行机制和国际贸易规范的对外贸易管理体制。

1. 对外贸易管理机构及其职责

对外贸易管理机构是进行对外贸易行政管理的国家经济管理机关。对外贸易行政管理是指国家经济管理机关凭借行政组织权力，采取发布命令、制定指令性计划及实施措施、规定制度程序等形式，按照自上而下的组织系统对对外经济贸易活动进行直接调控的一种手段。在社会主义市场经济体制下，对外贸易的宏观管理采取以法律手段为依据、以经济调控手段（主要指关税、汇率、进出口信贷）为主、以必要的行政手段为辅的模式。目前我国参与对外贸易管理的行政机构主要有：

（1）国家发展和改革委员会

国家发展和改革委员会（以下简称"发改委"）是2003年由国家发展计划委员会、国务院体制改革办公室和国家经济贸易委员会部分职能并入改组而来的。它是综合研究拟订经济和社会发展政策，进行总量平衡，指导总体经济体制改革的宏观调控部门。

发改委在对外贸易管理方面的主要职责有：① 研究经济体制改革和对外开放的重大问题，组织拟订综合性经济体制改革方案，协调有关专项经济体制改革方案；提出完善社会主义市场经济体制、以改革开放促进发展的建议，指导和推进总体经济体制改革。② 研究分析国内外市场状况，负责重要商品的总量平衡和宏观调控;编制重要农产品、工业品和原材料进出口总量计划,监督计划执行情况,并根据经济运行情况对进出口总量计划进行调整;管理粮食、棉花、食糖、石油和药品等重要物资和商品的国家储备;提出现代物流业发展的战略和规划。③ 拟订和制定国民经济和社会发展以及经济体制改革、对外开放的有关行政法规和规章,参与有关法律、行政法规的起草和实施。④ 研究提出利用外资和境外投资的战略、总量平衡和结构优化的目标政策;安排国家拨款的建设项目和重大建设项目、重大外资项目、境外资源开发类和大额用汇投资项目;组织和管理重大项目稽查特派员工作。

(2) 中华人民共和国商务部

中华人民共和国商务部(以下简称“商务部”)是于 2003 年 3 月由国内贸易部和对外经济合作部两个国务院直属部门组成的。其在对外贸易管理方面的主要职责有:① 拟订国内外贸易和国际经济合作的发展战略、方针、政策,起草国内外贸易、国际经济合作和外商投资的法律法规,制定实施细则、规章;研究提出我国经济贸易法规之间及其与国际多边、双边经贸条约、协定之间的衔接意见。② 研究制定进出口商品管理办法和进出口商品目录,组织实施进出口配额计划,确定配额、发放许可证;拟订和执行进出口商品配额招标政策。③ 拟订并执行对外技术贸易、国家进出口管制以及鼓励技术和成套设备出口的政策;推进进出口贸易标准化体系建设;依法监督技术引进、设备进口、国家限制出口的技术和引进技术的出口与再出口工作,依法颁发与防扩散相关的出口许可证。④ 研究提出并执行多边、双边经贸合作政策;负责多边、双边经贸对外谈判,协调对外谈判意见,签署有关文件并监督执行;建立多边、双边政府间经济和贸易联系机制并组织相关工作;处理国别(地区)经贸关系中的重要事务,管理同未建交国家的经贸活动;根据授权,代表我国政府处理与世界贸易组织的关系,承担我国在世界贸易组织框架下的多边、双边谈判和贸易政策审议、争端解决、通报咨询等工作。⑤ 指导我国驻世界贸易组织代表团、常驻联合国及有关国际组织经贸代表机构的工作和我国驻外经济商务机构的有关工作;联系国际多边经贸组织驻中国机构和外国驻中国官方商务机构。⑥ 负责组织协调反倾销、反补贴、保障措施及其他与进出口公平贸易相关的工作,建立进出口公平贸易预警机制,组织产业损害调查;指导协调国外对我国出口商品的反倾销、反补贴、保障措施的应诉及相关工作。⑦ 宏观指导全国外商投资工作;分析研究全国外商投资情

况,定期向国务院报送有关动态和建议,拟订外商投资政策,拟订和贯彻实施改革方案,参与拟订利用外交的中长期发展规划;依法核准国家规定的限额以上、限制投资和涉及配额、许可证管理的外商投资企业的设立及其变更事项;依法核准大型外商投资项目的合同、章程及法律特别规定的重大变更事项;监督外商投资企业执行有关法律法规、规章及合同、章程的情况;指导和管理全国招商引资、投资促进及外商投资企业的审批和进出口工作,综合协调和指导国家级经济技术开发区的有关具体工作。⑧ 负责全国对外经济合作工作;拟订并执行对外经济合作政策,指导和监督对外承包工程、劳务合作、设计咨询等业务的管理;拟订境外投资的管理办法和具体政策,依法核准国内企业对外投资开办企业(金融企业除外)并实施监督管理。⑨ 负责我国对外援助工作;拟订并执行对外援助政策和方案,签署并执行有关协议;编制并执行对外援助计划,监督检查援外项目执行情况,管理援外资金、援外优惠贷款、援外专项基金等我国政府援外资金;推进援外方式改革。⑩ 拟订并执行对香港特别行政区、澳门特别行政区和台湾地区的经贸政策、贸易中长期规划;与香港特别行政区、澳门特别行政区有关经贸主管机构和经授权的民间组织进行经贸谈判并签署有关文件;负责内地与香港特别行政区、澳门特别行政区商贸联络机制工作;组织实施对台直接通商工作,处理多边、双边经贸领域的涉台问题;负责我国驻世界贸易组织代表团、驻外经济商务机构以及有关国际组织代表机构的队伍建设、人员选派和管理;指导进出口商会和有关协会、学会的工作。

**思一思、议一议:**

**什么是进出口配额?什么是进出口许可证?**

**思一思、议一议:**

**什么是倾销?什么是补贴?征收反倾销税、反补贴税的程序是怎样的?**

(3) 海关总署

海关总署是国务院主管海关工作的行政执法机构。其在对外贸易管理方面的相关职责有:① 研究拟定关税征管条例及实施细则,组织实施进出口关税及其他税费的征收管理,依法执行反倾销、反补贴措施。② 组织实施进出境运输工具、货物、行邮物品和其他物品的监管,研究拟定加工贸易、保税区、保税仓库、保税工厂及其他保税业务的监管制度和组织实施。③ 研究拟定进出口商品分类目录，拟定进出口商品原产地规则，组织实施知识产权海关保护。④ 编制国家进出口贸易统计，发布国家进出口贸易统计信息。⑤ 统一负责打击走私，组织查处走私案件等。⑥ 制定海关稽查规章制度，组织实施海关稽查。⑦ 研究拟定口岸对外开放的整体规划及口岸规范的具体措施和办法，审理口岸开放。⑧ 开展海关领域的国际合作与交流。

**思一思、议一议：**
**什么是保税区、保税仓库、保税工厂？**

（4）国家质量监督检验检疫总局

中华人民共和国国家质量监督检验检疫总局（以下简称“国家质检总局”）是由国家质量技术监督局与国家出入境检验检疫局在 2001 年合并组建而成。其与对外贸易管理有关的职责主要有：① 拟定出入境检验检疫综合业务规章制度；负责口岸出入境检验检疫业务管理；负责商品普惠制原产地证和一般原产地证的签证管理。② 组织实施出入境卫生检疫、传染病监测和卫生监督工作；管理国外疫情的收集、分析、整理，提供信息指导和咨询服务。③ 组织实施出入境动植物检疫和监督管理；管理国内外重大动植物疫情的收集、分析、整理，提供信息指导和咨询服务；依法负责出入境转基因生物及其产品的检验检疫工作。④ 组织实施进出口食品和化妆品的安全、卫生、质量监督检验和监督管理；管理进出口食品和化妆品生产、加工单位的卫生注册登记，管理出口企业对外卫生注册工作。⑤ 组织实施进出口商品法定检验和监督管理，监督管理进出口商品鉴定和外商投资财产价值鉴定；管理国家实行进口许可制度的民用商品入境验证工作，审查批准法定检验商品免验和组织办理复验；组织进出口商品检验检疫的前期监督和后续管理；管理出入境检验检疫标志（标识）、进口安全质量许可、出口质量许可，并负责监督管理。⑥ 依法监督管理质量检验机构；依法审批并监督管理涉外检验、鉴定机构（含中外合资、合作的检验、鉴定机构）。⑦ 管理与协调质量监督检验检疫方面的国际合作与交流；代表国家参加与质量监督检验检疫有关的国际组织或区域性组织，签署并负责执行有关国际合作协定、协议和议定书，审批与实施有关国际合作与交流项目。按规定承担技术性贸易壁垒协议和卫生与植物检疫协议的实施工作，管理上述协议的通报和咨询工作。

（5）国家外汇管理局

国家外汇管理局是对外汇的汇兑和国际收支进行管理的职能部门，其在对外经济贸易管理方面的职责主要有：① 制定经常项目汇兑管理办法，依法监督经常项目的汇兑行为；规范境内外外汇账户管理。② 依法监督管理资本项目下的交易和外汇的汇入、汇出及兑付。③ 起草外汇行政管理规章，依法检查境内机构执行外汇管理法规的情况、处罚违法违规行为。④ 参与有关国际金融活动。

另外，国家税务总局负责对进口物品征收国内税的管理和对出口物品退税的管理；国家工商行政管理总局负责外商投资企业的注册与管理、商标的注册与保护以及进口商品的国内流通。

2. 进出口货物国营贸易管理制度

根据《1994 年关贸总协定》第 17 条和《服务贸易总协定》第 8 条的规定，允许各缔约方在国际贸易中建立或维持国营贸易，即部分领域的货物贸易授权特定的进出口企业经营，具体经营企业可以为国有企业或者非国有企业。据此，我国新《中华人民共和国对外贸易法》增加了国家可以对部分货物的进出口实行国营贸易管理的内容。《中华人民共和国对外贸易法》第 11 条规定："国家可以对部分货物的进出口实行国营贸易管理。实行国营贸易管理货物的进出口业务只能由经授权的企业经营；但是，国家允许部分数量的国营贸易管理货物的进出口业务由非授权企业经营的除外。实行国营贸易管理的货物和经授权经营企业的目录，由国务院对外贸易主管部门会同国务院其他有关部门确定、调整并公布。""违反本条第一款规定，擅自进出口实行国营贸易管理的货物的，海关不予放行。"

我国保留了对原油、成品油、化肥、粮食、棉花、食糖、植物油和烟草等 8 类商品的进口实行国营贸易管理的权利，只限于有限数量的国营贸易公司经营。同时，允许一定比例的进口由非国营贸易公司经营（例如，2006 年棉花进口总额的约 67% 的数量由非国营贸易公司经营）。但是，植物油（豆油、棕榈油和菜子油）的国营贸易在 2006 年 1 月 1 日被取消。

对于保留由国营贸易公司进口的货物，非国营贸易企业，包括私营企业，仍被允许进口供生产自用的此类货物，并对此类货物进口给予国民待遇。分配给非国营贸易公司的原油或成品油的进口部分，如未用完则可转至下年。此外，每季度公布非国营贸易公司提出的进口要求及所发放的许可证,并应请求提供与此类贸易公司有关的信息。

我国保留对茶叶、大米、大豆、钨及钨制品、煤炭、原油、成品油、丝、棉花等商品的出口实行国营贸易管理的权利。但是,已于2005年1月1日完全取消废丝(未梳废丝除外)和非供零售用丝纱线(绢纺纱线除外)的国营贸易。2006年仍对玉米、大米、煤炭、原油、成品油、棉花、锑砂、锑(包括锑合金)及锑制品、氧化锑、钨砂、仲钨酸铵及偏钨酸铵、三氧化钨及蓝色氧化钨、钨酸及其盐类、钨粉及其制品、白银实行国营贸易管理。

3. 进出口货物指定经营管理制度

2001年12月,对外经济合作部颁布了《货物进出口指定经营管理办法》,自2002年1月1日起实施。对天然橡胶、木材、胶合板、羊毛、腈纶、钢材实行指定公司经营。但对于指定经营的产品,在3年的"入世"过渡期内,每年调整和扩大指定经营制度下的企业清单,并最后取消指定经营制度。在3年期末,所有在中国的企业及所有外国企业和个人将被允许在中国全部关税领土内进口和出口此类货物。2004年7月1日实施的新《中华人民共和国对外贸易法》再没有提到指定经营,并且,根据《中国加入世界贸易组织议定书》有关加入3年内开放指定经营的规定,自2004年12月11日起取消钢材、天然橡胶、羊毛、腈纶及胶合板的进口指定经营(木材进口指定经营已先行取消),此前发布的《货物进口指定经营管理办法》、《进口指定经营管理目录》和《进口指定经营企业目录》以及2001年以后核准的进口指定经营企业名单同时废止。同时取消了绿茶、乌龙茶、定尺碳素钢板(对美国)的三种产品的出口指定经营。时值2005年年底,3年的"入世"过渡期已经结束,进出口货物的指定经营管理制度正式退出了中国历史的舞台。

### 三、中国外贸体制改革与发展的方向——"十一五"期间我国外贸体制改革的基本思路

"十一五"期间,我国对外贸易体制改革要围绕着如何转变对外贸易增长方式、提高外贸质量、效益与水平的目标而进行。改革的基本目标是:(1) 对外贸易机制进一步市场化,即全部外贸活动都要建立在以市场为轴心的基础上,让市场的作用最大限度地涵盖对外贸易领域,进一步取消地方政府在对外贸易发展

中的行政指令行为和指标考核。条件成熟时取消地方外贸行政管理部门,由中央政府直接实施宏观管理,直接调控外贸市场,由市场引导企业,完全实现以横向的市场经济联系取代纵向的行政推动关系。对外贸易促进的体制、方式、政策要符合市场化取向和国际惯例。(2) 对外贸易运行进一步自由化,即完善符合社会主义市场经济体制发展方向和融入世界经济的对外贸易自主经营制度和自由竞争制度。无论中央政府还是地方政府,要退居非主导地位,对外贸的行政调控和促进主要是通过市场经济制度化、法制化的规则来实现,从根本上保障对外贸易运行长期有序的自由化运作。(3) 对外贸易管理进一步法制化,即强化外贸立法,建立健全规范市场运行及其市场活动的各种规则,形成依靠法律推动对外贸易发展的运行机制。外贸管理要继续向以法律、法规形式为主转变,进一步解决政策规定透明度不足的老问题。非经授权,地方政府无权自行制定有关外贸发展,包括促进政策在内的政策与法规,以实现全国外贸管理规定与政策的统一性。

(一) 对外贸易管理体制的改革

对外贸易管理体制改革的目标主要有以下几个方面:

1. 强化宏观管理职能,弱化行政性管理手段

我国政府商务部门对外贸的管理主要是宏观方面的管理,主要用调控税率、利率和资金供求等宏观经济杠杆的手段来调整对外贸易。实施手段更多地应用法律的手段,进一步完善外汇便利化制度、出口退税机制、通关物流体系和人员出入境制度。审批、配额等行政性手段主要是在市场机制失灵的领域和个别情况下应用。同时,要弱化地方政府的外贸行政管理职能,强化其综合服务与促进服务功能。

2. 加强出口产业政策管理,形成出口产业政策管理机制

由于长期以来我国对外贸的宏观管理与政策调控主要集中在流通和出口环节上,多年来的出口产业政策基本上是“大而全”、“兼顾各方”的政策,产业重点一直不突出,以增强国际竞争力、占领国际市场为基点的出口产业政策从未形成。虽然有鼓励机电产品和高新技术产品的政策,但对增强我国产业国际竞争力的作用非常有限:一是政策范围过于宽泛,有限的资金和资源难以集中发挥效力;二是促进措施主要集中在出口经营环节上,易授人以柄;三是受体制制约,国有企业未能因此壮大,而民营企业又基本上得不到有力支持。所以,“十一五”期间,在外贸宏观管理上,应该从宏观政策与管理机制上构造有利于及时调整出

口产业的政策,从科研、生产等环节加大对具有潜在国际竞争优势行业的扶持力度,尽快培育形成一批拥有自主知识产权和自有品牌的出口产品,推动我国形成优势出口产业的宏观管理体制。其核心的内容是应由商务部与相关产业部门或行业协会共同建立一个新的出口产业政策研究、制定与调控机制,并赋予商务部更大的出口产业政策决策权与相关宏观调控手段。

3. 完善与外贸活动相关的市场中介服务体系和社会中介服务体系

建立健全完善、规范的生活资料、生产资料市场、劳务人才市场、资金市场、信息市场、证券市场、技术市场、运输市场、房地产市场、企业产权交易市场、旧货市场等市场体系;构造以提供社会福利、社会保险服务为主的社会保障机构和从事会计、审计、律师职业介绍、资产评估、劳动就业培训、信息咨询业务的社会中介服务;完善法律规定,扶持建立由企业组成的地方外贸企业行会组织,如进出口同业公会或商会,开展贸易促进与行业自律。

### (二) 对外贸易促进体制的改革

1. 建立促进主体网络

从世界主要贸易大国的对外贸易促进体制情况看,中央和地方政府都可以实施贸易促进,但侧重点和分工各有侧重。地方政府普遍设立官方或半官方对外贸易促进机构或中小企业开拓国际市场服务机构,为本地企业开拓国际市场提供促进服务;而中央政府外贸主管部门负责制定促进政策,但不直接承担促进事务。另外,按照我国对 WTO 的承诺,要进一步严格对外贸易政策的统一制定及对外贸易管理的统一实施,地方各级政府外经贸部门无权制定涉及外贸管理包括鼓励本地外贸发展的政策。因此,我国外贸促进体制改革思路应是:商务部负责制定贸易促进政策,但不承担具体贸易促进事务。商务部不再从事办展、办会、提供信息等具体的、直接面向企业或中介服务机构的促进服务,而商务部贸易发展局及中国贸促会、中国进出口银行、中国信用保险公司等机构承担需在全国范围内实施的贸易促进服务。

2. 各类贸易促进主体合理分工

全国性的贸易促进服务重点是外经贸公共信息、国外市场调查以及我国商品的对外整体推介。展览、培训、贸易咨询、企业辅导、与出口相关的技术服务及其他促进服务,应主要由地方各类贸易促进机构承担。同时,要充分发挥半官方和民间贸易促进机构的作用,也要加快发展派驻国外的贸易促进代表机构,形成

信息更加快捷、服务更加高效、国内外有机一体的服务网络。商务部研究院副院长沈丹阳博士说："十一五"期间，由商务部统一规划，在整合各地外经贸部门和国际贸易促进机构现有资源的基础上，将陆续在全国建立100个"出口辅导中心"，在国外建立30个贸易促进代表机构。

（三）对外贸易经营体制的改革

经过多年改革，我国对外贸易经营体制的市场化和开放程度已经很高。当前除了要继续清除针对中小企业和民营企业的各种歧视性待遇，为各类企业创造便捷和公平的运行环境，充分释放各类市场主体参与对外贸易的潜力外，"十一五"期间对外贸易经营体制的改革关键是进一步推行外贸代理制。

**思一思、议一议：**

**何谓外贸代理制？推行外贸代理制的主要措施应有哪些？**

## 第二节 经济增长与对外贸易政策

改革开放以来，我国外贸取得巨大发展：外贸总额从1978年的206.38亿美元增长到2004年的11 547亿美元；占世界货物贸易总额的排名从1978年的第32位上升到第3位；外贸依存度从1978年的9.8%跃至2004年的70%。外贸规模扩大和外贸依存度上升表明我国经济对国际市场的依赖程度在提高，经济增长受国际贸易的影响增大。

**资料卡**

**经济增长的含义**

经济增长在物质形态上是指一个国家在一定时间内生产的产品劳务总量的增加，在价值形态上是指一定时间内国民收入的增加。而衡量一国经济增长的指标一般采用国民生产总值(GNP)或国内生产总值(GDP)的年均增长率。但有些人认为，一国的经济增长并不能反映该国社会生活水平的提高，因为生活水平是针对人均拥有量而言的。因此，应采用人均国民生产总值或人均国内生产总值的增长率指标来衡量经济的增长。然而，毕竟总产出与人均产出的关系非常密切，而且，现代人口的增长已经逐步趋于缓和与稳定，总产出和人均产出的增长基本趋于一致。

## 一、对外贸易与经济增长

### （一）有关对外贸易与经济增长关系的基本观点

有关对外贸易与经济增长的关系历来存在着两种不同的观点：一种是贸易自由主义者的观点，即认为开放贸易或贸易自由化将会增进一国的经济福利；另一种是贸易保护主义者的观点，即主张开放贸易将导致一国贸易条件的恶化，从而使该国福利降低。

单从理论上分析，贸易自由化在增加国民收入方面的影响极为有限，因而促使人们关注贸易动态利益对经济的增长。人们通过研究，将贸易自由主义的观点进行了引申和修正，引申和修正后的观点认为，贸易只有在能够促进技术转移和创新、带来外部经济效果和带动相关产业发展的条件下，才会导致经济增长。

贸易保护主义也进行了进一步论证，指出了另一种事实——自由贸易使有些依据自己比较优势发展经济的国家在国际分工中始终处于产业下游，陷入一种低速增长的恶性循环中。但是我们认为，贸易保护主义者的观点虽然有理有据，可与当今全球经济一体化、投资贸易自由化的时代相悖，不符合当今的实际情况。贸易自由主义者的观点更适应时代潮流和趋势，更符合当今的实际，对我国更有指导意义。所以，我们在这里仅讨论贸易自由主义者的观点。

### （二）对外贸易与经济增长相互关系的理论分析

1. 贸易的静态利益与经济增长

传统的国际分工理论认为，对外贸易的发生是由于存在成本的差异。通过贸易，一方面，各国的资源将发生重新配置，每个国家具有比较成本优势的产品产量都将增加。另一方面，通过交换，每个国家都能得到比它自己直接生产的数量更多的产量，使消费水平超过它们各自的生产可能性曲线。这种利益就是贸易的静态利益，每个国家所得到的贸易利益的多寡取决于贸易条件。现举例说明，假定：

（1）贸易只在两个国家 A、B 间发生；

（2）两个国家都只生产 X、Y 两种产品；

（3）只使用一种生产要素，且要素在两国之间不能进行流通；

（4）贸易过程中不计运输成本；

（5）各国的生产技术相同，无规模经济效应。

如图1-1所示，在图中横轴表示X产品的数量，纵轴表示Y产品的数量，$AA'$、$BB'$分别表示两国的生产可能性曲线，$aa$、$a'a'$表示A国贸易前后的社会消费无差异曲线，$bb$、$b'b'$表示B国贸易前后的社会消费无差异曲线。贸易前，A国社会消费无差异曲线$aa$与生产可能性曲线$AA'$切于$T$点，这一点是A国生产和消费的均衡点，假设该点的组合为10单位的X产品和12单位的Y产品。同理，B国社会消费无差异曲线$bb$与生产可能性曲线$BB'$切于$V$点，这一点是B国生产和消费的均衡点，该点的组合为12单位的X产品和10单位的Y产品。通过$T$、$V$两点的切线$PP$、$P'P'$分别为A、B两国的国内价格，它们的斜率代表在各国国内两种商品的价格比率。

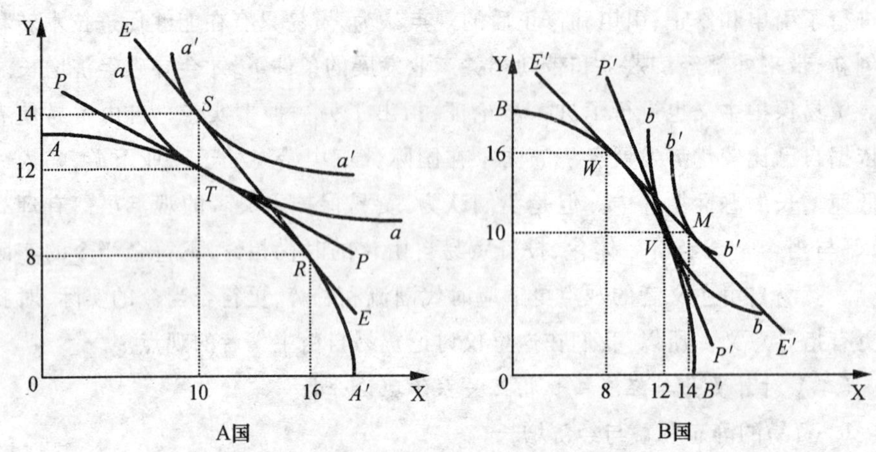


**图1-1　A、B两国发生贸易前后的均衡状态**

根据图1-1所表明的情况，A、B两国贸易前与贸易后相比发生了两个方面的显著变化：从A国看来，X产品的国内相对价格比（假设为0.7:1）低于X产品、Y产品国际交换比价（假设为1:1），因此该国在X产品的生产上就具有相对优势。因而扩大X产品的生产并出口，均衡点由$T$沿着生产可能性曲线$AA'$移动到$R$点，在$R$点，生产组合是16单位X产品和8单位Y产品；贸易前该国生产并消费10单位的X产品和12单位的Y产品（均衡于$T$点），贸易后国际比价线$EE$切于生产可能性曲线$AA'$的$R$点，切于社会消费无差异曲线$a'a'$的$S$点，消费量比贸易前增加了，该国的福利水平得到了提高，表现为新的消费点位于较原来更高的无差异曲线上。同理，B国也可以得出相同的结论。

因此，从供给方面，经济的增长往往与专业化分工程度成正比，越来越精细的专业化分工必然会带来规模经济效益，也就意味着生产成本的降低。在资源总量不变的前提下，将使生产可能性曲线外移，而且经济的增长又往往伴随着资源开发技术的进步，常常使得一国的可用资源增加，所以企业会有更多的产品供给。从消费方面考虑，经济增长意味着更高的社会福利水平，因此人们的消费数量和种类都会增加，消费质量也将提高。而更高的专业化分工程度将使得对外贸易成为满足消费需求必不可少的一种途径，且贸易的种类和数量也会大幅上升。随着经济的增长，产业内贸易越来越多就是一个很好的证明。

2. 贸易的动态利益与经济增长

现代经济增长理论认为，对外贸易对经济增长的影响不仅仅局限于贸易各方从国际贸易中得到的直接贸易利益，对外贸易的更重要和更实质的影响表现在它对经济增长潜力的影响，即通过影响技术进步、产业结构调整及制度创新等一系列经济结构中的深层次因素，来促进经济增长的可持续发展，而经济增长又会反过来促进对外贸易的进一步发展。

对外贸易与经济增长相互促进的机制可分解为几个方面，如图 1－2 所示。

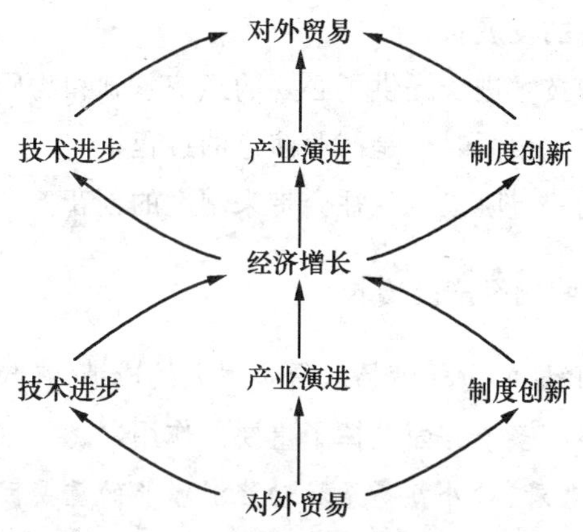


**图 1－2　对外贸易与经济增长的相互作用**

3. 对外贸易对经济增长的促进作用

（1）对外贸易通过技术创新、技术贸易和技术外溢等途径，促进一国技术进步，进而导致经济增长。对外贸易带来了更为广阔的市场、更为频繁的技术交流和更加激烈的竞争，因而对技术创新、技术贸易和技术溢出活动产生了有效的

促进。

(2) 对外贸易通过产业结构升级促进经济增长。在开放经济条件下,对外贸易对产业结构优化、升级的影响主要表现在以下几个方面:

① 世界市场需求结构的变动促使国内产业结构进行调整和优化;

② 对外贸易可以作为产业结构调整的指路标;

③ 对外贸易可以解决因结构调整而带来的供求结构失衡;

④ 对外贸易可通过改变一国的需求状况来促进产业结构的优化。

(3) 对外贸易对制度创新的作用主要表现在以下几个方面:

① 对外贸易是引入、引起制度创新的动力和源泉;

② 发展中国家在对外贸易中还可获得发达国家维持、巩固新制度的现成经验,节省创新与维持的费用;

③ 对外贸易加强了国内外信息交流,开阔了人们的视野,转变了人们的观念,有助于形成制度创新所需的意识形态基础。

4. 经济增长对对外贸易的反作用

如图1-2所示,对外贸易对经济增长的影响并非单方向的,经济增长反过来也会促进对外贸易的发展:

(1) 经济增长为技术进步提供了必要的经济基础和物质前提;

(2) 经济增长的过程同时也是产业演进的过程;

(3) 经济增长到一定阶段也往往会带来制度的创新。

## 二、对外贸易与我国经济的增长

改革开放以来,我国的对外贸易取得了很大的成绩,在拉动GDP增长、扩大就业及促进技术进步等多个方面发挥了重要的作用。

### (一) 从总量上来看,对外贸易是拉动经济增长的重要因素

改革开放以来,我国对外贸易以高于国内生产总值的速度增长,成为拉动国民经济增长的主要因素之一。外贸对经济增长的贡献首先表现为净出口对GDP的直接贡献。按照支出法GDP核算公式,净出口越大,对GDP的直接贡献越大。据有关部门测算,2004年我国净出口对GDP增长的贡献介于3%—4%之间。

我国的对外贸易与经济增长的有关数据及其相互关系,可用表1-1及图

1-3 表示。

**表 1-1　中国经济增长与对外贸易发展情况**

单位:亿元人民币

| 年份 | A |  | B |  | C |  | D |  | B/A | C/A | D/A |
|---|---|---|---|---|---|---|---|---|---|---|---|
|  | GDP | GDP 增长率 (%) | 出口额 | 出口额增长率 (%) | 进口额 | 进口额增长率 (%) | 进出口总额 | 进出口总额增长率 (%) | 出口依存度 (%) | 进口依存度 (%) | 进出口依存度 (%) |
| 1978 | 3624.1 |  | 167.6 |  | 187.4 |  | 355.0 |  | 4.62 | 5.17 | 9.80 |
| 1979 | 4038.2 | 11.43 | 212.0 | 26.49 | 243.0 | 29.67 | 455.0 | 28.17 | 5.25 | 6.02 | 11.27 |
| 1980 | 4517.8 | 11.88 | 271.2 | 27.92 | 298.8 | 22.96 | 570.0 | 25.27 | 6.00 | 6.61 | 12.62 |
| 1981 | 4862.4 | 7.63 | 367.6 | 35.55 | 367.7 | 23.06 | 735.3 | 29.00 | 7.56 | 7.56 | 15.12 |
| 1982 | 5294.7 | 8.89 | 413.8 | 12.57 | 357.5 | -2.77 | 771.3 | 4.90 | 7.82 | 6.75 | 14.57 |
| 1983 | 5934.5 | 12.08 | 438.3 | 5.92 | 421.8 | 17.99 | 860.1 | 11.51 | 7.39 | 7.11 | 14.49 |
| 1984 | 7171.0 | 20.84 | 580.5 | 32.44 | 620.5 | 47.11 | 1201.0 | 39.63 | 8.10 | 8.65 | 16.75 |
| 1985 | 8964.4 | 25.01 | 808.9 | 39.35 | 1257.8 | 102.71 | 2066.7 | 72.08 | 9.02 | 14.03 | 23.05 |
| 1986 | 10202.2 | 13.81 | 1082.1 | 33.77 | 1498.3 | 19.12 | 2580.4 | 24.86 | 10.61 | 14.69 | 25.29 |
| 1987 | 11962.5 | 17.25 | 1470.0 | 35.85 | 1614.2 | 7.74 | 3084.2 | 19.52 | 12.29 | 13.49 | 25.78 |
| 1988 | 14928.3 | 24.79 | 1766.7 | 20.18 | 2055.1 | 27.31 | 3821.8 | 23.92 | 11.83 | 13.77 | 25.60 |
| 1989 | 16909.2 | 13.27 | 1956.0 | 10.71 | 2199.9 | 7.05 | 4155.9 | 8.74 | 11.57 | 13.01 | 24.58 |
| 1990 | 18547.9 | 9.69 | 2985.8 | 52.65 | 2574.3 | 17.02 | 5560.1 | 33.79 | 16.10 | 13.88 | 29.98 |
| 1991 | 21617.8 | 16.55 | 3827.1 | 28.18 | 3398.7 | 32.02 | 7225.8 | 29.96 | 17.70 | 15.72 | 33.43 |
| 1992 | 26638.1 | 23.22 | 4676.3 | 22.19 | 4443.3 | 30.74 | 9119.6 | 26.21 | 17.55 | 16.68 | 34.24 |
| 1993 | 34634.4 | 30.02 | 5284.8 | 13.01 | 5986.2 | 34.72 | 11271.0 | 23.59 | 15.26 | 17.28 | 32.54 |
| 1994 | 46759.4 | 35.01 | 10421.8 | 97.20 | 9960.1 | 66.38 | 20381.9 | 80.83 | 22.29 | 21.30 | 43.59 |
| 1995 | 58478.1 | 25.06 | 12451.8 | 19.48 | 11048.1 | 10.92 | 23499.9 | 15.30 | 21.29 | 18.89 | 40.19 |
| 1996 | 67884.6 | 16.09 | 12576.4 | 1.00 | 11557.4 | 4.61 | 24133.8 | 2.70 | 18.53 | 17.03 | 35.55 |
| 1997 | 74462.6 | 9.68 | 15160.7 | 20.55 | 11806.5 | 2.16 | 26967.2 | 11.74 | 20.36 | 15.86 | 36.22 |
| 1998 | 78345.2 | 5.21 | 15231.6 | 0.47 | 11626.1 | -1.53 | 26857.7 | -0.41 | 19.44 | 14.84 | 34.28 |
| 1999 | 82067.5 | 4.75 | 16159.8 | 6.09 | 13736.4 | 18.15 | 29896.2 | 11.31 | 19.69 | 16.74 | 36.43 |
| 2000 | 89442.2 | 8.99 | 20635.2 | 27.69 | 18639.0 | 35.69 | 39274.2 | 31.37 | 23.07 | 20.84 | 43.91 |
| 2001 | 95933.3 | 7.26 | 22029.1 | 6.75 | 20164.2 | 8.18 | 42193.3 | 7.43 | 22.96 | 21.02 | 43.98 |
| 2002 | 102389.0 | 6.73 | 26947.3 | 22.33 | 24435.0 | 21.18 | 51382.3 | 21.78 | 26.32 | 23.86 | 50.18 |
| 2003 | 116898.4 | 14.17 | 36257.6 | 34.5 | 34146.0 | 39.94 | 70403.6 | 37.01 | 33.02 | 29.21 | 60.22 |
| 2004 | 136515.0 | 16.78 | 49106.5 | 35.4 | 46455.7 | 36.05 | 95562.2 | 35.73 | 35.97 | 34.03 | 70.00 |

资料来源:根据外经贸部、中华人民共和国商务部网站、国家统计局网站统计数据计算而得。2003 年按 1 美元 = 8.271 人民币计算,2004 年按 1 美元 = 8.276 人民币计算;2004 年的 GDP 按传统统计口径和方法得出。

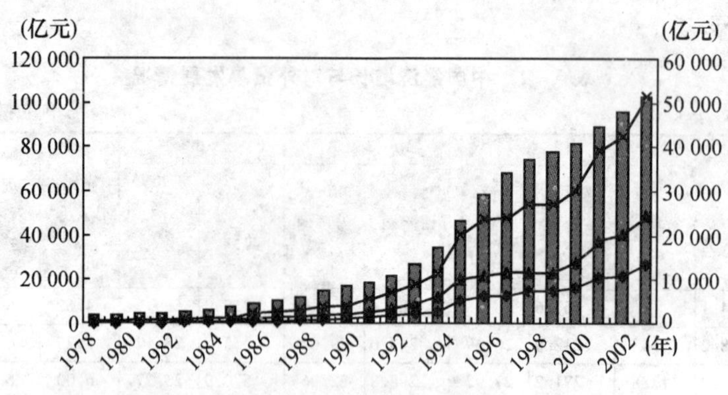


说明:GDP以左方纵坐标表示,对外贸易额以右方纵坐标表示

**图1-3　GDP与对外贸易额的混合直方图和折线图**

从表1-1可以得出两个基本的结论:

(1) 对外贸易发展与经济运行轨迹相一致

从图1-3可以清晰地看出:中国对外贸易与经济增长运行轨迹的趋势基本一致,即当经济发生波动时,对外贸易也随之发生波动。

(2) 对外贸易依存度逐年提高

资料卡

### 对外贸易依存度

对外贸易依存度是指一国进出口贸易额与其国内生产总值之比,即外贸依存度=进出口额/国内生产总值。依存度指标揭示一国在经济增长过程中,对外贸易与国内经济的相互关系。对外贸易依存度可具体分为进口依存度和出口依存度。

出口依存度是一国出口额与国内生产总值之比。

进口依存度是一国进口额与其国内生产总值之比。

从表1-1可以看出,对外贸易依存度从改革开放初期1978年的9.80%提高到2004年的70%。我国对外贸易依存度逐年提高的发展趋势可用图1-4表示。

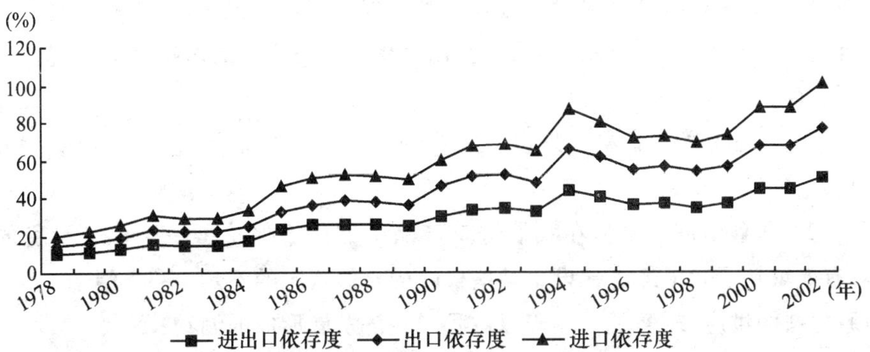


资料来源：根据商务部统计数据编制。

**图 1-4　中国对外贸易依存度**

（二）从结构上来看，对外贸易商品结构变化极大地促进了我国经济增长总量的扩张和质量的提高

改革开放以后，我国进出口商品结构在发展着变化，具体情况可见表 1-2 和表 1-3。

1. 出口商品结构变化对我国经济增长的影响

工业制成品在出口商品中所占的比重是衡量一个国家工业化发展程度和出口商品结构优化程度的重要指标之一。由表 1-2 可见，我国的工业制成品、机械及运输设备出口占出口总额的比例在逐年上升。出口结构升级通过作用于生产结构以及作用于出口总量两方面，而实现对经济增长的贡献。

**表 1-2　我国出口商品构成表（%）**

| 年份 | 1980 | 1990 | 1995 | 2000 | 2001 | 2002 | 2003 | 2004 |
|---|---|---|---|---|---|---|---|---|
| 初级产品占出口总额的比例 | 53.4 | 25.59 | 14.44 | 10.22 | 9.90 | 8.75 | 7.93 | 6.33 |
| 工业制成品占出口总额的比例 | 46.6 | 74.41 | 85.56 | 89.78 | 90.10 | 91.25 | 92.07 | 93.17 |
| 机械及运输设备出口占出口总额比例 | 4.65 | 9.00 | 21.11 | 33.15 | 35.66 | 39.00 | 42.86 | 45.21 |

资料来源：根据商务部网站统计数据计算而得。

2. 进口商品结构变化对我国经济增长的影响

由表 1-3 可见，改革开放以后，我国进口商品结构中工业制成品进口比重

不断提高,其中机械及运输设备进口比重得到了明显的提高,资本品的进口已经占有较大的比重。进口商品结构的变化对我国经济增长的影响具体表现在以下几个方面:

(1) 资本品的进口极大地改善了我国国内的生产条件,使得生产效率大幅提高;

(2) 非食用进口原料在我们进口产品中的比重保持了一个比较平稳的态势,有效填补了我国经济建设中某些稀缺的自然资源的不足,保证了国内生产所需原材料的供应,缓解了自然资源对我国经济发展形成的制约;

(3) 高新技术产品进口在外贸进口中的比重不断上升,对于改变粗放型经济增长方式,提高经济增长的质量和效益,保证经济的可持续发展,具有重要意义。

**表1-3 我国进口商品构成表(%)**

| 年份 | 1980 | 1990 | 1995 | 2000 | 2001 | 2002 | 2003 | 2004 |
|---|---|---|---|---|---|---|---|---|
| 初级产品占进口总额的比例 | 35.40 | 18.30 | 18.49 | 20.76 | 18.79 | 16.69 | 17.63 | 20.89 |
| 食品及主要供食用的活动物占进口总额的比例 | 14.62 | 6.25 | 4.64 | 2.11 | 2.04 | 1.78 | 1.57 | 1.63 |
| 非食用原料占进口总额的比例 | 17.75 | 7.70 | 7.69 | 8.89 | 9.08 | 7.70 | 8.26 | 9.86 |
| 工业制成品占进口总额的比例 | 64.60 | 81.70 | 81.51 | 79.24 | 81.21 | 83.31 | 82.37 | 79.12 |
| 机械及运输设备进口占进口总额的比例 | 25.57 | 31.58 | 39.85 | 40.85 | 43.94 | 46.42 | 46.72 | 45.00 |

资料来源:根据商务部网站统计数据计算而得。

(三) 对外贸易对我国其他方面的促进作用

1. 扩大就业

主要表现在出口连续高速增长,而进口增速放缓。出口的高速增长直接扩大了出口部门的就业工作,间接地扩大了国内相关配套行业的就业。

2. 促进技术进步和产业结构优化

近年来加工贸易结构正在发生着一定的改变,产品结构从最初的初级低附加价值的劳动力密集型产品,逐渐走向更多的IT产品、机械产品、高新技术产品。这几年我国高新技术产品出口增长速度很快，其中90%左右是靠加工贸易出口的。从这个意义上来讲，外贸特别是加工贸易对促进我国技术进步和产业结构优化、升级正在发挥着日益重要的作用。

3. 形成国内外资源优势互补的新的经济循环

改革开放的条件下，发展对外贸易，可以充分利用国内外两个市场和两种资源，逐步形成国内外资源优势互补、相互融合的新的良性经济循环，促进经济的快速增长。

4. 增加我国财政收入

对外贸易影响着国家和地方的财政收入的增长。同对外贸易直接有关的进出口关税、生产出口商品的国内税收和利润、进口物资投入生产后所产生的利润，都是国家和地方财政的重要收入。据典型调查，我国每出口1亿元的工业品，可增加工业产值5.8亿元，国家可得税利3 500万元。

5. 推动对外经济关系的发展

利用外资、引进或出口技术、开展国际工程承包和劳务合作、做好对外经济技术援助，都与发展对外贸易有密切的联系，可以说发展对外贸易是开展对外经济合作的中心环节。

6. 为国民经济的发展创造良好的外部环境

我国通过与其他国家的贸易往来，增进了各国之间的相互了解和友谊，全面发展了与各国的正常友好的国家关系，维护了世界和平，为我国国民经济的发展和社会主义现代化建设创造了良好的外部环境。

### 三、我国的对外贸易政策

既然已知对外贸易对一国经济的发展、社会福利的提高有极大的促进作用，因此，每个国家应该制定恰当的对外贸易政策，积极开展对外贸易活动，促进本国和世界经济的增长。

**思一思、议一议：**

**什么是对外贸易政策？对外贸易政策有哪几种类型？其特征和目的分别是什么？**

### (一) 我国对外贸易政策体系发展的四个阶段

1. 第一阶段(1949—1978):计划经济下高度管制的外贸政策

新中国成立后中国人民政治协商会议的《共同纲领》第37条明确规定:"我国实行对外贸易的管制,并采取保护贸易政策。"我国人民政府收回了长期被外国列强霸占的海关管理权,取消了外国资本资金在金融、航运、保险、商检、司法、仲裁方面的垄断权,实行了对外贸易统一管理。随后又没收了官僚资本的对外贸易企业,新建了国营对外贸易企业,并对私营进出口业进行了社会主义改造。这样,我国建立了集外贸经营与管理为一体、政企不分、统负盈亏的高度集中、独家经营的外贸管理体制,中央以指令性计划直接管理少数的专业性贸易公司(1978年年底外贸公司只有一百三十多家)进行进出口。贸易目标主要是进出口贸易在总体上达到平衡。这有利于国际收支平衡,维持较低的国内价格水平,但使我国与世界市场的有机联系被割断,不利于外贸和整个国民经济的发展。

2. 第二阶段(1979—1991):作为有计划的商品经济一部分的外贸开放政策

1978年12月十一届三中全会以后,我国开始实行改革开放的国家战略并进行经济体制改革,其中包括外贸体制的改革。这一阶段外贸方面改革开放的主要内容是放开部分贸易经营权(包括对外资企业)以及贸易公司自主化改革,其中又分为三个分阶段。

(1) 1979—1987年期间,政府根据政企分开、工贸结合、技贸结合、进出口结合的原则,下放部分外贸经营权,开展工贸结合试点,简化外贸计划内容,实行出口承包经营责任制。

(2) 1988—1991年期间,全面推行对外贸易承包经营责任制,地方政府、外贸专业总公司和工贸总公司向中央承包出口收汇、上交外汇和经济效益指标。承包单位自负盈亏,出口收汇实行差别留成。

(3) 1990年12月9日,外贸企业出口实行没有财政补贴的自负盈亏,以完善对外贸易承包经营责任制。

为了配合外贸企业改革,国家采取了放宽外汇管制、实行出口退税政策、外经贸部下放部分权力等一系列配套改革的措施,增强了运用经济杠杆调节宏观经济的能力,并为外贸企业利用市场机制、自主经营创造了外部环境。

通过对外贸企业的改革,我国的对外贸易体制开始初步摆脱了过去的不合理状况,朝着适应对外开放和建立有计划的商品经济的方向发展。全面推行外贸承包经营责任制，改变了过去完全由中央统负盈亏的局面，调动了中央和地方扩大出口的积极性，增强了企业内部经营机制，确保了国家的外汇收入。外贸承包经营责任制已带有市场经济的一些特征，但作为一种过渡体制，它仍然较多地保留了原有体制的本质特点，与按国际市场经济规律和国际贸易规范发展对外贸易尚有距离；而且，地方利益和部门利益滋生了地区和部门间的封锁和壁垒及不平等竞争，萌生了地方和企业的短期行为。

3. 第三阶段（1992—2001）：符合国际规范的贸易政策体系改革

从1992年开始，我国贸易政策体系的改革已经不限于贸易权和外贸企业等内容，伴随着1986年我国要求“复关”开始，我国的贸易政策改革已经开始以符合国际规则为导向，涉及国内管理的各个方面。

1992年10月，江泽民同志在党的十四大所作报告中提出了“深化外贸体制改革，尽快建立适应社会主义市场经济发展的，符合国际贸易规范的新型外贸体制”。符合国际贸易规范，也就是要符合关贸总协定的规范，因此我国提出的改革方向是统一政策、平等竞争、自负盈亏、工贸结合、推行代理，以建立适应国际通行规则的外贸运行机制。具体来讲：

（1）进出口管理：1992年我国取消进口调节税；1994年取消进出口指令性计划。此后我国多次降低了关税，整体关税已经与国际平均水平大为接近，与世界市场更加接近。此外，我国的进口配额及其他的非关税措施数量也在逐年减少。

（2）以国民待遇原则和非歧视原则开放外贸经营权：我国进一步推进了外贸放开经营，加快授予具备条件的国有生产企业、科研院所、商业物资企业外贸经营权。加入WTO之前，我国国内已经有三十多万家企业获得了贸易经营权，并且加快转换外贸企业经营机制，在外贸领域推行现代企业制度。

（3）服务贸易：1992年之后，我国服务贸易领域逐步向外资开放。国家在金融、保险、房地产、商业零售、咨询、会计师服务、信息服务、教育等诸多领域积极进行试点开放，并陆续颁布了一些短期或者过渡性的法律法规进行规范管理。随着国内服务业改革的深入，中国的电信等敏感部门也开始同外资合作。

（4）外汇管理体制改革：1994年，我国进行了以外汇管理体制改革为核心综合配套的新一轮外贸体制改革，我国实施汇率并轨，建立了以市场供求为基础的、单一的、有管理的浮动汇率制度，实行人民币经常项目下的有条件的可兑换，

取消外汇留成制和上交外汇任务，并建立外汇指定银行间的外汇交易市场。

(5) 法律法规建设及透明度：我国于1994年颁布了第一部《对外贸易法》，进入了系统地完善外经贸领域法律法规的改革阶段，以国际规范为目标，在货物贸易、外资、知识产权、反倾销等各个领域出台了一系列的法律法规，同时政府的政策透明度也不断加强。

这一轮外贸体制改革的实施，加强了市场经济机制的调节作用，促进了我国对外贸易市场化的进程。

4. 第四阶段(2002— )："有管理的贸易自由化"政策

从2001年12月我国加入WTO至今，我国在市场准入、国内措施、外资待遇、服务贸易等各个领域均较好地履行了自身的承诺和义务，得到了WTO、世界银行等国际组织的高度评价和赞扬。这一阶段的最明显特征就是，中国的贸易政策体系改革已经与国际贸易体制接轨、并同步发展，政策变化的动力由单纯的内生或者外生转变为内外协调。这种变化最根本的动力来源是中国经济贸易本身的高速增长，并且我国有着市场容量庞大、与发达国家经贸互补性明显、政策稳定性强并对国际高度负责等优点，我国对世界经济的良性影响也逐渐加大。目前许多国际学者称中国"经济增长带动论"已经成为主流，与此相对应的是中国"威胁论"也有所抬头。

资料卡

附表　中国对外贸易政策体系发展的四个阶段

| 阶段 | 特征 | 主要内容 | 绩效简评 |
| --- | --- | --- | --- |
| (1949—1978)计划经济下高度管制的贸易政策 | 贸易是从属于计划经济的一部分，国家集中管理对外贸易。 | 外贸专业公司垄断经营，按照政府指令性计划进出口。 | 对集中力量本国发展经济、稳定社会和发展对外经济贸易联系发挥了重要作用；为进一步参与国际分工和加强与世界市场的联系，逐渐产生改革要求。 |

（续表）

| 阶段 | 特征 | 主要内容 | 绩效简评 |
|---|---|---|---|
| （1979—1991）作为有计划的商品经济一部分的外贸开放政策 | 实施改革开放的国家战略，开始贸易管理体制改革。 | 在部分领域下放贸易经营权；工贸结合；减少外贸计划刚性；扩大外贸企业的经营自主权。 | 贸易改革与整个经济体制的改革方向和步伐取得一致，贸易发展和吸引外资取得突破性发展，外经贸开始起飞。 |
| （1991—2001）符合国际规范的贸易政策体系改革 | 作为市场经济体制改革的一部分，以符合国际贸易规则为导向改革贸易制度。 | 外汇管理体制改革；取消进出口指令性计划，改革外贸企业；从关税减让和进出口管理体制改革入手，开始贸易自由化改革。 | 贸易、外资对经济增长和社会发展的贡献持续增加，但贸易政策体系仍落后于国际通行做法。 |
| （2002— ）“有管理的贸易自由化”政策 | 以履行加入 WTO 承诺和参与国际规则谈判为标志，进入国内—国际贸易制度协调的新阶段。中国“和平崛起”，与世界各国共同发展。 | 按照多边贸易体制及区域、双边贸易协定的要求，对贸易制度进行全面、深化的改革和完善。 | 中国对外经济贸易持续发展，贸易投资规模扩大，中国贸易占世界贸易的比重及对世界经济的影响加大；中国成为国际贸易规则体系的积极参与者。 |

（二）改革开放后我国对外贸易政策的主要特点

1. 对外经贸管理体制改革与整个经济体制改革总体方向和步伐一致，加入 WTO 使得贸易改革成为改革的前沿领域

作为整个经济体制改革的一部分，我国对外贸易制度的改革是在 1984 年以后才真正开始的，外贸改革的方向与整个经济体制改革相一致，改革进程大体同步，但是在大部分时间里稍慢于国内经济体制的改革。而且，我国贸易政策的制定和迁移明显地体现出以下特点：贸易改革动力的外部刺激性和外部调试性（这与国内经济体制主动的、渐进的市场取向的改革稍有不同，而且第三阶段更加明显），贸易政策缺乏持续变革的内生动力。但这也有其优点：与其他领域的

改革“摸着石头过河”相比较,“学习型”的贸易体制与政策变革降低了学习成本和可控制性,所以外贸领域中大的经济失误较少(虽然许多政策措施从出台到实施一直是诸多产业界和理论界争论的热点)。这同时表明了对外经济部门的重要性、中央政府谨慎的态度和改革经验的缺乏。

但这同时带来另外一个问题,贸易政策的渐进性和各方面改革的迟滞与不合理积累到一定程度,贸易改革和经济改革之间的关系就发生了逆转。加入 WTO 后,履行加入承诺和 WTO 相关义务使得外部压力成为国内贸易政策体系全面改革的主要动力;在许多方面,贸易领域的政策改革已经超过其他领域的改革,制度摩擦的成本在增加。

2. 政策干预及管理的数量呈直线下降,管理质量一直在提高并向国际规范靠拢

我国贸易制度和管理体制一直朝着市场经济的方向发展,这也与国内经济改革及 WTO 的国际指导原则是一致的。国内的贸易控制,例如贸易计划、国内定价、出口限制、非关税措施、外资壁垒及待遇等,一直在逐步减少;与此同时,中央政府的宏观调控能力在逐步增加,例如中国利用国际市场调整粮食、石油的进出口,较好地调节了国内市场需求和稳定了价格,中国贸易政策改革的趋势是管理方式向国际规则的方向发展。

3. 贸易领域的“指标型经济”与政治因素特征明显

贸易、投资自主权的扩大对产业发展和地方经济的影响是深远的,从长期看也是有利的。然而,在对外开放的同时,中国各地经济的“对内开放”程度却落后于对外开放的程度,这在某些地方和领域成为一个奇特的现象。中国市场与国际市场的联系在加深,但是统一的、开放的国内市场却远未形成,这包括商品市场,更包括要素市场和服务市场。由于出口和外资增长成为地方政绩的重要指标,因此地方利益和部门利益成为“指标型经济”产生的主要因素,同时贸易增长指标也成为中国偏向于出口量,而忽视整个贸易和外资平衡发展与提高其质量的重要原因。

4. 贸易体制改革和政策措施目标大多着眼于比较静态的转换,而缺乏长期的动态效率考虑

我国贸易改革试验性较强,虽然这一方面避免了贸易对经济发展造成大的波动,但是缺乏长远外经贸发展战略、诸多贸易政策的出台只着眼于短期利益甚

至是仓促应对眼前情况,造成了两个方面的问题:一是政策措施缺乏前续性、后续性及连贯性,也使得对外经贸措施与国内经济体制改革和经济稳定、产业等目标和配套措施之间缺乏协调;二是直接导致了实践中体制和措施的反复,有时甚至是倒退。

5. 贸易指导思想体现出明显的"重商主义",行为上则反映为对货物出口和外资引入的较强的政策导向

由于受"二元经济"及产业结构的影响,中国经历了供给不足到相对结构性过剩的经济发展阶段(或瓶颈),在相对消费不足的情况下,出口和政府投资、外商投资在经济发展中的作用加大。然而,中国贸易发展的整体方向,尤其是一些产业和地方的发展导向已经明显呈现出依赖外资和出口的带动,而忽视进口的作用。在已成为贸易和经济大国的基本事实条件下,过度依赖于一些部门的出口增长,增加外汇收入,已经带来了许多负面效果,在国际上则表现为中国的贸易摩擦和争端增多。在这种情况下,中国实施开放式综合平衡的贸易战略,放弃单一的出口导向战略,扩大内需,适度降低外贸依存度,充分利用大国优势加速技术进步和产业升级,已经成为加入 WTO 后我国外经贸的发展趋势。

(三)当今我国的对外贸易政策

根据 2004 年 7 月 1 日实施的《中华人民共和国对外贸易法》的规定:我国实行统一的对外贸易制度,鼓励发展对外贸易,维护公平、自由的对外贸易秩序;根据平等互利的原则,促进和发展同其他国家和地区的贸易关系,缔结或者参加关税同盟协定、自由贸易区协定等区域经济贸易协定,参加区域经济组织;在对外贸易方面根据所缔结或者参加的国际条约、协定,给予其他缔约方、参加方最惠国待遇、国民待遇等待遇,或者根据互惠、对等原则给予对方最惠国待遇、国民待遇等待遇;但是,任何国家或者地区在贸易方面对我国采取歧视性的禁止、限制或者其他类似措施的,我国将根据实际情况对该国家或者该地区采取相应的措施。

总体上来看,我国当今采取的是有管理的自由贸易政策:准许货物与技术的自由进出口,但基于监测进出口情况的需要,对部分自由进出口的货物实行进出口自动许可;在国际服务贸易方面根据所缔结或者参加的国际条约、协定中所作的承诺,给予其他缔约方、参加方市场准入和国民待遇。考虑到国家安全、社会公共利益或者公共道德以及其他原因,对部分货物、技术、国际服务贸易实行限制或禁止进出口的政策。

### 我国基于下列原因,可以限制或者禁止有关货物、技术的进口或者出口

(一) 为维护国家安全、社会公共利益或者公共道德,需要限制或者禁止进口或者出口的;

(二) 为保护人的健康或者安全,保护动物、植物的生命或者健康,保护环境,需要限制或者禁止进口或者出口的;

(三) 为实施与黄金或者白银进出口有关的措施,需要限制或者禁止进口或者出口的;

(四) 国内供应短缺或者为有效保护可能用竭的自然资源,需要限制或者禁止出口的;

(五) 输往国家或者地区的市场容量有限,需要限制出口的;

(六) 出口经营秩序出现严重混乱,需要限制出口的;

(七) 为建立或者加快建立国内特定产业,需要限制进口的;

(八) 对任何形式的农业、牧业、渔业产品有必要限制进口的;

(九) 为保障国家国际金融地位和国际收支平衡,需要限制进口的;

(十) 依照法律、行政法规的规定,其他需要限制或者禁止进口或者出口的;

(十一) 根据我国缔结或者参加的国际条约、协定的规定,其他需要限制或者禁止进口或者出口的。

我国基于下列原因,可以限制或者禁止有关的国际服务贸易:

(一) 为维护国家安全、社会公共利益或者公共道德,需要限制或者禁止的;

(二) 为保护人的健康或者安全,保护动物、植物的生命或者健康,保护环境,需要限制或者禁止的;

(三) 为建立或者加快建立国内特定服务产业,需要限制的;

(四) 为保障国家外汇收支平衡,需要限制的;

(五) 依照法律、行政法规的规定,其他需要限制或者禁止的;

(六) 根据我国缔结或者参加的国际条约、协定的规定,其他需要限制或者禁止的。

目前我国对对外贸易的管理手段主要有进出口自动许可证制度、许可证制度、配额管理制度、关税保护制度、外汇管理制度、货运监管和查禁走私制度、进出口商品检验检疫制度等。我国对部分自由进出口的货物实行自动许可证管理制度，收货人、发货人在办理海关报关手续前提出自动许可申请的，并取得《自动进出口许可证》；对限制进出口的货物实行配额、许可证等方式管理，实行配额、许可证管理的货物，应当按照国务院规定，经国务院对外贸易主管部门或者经其授权的其他有关部门许可，方可进出口。

1.《自动进出口许可证》管理制度

《自动进出口许可证》是对部分自由进出口货物，以法律规定的形式，在任何情况下，都能获得自动进出口许可的证明。《中华人民共和国对外贸易法》第15条规定："国务院对外贸易主管部门基于监测进出口情况的需要，可以对部分自由进出口的货物实行进出口自动许可并公布其目录。"《货物自动进口许可管理办法》已由商务部于2004年12月公布，自2005年1月1日起施行。实行自动许可的进出口货物由商务部会同海关总署等有关部门确定和调整，并于实施前21天公布其目录。例如商务部和海关总署于2004年12月发布联合公告，公布了《2005年自动进口许可机电产品目录》。《自动进出口许可证》管理的货物的进出口，收货人、发货人在办理海关报关手续前应提出自动许可申请，并取得《自动进出口许可证》；未办理自动许可手续的，海关不予放行。

《自动进出口许可证》管理制度的目的是为了对货物进出口实行有效监测，掌握进出口货物动态，因此，实行自动进出口许可管理的货物由于某种原因发生变化，有可能将取消该货物的自动进出口许可管理。

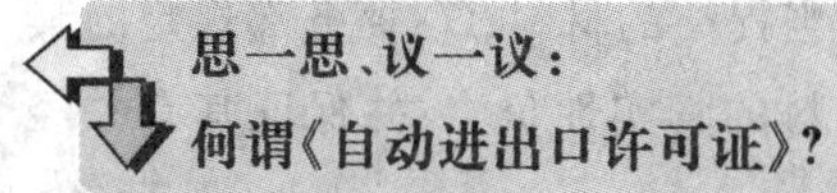


(1)《自动进出口许可证》的签发机构

商务部授权配额许可证事务局、商务部驻各地特派员办事处、各省、自治区、直辖市、计划单列市商务(外经贸)主管部门和地方机电产品进出口机构(以下简称"发证机构")负责自动进出口许可货物管理和《自动进出口许可证》的签发工作。发证机构应在接到申请人的申请后，最多不超过10个工作日应当予以签发《自动进出口许可证》。

(2)《自动进出口许可证》的申请与获得

资料卡

**《自动进出口许可证》申请人的资质**
**(以植物油《自动进口许可证》管理为例)**

自2005年3月1日起,我国对纺织品出口实行自动许可证管理;自2006年1月1日起,我国取消对豆油、棕榈油、菜子油进口关税配额和进口国营贸易管理,但为监测进口需要,对豆油、棕榈油(棕榈硬脂除外)、菜子油实行《自动进口许可证》管理。豆油、棕榈油、菜子油《自动进口许可证》申请者,应在省外经贸厅备案登记。申请《自动进口许可证》的豆油、棕榈油、菜子油进口企业应满足以下资质标准:对于贸易型企业,要求注册资金在1000万元以上、年销售额在2亿元以上且近3年进口植物油在3万吨以上;对于生产型企业,则要求注册资金在5000万元以上、年销售额在1亿元以上,其中食品生产企业3000万元以上;生产精炼油的油脂加工企业或以棕榈油为直接生产原料的食品加工企业,年使用棕榈油量在3000吨以上。

根据商务部的有关规定,收货人申请《自动进口许可证》,应当提交以下材料:① 收货人从事货物进出口的资格证书、备案登记文件或者外商投资企业批准证书(以上证书、文件仅限公历年度内初次申领者提交);②《自动进口许可证》申请表;③ 货物进口合同;④ 属于委托代理进口的,应当提交委托代理进口协议(正本);⑤ 对进口货物用途或者最终用户法律法规有特定规定的,应当提交进口货物用途或者最终用户符合国家规定的证明材料;⑥ 针对不同商品在《实行自动进出口许可货物目录》中列明的应当提交的材料;⑦ 商务部规定的其他应当提交的材料。收货人应当对所提交材料的真实性负责,并保证其有关经营活动符合国家法律规定。

收货人可以直接向发证机构书面申请《自动进出口许可证》,也可以通过网上申请。书面申请时,收货人可以到发证机构领取或者从相关网站下载《自动进出口许可证申请表》(可复印)等有关材料,按要求如实填写,并采用送递、邮寄或者其他适当方式,与上述的其他材料一并递交发证机构。网上申请时,收货人应当先到发证机构申领用于企业身份认证的电子钥匙,申请时,登录相关网站,进入相关申领系统,按要求如实在线填写《自动进出口许可证申请表》等资料,同时向发证机构提交上述的有关材料。

《自动进口许可证》在公历年度内有效,有效期为6个月。收货人已申领的《自动进口许可证》如未使用,应当在有效期内交回原发证机构,并说明原因。发证机构对收货人交回的《自动进口许可证》予以撤销。《自动进口许可证》如有遗失,收货人应当立即向原发证机构以及自动进口许可证证面注明的进口口岸地海关书面报告挂失。原发证机构收到挂失报告后,经核实无不良后果的,予以重新补发。《自动进口许可证》自签发之日起1个月后未领证的,发证机构可予以收回并撤销。

国家对自动进口许可管理货物采取临时禁止进口或者进口数量限制措施的,自临时措施生效之日起,停止签发《自动进口许可证》。

**以下列方式进口自动许可货物的,**
**可以免领《自动进口许可证》**

1. 加工贸易项下进口并复出口的(原油、成品油除外);
2. 外商投资企业作为投资进口或者投资额内生产自用的;
3. 货样广告品、实验品进口,每批次价值不超过5 000元人民币的;
4. 暂时进口的海关监管货物;
5. 国家法律法规规定其他免领《自动进口许可证》的。

(3)《自动进出口许可证》的使用

《自动进出口许可证》项下货物原则上实行"一批一证"管理,对部分货物也可实行"非一批一证"管理。"一批一证"是指同一份《自动进出口许可证》不得分批次累计报关使用。同一进出口合同项下,收货人可以申请并领取多份《自动进出口许可证》。"非一批一证"是指同一份《自动进出口许可证》在有效期内可以分批次累计报关使用,但累计使用不得超过六次。海关在《自动进出口许可证》原件"海关验放签注栏"内批注后,海关留存复印件,最后一次使用后,海关留存正本。对"非一批一证"进出口实行自动进出口许可管理的大宗散装商品,每批货物进出口时,按其实际进出口数量核扣自动进出口许可证额度数量;最后一批货物进出口时,其溢装数量按该《自动进出口许可证》实际剩余数量并在规定的允许溢装上限内计算。

2. 货物进出口配额管理制度

进出口货物配额管理是指国家在一定时期内对某些货物的进出口数量或金额直接加以限制的管理措施,即对某种商品规定具体的进出口数量,超过规定的数量则不允许进出口(或者虽然允许进出口,但要缴纳较高的关税)。实行配额管理的货物目录由国家发展和改革委员会会同有关部门提出意见,报国务院批准后由商务部公布。这些货物一般有以下几种:关系国计民生的大宗资源性出口货物及在我国出口中占有主导地位的大宗传统出口货物;我国在国际市场或某一市场占主导地位的主要货物;出口额大且易引起经营秩序混乱的货物和重要货物以及有特殊要求的货物;国外对我国有配额或要求我国主动限制出口数量的货物。配额管理包括进口配额管理和出口配额管理。

(1) 进口配额管理

进口配额限制有两种管理方式,即进口配额管理和关税配额管理,如重要工业品进口配额、机电产品进口配额属于进口配额管理的范围(即在配额内可以进口,超出配额不能进口),而农产品进口关税配额、羊毛、毛条、化肥进口关税配额属于关税配额管理范围(即在配额内进口使用较低的关税税率,超出配额可以进口,但要适用比配额内进口高得多的关税税率)。按照我国加入世界贸易组织的承诺,我国在2005年1月1日之前,已取消了重要工业品和机电产品的进口配额管理。汽车和其他机电产品在取消配额后,实施自动许可管理。"入世"后,我国对5种重要农产品即粮食(小麦、大米、玉米)、棉花、植物油、食糖、羊毛和1种重要农业生产资料即化肥,由原来的配额管理改为关税配额管理;其他的进口配额在2005年1月1日之前已全部取消。

2006年我国将继续对小麦、玉米、羊毛等7种农产品和磷酸二铵等3种化肥实行关税配额管理,取消豆油、棕榈油、菜子油3种农产品的关税配额,对关税配额外进口一定数量的棉花继续实行滑准税;对冻鸡、啤酒、胶卷、摄像机等55种商品继续实行从量税、复合税,并根据进口平均价格的变化适当调整了部分从量税税率;对200多项进口商品实行暂定税率。

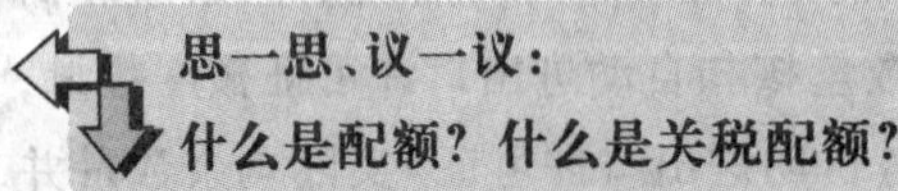

**思一思、议一议:**
**什么是配额?什么是关税配额?**

资料卡

**关税配额外进口棉花实行滑准税**

由于我国纺织工业的快速发展，近年来国内棉花生产和消费间存在着较大缺口。为缓解供需矛盾，经国务院批准，从2005年5月1日起至2006年12月31日止，我国对关税配额外进口的一定数量的棉花适用了滑准税形式的暂定关税。

所谓滑准税，就是根据同一种商品进口价格的不同，分别实施不同档次的税率，价格高的税率低，价格低的税率高，其目的是使商品的税后价格能够保持稳定。

2005年关税配额外进口的这部分棉花的税率滑动范围为5%—40%，致使国内最低售价（目标价格）大致稳定在了合理价格之上。这一措施从实施效果来看是比较好的，既保证了国内棉农能顺畅地销售自产棉花，也保证了国内纺织企业的用棉需要。目前根据有关部门的预计，2006年国内棉花供需缺口将有所扩大。因此，从保障棉农利益、缓解纺织品贸易摩擦、促进纺织品出口结构调整的角度出发，2006年将继续对关税配额外进口的一定数量的棉花实行滑准税，税率滑动范围仍为5%—40%，但是目标价格与2005年相比将有适当提高。

（2）出口配额管理

出口配额根据实施的主动性可以分为主动配额与被动配额，如出口到香港特别行政区的活鸡、活牛、活猪等属于主动配额，出口到对原产于我国产品设定限制国家的纺织品属于被动配额。但根据世界贸易组织《纺织品与服装协定》，自2005年1月1日起，纺织品被动配额应全部取消，全球纺织品贸易实现一体化。

出口配额可以通过直接分配的方式分配，也可以通过招标等方式分配。2006年我国实行出口配额招标的货物是：蔺草及蔺草制品、碳化硅、氟石块（粉）、滑石块（粉）、轻（重）烧镁、矾土、甘草及甘草制品。实行出口配额招标的货物，无论采取何种贸易方式，各授权发证机构均凭商务部下发的中标企业名单及其中标数量和招标办公室出具的《申领配额招标货物出口许可证证明书》签发出口许可证。

3. 进出口许可证管理制度

进出口许可证管理是国家对限制进出口货物、技术采取的一种非数量控制的办法。进出口许可证是国家管理货物、技术进出口的法律凭证。凡属于进出口许可证管理的货物、技术,除国家另有规定外,各类进出口企业应在进出口前按规定向指定的发证机构申领进出口许可证,海关凭进出口许可证接受申报和验放。进出口许可证不得买卖、转让、伪造和变造。

商务部是进出口许可证的归口管理部门,负责制定进出口许可证管理的规章制度等。2004 年 12 月商务部发布了《货物进口许可证管理办法》和《货物出口许可证管理办法》,这两个规章都于 2005 年 1 月 1 日正式实施。在这两个规章中,规定了申领进口或出口许可证应当提交的文件、许可证的发证依据、许可证的签发、许可证的有效期以及检查和处罚措施等。商务部授权配额许可证事务局统一管理、指导全国各发证机构的进出口许可证签发及其他相关工作。许可证事务局及其驻各地的特派员办事处和各省、自治区、直辖市及计划单列市商务主管部门为进出口许可证的发证机构。

2006 年实行出口许可证管理的 46 种货物(312 个 8 位 HS 编码),分别实行出口许可证管理、出口配额招标和出口配额许可证管理。实行出口许可证管理的货物是:活牛(对港澳以外市场)、活猪(对港澳以外市场)、活鸡(对港澳以外市场)、牛肉、猪肉、鸡肉、消耗臭氧层物质、监控化学品、易制毒化学品、石蜡、铂金(以加工贸易方式出口)、锌及锌基合金、电子计算机、电风扇、自行车、摩托车(含全地形车)及其发动机、车架。其中监控化学品、易制毒化学品在 2006 年将实行两用物项和技术进出口许可证管理,《两用物项和技术进出口许可证管理办法》颁布后,按新办法执行。实行出口配额招标的货物是:蔺草及蔺草制品、碳化硅、氟石块(粉)、滑石块(粉)、轻(重)烧镁、矾土、甘草及甘草制品。实行出口配额许可证管理的货物是:玉米、大米、小麦、棉花、锯材、活牛(对港澳)、活猪(对港澳)、活鸡(对港澳)、蚕丝类、煤炭、焦炭、原油、成品油、稀土、锑砂、锑(包括锑合金)及锑制品、氧化锑、钨砂、仲钨酸铵及偏钨酸铵、三氧化钨及蓝色氧化钨、钨酸及其盐类、钨粉及其制品、锌矿砂、锡矿砂、锡及锡基合金、白银。

4. 配额管理与许可证管理的结合

配额管理往往与许可证管理结合在一起使用。我国目前采用的是配额与许可证结合使用的管理方式。国家实行统一的货物进出口许可制度,对有数量限制和其他限制的进出口货物实行进出口许可证管理，属于国家有数量限制的进出口货物，实行配额管理，即国家对部分货物在实行许可证管理的基础上实行配额管理，这部分商品在申领了配额证明后，还需凭借配额证明申请办理进出口许可证。一方面，配额证明只是表示对某些进出口商品在数量上进行的限制，而进出口许可证才是货物准许进出口的标志；另一方面，配额证明的发放部门不仅是一个管理机关，而进出口许可证发放只由商务部负责。这种管理方式有利于对配额数量的管理，防止超配额进出口而对国家造成各种不利影响。

2006年我国实行出口配额许可证管理的货物是：玉米、大米、小麦、棉花、锯材、活牛（对港澳）、活猪（对港澳）、活鸡（对港澳）、蚕丝类、煤炭、焦炭、原油、成品油、稀土、锑砂、锑（包括锑合金）及锑制品、氧化锑、钨砂、仲钨酸铵及偏钨酸铵、三氧化钨及蓝色氧化钨、钨酸及其盐类、钨粉及其制品、锌矿砂、锡矿砂、锡及锡基合金、白银。其中，除对港澳出口的活牛、活猪、活鸡实行全球许可证下的国别（地区）配额许可证管理外，其他出口许可证管理货物目录所列出口货物均实行全球出口许可证管理。

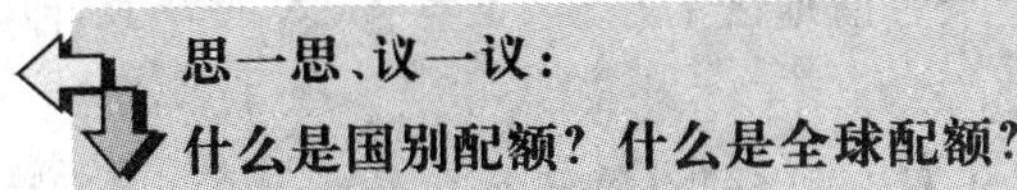
**思一思、议一议：**
**什么是国别配额？什么是全球配额？**

5. 关税保护制度

从2001年年底我国加入世界贸易组织到2005年，经过连续4年的大幅度降税，我国已经履行了绝大部分入世承诺的降税义务。从2006年1月1日起，我国将进一步降低一百多个税目的进口关税，使2006年的关税总水平仍为9.9%，其中农产品平均税率由15.3%降低到15.2%，工业品平均税率仍为9.0%。

在2006年的关税调整中，我们主要遵循了以下原则：第一还是要继续履行中国入世承诺的关税减让义务；第二是根据我国签订的有关贸易或关税优惠协定及国务院有关决定精神，安排协定税率和特惠税率；第三是根据国家宏观调控政策的基本取向和经济、社会协调发展的需要，以暂定税率形式调整部分商品的进出口税率；第四是为进一步落实产业及税收政策、有效实施进出口管理措施、方便税收征管，对税则税目进行了适当调整。

2006年关税下降的一百多种商品主要是一些和老百姓日常生活密切相关

的商品,比如,小轿车、小客车、越野车等汽车整车的关税将由目前的30%降至28%;变速箱、减震器、散热器、离合器、转向器等车用零部件的关税将由13.5%—12.9%降至10%;部分进口化妆品的关税将由16%降至12.8%;豆油、棕榈油、菜子油等植物油产品将取消关税配额管理,其关税将统一降至9%。另外,化工原料也是这次降税涉及得比较多的产品,聚乙烯、聚丙烯、聚苯乙烯等化工原料的税率下降1%左右。其他一些诸如部分水果、发酵饮料、纸制品的关税也都有不同程度的下降。

2006年,根据中国—东盟自由贸易区协议,我国将对原产于东盟十国的商品实行比最惠国税率更加优惠的协定税率,其中所有"早期收获"商品的税率都将降为零,正常降税的商品仍将继续执行2005年7月20日实施的协定税率。根据《亚太贸易协定》(即原来的"曼谷协定")、中国—巴基斯坦自由贸易区"早期收获"安排和内地与香港澳门关于建立更紧密经贸关系的安排(CEPA),我国将对原产于上述国家和地区的部分商品实行协定税率。我国还将对原产于柬埔寨、缅甸、老挝、孟加拉国、苏丹等三十多个最不发达国家的部分商品实行零关税的特惠税率。我国大陆将继续对原产于台湾地区的菠萝、番荔枝、木瓜等15种新鲜水果实行进口零关税。

在出口关税方面,从2006年1月1日起,中国将停止征收纺织品的出口关税,并对六十多项出口商品实行暂定税率。此外,中国2006年还将对部分税目进行调整,调整后税目总数将由2005年的7 550个增加到7 605个。

6. 进出口商品检验检疫制度

我国为维护对外贸易各方的合法权益和我国信誉、促进生产和对外贸易发展,为加强进出口商品检验工作,作出了有关进出口商品检验的规定。具体法规有:《中华人民共和国进出口商品检验法》(以下简称《商检法》)和《中华人民共和国进出口商品检验法实施条例》(2005年12月1日起实施的,以下如无特殊说明均同)。

(1) 检验机构

中华人民共和国国家质量监督检验检疫总局(以下简称"国家质检总局")主管全国进出口商品检验工作。国家质检总局设在省、自治区、直辖市以及进出口商品的口岸、集散地的出入境检验检疫局及其分支机构(以下简称"出入境检验检疫机构"),管理所负责地区的进出口商品检验工作。

国家质检总局应当依照商检法的规定，制定、调整必须实施检验的进出口商品目录（以下简称"目录"）并公布实施。目录应当至少在实施之日起30日前公布；在紧急情况下，应当不迟于实施之日公布。国家质检总局制定、调整目录时，应当征求国务院对外贸易主管部门、海关总署等有关方面的意见。

出入境检验检疫机构对列入目录的进出口商品以及法律、行政法规规定须经出入境检验检疫机构检验的其他进出口商品实施检验（以下简称"法定检验"）。出入境检验检疫机构对法定检验以外的进出口商品，根据国家规定实施抽查检验。

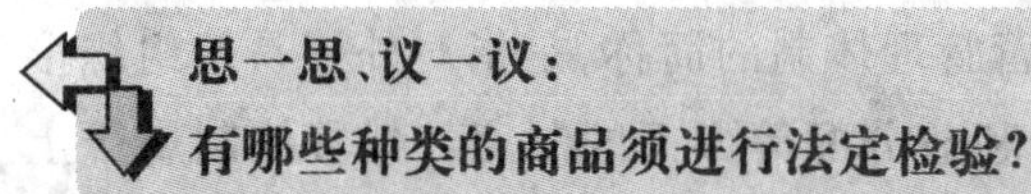


（2）进口商品的检验

法定检验的进口商品的收货人应当持合同、发票、装箱单、提单等必要的凭证和相关批准文件，向海关报关地的出入境检验检疫机构报检，即海关放行后20日内，收货人应当依照《中华人民共和国进出口商品检验法实施条例》的有关规定，向出入境检验检疫机构申请检验。法定检验的进口商品未经检验的，不准销售，不准使用。而进口实行验证管理的商品，收货人应当向海关报关地的出入境检验检疫机构申请验证。出入境检验检疫机构按照国家质检总局的规定实施验证。法定检验的进口商品、实行验证管理的进口商品，海关凭出入境检验检疫机构签发的货物通关单办理海关通关手续。

法定检验的进口商品应当在收货人报检时申报的目的地检验。但大宗散装商品、易腐烂变质商品、可用作原料的固体废物以及已发生残损、短缺的商品，应当在卸货口岸检验。

（3）出口商品的检验

法定检验的出口商品的发货人应当在国家质检总局统一规定的地点和期限内，持合同等必要的凭证和相关批准文件向出入境检验检疫机构报检。法定检验的出口商品未经检验或者经检验不合格的，不准出口。出口实行验证管理的商品，发货人应当向出入境检验检疫机构申请验证，出入境检验检疫机构按照国家质检总局的规定实施验证。

出口商品应当在商品的生产地检验。国家质检总局可以根据便利对外贸易

和进出口商品检验工作的需要，指定在其他地点检验。在商品生产地检验的出口商品需要在口岸换证出口的，由商品生产地的出入境检验检疫机构按照规定签发检验换证凭单。发货人应当在规定的期限内持检验换证凭单和必要的凭证，向口岸出入境检验检疫机构申请查验。经查验合格的，由口岸出入境检验检疫机构签发货物通关单。

法定检验的出口商品、实行验证管理的出口商品，海关凭出入境检验检疫机构签发的货物通关单办理海关通关手续。

## 本章小结

1. 对外贸易体制是对外贸易经营管理体制的简称，是指对外贸易的组织形式、机构设置、管理权限、经营分工和利益分配等方面的制度。外贸体制属于上层建筑范畴，由经济基础决定，是根据经济基础的要求建立起来并为经济基础服务的，应随经济的发展变化而改革变化。

2. 对外贸易体制改革是对外贸易工作的重要任务。改革开放以来，我国对外贸易体制进行了多次改革，特别是20世纪90年代以来，按照“以改革促开放促发展”的指导思想，进一步加快了外贸体制改革的步伐。2001年11月我国加入了世界贸易组织，从客观上对我国的外贸体制改革提出了新的要求。经过几年的努力，目前我国已基本上建立了既符合国际贸易规范和市场经济要求，又符合我国国情和特点的对外贸易体制。外贸经营权取消了审批制，实行登记制。2004年7月1日实施的新《中华人民共和国对外贸易法》中规定：只要依法获得从业手续，并在商务部及其委托机构进行了办理货物进出口或技术进出口的备案登记，任何企业、组织和个人都可以从事对外贸易经营活动。外贸管理机构和促进机构明确职责、合理分工，各司其职以促进我国对外贸易、国民经济的快速、稳健发展。

3. 改革开放以来，我国的对外贸易取得了很大的成绩，在拉动国民经济增长、扩大就业及促进技术进步、促进产业结构的调整和升级等多个方面发挥了重要的作用。对外贸易对我国经济增长的促进作用得益于恰当的政策。

4. 总体上来看，我国当前采取的是有管理的自由贸易政策：准许货物与技术的自由进出口，但基于监测进出口情况的需要，对部分自由进出口的货物实行进出口自动许可证管理制度；在国际服务贸易方面根据所缔结或者参加的国际条约、协定中所作的承诺，给予其他缔约方、参加方市场准入和国民待遇；考虑到国家安全、社会公共利益或者公共道德以及其他原因，对部分货物、技术、国际服务贸易实行限制或禁止进出口的政策。

5. 目前我国对对外贸易的管理手段主要有进出口自动许可证制度、许可证制度、配额管理制度、关税保护制度、外汇管理制度、货运监管和查禁走私制度、进出口商品检验检疫制度等。我国对部分自由进出口的货物实行自动许可证管理制度，收货人、发货人在办理海关报关手续前提出自动许可申请并取得《自动进出口许可证》；对限制进出口的货物实行配额、许可证等方式管理，实行配额、许可证管理的货物，应当按照国务院规定经国务院对外贸易主管部门或者经其授权的其他有关部门许可，方可进出口。我国继续调整关税，在关税调整中遵循了以下原则：第一还是要继续履行中国入世承诺的关税减让义务；第二是根据我国签订的有关贸易或关税优惠协定及国务院有关决定精神，安排协定税率和特惠税率；第三是根据国家宏观调控政策的基本取向和经济、社会协调发展的需要，以暂定税率形式调整部分商品的进出口税率；第四是为进一步落实产业及税收政策、有效实施进出口管理措施、方便税收征管，对税则税目进行了适当调整。为维护对外贸易各方的合法权益和我国信誉、促进生产和对外贸易发展，我国的出入境检验检疫机构要依照《中华人民共和国进出口商品检验法》和《中华人民共和国进出口商品检验法实施条例》，对列入目录的进出口商品以及法律、行政法规规定须经出入境检验检疫机构检验的其他进出口商品实施法定检验。

## 思考与练习

### 一、名词解释

1. 对外贸易体制
2. 外贸经营者
3. 外贸经营者资格
4. 国营贸易管理
5. 经济增长
6. 进出口货物许可证管理
7. 进出口货物配额管理
8. 自动进出口许可证
9. 法定检验
10. 配额管理与许可证管理结合

11. 外贸代理制

12. 滑准税

## 二、选择题

1. 转换外贸企业经营机制的前提条件是(　　)。

A. 政府转变职能,实行政企分开

B. 政府加强宏观调控,规范市场秩序

C. 加强企业财务管理

D. 深化企业内部人员、劳动、分配制度改革

2. 我国外贸经营管理体制改革实现了外贸经营主体多元化,实现了经营者(　　)制度。

A. 开放经营　　B. 许可经营

C. 审批经营　　D. 依法登记

3. 我国外贸体制改革的目标是(　　)。

A. 建立社会主义市场经济

B. 建立适应社会主义市场经济体制和国际贸易规范的新体制

C. 建立符合世界贸易组织规则的体制

D. 发展经济

4. 我国对部分自由进出口的货物实行(　　)。

A. 自动进出口许可证管理制度　　B. 配额管理制度

C. 许可证管理制度　　D. 配额与许可证相结合的管理制度

5. 目前我国对外贸易管理的行政手段主要有(　　)。

A. 出口退税　　B. 对外贸易经营审批管理

C. 外汇管理　　D. 进出口许可证管

E. 财政政策

6. 我国外贸体制改革的方向是(　　)。

A. 统一政策、放开经营　　B. 平等竞争、自负盈亏

C. 工贸结合　　D. 推行代理制

7. 转换外贸企业经营机制的目标是使企业成为(　　)企业。

A. 依法自主经营　　B. 自我组合

C. 自负盈亏　　D. 自我发展

8. 新世纪,我国对外贸易增长应主要依靠(　　)来实现。

A. 数量和规模　　B. 质量和效益

C. 速度与投入　　D. 优化结构

9. 我国对限制进出口的货物实行(　　)。

A. 自动进出口许可证管理制度　　B. 配额管理制度

C. 许可证管理制度　　D. 配额与许可证相结合的管理制度

10. 我国实现外经贸调控的主要经济手段是(　　)。

A. 关税　　B. 汇率

C. 利率　　D. 配额与许可证

11. 改革开放前,我国原有外贸体制的特征是(　　)。

A. 高度集中

B. 以行政管理为主的直接调控

C. 以经济手段和法律手段为主的间接调控

D. 经营者自负盈亏

12. 1994 年以来,我国外贸体制改革主要包括(　　)的改革。

A. 外贸计划体制　　B. 外贸管理体制

C. 外贸经营体制　　D. 外贸协调体制

13. 2002 年 1 月 1 日,我国首次实施了(　　)。

A.《中华人民共和国反补贴条例》　　B.《中华人民共和国反倾销条例》

C.《中华人民共和国海关法》　　D.《中华人民共和国专利法》

14. 改革开放后,中国进口商品结构变化的主要特点是(　　)。

A. 初级产品进口比例逐步上升

B. 大量增加高新技术产品的进口

C. 减少国内技术完善的商品的进口

D. 制成品进口比例逐步上升

E. 增加国内短缺的资源性产品的进口

**三、简答题**

1. 简述对外贸易经营者备案登记程序。

2. 简述我国对外贸易宏观管理机构及其职能。

3. “十一五”期间我国对外贸易管理体制改革的目标是什么?

4. 对外贸易对经济增长的促进作用有哪些具体表现?
5. 我国对外贸易政策体系发展经历了哪几个阶段?
6. 收货人申请自动进口许可证应当提交哪些材料?
7. 我国对限制进出口和自由进出口的货物分别采取何种主要管理手段?
8. 自动进出口许可证使用的原则是什么?

## 技能实训

1. 查一查我国现行的许可证管理制度、配额招标管理办法、货物自动进出口许可管理办法。

2. 从 http://www.mofcom.gov.cn 上下载《对外贸易经营者备案登记表》并试着填写。

3. 小论文——浅析我国的外贸体制改革。

## 案例分析

### 案例1-1　加纳与韩国贸易政策的比较

1970年时加纳与韩国的生活水平大致相当,加纳的人均国内生产总值为250美元,韩国为260美元。但到了1992年,情况发生了极大的变化:韩国人均国内生产总值达6 790美元,而加纳仅为450美元;加纳1968—1988年间年均国内生产总值增长率为1.5%,1980—1992年间仅为0.1%。相反,韩国1968—1992年间年均国内生产总值增长率高达9%。

加纳原是英国在西非的一个殖民地国家,于1957年独立。其第一任总统 Kwame Nkrumah 提出了泛非洲社会主义理论对非洲大陆的其他地区产生了很大的影响。对加纳而言,这一理论意味着对很多进口产品征收高关税,实行进口替代政策以促进本国在某些制成品方面的自给自足,并且采取组织、鼓励本国企业进行出口贸易的政策。

我们以"可可"贸易为例来看其国际贸易政策。加纳拥有适宜的气候、肥沃的土壤和便利的海运航线,是世界上最适于种植可可的地方,这一切决定了它在可可生产方面具有绝对优势。1957年时,加纳是世界上最大的可可生产国和出口国。新独立的国家政府创立了一个由国家控制的可可推销委员会，它有权确定可可的价格，并且被指定为加纳生产的所有可可的唯一购买者。该委员会压低可可的国内收购价格，又以市场价格将收购的可可在世界市场上出售。它以每磅25美分的价格从种植者手中获得可可，再以每磅50美分的价格在世界市场上出售。实际上，该委员会付给种植者的价格远远低于世界市场上实际的价值，这样一来就等于对可可出口征了税，而国内收购价与出口价格之间的差额都进入国库，这笔钱被用于政府的国有化和工业化政策。

1963—1979年间，可可推销委员会付给加纳可可种植者的价格增长了6个系数，而加纳的消费品价格增长了22个系数，近邻国家的可可价格增长了36个系数。按实际价格计算，可可推销委员会付给加纳种植者的价格每年都在减少，而世界市场上的价格却在大幅度上升。在这种情况下，加纳的农民纷纷放弃了种植可可，转而生产一些能在国内市场销售的基本粮食作物。这样，在7年的时间内，加纳的可可生产和出口锐减了1/3。与此同时，加纳政府依靠国有企业建立国家工业基础的努力宣告失败。结果，加纳出口收入的减少使本国经济陷入衰退，外汇储备下降，严重限制了该国购买必要进口产品的能力，并且使该国的资源转向没有优势的基本农作物种植和制造业领域，而不再种植可可这一使该国在世界经济中享有绝对优势的经济作物。这种资源的低效使用损害了加纳的经济，抑制了该国经济的发展，使该国由当年的非洲最繁荣的国家之一变为当今世界上最贫穷的国家之一。

与加纳不同，韩国政府强调对制成品的进口设置低障碍（对农产品则不同），并采取刺激措施鼓励韩国公司进行出口。从20世纪50年代后期开始，韩国政府逐渐将进口关税的平均水平从进口价格的60%降低到20世纪80年代中期的20%以下，并将大多数非农产品的进口关税降为零。此外，受配额限制的进口产品数量也从20世纪50年代后期的90%以上减少到20世纪80年代初的零。同时，韩国政府给出口商的补贴也从20世纪50年代后期的占销售价格的80%逐渐下降到1965年的不到20%，到1984年则不给补贴。除在农业部门以外，韩国的贸易政策逐渐向自由贸易方向发展。

韩国的外向型贸易政策取得了成功,该国经济也发生了巨大的转变。最初,韩国的资源从农业方面向劳动力密集型的制造业特别是纺织、服装和制鞋业转移。韩国拥有充足、廉价的而又受过良好教育的劳动力,这是它在劳动密集型的制造业领域建立比较优势的基础。近来,随着劳动力成本的提高,韩国经济已开始向资本密集型制造业领域发展,特别是汽车、航空、家用电器和先进材料等领域。这一切都给韩国带来了巨大的变化。20世纪50年代后期,韩国77%的劳动力都就业于农业部门,今天,这个比例已降至20%以下。同时,制造业在国内生产总值中所占的比例从不到10%增长到30%以上,该国国内生产总值的年均增长率超过9%。

**问题:**

1. 加纳与韩国的经济发展为何产生如此大的差距?
2. 分析加纳、韩国采取的贸易政策。
3. 分析国际贸易政策与该国经济发展的关系。

### 案例1-2 可口可乐公司在印度的命运

可口可乐公司是一个在一百五十多个国家和地区的软饮料市场上占40%以上份额的大跨国公司。为保持其竞争地位,其秘方无论在哪个国家的市场始终保密。1977年夏季,印度新上任的工业部部长费尔南德斯向在印度的可口可乐公司提出,要其将秘方技术交给一家印度饮料公司,由后者接管可口可乐在印度的全部业务,而可口可乐则可握有该印度饮料公司的40%股权。在谈判中,可口可乐公司同意由上述印度公司接管业务,自己保留40%股权,但拒交秘方。于是印度政府下令停发可口可乐浓缩液进口许可证,从此可口可乐公司宣告退出印度。

**问题:**

1. 何谓进口许可证?
2. 一国的对外贸易政策对该国的对外贸易和利用外资有怎样的影响?

# 第二章 中国对外贸易管理

【导读】 为了维护对外贸易秩序，促进对外经济贸易和科技文化交往，保障社会主义现代化建设，我国颁布了一系列对外贸易管制的法律、行政法规、部门规章，确立了对外贸易经营者登记管理、出入境检验检疫、外汇管理等制度，制定了有关进出口禁止、限制、自动许可、反倾销、反补贴、进出口收付汇核销等措施，并通过汇率调节、税收调节、信贷调节、价格调节等经济杠杆，间接影响和约束企业对外经济贸易行为。加入WTO后，我国进一步加强和完善对外贸易管理，通过维护自由、公平的贸易环境和竞争秩序，促进对外经济贸易健康、稳定发展。

# 第一节　中国对外贸易管理概述

## 一、中国对外贸易管理的必要性

我国对外贸易管理的职能是按照社会主义市场经济的要求和国际贸易规范，把一切对外贸易活动由国家统一领导、控制和调节，这是党的十一届三中全会召开以后确定的概念。中国在建立社会主义市场经济和与国际经济接轨的过程中，必须加强和完善对外贸易管理，通过维护自由、公平的贸易环境和竞争秩序，促进本国对外经济贸易健康、稳定发展。

### （一）保证国家对外贸易方针政策的贯彻执行和对外贸易效益的提高

对外贸易管理是保证我国对外贸易方针政策顺利实施的重要手段。它通过各项具体的管理规定和所采取的管理措施，保证国家发展对外贸易的任务、目的和方向的实现，国家可以从宏观上把握和控制进出口商品的总体数量和市场流向，合理调节和控制进出口贸易的速度及规模，保证对外贸易战略的贯彻实施，出口产业结构和进口商品结构的调整及优化，保证我国地区政策的执行。加强对外贸易的管理，有利于引导外贸企业进行有效经营，保证进出口贸易平衡，外汇收支平衡，促进对外贸易经济效益的提高。

### （二）保证我国在激烈竞争的国际市场上处于有利地位

我国建立社会主义市场经济，必须要依靠国内外两个市场、两种资源，吸取人类共同创造的一切文明成果来促进国民经济的发展，实现社会主义现代化的目标。而在世界经济舞台上，中国所面临的是风云变幻的国际政治经济形势，是世界经济区域集团化趋势的发展、贸易保护主义的日趋加剧、排他性倾向的加强和激烈的国际竞争。为了在严峻的国际政治经济形势下维护国家的政治独立和经济利益，有效地对付国际垄断势力，冲破贸易保护主义和区域集团化排他性的限制，获得对等和公平的竞争条件，保证对外贸易的迅速发展，必须加强对外贸易的宏观管理和调控。

### （三）保证对外贸易体制改革的顺利进行

当前，随着我国对外开放的扩大和外贸体制改革的深化，我国对外经济贸易迅速发展，规模扩大，渠道增多，方式多样，层次不同，越来越多的企业参与到外贸活动中来，这一方面有助于我国外向型经济的发展；但另一方面，由于我国各

项改革措施不配套,规章制度不健全,因此外贸经营秩序混乱,这也要求加强对外贸易的宏观调控和管理,协调各方面利益,保证对外贸易的健康发展,以保证对外贸易体制改革各项措施的顺利实施和总体目标的实现。

(四)保证协调和发展国际经济贸易关系

在国际贸易关系中,对外贸易管理可以保证双边或多边贸易协议的履行,有利于争取对等和公平的贸易条件,有利于我国在国际贸易中开展必要的斗争,从而协调和发展国际经济贸易关系。

加强对外贸易管理,是世界各国为维护本国政治和经济利益而采取的政府干预行为,我国在建立社会主义市场经济和同国际经济接轨的过程中,也必须加强和改善宏观管理,以维护我国的政治和经济利益,加强国际竞争力,更快、更广泛地参与国际竞争,促进我国社会主义市场经济的完善,加速我国经济贸易长期稳定的发展,使我国经济真正成为世界经济中富有活力的一个组成部分。

## 二、中国对外贸易管理发展概述

新中国成立以来,为了适应不同时期国内外形势和对外贸易发展的需要,我国政府在外贸管理方面采取了不同的方针和政策,并对外贸管理的重点和管理方法不断进行调整和改进。其发展大体可分为两个时期,即单一计划经济体制下的对外贸易管理和以社会主义市场经济为取向的对外贸易管理。

(一)单一计划经济体制下的对外贸易管理

1. 从新中国建立初期至1978年实行改革开放前,我国对外贸易管理大致经历了两个阶段

(1) 新中国成立初期至完成对私营进出口商社会主义改造(1949—1956)

1949年9月27日通过的《中国人民政治协商会议共同纲领》规定我国实行对外贸易管制,并采取保护贸易政策。据此,1950年12月8日中央人民政府政务院第62次会议通过并颁布了《对外贸易管理暂行条例实施细则》。从此,我国对外贸易管理开始建立,国家通过制定和贯彻执行对外贸易的方针、政策、法规和计划,设立对外贸易管理机构,采取进出口许可证,外贸企业审批、外汇管制、货运监管、查禁走私以及进出口商品检验等措施来实现对全国对外贸易活动的统一管理。

这一时期对外贸易管理的主要特点是:

① 管理目的明确。新中国成立之初,国家即明确管理对外贸易的目的是保障和发展国内工业;增加出口;按需进口,合理使用外汇。

② 管理方法简单。主要的措施有:制定保护性的税则、税率;对进出口商品全面实行许可证制度并实行分类管理;实行外汇统一管理;统一制定商检政策并实行统一领导,管理全国进出口商品检验工作;设立海关,实行监管等。

③ 管理比较严格。新中国成立后,面临着帝国主义对华实行的"封锁、禁运",同时还存在着经营进出口贸易的私商和外商,国家只有加强对外贸易的控制和管理,才能有效地开展对"封锁、禁运"的斗争,尽快恢复国民经济并保持国内经济的稳定。

(2) 完成对私营进出口商的社会主义改造至改革开放前的时期(1957—1977)

这一时期对外贸易的管理保持了相对的稳定,但对外贸易管理的对象、目的和要求都发生了变化。1956 年,我国基本上完成了对私营进出口企业的社会主义改造,国家的对外贸易业务开始全部由国营进出口公司经营。同时,在实行集中统一的单一计划经济体制下,对外贸易全部纳入了国家的计划管理,国营外贸专业公司及其分支机构完全按照国家的指令性计划开展进出口业务。1957 年 1 月 23 日,对外贸易部公布的《进出口货物许可证签发办法》规定,尽量简化申领进出口许可证的手续,减少和放宽对国营进出口贸易的行政管理。1959 年 2 月 21 日,对外贸易部发出了《关于简化对本部各进出口专业公司进出口货物许可证签发手续的指示》,简化了各外贸专业总公司申领许可证的手续。同年 10 月 14 日,对外贸易部又发出了《关于执行进出口货物许可证签发办法的综合指示》,明确规定,各进出口公司及其分支机构进出口的货物,凭外贸部下达的货单或通知为进出口许可证。从此之后,对外贸易的管理职能和进出口业务经营结合为一体,进出口许可证已失去管理对外贸易的作用,只是在其他部门进口少量急需物资时才使用进口许可证。

这一时期对外贸易管理的特点是:

① 对外贸易管理的目的转向保证国家进出口计划的完成。

② 对外贸易管理的方法由进口许可证管理逐渐被对外贸易部下达的货单和通知所代替,外贸专业公司凭货单和通知开展进出口业务。计划管理和行政命令成为国家管理和控制对外贸易的主要手段。

2. 对我国单一计划经济条件下对外贸易管理的评估

从新中国成立初期至1978年实行改革开放前,我国对外贸易管理虽然经历了一些变化,但基本上仍然是以行政命令和计划管理为主的对外贸易管理。实践证明,这种对外贸易管理在当时的历史条件下起了积极的作用,它有利于国家对全国对外贸易活动的组织、指导、调控和监督,保证对外贸易任务的完成;有利于集中统一对外,增强对外竞争力,同外国经济压力进行有效的斗争,捍卫国家的政治和经济独立;有利于维护国家的宏观经济利益,保证我国对外贸易的发展和社会主义建设的顺利进行。

但是,这种对外贸易管理也存在着严重不足。第一,它不适应我国改革开放的新形势。1978年以来,我国实行了以市场导向为主的改革和对外开放。一方面,我国先后在计划、财税、金融、物价、投资、外贸以及物资流通等方面进行了改革,程度不同地坚持以市场导向为主,我国的经济体制和运作机制发生了深刻的变化,国民经济的市场化程度大为提高;另一方面,随着改革开放的深化,外贸经营权逐渐下放,各部门、各地区及外贸企业相应扩大了自主权,贸易渠道增多,贸易方式日趋灵活多样,因此,单纯依靠计划管理和行政手段来控制对外贸易活动已不适应改革开放的新形势,迫切需要我国调整和改进对外贸易管理,保证对外贸易的顺利发展,保证在竞争激烈的国际市场上处于有利地位。第二,它不适应建立社会主义市场经济体制改革的目标要求。党的十四大已确认我国经济体制改革的目标是建立社会主义市场经济体制。社会主义市场经济不仅应遵循价值规律,而且应是以法制为保障的经济。因此,对外贸易管理应该主要采取和运用法律手段与经济手段,并辅之以必要的行政手段的模式。第三,它不符合国际贸易规范的要求。以世界贸易组织为核心的国际贸易规范,主要是以市场运行机制为基础,外贸宏观调控方式要求间接化,主要运用经济手段调控外贸企业的经营活动,而不能进行直接干预。而我国以行政命令和计划管理为主的模式,则直接地限制了外贸企业的经营自主权。

为了适应改革开放的新形势,为了加快社会主义市场经济体制的建立和按国际惯例办事,我国必须改革旧的对外贸易管理制度,建立起以法制手段和经济调控手段为主、行政手段为辅的新的对外贸易管理体制。

(二)以社会主义市场经济为取向的对外贸易管理

自1978年实行改革开放以来,对外贸易管理大致经历了两个阶段。

1. 改革开放后至党的十四大召开前(1978—1991)

1978 年实行改革开放后,为了适应国内新形势发展的需要,保证对外贸易的发展,我国政府重新调整和改进了对外贸易的发展和管理。首先,弱化外贸计划管理,如简化外贸计划内容,缩小指令性计划范围,扩大指导性计划范围,注意发挥市场调节的作用等。其次,加强和改进了外贸行政管理,如重新恢复了对部分进出口商品的许可证管理和配额管理,对出口商品商标的协调管理等制度。最后,通过立法规范外贸各项管理措施。国家加快了外贸立法步伐,颁布了《海关法》、《进出口商品检验法》、《技术引进管理条例》、《关于出口许可制度的暂行办法》以及《进口货物许可制度暂行条例》等。

2. 党的十四大召开以来的对外贸易管理(1992—　)

(1) 改革外贸管理体制,发挥经济调节手段对外贸的调控作用。在强化经济调节手段方面,国家主要通过进一步改进和完善税收、汇率、信贷和价格等方面的机制,更好地发挥经济杠杆对外贸活动的调控作用,如在税收方面,根据世界贸易组织对发展中国家的要求,曾多次降低进口关税税率,调整关税结构;改革外贸企业所得税制;完善出口退税制度等。在汇率方面,国家从 1994 年 1 月 1 日起实现双重汇率并轨,实行以市场供求为基础、单一、有管理的人民币浮动汇率制度。在价格方面,打破了过去国内外价格割断的封闭性价格体系,使价格能够准确地反映市场信息,正确引导外贸企业的经营活动。

(2) 运用法律手段,完善对外贸的宏观管理。这一时期,国家对外贸易的管理进一步从微观转向宏观。1994 年 7 月,《对外贸易法》颁布实施,以后又陆续出台了配套的各类法规,如《进口商品管理条例》、《出口商品管理条例》、《反倾销和反补贴条例》、《技术引进和设备管理条例》、《出口商品配额招标办法》和《外汇管理条例》等,使外贸管理走上法制轨道。

(3) 按国际贸易通行规则规范外贸行政管理。我国进一步弱化了外贸行政管理,并使行政管理符合国际贸易规范的要求。例如,通过完善行政管理方法,使我国的行政管理基本实现了世界贸易组织所要求的制度化、规范化和透明化;不断缩小进出口配额和许可证管理的商品范围;按照效益、公正、公开的原则对部分商品实行配额招标,拍卖或规范化分配;外贸经营由许可制度过渡到了登记制。

总之,通过以上的改革,中国的对外贸易管理转向以法律手段为基础,以经

济调节手段为主，辅之以必要的行政管理的新模式。

## 第二节　中国对外贸易管理的法律手段

对外贸易管理的法律手段是指在对外贸易中借助法律规范的作用对进出口活动施加影响的一种手段。我国的对外贸易法律制度是我国对货物进出口、技术进出口和国际服务贸易进行管理和控制的一系列法律、法规和其他具有法律效力的规范性文件的总称。新中国成立后，特别是改革开放以来，中国从具体国情出发，根据不同时期发展对外贸易的需要，制定了大量对外贸易法律和法规，并且不断加以修改、补充和完善，迄今已初步形成了与社会主义市场经济和国际贸易通行规则相适应的外贸法律体系，对促进中国对外开放，参与国际竞争，保证对外贸易的顺利发展，发挥了极其重要的作用。

### 一、中国对外贸易法律制度的构成

我国的对外贸易法律制度由国内法渊源和国际法渊源两部分组成。

#### （一）国内法渊源

对外贸易的国内法渊源是指国家权力机关和国家行政机关颁布的调整对外贸易关系的各类规范性法律文件，主要包括以下内容：

1. 宪法

宪法是国家最高权力机关依据特定立法程序制定的国家根本大法，在我国法律体系中具有最高的法律效力。我国的宪法明确把我国实施改革开放的基本国策写进了序言，同时还明确规定了国务院负责管理外贸的权力。

2. 法律

这里的法律是指全国人民代表大会及其常务委员会制定颁布的基本法律，包括专门性的外贸法律，如《外贸法》、《海关法》、《进出口商品检验法》等，还包括非专门性的涉外经济法律中有关对外贸易的规定，如《民法通则》、《专利法》、《商标法》等。

3. 行政法规和部门规章

行政法规指国家最高行政机关即国务院颁布的条例、规定、实施细则、办法等。与外贸有关的各部委，对处理外贸具体问题颁布了专门的部门规章。我国对外贸易法律制度实施的主要依据，就是内容广泛的行政法规和部门规章，其内容涉及工商、海关、商检、外汇、税收、原产地、运输等各方面。

4. 地方性规章

这里的地方性规章是指各省、自治区、直辖市和经国务院批准的较大的市的人民代表大会及其常务委员会或人民政府制定的调整本地区对外贸易关系的区域性法规，只要不与宪法、法律、行政法规相抵触，在所辖区域内具有规范性效力。

（二）国际法渊源

对外贸易的国际法渊源包括国际条约和国际惯例。

1. 国际条约

国际条约指各国之间缔结的、规定它们在政治、经济、文化等方面相互之间权利、义务的书面协议。中国已经同世界上220多个国家和地区建立了贸易关系，同其中130多个国家或地区签订了有关贸易关系的双边条约、协定，与60多个国家或地区签订了避免双重征税和防止偷漏税协定，与近70个国家或地区签订了促进和保护投资协定。

国际组织或国际会议制定并由多国参加或缔结的调整国际经济贸易关系的国际经济贸易条约是国际经济法最重要的内容。中国从1971年恢复在联合国的合法席位后，参加了大约一百多个国际条约，其中大部分是国际经济贸易方面的，主要包括：各种国际商品协定、货物销售合同、金融组织及条约、海关组织及条约、保护知识产权组织和公约、国际运输公约、国际商事仲裁和司法协助公约等。此外，中国政府还积极发展同一些国际经济组织的关系，积极参加各项有关活动。

2. 国际贸易惯例

国际贸易惯例是国家之间相互贸易交往中，当事人经常引用、用以确定当事人之间权利义务关系的规则。中国承认的国际贸易惯例有《国际贸易术语解释通则》、《华沙—牛津规则》、《联合运输单证统一规则》、《跟单信用证统一惯例》以及《托收统一规则》等。

## 二、《中华人民共和国对外贸易法》

《中华人民共和国对外贸易法》（以下简称"《外贸法》"）于1994年5月12

日由第八届全国人民代表大会常务委员会第七次会议审议通过，并于1994年7月1日正式实施。这是中国第一部外贸法，是我国对外贸易法律制度的基本法，是整个外贸制度的核心。

为了适应我国加入世界贸易组织的需要，适应我国对外贸易快速发展的需要，以及适应我国法制化建设的需要，第十届全国人大常委会第八次会议于2004年4月6日审议通过《中华人民共和国对外贸易法》(修订草案)，修订后的《外贸法》已于2004年7月1日正式实施。

(一)《外贸法》的基本框架和主要内容

修订后的《外贸法》共11章70条。

第一章"总则"介绍了我国对外贸易法的立法目的、基本概念以及基本原则等。

第二章介绍了对外贸易经营者的定义、进出口经营权的备案登记制度以及部分货物的指定经营制度等。

第三章介绍了货物进出口与技术进出口的自由进出口制度、国家的限制及禁止进出口制度、关税配额管理、许可证管理等。

第四章介绍了国家发展国际服务贸易的原则、限制国际服务贸易制度以及禁止国际服务贸易制度等。

第五章介绍了国家加强与对外贸易有关的知识产权保护的措施和制度，加强了与对外贸易有关的知识产权的保护。

第六章介绍了国家规范对外贸易秩序的制度及对违法行为的公告制度。

第七章介绍了我国的对外贸易调查制度，对对外贸易调查的范围、手段以及对调查结果的处理等作了规定。

第八章介绍了对外贸易救济制度。

第九章介绍了我国的对外贸易促进制度，对维护进出口经营秩序、扶持和促进中小企业开展对外贸易、建立公共信息服务体系等方面作了规定。

第十章介绍了国家对对外贸易领域违法行为的处罚制度以及对处罚不服的司法救济途径。

第十一章介绍了特殊物品的进出口管理制度及对外贸易法的适用范围。

(二)《外贸法》修订的主要内容

《外贸法》修订的主要内容体现在以下几个方面：

1. 以备案登记制取代审批许可制,个人可从事外贸经营活动

原《外贸法》有关"对外贸易经营者"的规定存在缺陷:其一,规定了外贸经营审批许可制度,使多数大中型的生产和流通企业被排除在国际贸易和商业竞争之外;其二,对内、外资企业制定了两套独立的规定,使得内、外资企业处在不平等的竞争地位;其三,限定外贸经营者只能是"从事外贸经营活动的法人和其他组织",将自然人排除在外。

新《外贸法》在外贸经营权制度上,以备案登记制取代审批许可制。新《外贸法》规定,从事货物进出口或者技术进出口的对外贸易经营者,应当向国务院对外贸易主管部门或者其委托的机构办理备案登记。备案登记的具体办法由国务院对外贸易主管部门规定。

个人可从事外贸经营活动。根据中国加入世贸组织的有关承诺,在贸易权方面,应给予所有外国个人和企业不低于给予在中国的企业的待遇。如果外国的自然人能在中国做外贸,中国的自然人也应当能够从事对外贸易经营活动。《外贸法》作为外贸领域的基本法,应当允许自然人从事对外贸易经营活动,特别是在技术贸易和国际服务贸易、边贸活动中,自然人从事对外贸易经营活动已经大量存在。因此,新修订的《外贸法》将对外贸易经营者的范围扩大到依法从事对外贸易经营活动的个人。修订后的《外贸法》第 8 条规定,本法所称的对外贸易经营者,是指依法办理工商登记或者其他执业手续,依照本法和其他有关法律、行政法规的规定从事对外贸易经营活动的法人、其他组织或者个人。

2. 国营贸易管理

中国加入世贸组织承诺中,对国营贸易作了专门规定。据此,新《外贸法》第 11 条规定:国家可以对部分货物的进出口实行国营贸易管理。实行国营贸易管理货物的进出口业务只能由经授权的企业经营;但是,国家允许部分数量的国营贸易管理货物的进出口业务由非授权企业经营的除外。

3. 自动许可管理

根据《中国加入工作组报告书》的承诺,自加入时起,中国将使其自动许可制符合世贸组织的《进口许可程序协定》的规定。自动许可仅为备案性质,目的为监测进出口情况。因此,按照 WTO 的规定新修订的《外贸法》增加了国家基于监测进出口情况的需要,对部分自由进出口的货物实行进出口自动许可管理的内容。新《外贸法》第 15 条作了相应的规定。

4. 加强了与对外贸易有关的知识产权保护

目前在对外贸易中涉及知识产权的纠纷越来越突出。因此,根据世贸组织规则,同时借鉴美国、欧盟、日本等国外立法经验,新《外贸法》增加了“与贸易有关的知识产权保护”一章,通过实施贸易措施,防止侵权产品进口和知识产权权利人滥用权利,并在知识产权对等保护问题上引进了贸易调查措施,如新《外贸法》第29条、第30条都作了相应的规定。

5. 对外贸易调查制度

近年来中国出口产品受到的反倾销控诉已位居全球之首,涉及多个领域。为了最大限度地保护国内产业利益,维护市场安全,新修订的《外贸法》增加了“对外贸易调查”的相关内容。修订后的《外贸法》明确规定了对外贸易调查的启动程序。按照法律规定,由国务院对外贸易主管部门发布公告;调查可以采取书面问卷、召开听证会、实地调查、委托调查等方式进行;国务院对外贸易主管部门根据调查结果,得出调查报告或者作出处理裁定,并发布公告。

修订后的《外贸法》规定,国务院对外贸易主管部门可以自行或者会同国务院其他有关部门,依照法律、行政法规的规定对下列事项进行调查:货物进出口、技术进出口、国际服务贸易对国内产业及其竞争力的影响;有关国家或者地区的贸易壁垒;为确定是否应当依法采取反倾销、反补贴或者保障措施等对外贸易救济措施,需要调查的事项;规避对外贸易救济措施的行为;对外贸易中有关国家安全利益的事项;为执行修订后《外贸法》有关条款规定和其他影响对外贸易秩序,需要调查的事项。

6. 完善了对外贸易救济制度

修订后的《外贸法》对国家可以采取的反倾销措施、反补贴措施等贸易救济措施在第43条和第47条都作了相应的规定。

7. 加强对对外贸易的监测和服务

为了加强对对外贸易的监测和服务,及时发现和处理对外贸易中出现的新情况和新问题,促进对外贸易的稳步发展,新《外贸法》增加了一些规定,主要有四项:建立预警应急机制,建立公共信息服务体系,建立对外贸易统计制度,对违法行为进行公告。例如,新《外贸法》第49条和第38条作了相应的规定。

8. 规定了限制或禁止进出口制度

现行《外贸法》第16条、第17条、第24条和第25条规定了限制和禁止进出口的项目内容，与《关贸总协定》(1994)第11条、第12条、第18条和第20条相比，不完整，不利于充分保护我国的经济安全和国家利益。因此，在世贸组织协定允许的范围内，修订后新的《外贸法》对限制和禁止进出口的情形作了补充和明确。

(1) 在限制进出口方面，修订后新的《外贸法》第17条和第29条增加规定：为维护公共道德，为了保护人体健康或者安全、保护动植物生命或者健康、保护环境、防止欺诈，国家可以限制货物、技术进出口和国际服务贸易。为维护正常的出口秩序，实施与黄金或者白银进出口有关的措施，实施国营贸易管理、保护与对外贸易有关的知识产权的措施，保护具有文化、艺术、历史或者考古价值的国宝以及有关出口管制的规定，国家也可以根据需要限制货物和技术进出口。

(2) 在禁止进出口方面，修订后新的《外贸法》第18条和第30条增加规定：对危害公共道德和危害人体健康或者安全、危害动植物生命或者健康、危害环境以及进行欺诈的货物、技术进出口和国际服务贸易，国家予以禁止。

9. 对外贸易促进

对外贸易的发展不仅需要管理，而且更需要促进。世界贸易组织在倡导自由贸易的同时，也不禁止合理、适度的贸易促进行为。我国的新《外贸法》规定，国家制定对外贸易发展战略，建立和完善对外贸易促进机制。同时，国家根据对外贸易发展的需要，建立和完善为对外贸易服务的金融机构，设立对外贸易发展基金、风险基金，通过进出口信贷、出口信用保险、出口退税及其他促进对外贸易的方式，发展对外贸易。新《外贸法》还规定，国家建立对外贸易公共信息服务体系，向对外贸易经营者和其他社会公众提供信息服务，采取措施鼓励对外贸易经营者开拓国际市场，采取对外投资、对外工程承包和对外劳务合作等多种形式，发展对外贸易。对外贸易经营者可以依法成立和参加有关协会、商会。国家扶持和促进中小企业开展对外贸易，扶持和促进民族自治地方和经济不发达地区发展对外贸易。

10. 加大了对对外贸易中的违法行为的处罚力度

新《外贸法》根据对外贸易管理出现的新情况、新问题，结合对外贸易管理的实际需要，补充、修改和完善了有关法律责任的规定，对外贸违法行为进行了具体分类，通过刑事处罚、行政处罚和从业禁止等多种手段，加大了对对外贸易中的违法行为的处罚力度，对某些违法行为人作出了一年以上三年以下的期限

内禁止从事有关进出口经营活动的规定。对涉及海关管理、税收征管等法律、行政法规规定的违法行为，新《外贸法》从法律责任上，与有关法律、行政法规进行了衔接。例如，新《外贸法》第65条作了相应的规定。

(三)《外贸法》的适用范围

法律的适用范围具体可以分为在地域上的适用范围、对人的适用范围、在时间上的适用范围。

1. 地域适用范围

根据《外贸法》的规定，在中华人民共和国境内发生的对外贸易行为原则上均适用《外贸法》，但其单独关税区不适用本法。在1997年和1999年中央政府恢复对香港特别行政区、澳门特别行政区行使主权后，它们作为单独关税区均有自己独立的法律制度，因此，不适用《外贸法》。台湾地区也是中国的一个单独关税区，也不适用《外贸法》。

2. 对人的适用范围

根据《外贸法》的规定，其调整对象是货物进出口、技术进出口和国际服务贸易的行政管理关系，由此就决定了《外贸法》对人的适用范围是参加到这种管理关系中的管理者和被管理者。具体包括：国家负责有关对外贸易的管理机关；在中国从事货物进出口、技术进出口和国际服务贸易活动的中国法人、个人和其他组织；按照中国法律、行政法规的规定，在中国境内从事对外贸易活动的外国法人、其他组织和个人。

3. 时间适用范围

《外贸法》第70条规定："本法自2004年7月1日起施行。"即从2004年7月1日起，该法开始生效，如果在此之前制定的有关法律、行政法规、地方性法规等与《外贸法》规定不一致的，从这一天起都应当执行《外贸法》的规定。《外贸法》没有溯及力，即在2004年7月1日之前发生的任何在《外贸法》调整范围内的法律事实、法律事件、法律行为，都只能依据当时的有关法律、规定进行处理。

## 三、货物贸易管理立法

随着中国加入世界贸易组织，货物贸易管理的法律规定正在全面吸纳世界贸易组织各项相关协定的合理内核，同国际规范和国际惯例相接轨，以便更好地规范和指导货物贸易活动，维护货物进出口经营秩序，促进对外贸易健康发展。

货物贸易管理立法体系，主要由货物进出口管理和进出口流程各环节管理的法律、法规和规章构成。此外，维护贸易秩序的法律法规也是货物进出口管理的重要依据。

(一) 货物进出口管理立法

《货物进出口管理条例》及其配套规章构成了中国货物进出口管理的主要法律依据。

1.《货物进出口管理条例》

根据《外贸法》、《建立世界贸易组织协定》和中国加入世界贸易组织的承诺，在总结中国货物进出口管理实践经验的基础上，2001 年 12 月 31 日国务院制定发布了《货物进出口管理条例》。《货物进出口管理条例》是《外贸法》关于货物进出口规定的实施细则，是《外贸法》的重要配套法规之一。

《货物进出口管理条例》共 8 章 77 条，包括总则、货物进口管理、货物出口管理、国营贸易和指定经营、进出口监测和临时措施、对外贸易促进、法律责任、附则。

2.《货物进出口管理条例》的配套部门规章

(1) 进出口许可证管理规章

为了规范进出口许可证管理，合理配置资源，维护货物进出口秩序，营造公平的贸易环境，履行中国承诺的国际公约和条约，商务部颁布了《货物出口许可证管理办法》(2004)、《货物进口许可证管理办法》(2004)、《货物自动进口许可管理办法》(2004)等。

(2) 进出口配额管理规章

为了规范出口商品配额管理，建立公平竞争机制，保障国家的整体利益和出口企业的合法权益，维护对外贸易的正常秩序，保证出口商品配额管理工作符合效益、公正、公开和透明的原则，外经贸部(现商务部)颁布了《出口商品配额管理办法》(2001)。为了完善出口配额分配制度，建立平等竞争机制，中国对部分出口商品配额实行有偿招标办法，为此颁布的相应规章有《出口商品配额招标办法》(2001)、《农产品出口配额招标实施细则》(2002)、《工业品出口配额招标实施细则》(2001)等。

中国现行的进口配额管理的主要法律依据是《农产品进口关税配额管理暂行办法》(2002)。

(3) 国营贸易管理规章

为对关系国计民生的重要进出口商品进行有效的宏观管理，国家对部分货物的进出口实行国营贸易管理。实行国营贸易管理货物的进出口业务只能由经授权的企业经营，但国家允许部分数量的国营贸易管理货物的进出口业务由非授权的企业经营的除外。实行国营贸易管理的货物和经授权经营企业的目录，由国务院对外贸易主管部门会同国务院其他有关部门确定、调整并公布。

此外，针对特殊货物进出口管理，国务院及有关部委还相继发布了《核两用品及相关技术出口管理条例》、《核出口管制条例》、《易制毒化学品进出口管理暂行规定》、《有关化学品及相关设备和技术出口管制办法》、《生物两用品及相关设备和技术出口管制条例》及《导弹及相关物项和技术出口管制条例》等。

(二) 货物进出口主要环节管理立法

1. 进出口商品检验管理立法

进出口商品检验制度是实行对外贸易管理的主要手段之一，国家通过对进出口商品的检验，加强进出口商品质量管理，可以维护国家的对外信誉，保护国家政治和经济利益。为规范进出口商品检验管理，中国颁布的法律、法规和规章主要有以下一些：

(1)《进出口商品检验法》

《进出口商品检验法》(以下简称"《商检法》")是规范进出口商品检验活动的基本法。该法于 1989 年颁布，2002 年进行了修订。修改的事项关系到中国商检法的立法目的、重要指导原则以及商检体制的构成、商检主体、商检行为规范等，使中国商检法律制度在实践的基础上内容日益充实完善，迈向了新的水平。修改的主要事项为：

① 强调中国商检立法的规范作用，揭示中国商检法律制度的实质。在修改的商检法中明确规定，制定这部法律的目的是为了规范进出口商品检验行为，使中国商检法律制度更明确地发挥规范作用。这样，有利于在法制的轨道上加强中国的进出口商品检验的工作，建立健全商检法制，增强商检活动中的法制观念，通过规范的商检行为，以保证实现商检立法维护社会共同利益，维护进出口贸易有关各方合法权益，促进对外经济贸易关系顺利发展的目的。

② 明确界定实施进出口商品检验的主体。中国商检法中所规定的商检主体，一是由国家商检部门设在各地的进出口商品检验机构，简称商检机构；二是

经国家商检部门许可的检验机构。这种检验机构原先是由商检部门、商检机构来加以指定,现在改为经过许可的方式,这实际上是一种体制上的变化,反映了市场机制的要求。

③ 确立了进出口商品检验的通行原则。即采用国际通行规则,进出口商品检验应当根据保护人类健康和安全、保护动物或者植物的生命和健康、保护环境、防止欺诈行为、维护国家安全的原则。这五项商品检验的原则,就是中国实施进出口商品检验的目的,是商检的法定目标。它比原有商检法所规定的“根据对外贸易发展的需要”更为全面地反映了商检的基本目标,考虑了社会经济在商检方面的全面要求,而不仅仅是一种商业性的目的。

④ 关于法定商检目录的规定。依照中国商检法律制度的要求,对进出口商品应当划定一个必须进行检验的范围,对属于这个范围内的商品所实施的检验称为法定检验。原有的中国商检法规定,由国家商检部门根据对外贸易的需要制定商检机构实施检验的进出口商品种类表。修改后的中国商检法参照国际上通行的做法,将其原有的种类表名称改称为必须实施检验的进出口商品目录。

⑤ 完善法定检验和免予检验的规定。首先,在确定法定检验范围的基础上,进一步明确规定,列入必须实施检验的进出口商品目录的,由商检机构实施检验,即法定检验只由商检机构实施检验,不再规定由其他指定的检验机构检验。其次,关于可以免予检验的制度,在修改后的中国商检法中仍然保留,并加以完善,即明确只有符合国家规定的免予检验条件的进出口商品,收货人或者发货人才可以申请免予检验,国家商检部门才可以据以审查批准。这样,就可防止滥用免予检验的制度,违背免予检验的宗旨。

⑥ 从法律上对进出口商品检验的内容作出了进一步的界定。原有的中国商检法单纯地考虑了贸易方面的要求,将商品的质量、规格、数量、重量、包装等列为法定检验事项,或者说是将商业性条件列为法定检验内容。在修改《商检法》时,我国将法定检验的内容规定为必须实施的进出口商品检验,是指确定列入目录的进出口商品是否符合国家技术规范的强制要求的合格评定活动。合格评定程序包括抽样、检验和检查;评估、验证和合格保证;注册、认可和批准以及各项的组合。这样规定,使中国商检法律制度得到了充实,并增强了科学性。

资料卡

合格评定活动与合格评定程序是中国商检法借鉴国际通行规则后所使用的概念。合格评定活动是指直接或者间接地确定必须实施检验的进出口商品是否满足国家技术规范的强制性要求的活动。合格评定程序是指直接或者间接地确定必须实施检验的进出口商品是否满足国家技术法规的强制性要求的程序。上述两个概念既有联系也有区别,合格评定程序来源于合格评定活动。

对于合格评定程序的内容,在中国商检法中作出规定是必要的,它与世界贸易组织《技术性贸易壁垒协定》的规则是相同的,这样有利于规范进出口商品检验采取的各种技术措施。抽样,一般是指取出部分物质、材料或者产品作为整体的代表性样品进行测试或者校准的规定过程,样品的抽取应遵循一定的规范。检验,在合格评定程序中一般是指通过观察和测量、测试、度量等手段,判断某个产品、过程或者服务满足规定要求的程度。检查,在合格评定程序中一般是指对每个单项产品的评估,或者说这是一种严格的达标评估方式。在合格评定程序中,验证一般是指通过检查和提供论据来证实规定的要求已得到满足。合格保证,则是对产品、过程或者服务满足规定要求的置信程度采取一定的方式作出说明。注册也作为一种程序,包含在合格评定程序中。认可,是指由权威的团体对团体或者个人执行特定任务的胜任能力给予正式的承认的程序。批准,是指允许产品、过程或者服务按照其说明的目的或者按照其说明的条件销售、使用。合格评定程序内容中涉及的技术措施,在实际运用中有些是单项运用,有的则是几项形成一个组合。

⑦ 关于进出口商品检验的依据。修改后的中国《商检法》对实施进出口商品检验的依据所作的规定是:列入目录的进出口商品,按照国家技术规范的强制性要求进行检验;尚未制定国家技术规范的强制性要求的,应当依法及时制定;未制定以前,可以参照国家商检部门指定的国外有关标准进行检验。

资料卡

在《技术性贸易壁垒协定》中,采用了“技术法规”和“标准”两种表述,其中技术法规是规定强制执行的产品特性或其相关的工艺和生产方法,包括适用的管理规定在内的文件;而所称的标准则是经公认机构批准的、规定非强制执行的、供通用或重复使用的产品或相关工艺和生产方法的规则、指南或特性的文件。这表明技术法规是强制性的,标准是非强制性的。我国的标准化法一概称之为标准,然后将标准分为强制性标准和推荐性标准,这与《技术性贸易壁垒协定》中的表述不同,因而我国作出了相关的修改,采用了“国家技术规范的强制性要求”这种表述,表明了技术法规的含义,以作为法定检验的依据。

⑧ 增加和补充了关于报检主体的规定。增添了关于报检代理人的有关内容,使之成为合法的报检主体。一是明确了报检代理人在法律上的地位,规定必须经商检机构检验的进出口商品的收、发货人或者其代理人,应当向报关地的商检机构报检;二是明确了对报检代理人管理的要求,规定了为进出口货物的收发货人办理报检手续的代理人应当在商检机构进行注册登记;办理报检手续时应当向商检机构提交授权委托书。

⑨ 完善商检机构实施检验的期限的规定。具体规定为,依法必须经商检机构检验的进口或者出口商品的收货人、发货人或者其代理人,应当在商检机构规定的地点和期限内,接受对进口商品的检验或者是向商检机构报检出口商品;商检机构应当在国家商检部门统一规定的期限内检验完毕,并出具检验单证。

⑩ 完善了关于出口商品通关验放的规定。具体规定为两项,其一是对法定检验的出口商品,海关凭商检机构签发的货物通关证明验放,这表明商检机构是签发货物通关证明的法定机构,所签发的证明有规范的名称;其二是经商检机构检验合格发给检验单证的出口商品,应当在商检机构规定的期限内报关出口;超过期限的,应当重新报检。

⑪ 修改完善了关于抽检的规定。具体的规定为,商检机构对《商检法》规定必须经商检机构检验的进出口商品以外的进出口商品,根据国家规定实施抽查检验;国家商检部门可以公布抽查检验结果或者向有关部门通报抽查检验情况。

⑫ 关于出口商品出厂前的质量监督管理和检验。商检机构根据便利对外

贸易的需要,可以按照国家规定对列入目录的出口商品进行出厂前的质量监督管理和检验。这项规定表明,它的目的是为了对外贸易的需要,它的范围是法定检验的出口商品,出厂前的质量监督管理并不能代替商品检验,而只是有利于实现商检的目标;至于出厂前的检验,按通行的规则只应限于对产成品质量的检验。

⑬ 增加了关于认证管理、验证管理的规定。实施对进出口商品的检验,需要对有关认证管理和验证管理的事项作出规定,其内容为:一是明确国家商检部门根据国家统一的认证制度,对有关的进出口商品实施认证管理;二是明确商检机构依照中国商检法对实施许可制度的进出口商品实行验证管理,查验单证,核对证货是否相符。

⑭ 增加了关于商检部门和商检机构行为规范的规定。修改后的《商检法》在规范进出口商品检验行为,加强对商检工作的统一管理上,主要体现在"规范进出口检验行为"等六个方面,强调了商检法就是规范商检行为。增加了商检人员负有保密义务的条款。

⑮ 补充和增加了对违法者处罚的规定。为了维护进出口商品检验的法律秩序,惩处违法行为,同时考虑了与中国刑法等其他法律的衔接,对逃避商检、非法从事商检业务、进出口商品假冒、伪造变造买卖商检单证等行为,中国《商检法》增补了追究法律责任,给予处罚的规定。

中国《商检法》的修改,除上述内容外,在提供商检信息、申请复验、申请行政复议、提起诉讼、商检工作人员法律责任、商检费用等方面,都有若干补充或者改动。总之,中国商检法律制度通过中国商检法的修改而得到进一步的完善。当然,我们也应当承认,法律的完善是一个目标,但它又是相对的,即使一项制度在一定的时期是趋于完善的,但随着情况的变化,特别是随着经济发展和社会进步,又需要作出进一步的完善,这也是正常的、必要的。

(2) 与进出口商品检验管理相关的法律、法规

这包括《卫生检疫法》(1986)、《卫生检疫法实施细则》(1989)、《动物防疫法》(1998)、《食品卫生法》(1995)、《产品质量法》(2000)、《产品免于质量监督检查管理办法》(2000)、《产品质量认证管理条例》(1991)、《产品质量认证管理条例实施办法》(1992)、《标准化法》(1988)、《标准化法实施条例》(1990)、《进口机电产品标准化管理办法》(1998)和《农业转基因生物安全管理条例》

(2001)等。

2. 海关管理立法

(1)《海关法》

中国于1987年颁布《海关法》,并于2000年进行了修订。《海关法》是构成海关法律体系的核心,是海关法规、规章的立法依据,是海关一切职能行为的基本规范。

《海关法》的主要内容是:海关的性质、任务、基本权力、监管对象,执法相对方的基本义务及权利,海关组织领导体制、职责权限,海关及其工作人员的行为规范,海关对进出境运输工具、货物、物品的监管,海关对关税征收的监管,海关统计,海关缉私,海关事务担保,海关行政复议、行政诉讼程序等。

《海关法》作为一部基本法律,不可能对庞杂的海关事务做出面面俱到的规定,只能依靠时效性及操作性都更强的行政法规及规章作为对具体执行办法的补充和支撑。依照《海关法》的规定,海关的基本职能分别是监管、征税、查私、统计及其他海关业务。针对上述海关职能,国家颁布了相应的法规或规章。

(2) 与海关管理相关的法律

对《海关法》的执行发生影响的法律法规主要有《刑法》、《刑事诉讼法》、《行政复议法》、《行政处罚法》和《行政诉讼法》等。例如,海关缉私工作人员在处理涉嫌走私犯罪的案件时,就要遵照《刑法》和《刑事诉讼法》中的相关规定;而执法相对人在对海关工作人员的某些执法行为有异议时,则可援引《行政复议法》、《行政处罚法》中的规定,以争取对自己合法权利的保护。

(3) 我国参加的国际海关组织及条约

中国政府缔结或参加的国际海关组织及相关条约、协议也是中国海关立法体系的组成部分。1983年中国正式加入海关合作理事会。该理事会制定有19个国际公约,中国已缔结了其中的部分公约,如《关于简化和协调海关业务制度的公约》(即《京都公约》),其内容囊括了海关业务诸方面,是公认的国际海关领域的基础性公约。1986年,中国成为联合国麻醉品委员会的正式成员,并加入了《联合国禁止非法贩运麻醉药品和精神药物公约》等有关国际条约。此外,中国与世界上许多国家签订了有关海关事务的双边条约。

3. 外汇管理立法

中国至今尚未颁布外汇管理法,外汇管理的主要法律依据是国务院于1996

年颁布并于1997年修订的《外汇管理条例》。《外汇管理条例》作为外汇管理的基本行政法规，主要规定了中国外汇管理的基本原则与制度，涉及的主要内容有：该条例的立法目的、外汇管理机关、外汇管理原则，明确表明中国实行人民币在经常项目下的可自由兑换；经常项目外汇收支管理规定，包括结售付汇制度、进出口收付汇核销制度、居民个人外汇管理等；资本项目外汇管理规定，包括中国仍对资本项目外汇收支实行管制的政策，资本项目流出流入审批制度，对外商投资、境外投资和外债的管理等；金融机构外汇业务管理规定，对金融机构经营外汇业务的审批程序、经营原则及金融机构的义务等做了原则性的说明；人民币汇率和外汇市场管理规定，明确了人民币汇率制度及外汇市场的管理主体和参与主体等；法律责任，主要规定了违法行为、处罚形式及复议条款等。

针对各种外汇管理目标，我国还颁布了一系列专门规范外汇管理业务的其他法规、规章和规范性文件。

(三) 维护贸易秩序的立法

在日益激烈的国际竞争中，一个国家如果不能有效地保护本国的经济利益，就很难分享从国际分工和自由贸易中带来的好处。反倾销、反补贴和保障措施是世界贸易组织允许成员采用的抵制不公平贸易、合法保护国内产业的重要措施。运用好符合世界贸易组织规则的反倾销、反补贴和保障措施，可以制止国外大量向我国低价倾销商品，消除倾销对国内相关产业造成的损害，保护国内幼稚产业和新兴技术产业的发展，最终维护国家的经济利益。为此，中国以《建立世界贸易组织协定》为基础，借鉴市场经济国家的做法，并考虑到实际国情，于2001年12月10日、11日和12日分别颁布了《反倾销条例》、《反补贴条例》和《保障措施条例》。这三个条例的出台为我国实施反倾销、反补贴和保障措施提供了基本的法律依据，标志着我国反倾销、反补贴、保障措施法律制度与世界贸易组织规则的全面接轨，进一步为企业创造公平的贸易环境，更加有效地促进对外贸易的健康发展。

2003年商务部组建后，原外经贸部、国家经贸委在这方面的职能统一由商务部归口管理。为适应机构改革和保护公共利益的需要，2004年3月31日国务院又公布了这三个条例的修订本，自2004年6月1日起施行。商务部还发布了配套规章，增强了可操作性，例如《反倾销调查听证会暂行规则》、《出口产品反倾销应诉规定》、《反倾销调查立案暂行规则》、《反补贴调查听证会暂行规则》、

《反补贴调查立案暂行规则》、《保障措施调查立案暂行规则》、《保障措施调查听证会暂行规则》、《反倾销产业损害调查规定》、《反补贴产业损害调查规定》和《保障措施产业损害调查规定》等。

## 四、技术贸易管理立法

### (一) 技术进出口管理立法

根据《外贸法》关于技术进出口管理的有关规定,以及世界贸易组织《与贸易有关的知识产权协议》的有关规定,国务院于2001年12月10日颁布了《技术进出口管理条例》。为贯彻落实该条例,外经贸部(现商务部)于2001年12月30日颁布了《禁止进口、限制进口技术管理办法》、《禁止出口、限制出口技术管理办法》、《技术进出口合同登记管理办法》三个部门规章,随后又公布了两个目录,即《禁止进口、限制进口技术目录》和《禁止出口、限制出口技术目录》。此外,为落实国家对软件出口的各项鼓励政策,加强对软件出口的管理,还颁布了《软件出口管理和统计办法》。

### (二) 知识产权保护立法

知识产权是技术贸易的主要内容,对知识产权的保护,几乎涉及技术贸易的所有方面,因此,知识产权保护方面的法律法规也是中国技术贸易管理立法的重要组成部分。

中国入世前后,为了履行《与贸易有关的知识产权协议》和在知识产权保护方面的对外承诺,进一步完善有关知识产权保护方面的立法,全国人大常委会、国务院及其所属有关部门相继对《专利法》(2000)、《著作权法》(2001)、《商标法》(2001)、《计算机软件保护条例》(2001)、《专利法实施细则》(2002)、《软件产品管理办法》(2002)、《音像制品管理条例》(2002)、《出版管理条例》(2002)等法律法规进行了修改;同时还新制定了其他法规,如《集成电路布图设计保护条例》(2001)、《商标法实施条例》(2002)、《商标评审规则》(2002)、《马德里商标国际注册实施办法》(2002)、《驰名商标认定和保护规定》(2003)、《计算机软件著作权登记办法》(2003)等。通过上述法律法规的修改与制定,使中国的知识产权保护立法已基本同《与贸易有关的知识产权协议》的要求相符合,为中国在更大范围内和更高层次上参与国际经济技术合作和竞争营造了良好的法律环境。

### 五、服务贸易管理立法

中国要想成为真正的贸易大国,提高国际竞争力,就必须积极发展服务贸易,而在世界经济一体化的条件下发展服务贸易,必须要有一个符合世界贸易组织《服务贸易总协定》规则的服务贸易法律体系。

但中国目前还缺少一部调整整个服务贸易的基本法律;服务贸易立法尚存有不少空白,在一些重要的服务贸易领域还没有统一的法律;服务贸易的法律法规也主要是规范服务贸易中的商业存在形式,而对《服务贸易总协定》中规定的另外三种服务贸易的提供方式则少有规定;服务贸易的立法主要表现为各职能部门的规章和内部规范文件,不仅立法层次低,而且缺乏透明度。

加入世界贸易组织后,中国正在服务贸易领域有步骤地推进银行、保险、电信、贸易、旅游、广告、建筑工程、对外劳务合作、律师等行业的开放,逐步对外商投资实行国民待遇,因此,当务之急是加快建立健全统一、规范、公开的有关服务贸易的法律法规。

## 第三节　中国对外贸易管理的经济调控手段

采用经济调控手段调控对外贸易是指国家有关部门通过汇率调节、税收调节、信贷调节、价格调节等经济杠杆,间接影响和约束企业对外经济贸易行为。

以世界贸易组织规则为核心的国际贸易通行规则,主要是以市场经济运行机制为基础,外贸宏观调控方式要求间接化,即主要运用经济手段调控外贸企业的经济活动,减少对企业的直接干预。这既有利于保证外贸调控的非歧视性,也有利于维护市场竞争的公平秩序。我国作为世界贸易大国,必须尊重和执行有关的国际贸易准则和规范,采用规范的、以经济调控为主的宏观管理模式。

### 一、对外贸易税收

对外贸易税收是主权国家为履行公共管理职能的需要,凭借行政权力,依据法律制定的标准,对进出口贸易行使征税权所形成的税收。对外贸易税收按贸易流向可分为进口税和出口税,包括进口关税、进口商品税、出口关税、出口商品税。在当代国际贸易中,世界各国都积极鼓励出口贸易,绝大多数国家都不征收出口关税,并实行退还出口商品税的措施。我国同样对出口贸易采取鼓励政策,我国的对外贸易征税主要是通过征收进口关税和进口商品税完成的,而对出口则实行出口关税的减免和退还出口商品税的措施。

**思一思、议一议:**
**征收进出口关税的经济效应应表现在哪些方面?**

(一) 进出口关税

一国的关税政策,受其经济发展水平、国家经济运行状况及经济发展模式等多种因素的制约。我国的关税政策也随着上述情况的变化而不断进行调整。

1. 全面保护关税政策(1950—1978)

新中国成立后,我国民族工业十分脆弱,产品竞争力差,不具备实行自由关税的经济基础。而且在片面强调自力更生的"左"倾思想指导下,基本上实行的是封闭式的内向型经济发展模式,因此,关税政策的制定与选择只能从全面保护出发。

2. 关税政策由"全面保护"向"有区别地进行保护"转变(1979—1991)

1978 年党的十一届三中全会确立了我国"对外开放、对内搞活"的基本国策,标志着我国封闭型经济向开放型经济转变。1985 年我国对沿用了多年的关税制度进行了改革,制定了《进出口关税条例》和《海关进出口税则》。

《进出口关税条例》明确了我国在关税方面的总政策是"贯彻对外开放,鼓励出口创汇和扩大必需品的进口,保护与促进民族经济的发展",具体原则是:对进口国家建设和人民生活所必需的,而且国内不能生产或者供应不足的农用物资、粮食以及精密仪器、仪表、关键机械设备等,予以免税或低税待遇;对原材料的进口税率一般比半成品、成品为低,特别是受自然条件制约的国内生产短期内不能迅速发展的原料,对之实行低税率;对国内不能生产的机械设备的零部件,实行比整机低的税率;对国内已能生产的非国计民生必需的物品,制定较高的关税;对国内已能生产供应但需保护的商品,制定更高的关税;鼓励出口,对绝大多数出口商品不征出口关税。从本质上看,这一时期我国的关税政策还未摆脱关税消极保护的特征。

3. 适度开放与适度保护相结合的关税政策(1992— )

1992 年以后,在新的改革开放形势下,我国重新调整了关税政策,实行以产

业与技术倾斜为中心的适度开放与适度保护相结合的关税政策。1992年1月1日起,我国实施新的进出口税则,采用国际上通行的《商品名称及编码协调制度》,以《商品名称及编码协调制度》的商品分类目录作为中国海关税则、国际贸易统计等方面统一使用的商品目录。从1992年起,我国对进口关税税率进行了多次调整,使进口关税水平大为降低,算术平均关税水平从1992年底的39.3%已经降到2005年的10%左右。

我国的关税制度还需要进一步完善,包括全面实施世界贸易组织的海关估价制度,实行公平统一的关税制度等。

第三章中将详细介绍我国的进口关税政策措施。

**(二)进出口商品国内税**

1. 进口商品税征税制度

海关在对进口商品征收关税时,一般同时代征进口商品国内税,即增值税和消费税。对进口商品征收国内商品税,主要作用是调节国内外产品税收负担的差异,使进口产品与国内产品同等纳税,平衡国内外产品的税负,为国内外产品创造一个公平竞争的环境。

1994年中国进行了税制改革,根据新税制的规定,对进口产品实行与国内产品同等征税的原则,即在增值税和消费税上按相同的税目和税率征税。

(1)增值税

增值税是以商品的生产、流通和劳务各个环节所创造的新增价值为课税对象的一种流转税。在中华人民共和国境内销售货物或者提供加工、修理、修配劳务以及进口货物的单位和个人,为增值税的纳税义务人。我国增值税的征收原则是中性、简便、规范。对纳税义务人销售或者进口低税率和零税率以外的货物,提供加工、修理、修配劳务的,税率为17%。对于纳税人销售或者进口粮食、食用植物油、图书、报纸、杂志等19种货物按13%的低税率计征增值税。

进口环节的增值税以组成价格作为计税价格,其组成价格计算公式为:

组成价格 = 关税完税价格 + 关税税额 + 消费税税额

应纳增值税税额 = 组成价格 × 增值税税率

(2)消费税

消费税是以消费品或消费行为的流转额作为课税对象而征收的一种流转税。我国消费税的征收范围仅限于少数消费品。计税方法采用价内税的方法,即计税价格的组成中包括了消费税税额,即消费税的组成计税价格 =(关税完税价格 + 关税税额)÷(1 - 消费税税额)。我国对不同应税商品分别规定了比例税率和定额税率两种征税形式。比例税率即实行从价定率征税,应纳税额 = 组成价格 × 消费税税率。定额税率即实行从量定额征税,应纳税额 = 应征消费税商品数量 × 单位税额。

2. 出口商品税的退税制度

出口退税是指在国际贸易中一个国家或地区对已报关离境的出口货物,由税务机关根据本国税法规定,将其在出口前生产和流通各环节已经缴纳的国内增值税或消费税等间接税税款,退还给出口企业的一项税收制度。其目的是使出口商品以不含税价格进入国际市场。

中国从 1985 年起对出口产品实行退税政策。1994 年 1 月 1 日起,随着国家税制的改革,我国改革了出口退税管理办法,建立了新的出口货物退(免)税制度。1996 年,由于财政原因,中国政府将退税率分别下调为 3%、5% 和 9%。为了摆脱亚洲金融危机的负面影响,进一步扩大出口,1999 年中国大幅度提高了出口退税率,将平均出口退税率由 6% 提高到 15%。2003 年由于经济局部过热,出口欠税严重,政府又将出口退税率由 15% 下调到 12.51%。

对一般贸易项下的出口货物,实行"先征后退"和"免、抵、退"两种管理办法。其中,免税是指对出口货物免征本企业生产销售环节的增值税;抵税是指对出口货物应当免征或者退还的所耗用的原材料、零部件等已纳增值税税款,以抵顶内销货物应纳的增值税税款;退税是指对出口货物占本企业全部货物销售额 50% 以上的,在一个季度内由于应当抵顶的增值税税额大于应纳税额而未抵顶完时,经主管税务机关批准对未抵顶完的税额予以退税。

资料卡

《出口货物退(免)税管理办法(试行)》是针对 1994 年以来出口货物退(免)税政策、管理规定的变化,适应新《外贸法》的实施,对现行出口货物退(免)税的认定、申报、受理、审核、审批、日常管理和违章处理等环节和内容进行的重新梳理和规范。

新办法与旧办法相比有几点重要修改:

(1) 首次提出"出口商"的概念。与原办法的"出口企业"相比,新办法扩大了出口退(免)税申请人的范围,明确符合规定可以办理出口货物退(免)税的出口商包括对外贸易经营者、没有出口经营资格委托出口的生产企业、特定退(免)税的企业和人员,其中对外贸易经营者是指依法办理工商登记或者其他执业手续,经商务部及其授权单位赋予出口经营资格的从事对外贸易经营活动的法人、其他组织或者个人。值得注意的是,这里的"个人"(包括外国人)是指注册登记为个体工商户、个人独资企业或合伙企业的个人或企业。

(2) 出口退税"登记"的做法改为"认定"。新办法将原来要求出口企业办理"出口退税登记证"的做法改为填写《出口货物退(免)税认定表》,到所在地税务机关办理出口货物退(免)税认定手续。

(3) 明确规定出口商应在规定期限内申报。逾期申报的,除另有规定者外,税务机关不再受理该笔出口货物的退(免)税申报,该补税的应按有关规定补征税款。

(4) 放宽了停止出口退税权的审批权限。对骗取国家出口退税款的出口商,停止其六个月以上的出口退税权。审批权限由原来的国家税务总局改为省级以上(含本级)国家税务局批准。

有关出口退税制度的详细内容见第四章。

## 二、汇率与汇率制度

**思一思、议一议:**
**汇率变动对进出口贸易有什么影响?**

### (一) 我国汇率制度的演变及其对对外贸易的影响

1. 计划经济时期的汇率制度(1953—1978)

1953年起,中国实行计划经济体制,对外贸易由国营对外贸易公司专管,外汇业务由中国银行统一经营,逐步形成了高度集中、计划控制的外汇管理体制。国家对外贸和外汇实行统一经营,用汇分口管理。外汇收支实行指令性计划管理,一切外汇收入必须售给国家,需用外汇按国家计划分配和批给。国际收支平衡政策"以收定支,以出定进",依靠指令性计划和行政办法保持外汇收支平衡。

人民币汇率作为计划核算工具，要求稳定，逐步脱离进出口贸易的实际，形成汇率高估，汇率对进出口贸易的调节作用完全丧失。

2. 1979—1993 年的汇率制度

为配合对外贸易，推行承包制，取消财政补贴，实行了外汇留成制度和开办了外汇调剂业务，从而孕育了人民币汇率双轨制；1988 年 3 月起各地先后设立了外汇调剂中心，外汇调剂量逐步增加，形成了官方汇率和调剂市场汇率并存的汇率制度。出口方面，企业出口收汇中上缴国家的外汇按官方汇率折算，留成外汇按市场汇率折算，以鼓励出口贸易。进口方面，关系国计民生的重要物资和必需品的进口，由国家批准按官方汇率折算，一般商品进口按市场汇率折算，以限制不必要的进口。

3. 1994 年以来的汇率制度

汇率并轨，实行以市场供求为基础的、单一的、有管理的浮动汇率制度。1994 年 1 月 1 日，人民币官方汇率与市场汇率并轨，实行以市场供求为基础的、单一的、有管理的浮动汇率制，并轨时的人民币汇率为 1 美元合 8.70 元人民币。并轨后的人民币汇率的形成，是由中国人民银行根据前一天银行间外汇市场形成的交易价格，并参照国际金融市场的变动情况，公布人民币对美元等主要货币的每日汇率；各外汇指定银行以此为依据，在中国人民银行规定的浮动范围内自行挂牌，对客户买卖外汇。

实行银行结售汇制度，取消外汇上缴和留成，取消用汇的指令性计划和审批。从 1994 年 1 月 1 日起，取消各类外汇留成、上缴和额度管理制度，对境内机构经常项目下的外汇收支实行银行结汇和售汇制度。除实行进口配额管理、特定产品进口管理的货物和实行自动登记制的货物，须凭许可证、进口证明或进口登记表，相应的进口合同和与支付方式相应的有效商业票据（发票、运单、托收凭证等）到外汇指定银行购买外汇外，其他符合国家进口管理规定的货物用汇、贸易从属费用、非贸易经营性对外支付用汇，凭合同、协议、发票、境外机构支付通知书到外汇指定银行办理兑付。为集中外汇以保证外汇的供给，境内机构经常项目外汇收入，除国家规定准许保留的外汇可以在外汇指定银行开立外汇账户外，都须及时调回境内，按照市场汇率卖给外汇指定银行。

建立统一的、规范化的、有效率的外汇市场。从 1994 年 1 月 1 日起，中资企业退出外汇调剂中心，外汇指定银行成为外汇交易的主体。1994 年 4 月 1 日银

行间外汇市场——中国外汇交易中心在上海成立，连通全国所有分中心，4月4日起中国外汇交易中心系统正式运营，采用会员制、实行撮合成交集中清算制度，并体现价格优先、时间优先原则。中国人民银行根据宏观经济政策目标，对外汇市场进行必要的干预，以调节市场供求、保持人民币汇率的稳定。

实现人民币经常项目下的可兑换。1996年4月1日起，国家取消了若干对经常项目中的非贸易非经营性交易的汇兑限制；1996年7月1日起，外商投资企业外汇买卖纳入银行结售汇体系，同时外商投资企业的外汇账户区分为用于经常项目的外汇结算账户和用于资本项目的外汇专用账户；1996年11月27日宣布，接受国际货币基金组织协定第8条规定的义务，实现人民币经常项目下的可兑换。

### 三、进出口信贷制度

进出口信贷是一国政府通过银行向进出口商提供贷款，以鼓励出口、确保进口的重要措施。

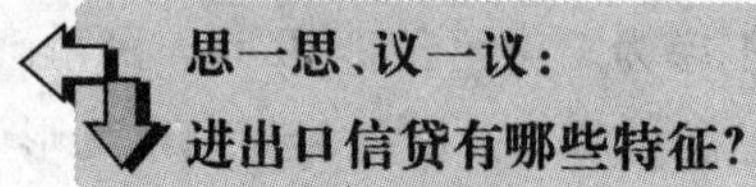


中国进出口银行和中国银行是国家设立的经营进出口信贷业务的指定银行，是提供进出口信贷的主渠道。

#### （一）中国进出口银行

中国进出口银行成立于1994年5月，是直属国务院领导的、政府全资所有的国家政策性金融机构。该银行作为机电产品、高新技术产品、境外承包工程项目以及各类境外投资项目的政策性融资渠道、外国政府贷款的主要转贷银行和中国政府对外优惠贷款的唯一承贷银行，已经成为外经贸支持体系的重要力量和金融体系的重要组成部分，为促进对外贸易发展起着重要作用。

中国进出口银行的业务范围包括：办理出口信贷；办理对外承包工程和境外投资类贷款；办理中国政府对外优惠贷款；提供对外担保；转贷外国政府和金融机构提供的贷款；办理本行贷款项下的国际国内结算业务和企业存款业务；在境内外资本市场、货币市场筹集资金；办理国际银行间的贷款，组织或参加国际、国内银团贷款；办理经批准或受委托的其他业务等。

#### （二）中国银行

中国银行是中国政府授权办理进出口信贷的国有商业性银行。

另外,一些国有商业银行、区域性商业银行及其他金融机构,经国家外汇管理局批准,也可对进出口企业发放一定数量的外汇贷款及人民币贷款。

## 第四节　中国对外贸易管理的行政手段

对外贸易行政管理是国家经济管理机关凭借行政组织权力,采取发布命令、制定指令性计划及实施措施、规定制度程序等形式,按照自上而下的组织系统对对外贸易经济活动进行直接调控的一种手段。社会主义市场经济体制下,对外贸易的宏观管理是以法律手段为依据和以经济调控手段为主、辅之以必要的行政手段的模式。

我国的对外贸易行政管理的对象包括:对外贸易经营管理、货物进出口管理、货物进出口配套环节管理等。对外贸易经营管理,即对对外贸易经营者的资格和经营活动范围进行规范而实施的管理。货物进出口管理是国家对进出口货物本身的管理,也就是国家有关部门对进出境货物的实际管理。货物进出口配套环节管理是指对货物进出口过程中涉及的主要配套环节的管理。

### 一、对外贸易经营管理

根据《外贸法》及《对外贸易经营者备案登记办法》等法律法规,国家鼓励发挥各个方面的积极性,发展对外贸易,保障对外贸易经营者的自主权。同时对对外贸易经营者的资格和经营范围进行规范,实行对外贸易经营管理。

#### (一) 对对外贸易经营者的管理

我国承诺在加入 WTO 的 3 年内取消外贸经营权的审批制,实施登记制,在中国的所有企业在登记后都拥有经营除国营贸易产品外的所有产品的权力。同时还承诺,在同样的期限内,已享有部分进出口权的外资企业将逐步享有完全的贸易权,即在有限例外的条件之下,在入世 3 年之内为所有的经济实体提供进出口贸易权。因此,2004 年 7 月 1 日实施的新《外贸法》在对外贸易经营者的资格管理方面进行了调整,不再划分外贸流通经营资格和生产企业自营进出口资格,只要依法获得从业手续,并在商务部及其委托机构进行了办理货物进出口或技术进出口的备案登记,任何企业、组织和个人都可从事对外贸易经营活动。

### 对外贸易经营者备案登记管理

**备案登记管理机关**

商务部是全国对外贸易经营者备案登记工作的主管部门。对外贸易经营者备案登记工作实行全国联网和属地化管理。商务部委托符合条件的地方对外贸易主管部门(以下简称“备案登记机关”)负责办理本地区对外贸易经营者备案登记手续;受委托的备案登记机关不得自行委托其他机构进行备案登记。对外贸易经营者在本地区备案登记机关办理备案登记。

**对外贸易经营者备案登记程序**

(1) 领取《对外贸易经营者备案登记表》(以下简称“《登记表》”)。对外贸易经营者可以通过商务部政府网站(http://www.mofcom.gov.cn)下载,或到所在地备案登记机关领取《登记表》。

(2) 填写《登记表》。对外贸易经营者应按《登记表》要求认真填写所有事项的信息,并确保所填写内容是完整的、准确的和真实的;同时认真阅读《登记表》背面的条款,并由企业法定代表人或个体工商负责人签字、盖章。

(3) 向备案登记机关提交如下备案登记材料:① 按要求填写的《登记表》;② 营业执照复印件;③ 组织机构代码证书复印件;④ 对外贸易经营者为外商投资企业的,还应提交外商投资企业批准证书复印件;⑤ 依法办理工商登记的个体工商户(独资经营者),须提交合法公证机构出具的财产公证证明;依法办理工商登记的外国(地区)企业,须提交经合法公证机构出具的资金信用证明文件。

**其他相关手续**

对外贸易经营者应凭加盖备案登记印章的《登记表》在30日内到当地海关、检验检疫、外汇、税务等部门办理开展对外贸易业务所需的有关手续。逾期未办理的,《登记表》自动失效。

2004年7月1日以前,已经依法取得货物和技术进出口经营资格且仅在原核准经营范围内从事进出口经营活动的对外贸易经营者,不再需要办理备案登记手续;对外贸易经营者如超出原核准经营范围从事进出口经营活动,仍需按照本办法办理备案登记。

（二）国营贸易管理

《外贸法》第11条规定："国家可以对部分货物的进出口实行国营贸易管理。实行国营贸易管理货物的进出口业务只能由经授权的企业经营；但是，国家允许部分数量的国营贸易管理货物的进出口业务由非授权企业经营的除外。实行国营贸易管理的货物和经授权经营企业的目录，由国务院对外贸易主管部门会同国务院其他有关部门确定、调整并公布。"

我国保留对原油、成品油、化肥、粮食、棉花、食糖、植物油和烟草等8大类商品的进口实行国营贸易管理的权利，只限于有限数量的国营贸易公司经营。同时允许一定比例的进口由非国营贸易公司经营。另外，植物油（豆油、棕榈油和菜子油）的国营贸易管理在2006年1月1日取消。

对于保留由国营贸易公司进口的货物，非国营贸易企业，包括私营企业，仍被允许进口供生产自用的此类货物，并对此类进口给予国民待遇。分配给非国营贸易公司的原油和成品油的进口部分，如未用完，则可转至下一年。此外，每季度公布非国营贸易公司提出的进口要求及所发放的许可证，并应请求提供与此类贸易公司有关的信息。

中国还保留对茶、大米、玉米、大豆、钨及钨制品、煤炭、原油、成品油、丝、棉花等商品的出口实行国营贸易管理的权利。对于丝绸，已于2005年1月1日完全取消废丝（未梳废丝除外）和非供零售用丝纱线（绢纺纱线除外）的国营贸易。

## 二、货物进出口管理

（一）货物进出口管理的依据

《外贸法》及其配套法律法规是我国实施货物进出口管理的主要依据。实行货物与技术自由进出口，是我国《外贸法》的基本原则之一。但与此同时，在复杂多变的国际经济环境中，为了更好地利用国际市场，参与国际竞争，充分发挥我国的竞争优势，维护公平竞争环境，《外贸法》还确立了我国对某些货物实行禁止、限制管理的原则和管理制度。

1. 限制进出口货物

《外贸法》规定对属于下列情形之一的货物、技术，国家可以限制进口或出口：

（1）为维护国家安全或者社会公众利益，需要限制进口或者出口的；

(2) 国内供应短缺或者为有效保护可能用竭的国内资源,需要限制出口的;

(3) 输往国家或者地区的市场容量有限,需要限制出口的;

(4) 为建立或者加快建立国内特定产业,需要限制进口的;

(5) 对任何形式的农业、牧业、渔业产品有必要限制进口的;

(6) 为保障国家国际金融地位和国际收支平衡,需要限制进口的;

(7) 根据中华人民共和国所缔结或者参加的国际条约、协定的规定,需要限制进口或者出口的。

对限制进口或者出口的货物,实行配额或者许可证管理。

2. 禁止进出口货物

《外贸法》还规定对属于下列情形之一的货物、技术,国家禁止进口或者出口:

(1) 危害国家安全或者社会公共利益的;

(2) 为保护人的生命或者健康,必须禁止进口或者出口的;

(3) 破坏生态环境的;

(4) 根据中华人民共和国所缔结或者参加的国际条约、协定的规定,需要禁止进口或者出口的。

3. 自由进出口货物

限制与禁止进出口以外的货物为自由进出口货物。

基于监测货物进口情况的需要,国务院外经贸主管部门、国务院有关经济管理部门可以按照国务院规定的职责划分,对部分属于自由进口的货物实行自动进口许可管理。

4. 特殊进出口货物

属于文物、野生动植物及其产品等货物,其他法律、行政法规有禁止进出口或者限制进出口规定的,依照有关法律、行政法规的规定进出口。

(二) 货物进出口管理的主要手段

1. 进出口许可证管理

进出口许可证管理是进出口管理的重要手段,是国家对限制进出口货物、技术采取的一种非数量控制的办法。进出口许可证是国家管理货物、技术进出口的法律凭证。凡属于进出口许可证管理的货物、技术,除国家另有规定外,各类进出口企业应在进出口前按规定向指定的发证机构申领进出口许可证,海关凭进出口许可证接受申报和验放。

商务部是进出口许可证的归口管理部门，负责制定进出口许可证管理的规章制度等。2004 年 12 月商务部发布了《货物进口许可证管理办法》和《货物出口许可证管理办法》，这两个规章都于 2005 年 1 月 1 日正式实施。在这两个规章中，规定了申领进口或出口许可证应当提交的文件、许可证的发证依据、许可证的签发、许可证的有效期以及检查和处罚措施等。

商务部授权配额许可证事务局统一管理、指导全国各发证机构的进出口许可证签发及其他相关工作。许可证事务局及其驻各地的特派员办事处和各省、自治区、直辖市及计划单列市商务主管部门为进出口许可证的发证机构。

2005 年实行进口许可证管理的货物为 3 种（83 个 8 位 HS 编码），即监控化学品、易制毒化学品和消耗臭氧层物质。其中，配额许可证事务局（以下简称“许可证局”）发证货物为 2 种，各地外经贸委（厅、局）、商务厅（局）（以下简称“各地方发证机构”）发证货物为 1 种。2005 年实行自动进口许可是按一般商品、机电产品（包括旧机电产品）、重要工业品三个目录的形式分别进行管理的，共包括 26 大类货物。

2005 年实行出口许可证管理的货物为 47 种（318 个 8 位 HS 编码），其中，许可证局发证货物为 8 种，各地特派员办事处（以下简称“各特办”）发证货物为 32 种，各地方发证机构发证货物为 7 种。2005 年实行出口许可证管理的 47 种货物，分别实行出口配额许可证、出口配额招标和出口许可证管理。实行出口配额许可证管理的货物是：玉米、大米、小麦、棉花、茶叶、锯材、活牛（对港澳）、活猪（对港澳）、活鸡（对港澳）、蚕丝类、煤炭、焦炭、原油、成品油、稀土、锑砂、锑（包括锑合金）及锑制品、氧化锑、钨砂、仲钨酸铵及偏钨酸铵、三氧化钨及蓝色氧化钨、钨酸及其盐类、钨粉及其制品、锌矿砂、锌及锌基合金、锡矿砂、锡及锡基合金、白银。实行出口配额招标的货物是：蔺草及蔺草制品、碳化硅、氟石块（粉）、滑石块（粉）、经（重）烧镁、矾土、甘草及甘草制品。实行出口许可证管理的货物是：活牛（对港澳以外市场）、活猪（对港澳以外市场）、活鸡（对港澳以外市场）、牛肉、猪肉、鸡肉、消耗臭氧层物质、监控化学品、易制毒化学品、石蜡、铂金（以加工贸易方式出口）、电子计算机、电风扇、自行车、摩托车及摩托车发动机。

2. 进出口货物配额管理

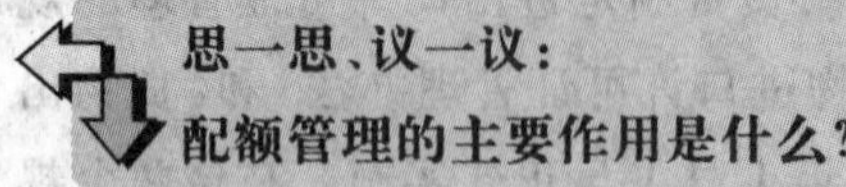


进出口货物配额管理，是指国家在一定时期内对某些货物的进出口数量或金额直接加以限制的管理措施。配额管理往往与许可证管理结合在一起使用，我国目前采用的就是配额与许可证结合使用的管理方式，即需要配额管理的货物必须申领许可证。这种管理方式有利于对配额数量的控制。

我国目前实行进口配额管理的货物主要是农产品，包括粮食(小麦、玉米、大米)、棉花、食糖、植物油、羊毛、毛条以及化肥等工业品。根据《外贸法》、《中华人民共和国货物进出口管理条例》以及《农产品进口关税配额管理暂行办法》，在公历年度内，国家根据中国加入世界贸易组织货物贸易减让表所承诺的配额量，确定实行进口关税配额管理的农产品的年度市场准入数量，配额内的农产品进口适用关税配额内税率，配额量外的农产品进口适用关税配额外税率。在中国加入世界贸易组织的承诺中，对关税配额量、配额内外税率、非国营贸易比例和实施期等均有具体承诺；并承诺在统一、公平、公正、透明、可预测和非歧视的基础上管理关税配额，使用能够提供有效进口机会的明确规定的时限和管理程序。

出口配额管理可分为主动配额管理与被动配额管理两类。主动配额管理是指在输往国家或地区市场容量有限的情况下，国家对部分商品的出口，针对具体国家或地区而主动实施的数量限制。配额总量由商务部综合考虑以下因素确定：保障国家经济安全的需要；保护国内有限资源的需要；国家对有关产业的发展规划、目标和政策；国际、国内市场的需求及产销状况。出口配额的分配主要是由商务部根据出口企业的经营能力和历年的出口实绩以及经营效益等综合情况，并参考有关进出口商会的意见择优分配。从 1994 年起，我国对部分出口商品配额实行有偿招标分配，即中标企业有偿取得指标配额。这是对我国出口配额分配办法的重大改革，通过招标把配额行政分配转化为市场分配，有利于减少配额管理中的主观随意性，避免了人为因素的干扰；同时，配额招标在分配中引入了竞争机制，打破了配额垄断和终身制，大大提高了外贸出口的经济效益和管理制度的透明度。

## 三、货物进出口主要环节管理

### （一）海关管理

海关是国家进出关境的监督管理机关，其基本职能是：进出关境监管，征收关税和其他税、费，查缉走私，编制海关统计，办理其他海关业务。海关通过这些职能的履行，达到实施国家法律、维护进出关境秩序、保证国家税收、打击违法犯罪行为、保障国家利益的目的。因此，海关管理也是我国货物进出口管理环节中的重要组成部分。

国家管理海关工作的组织形式、机构设置、职权配置等方面的制度称为海关管理体制。我国实行集中统一的、垂直的海关管理体制，即国务院设立海关的最高管理机关——海关总署，统一管理全国海关；海关的隶属关系不受行政区划的限制；海关依法独立行使职权，向海关总署负责。海关设置分为直属海关和隶属海关两个层级，直属海关直接由海关总署领导，隶属海关由直属海关领导。

1. 海关监管

海关监管是指海关依据国家法律、法规对进出关境的货物、物品、运输工具实施报关登记、审核单证、查验放行、后续管理、查处违法等行政监督管理职能。监管对象为进出境货物、物品和运输工具。针对不同的监管对象，海关的监管措施是不同的，监管程序上也有所差别。为了更好地发挥海关监管职能，《海关法》还依照海关业务制度的分类，确立了对各种进出口货物在不同时间和空间适用的海关监管制度，如报关制度、保税制度、海关事务担保制度、许可证制度、外汇管理制度、进出口商品检验制度、原产地规则制度、知识产权海关保护制度、固体废料污染环境防止制度、文物进出境管理制度、机电设备进出境管理制度，以及麻醉品、精神药物、濒危物种、金银及其制品进出境管理制度等。

2. 海关征税

征收关税和其他税、费是海关的基本职能之一。其他税、费是指海关在货物进出口环节，按照关税征收程序征收的有关国内税、费，目前主要有增值税、消费税等。海关是关税的法定征收机关，海关征收关税的对象是准许进出口的货物和进出境物品。海关征税工作的基本法律依据是《海关法》、《中华人民共和国进出口关税条例》。海关通过执行国家制定的关税政策，对进出口货物、进出境物品征收关税，起到保护国内工农业生产、调整产业结构、组织财政收入和调节

进出口贸易活动的作用。第三章将详细介绍关税稽征的有关内容。

3. 查缉走私

走私是指逃避海关监管,进行非法的进出境活动,偷逃关税,非法牟取暴利,扰乱社会经济秩序,严重危害国家主权和国家利益的违法犯罪行为。《海关法》规定:"国家实行联合缉私、统一处理、综合治理的缉私体制。海关负责组织、协调、管理查缉走私工作。"这一规定从法律上明确了海关打击走私的主导地位以及有关部门的执法协调。为了严厉打击走私犯罪活动,国家在海关总署设立专门侦查走私犯罪的公安机构,配备专职缉私警察,负责对其管辖的走私犯罪案件的侦查、拘留、执行逮捕、预审。在缉私工作中,海关负责具体的组织、应有的协调和所需的管理,从而使缉私工作责任明确并有秩序地进行。

4. 编制海关统计

海关统计是指海关运用各种科学方法,对进出境的货物进行统计调查、统计分析的活动。海关统计的基本任务是:对进出关境的货物以及有关的贸易事项进行统计调查和统计分析,科学、准确地反映国家对外贸易的运行态势;提供统计资料和统计咨询服务;实行统计监督,通过审核海关统计,对货运监管、征税等业务环节起监督把关作用;开展国际贸易统计的交流与合作,为系统研究比较我国对外贸易和国际经济贸易关系提供资料,促进对外经济贸易的健康发展。

(二) 进出口商品检验管理

进出口商品检验,是指在国际贸易中对买卖双方达成交易的进出口商品,由法定商检机构依法对其品质、数量、规格、包装、安全、卫生、装运条件等进行检验的活动。为了加强进出口商品检验工作,规范进出口商品检验行为,维护社会公众利益和进出口贸易有关各方的合法权益,促进对外经济贸易关系的顺利发展,中国依据世界贸易组织规则和《商检法》等国内法律法规,对进出口商品检验活动进行管理。

1. 进出口商品检验管理体制

国家进出口商品检验工作管理体制是指国家管理进出口商品检验工作的组织形式和基本制度,包括管理机构的设置、职责范围的确定和管理职权的划分,是国家进出口商品检验法律、法规、规章、制度和方针、政策得以贯彻落实的组织保障和制度保障。根据《商检法》的规定,我国进出口商品检验工作管理体制由三个层次组成。

(1) 国家商检部门。

国家商检部门即国家质量监督检验检疫总局。其在管理全国进出口商品检验工作方面的主要职责是:组织起草有关进出口商品检验方面的法律、法规草案;研究拟定商检工作的方针、政策;制定和发布有关规章制度;组织实施与商检工作相关的法律、法规;组织实施进出口商品法定检验和监督管理;监督管理进出口商品鉴定和外商投资财产价值鉴定;管理国家实施进口许可制度的民用商品的入境验证工作;审批法定检验商品免验,组织办理复验;组织对有关的进出口商品认证管理;组织和管理进出口食品及其生产企业的卫生注册;审批并监督管理从事进出口商品检验鉴定业务的机构(含中外合资、中外合作的检验鉴定机构);垂直管理出入境检验检疫机构;管理国家认证认可监督管理委员会和国家标准化管理委员会等。

(2) 各地商检机构。

国家质量监督检验检疫总局在全国设立了585个出入境检验检疫机构。出入境检验检疫机构实施进出口商品检验管理方面的主要职责是:贯彻执行进出口商品检验方面的法律、法规及政策规定;实施进出口商品的法定检验和监督管理;负责进出口商品鉴定管理工作;实施外商投资财产鉴定;办理进出口商品复验;实施进出口商品认证认可工作;实施对进出口食品及其生产企业的卫生注册登记;实施民用商品入境验证工作;管理进出口商品检验单证、标志及标签、标识、封识等;法律、行政法规和国务院规定的其他职责。

(3) 检验机构。

检验机构是经国家商检部门许可的从事检验鉴定业务的机构,可以接受对外贸易关系人或者外国检验机构的委托,办理进出口商品检验鉴定业务;即"检验机构"从事进出口商品检验鉴定业务是基于当事人的委托,其性质属于商业性委托检验。在具体检验鉴定内容上,也要根据当事人的委托进行。

2. 进出口商品检验管理内容

(1) 进口商品的检验,商检法对有关事项主要作如下规定:

① 属于法定检验的进口商品,其收货人或者其代理人,应当向报关地的商检机构报检;

② 属于法定检验的进口商品,其收货人或者其代理人,应当在商检机构规定的地点和期限内,接受商检机构对该商品的检验;

③ 商检机构应当在国家商检部门统一规定的期限内检验完毕,并出具检验单证;

④ 海关凭商检机构签发的货物通关证明验放;

⑤ 法定检验以外的进口商品的收货人,发现进口商品质量不合格或者残损短缺,需要由商检机构出证索赔的,应当向商检机构申请检验出证;

⑥ 重要的进口商品和大型的成套设备,在出口国进行预检验、监造或者监装,商检机构可以根据需要派出检验人员参加。

(2) 出口商品的检验,商检法中有以下几项规定:

① 法定检验的出口商品,其发货人或者代理人,应当按照规定的地点和期限,向商检机构报检;

② 商检机构按规定期限检验完毕,并出具检验单证;

③ 属于商检法规定必须实施检验的出口商品,海关凭商检机构签发的货物通关证明验收;

④ 经商检机构检验合格发给检验单证的出口商品,应在其规定期限内报关出口,超过期限的重新报检;

⑤ 为出口危险货物生产包装容器的企业,必须申请商检机构进行包装容器的性能鉴定;生产出口危险货物的企业,必须申请商检机构进行包装容器的使用鉴定;使用未经鉴定合格的包装容器的危险货物,不准出口;

⑥ 对装运出口易腐烂变质食品的船舱和集装箱,承运人或者装箱单位必须在装货前申请检验,未经检验合格的不准装运。

3. 进出口商品检验监管

(1) 抽查检验。

商检机构对法定检验的商品以外的进出口商品,根据国家规定实施抽查检验;国家商检部门可以公布抽查检验结果或者向有关部门通报抽查检验情况。之所以采取这种处置方式,是因为抽查检验的进出口商品不属于法定检验的进出口商品,不采用由商检机构签发货物通关证明的方式。

(2) 出厂前的质量监督管理和检验。

这是商检法中为便利对外贸易的需要,支持出口商品生产者提高质量,适应出口商品的法定检验目标,而规定由商检机构实施的一项特定的制度,即可以按照国家规定对列入目录的出口商品进行出厂前的质量监督管理和检验。

(3) 报检代理人的管理。

在修改后的商检法中,报检代理人具有了合法的地位,因而对其管理也作出了相应的、制度性的规定,即为进出口货物的收发货人办理报检手续的代理人应当在商检机构进行注册登记;办理报检手续时应当向商检机构提交授权委托书。

(4) 对经许可的检验机构的监督管理。

国家商检部门可以按照国家有关规定,通过考核,许可符合条件的国内外检验机构承担委托的进出口商品检验鉴定义务;国家商检部门和商检机构依法对经许可的商品检验鉴定业务活动进行监督,可以对其检验的商品抽查检验。

(5) 使用质量认证标志。

这是一种特定的认证,并根据认证的结果作出标示。商检法的规定是,商检机构可以根据国家商检部门同外国有关机构签订的协议或者接受外国有关机构的委托进行进出口商品质量认证工作,准许在认证合格的进出口商品上使用质量认证标志。

(6) 验证管理。

这是商检法修改后所规定的一项管理制度,也包含着监督的内容。它的具体内容是商检机构依照商检法对实施许可制度的进出口商品实行验证管理,查验单证,核对证、货是否相符。

(7) 加施商检标志、封识。

这是一种监督管理的措施,明确商检机构根据需要,对检验合格的进出口商品,可以加施商检标志或者封识。应当予以说明的是,商检标志或者封识只能起到加施的作用,并不能代替进出口商品上的其他标志、封识。

(8) 复验、复议、诉讼。

复验,就是进出口商品的报检人对商检机构作出的检验结论有异议的,可以向原商检机构或者其上级商检机构以至国家商检部门申请复验,由受理复验的商检机构或者国家商检部门及时做出复验结论。

行政复议是在复验之后或者受到行政处罚之后提出的,具体就是当事人对商检机构、国家商检部门作出的复验结论不服或者对商检机构作出的处罚决定不服的,可以依法申请行政复议。

提起诉讼是指当事人对商检机构、国家商检部门作出的复验结论不服或者对商检机构作出的处罚决定不服的,可以直接向人民法院提起诉讼,而不必将申

请复议作为法定的前置条件，这样可以使当事人的合法权益得到更充分的保护。

（三）外汇管理

外汇管理是指一国政府授权国家的货币管理当局或其他机构，对外汇的收支、买卖、借贷、转移以及国际结算、外汇汇率和外汇市场等实行的控制和管制行为。外汇管理内容广泛，具体可分为经常项目管理、资本项目管理、储备项目管理、汇率管理、外汇市场管理等。由于此处所要阐述的是货物进出口环节的管理，因此与其密切相关的是经常项目下的贸易外汇管理。

我国对经常项目管理的原则是：放松对经常项目的管制，实行人民币在经常项目下可自由兑换。因此，具体到贸易外汇管理，主要遵循以下原则：一是境内机构的经常项目外汇收入必须调回境内，不得违反国家有关规定将外汇擅自存放在境外；二是对贸易项下外汇支付不予限制，境内机构贸易项下用汇可以按照市场汇率凭相应的有效凭证和商业单据，用人民币向外汇指定银行购汇或从其外汇账户上对外支付；三是实行以事后监管为主的真实性审核，通过对银行付汇数据和进口报关到货数据的核对审核进口付汇的贸易真实性；以出口收汇核销单为依据对出口外汇收入的真实性进行事后核查。

我国的贸易外汇管理具体表现为实行银行结汇制度、银行售付汇制度、出口收汇核销制度、进口付汇核销制度、贸易外汇账户管理制度。

1. 银行结汇制度

我国对境内机构经常项目下的贸易外汇收入实施银行结汇制度，即境内机构贸易项下的外汇收入，除国家规定准许保留的外汇可以在外汇指定银行开立外汇账户外，都必须及时调回境内，按市场汇率卖给外汇指定银行。

凡经商务部备案从事对外贸易经营或有经常项目外汇收入的境内机构（含外商投资企业），均可以向所在地国家外汇管理局及其分支局（以下简称“外汇局”）申请开立经常项目外汇账户。境内机构经常项目外汇账户的收入范围为经常项目外汇收入，支出范围为经常项目外汇支出及经外汇局核准的资本项目外汇支出。境内机构经常项目外汇账户的限额，原则上按照其上年度经常项目外汇收入的20%核定。境内机构经常项目外汇收入，在外汇局核定的经常项目外汇账户限额以内的，可以结汇，也可以存入其经常项目外汇账户；超出外汇局核定的经常项目外汇账户限额的外汇收入必须结汇。个人对外贸易经营者从事对外货物贸易经营活动，可以直接到银行办理购汇对外支付、结汇手续，也可以通过个人对外贸易结算账户办理。

2. 银行售付汇制度

我国对境内机构经常项目下的贸易外汇支出实施银行售付汇制度。

(1) 售汇制度。售汇是指外汇指定银行将外汇卖给外汇使用者,并根据交易行为发生之日的人民币汇率收取等值人民币的行为。从用汇单位角度来讲,售汇又称为购汇。我国的企业经常项目下产生的外汇需求,只要能够提供与支付手段相应的有效商业单据和凭证(例如进口合同、进口付汇核销单及形式发票等单据和凭证,以及在有许可证管理或其他管理措施时要提交进口许可证、技术进口合同登记证书等有关部门签发的进口证明文件),就可以从指定外汇银行购买外汇。

(2) 付汇制度。付汇是指经批准经营外汇业务的金融机构,根据有关售汇以及付汇的管理规定,在审核用汇单位或个人提供的规定的有效凭证和商业单据后,从用汇单位或个人的外汇账户中或将其购买的外汇向境外支付的行为。如从其外汇账户中对外支付,用汇单位或个人除提交规定的有效凭证及商业单据外,还必须符合外汇账户的收支范围。

3. 出口收汇核销制度

出口收汇核销制度是指货物出口后,由外汇管理部门对相应的收汇进行核销。这是一种以出口货物价值为标准核对是否有相应的外汇收回国内的事后管理措施,它可以监督企业在货物出口后及时、足额地收回货款。

根据我国有关法规规定,国家外汇管理局及其分支局按照属地管理的原则,对在我国境内注册登记并经外经贸主管部门批准有进出口经营权的所有出口单位,进行出口收汇核销管理。出口收汇核销的凭证是“出口收汇核销单”。出口收汇核销单,系指由外汇局制定格式,出口单位或个人凭以向海关出口报关,向外汇指定银行办理出口收汇,向外汇局办理出口收汇核销,向税务机关办理出口退税申报的有统一编号的凭证。它是出口收汇管理中最主要的一份单据,也是海关直接审核并签章的单据。在口岸电子执法系统网络上登记有电子底账的出口收汇核销单,将长期有效。出口收汇核销单只准本单位使用,不得借用、冒用、转让和买卖。

4. 进口付汇核销制度

进口付汇核销制度是指进口货款付出后,由外汇管理部门对相应的到货进

行核销。这是以付汇金额为标准核对是否有相应的货物进口到国内或有其他证明抵冲付汇的一种事后管理措施，可以监督企业进口付汇后及时、足额地收到货物。

进口付汇核销主要使用"进口付汇核销单"进行核销。"贸易进口付汇核销单"(代申报单)系指由国家外汇局制定格式，进口单位或个人填写，外汇指定银行审核并凭以办理进口付汇的凭证。一份进口付汇核销单只可凭以办理一次付汇。企业凭"进口付汇核销单"办理有关进口货物的通关手续。

5. 贸易外汇账户管理制度

为配合结售汇和收付汇核销制的执行，根据《结汇、售汇及付汇管理规定》，对暂不结汇和无须结汇的经常项目外汇收入，可以开立外汇账户，实行账户管理，以达到对不结汇外汇收入的监管。

## 本章小结

1. 外贸立法管理手段是指在对外贸易中借助法律规范的作用对进出口活动施加影响的一种手段。它具有权威性、统一性、严肃性、规范性的特点。《外贸法》是我国对外贸易法律制度的基本法，是整个外贸制度的核心。

2. 2004年，我国对《外贸法》进行了修订，修订主要体现在三个方面：一是对1994年制定的《外贸法》与我国加入世界贸易组织承诺和世界贸易组织规则不相符的内容进行了修改；二是根据我国加入世界贸易组织承诺和世界贸易组织规则，对我国享受世界贸易组织成员权利的实施机制和程序作了规定；三是根据《外贸法》实施以来出现的新情况和促进对外贸易健康发展的要求作了修改。对于货物贸易、技术贸易和服务贸易，我国都制定了相关的法律、法规和规章。

3. 外贸经济调控手段是国家通过经济变量，对微观经济主体行为施加影响，并使之符合宏观经济发展目标的间接调控方式，主要包括税收手段、外汇与汇率管理以及进出口信贷手段等。

4. 外贸行政管理手段是国家经济管理机关凭借行政组织权力，采取发布命令、制定指令性计划及实施措施、规定制度程序等形式，按照自上而下的组织系统对对外贸易经济活动进行间接调控的一种手段。我国的对外贸易行政管理的对象包括对外贸易经营管理、货物进出口管理、货物进出口配套环节管理等。

## 思考与练习

### 一、选择题

1. 我国现行的对外贸易行政管理手段主要有（　　）。

A. 外经贸企业管理　　B. 进出口许可证配额管理

C. 海关管理　　D. 进出口商品检验管理

E. 外汇管理

2. 进口征税的原则是进口商品与国内产品（　　）的原则。

A. 区别对待　　B. 差别纳税　　C. 同等纳税　　D. 一律免税

3. 我国目前对经常项目外汇收入实行（　　）。

A. 银行结汇制度　　B. 自愿结汇制度

C. 外汇管制　　D. 计划管理

4. 国家运用金融政策和金融手段支持和鼓励外贸发展的一项重要措施是（　　）。

A. 进出口补贴　　B. 出口退税　　C. 进出口信贷　　D. 汇率控制

5. 我国的海关法律体系所包括的法律制度有（　　）。

A. 海关组织制度　　B. 海关监管制度

C. 关税制度　　D. 查缉走私制度

E. 海关统计制度

### 二、简答题

1. 我国的对外贸易法律制度的法律渊源有哪些？
2. 1992 年以后，我国关税政策调整的方向是什么？
3. 为什么要实行外汇管理？
4. 我国进出口信贷制度的主要特征是什么？
5. 关税配额与一般进口配额有什么不同？
6. 海关的基本任务有哪些？
7. 我国进出口商品检验体制的组成包括哪几个层次？

## 技能实训

查阅相关网站，了解和掌握中国新修订的对外贸易法律法规的有关内容。

案例分析

**案例2-1　西班牙缘何要烧中国鞋?**

西班牙东南部城市埃尔切2004年9月16日晚爆发了一起针对当地中国鞋商的暴力示威。示威者抢劫了中国侨民的一卡车皮鞋,焚烧了两位中国侨民开设的鞋子仓库销售店。

**祸起商业竞争**

距离首都马德里大约420公里的埃尔切是西班牙巴伦西亚自治区第三大城市,人口为20万,是西班牙也是欧洲最著名的鞋城,有"欧洲第一鞋城"之称。西班牙制鞋工业比较发达,世界闻名,而埃尔切是西班牙制鞋工业的摇篮和重要基地之一。早在20世纪60年代,美国企业家和商人利用西班牙劳动力相对便宜的优势在埃尔切生产皮鞋并做皮鞋生意。后来,随着西班牙经济的迅速发展,劳动力成本开始上升,部分外国企业家便撤出埃尔切,将工厂转移到葡萄牙等劳动力更便宜的国家。

最近十多年来,随着中国经济的迅猛发展,生活在西班牙的一些华侨华人大量从中国进口便宜的中国鞋类产品,并且也在埃尔切开设了鞋生产厂和仓储式批发零售商店。中国鞋凭借物美价廉的优势迅速打开并占领了埃尔切鞋城市场。目前,埃尔切中国鞋商店已经从过去的几家发展到三十多家。

华人在西班牙经商有3个集中点,多数经营日用小商品、服装和鞋子等。首都马德里华人最多,大约有3—5万人。马德里有两大中国商品集散地,城里有"拉瓦别斯"中国街,大小中国服装批发店鳞次栉比,大约有两百多家,那里的中国服装非常便宜,有的童装只有2欧元,有的小商品甚至只有1欧元。

西班牙第二大城市巴塞罗那是中国商品的第二大集散地,那里以生产和销售服装为主要特色。中国侨民在巴塞罗那开设了一百多家服装工厂,服装价格便宜,生意非常红火。

西班牙第三大中国货物集散地就是埃尔切城。那里主要生产和销售鞋类。

此间分析人士认为，这次事件是由于中国侨民与西班牙当地人进行商业竞争而引发的一次事件。中国廉价商品进入西班牙，有人欢喜有人愁。西班牙广大老百姓对中国商品非常欢迎，但是，一些企业家和工会领导人表示忧虑，他们认为这将使部分企业破产和工人失业。

事实上，出口价格低已经成为制约我国鞋业发展的最主要瓶颈。低价鞋给贸易保护主义者以口实，国外反倾销已成为我国鞋类出口的重大障碍。据统计，从1979—1998年，我们轻工产品共遭到国外反倾销立案调查40件，其中涉及最多的就是鞋。从1995年2月到1997年10月，欧盟委员会对我国纺织面料鞋和皮鞋分别进行反倾销调查，涉案金额达4.5亿美元。1998年2月，欧委会裁定我国皮鞋对欧盟出口价格每双不得低于5.7欧元，而此前我国销往欧盟的皮鞋的平均单价为5.47欧元，上调幅度达4.2%。

据悉，西班牙企业生产的一双旅游鞋最低价格为20欧元，但是，中国人生产的同样旅游鞋仅为一双3—4欧元，甚至2欧元。据西班牙报纸报道，由于近年来中国鞋子大量进入西班牙市场，西班牙鞋厂工人失业人数剧增。2003年西班牙从中国进口鞋子6 190万双，占西班牙鞋类进口总额的47%。报道还说，2002年埃尔切有12家西班牙鞋厂破产，2003年增加到14家，2004年头7个月已经猛增到26家，1 000多名工人失业。

有关部门统计显示，2001年我国鞋类出口企业已达5 043家，但是出口金额在10万美元以下的竟有2 249家，达44.6%。“我们上规模的企业很少，一些出口新军为了挤入国际市场，多以低价策略为先导，而且由于规模小，没有长远打算，不注重产品开发，最终使中国鞋在国际上戴了一顶‘低价帽’。”

“近几年来，贸易保护主义抬头，波兰和斯洛伐克相继对我国鞋类实行保障措施。波兰政府宣布3年内对中国产的胶鞋、皮鞋和纺织面料鞋每双征收1.5—4欧元的海关附加税，斯洛伐克政府规定中国鞋进口数量每年不得超过200万双。”“西班牙事件也凸现了这种严峻形势！”

**问题：**

西班牙烧中国鞋的主要原因是什么？

资料来源：根据新闻报道编译。

# 第三章

# 中国对外贸易的进口贸易战略

【导读】 进口贸易与出口贸易一样，是我国对外贸易的重要组成部分，在国民经济中处于重要的地位，从社会扩大再生产角度讲，它可以增强一国的生产能力，提高劳动生产率，推动国民经济协调发展；从发展国际经济关系方面看，进口贸易是促进彼此经贸交流和技术合作的重要环节。为此，要了解我国进口贸易的基本指导方针和原则，在此基础上，进一步掌握我国在进口贸易过程中的关税措施和非关税措施。

## 第一节　进口贸易的基本指导方针和原则

### 一、进口贸易战略的主要内容

进口贸易战略是指根据国内生产、消费的需要，对一定时期进口商品的构成所作的战略性规划。进口贸易战略是以国民经济的发展目标为依据的。通过进口供给稀缺资源，提升产业层次，缩短科技差距，减少投入成本，丰富国内市场，促进出口发展，是提升一国总体经济效益的重要手段。进口贸易战略也是国家产业政策体系的重要组成部分，直接关系到国家经济安全，因此必须符合国家总体对外关系政策。

根据当前我国"十一五"规划期间国民经济发展目标和对产业结构调整的明确要求及全面部署，我国现阶段进口贸易战略为：

#### （一）合理安排进口，保持适度的速度与规模

进口的规模与速度有其内在的限度，它与国民经济的增长存在着一定的关系。没有一定的进口的规模与速度保证，国民经济的增长将受到影响和制约。反之，进口的规模与速度超过国民经济发展需要与可能的水平，也会造成生产要素资源的浪费或设备的闲置。

一般说来，进口的规模与速度取决于出口，而出口的发展，要根据生产能力与市场情况来确定。我们应本着进出口基本平衡、略有节余的原则，积极发展进口贸易，提高贸易总体效益。

**思一思、议一议：**
**进口贸易战略与国民经济发展计划有什么关系？**

#### （二）有重点地安排进口，调整和优化进口商品结构

我们应适应生产结构合理化和现代化的要求，改善进口结构，提高进口效益，鼓励进口带动出口，促进产业升级，提升宏观经济效益，把有限的外汇，集中用于引进先进技术、关键设备、国家重点建设所必需的物资、农用物资和"以进养出"的物资。

1. 积极引进先进技术和关键设备

科学技术是第一生产力。要实现整个国民经济的现代化，首先必须要实现

国民经济各部门的生产技术和关键设备的现代化。目前,我国科学技术水平和生产力还大大落后于世界先进水平,表现在装备水平、设计水平、工业水平都比较低,科研设备和条件差,以及知识老化等方面。显然,完全依靠这样的科技水平是很难实现国民经济现代化的。因此,党的十六大和"十一五"规划都提出,要优化进口结构,着重引进先进技术和关键设备。

为了逐步实现产业结构合理化、现代化,围绕国家重点建设和重点技术改造,我们必须有重点、有步骤地组织先进技术和关键设备的引进。引进的重点是:

(1) 引进电子、信息等先导产业发展所需的技术和设备。电子、信息、航天、生物工程和新能源、新材料工业等,是在高新科技领域中跟踪国际先进技术水平,对我国经济技术发展有重大意义的先导产业。我们要重视先导产业的拓展。目前限于我们的条件,可以先把重点放在电子和信息产业上,重视引进先进的微电子技术、计算机技术和传感技术,使之成为促进产业结构合理化、现代化的带头产业。

电子产业实际上是一个产业群体,包括电子材料、电子设备制造、电子元器件。其特点是可与其他产业的技术组合成新的技术和产品,同时,电子产业也是信息技术的基础,因而对当代技术体系和经济发展起着十分重要的作用。

信息技术的发展对社会进步产生的影响是不可估量的。如互联网的使用,给人类的生产生活带来巨大的冲击,被称为"信息社会的发动机",极大地推动了信息科学的发展,在互联网出现之前,还没有哪一项信息技术能繁衍出如此众多的新概念、新体系。信息产业不仅代表了当今高新技术产业和产品发展的最新动态,而且对传统产业的改造也发挥着重要的作用,如美国在 20 世纪 90 年代,依靠信息技术,重新夺回被日本抢占已久的汽车工业王冠。

信息化是当今世界经济和社会发展的大趋势,也是我国产业结构升级和实现工业化、现代化的关键环节。因此,我国提出要把推进国民经济和社会信息化放在优先发展的位置,努力实现我国信息产业的跨越式发展。首先,要加强信息高速公路的建设,主要是抓紧国家高速宽带传输网络建设,扩大互联网使用,促进电信、电视、计算机三网结合。其次,要加速发展信息产业,重点推进大规模集成电路、高性能计算机、大型软件系统、超高速网络系统、数字电视机等核心信息技术的产业化;加快软件产业和集成电路产业的发展,提高信息化装备能力和系统集成能力;积极发展信息服务业特别是网络服务业。信息产业对我国来说是一个幼稚产业,与国外先进技术有较大差距,因此,需要积极引进国外先进技术和设备。

(2) 引进能源、交通等基础设施建设所需要的技术和设备。能源是我国经济建设的战略重点,又是薄弱环节。我国不仅能源增长缓慢,而且利用率低,美国等工业发达国家能源利用系数在50%左右,而我国仅在28%左右。近几年来,我国电力供应紧张,石油进口量不断增加,能源紧张严重制约了经济的发展。我们应加强能源开发,积极引进太阳能、核能、地热和电力、煤炭、石油、水利资源开发等方面的先进技术设备。

交通、通信既是国民经济建设的战略重点,又是薄弱环节。新中国成立以来,我国交通运输已有了很大发展,但仍不能满足不断发展的经济建设的需要。我国铁路、公路通车里程远远落后于发达国家,海洋运输、航空运输也落后。随着我国国民经济持续快速发展,交通运输是主要的瓶颈。我们要重视电气化铁路、深水泊位等交通方面先进技术设备的引进,加快公路、铁路、港口、机场和管道系统建设。

(3) 引进传统产业技术改造所需要的技术和设备。我国经过半个世纪的工业化建设,已建立了规模庞大、门类齐全的工业体系,其中传统产业占有很大的比重。我国许多传统产业设备陈旧、技术落后,严重制约了我国实现现代化的进程。要从根本上改变这一状况,必须加强传统产业技术改造,这是优化经济结构的重要一环。

装备制造业技术水平的高低,在很大程度上决定了其他产业的生产技术和产品技术性能的高低。我国的制造业门类齐全,存在的最大的问题是检测手段落后,自动化、机电一体化水平较低,产品的可靠性和一致性不高,规模效益差。因此,我国应通过进口贸易,积极引进精密高效的机床、仪器和仪表等先进技术和设备,改造装备制造业,提高设计和制造水平,推动机电一体化,为各行业提供先进的成套技术设备。此外,还应引进轻纺、冶金、化工、汽车、建材等传统工业部门进行技术改造所需要的技术设备,共同促使我国通过技术进步和技术改造走上内涵式扩大再生产的发展道路。

(4) 引进我国农业现代化所需要的技术和设备。农业是国民经济的基础,要巩固和加强这一基础就必须调整和优化农业结构,引进与农业现代化和农业

结构优化有关的技术设备，加强高新技术（如计算机技术、生物工程技术和其他高新技术）在农业上的应用，依靠科技来发展农业。

2. 认真组织好重点建设物资和加工贸易物资的进口

任何一个国家都不可能拥有发展本国经济所需要的一切资源，因此需要进口一部分国内短缺的物资来满足经济建设的需要。例如，有的原材料（钢材、纸张等），受生产技术水平所限，不能满足要求；有的工业原料（橡胶等）受自然气候影响，国内生产困难；有的矿产资源（铜矿等）品位偏低；有的资源（金刚石、白金等）国内储量不足；等等。所以，我们要充分利用国外资源与国际市场的作用，进口重点建设和农业需要的物资，以保证重点建设物资，以保证重点建设的顺利进行。

加工贸易是指"两头在外、中间在内"的贸易方式，即从国际市场进口原材料和零部件，国内加工装配、制造，成品出口国际市场。它包括进口原材料加工成品出口；进口主件或零配件，加工装配出口；以国产原料为主，进口辅料加工成品出口；进口饲料、肥料、种子、种畜等经过养殖种植成为农副土特畜产品出口，以及进口某些商品调换国内农副产品出口。这是一种利用国外资源、发挥国内劳动力优势、创汇增收的进口贸易方式。加工贸易在我国对外贸易中居于十分重要的地位。20世纪80年代以来，加工贸易在我国进出口总额中的比重不断上升，已由1981年的16.7%上升到2004年的47.6%。由此可见，保证加工贸易所需物资的进口是十分必要的。

3. 适当组织生活必需品和某些消费品的进口，保证市场物资供应

在发展生产的基础上，保障供给，不断提高人民生活水平，这是我们一切经济活动的根本目的。由于在不同时期受自然条件、生产条件等种种因素的影响，国内所生产的物资还不能完全保证人民生活的必需和市场的供应，还需要适当地组织进口。

进口生活必需品，如粮、油、糖和棉花等，是关系国计民生的大事。它对于保证社会的安定与经济的增长，有着举足轻重的影响；对于农业的休养生息、合理调整农产品结构也有积极意义。2004年，在我国粮食出口减少的情况下，我们增加了水海产品和园艺产品等优势农产品的出口，由于这些产品的价格普遍高于粮食作物的价格，因此成为拉动农产品出口增长的主要动力。实践证明，发展水海产品、果蔬产品、花卉产品等附加值比较高、深加工、有比较优势的农产品出

口，对于确保粮油等农产品的进口，保障国内供给以及优化农产品结构十分重要。

随着人民生活水平的不断提高，我国除了进口一些生活必需品以外，还应进口一些一般消费品和高档消费品，以满足不同层次的消费需求。

（三）促进进口市场多元化，适度降低重要战略物资的市场集中度

提高进口贸易的经济效益，除了合理安排进口商品结构外，进口市场的分布也需要进行战略性规划，形成多元化的市场格局。促进进口市场多元化的重点应放在重要战略物资、关键技术和资本品方面。我国进口的高新技术产品主要集中在发达国家市场，石油的进口市场也相对集中。这种市场格局容易形成对某些国家的过度依赖，不利于争取有利的交易条件，同时对国家的经济安全也不利，尤其我国重要战略物资进口比重较大，降低进口对单一市场的依赖更显重要。比如原油50%来自中东，必经马六甲海峡运输，一旦该地区出现问题，对我国影响就比较大。因此，应利用发达国家间的相互竞争关系，关注一些发展中国家技术水平不断提高的趋势及其能源状况，分散进口来源，从而提高进口经济效益，同时适度降低重要战略物资的市场集中度，确保国家经济安全。

资料卡

**我国已成为世界第三大进口国**

2000—2004年，我国进口规模从2 250.94亿美元增加到5 613.8亿美元，年增速30%左右。同期我国在世界进口贸易总额中的比重从3.38%提高到6%左右，成为世界第三大进口国。

## 二、进口贸易的基本指导方针和原则

### （一）基本指导方针

在对外经济贸易方面，应当"坚定不移地执行独立自主、自力更生、艰苦奋斗、勤俭建国的方针"。我国要进一步扩大对外开放，争取在对外贸易、利用外资、引进技术等方面取得更大的进展，但同时必须牢固树立艰苦奋斗、勤俭建国的思想，节约一切可以节约的财力、物力和人力，更多地依靠国内资金和自己的力量进行建设。这就是说，我们既要实行对外开放，也要坚持自力更生。自力更生就是要根据我国国情，充分依靠本国的人力、物力和财力，把立足点放在自己力量的基础上来建设社会主义。有了这个基点，实行对外开放，进口所需的物资

才有基础。根据我国经济发展水平较低、发展经济要素不足的国情,要做到自力更生,必须坚持艰苦奋斗、勤俭节约。除了依靠自己的力量外,建设社会主义还必须依靠国外资源和市场。充分利用国外可以利用的资源和广阔的市场以及先进的管理经验,为我国现代化建设服务,从而增强我国自力更生的能力。可见,自力更生与合理安排进口是不矛盾的,它们之间的关系是:前者是后者的基础,后者对前者起促进作用。这二者都是我国进口基本指导方针的重要内容。

为此,要根据我国国情和需要,以国民经济总体发展战略为依据,在自力更生的基础上,充分利用国际市场,以提高经济效益为中心,合理组织进口。要按照有利于技术进步、有利于增加出口创汇能力和有利于节约使用外汇的原则,合理安排进口,积极引进先进技术,并加强消化、吸收和创新,努力发展替代进口产品的生产,促进民族工业的振兴和发展,为加速实现社会主义现代化服务。

(二) 原则

我国进口贸易的原则是:有利于技术进步,有利于增强出口创汇能力和有利于节约使用外汇。我国进口贸易虽然发展较快,但规模不大,每年用于进口的外汇有限。因此,国家提出要把有限的外汇集中用于引进先进技术和关键设备,进口国家重点生产建设所需物资方面。为此,必须做到:(1) 凡是国内能够生产,并且在数量上和质量上都能满足需要的,应由国内解决,不应组织进口。(2) 国内虽能生产,但数量、品种和质量还不能满足需要的产品,经济建设和人民生活急需的产品,或发展出口生产必需的物资和设备,可以适当进口。(3) 对可增强自力更生能力,加速社会主义建设的先进技术和设备,要优先安排进口。(4) 进口商品要由“调剂型”向“发展型”转变,要符合中国产业政策的要求。(5) 要保持适当的进口速度与规模。一般说来,进口的规模与速度取决于出口,而出口的工作要根据生产能力与国际市场的情况来确定。应本着进出口基本平衡、略有节余的原则,积极扩大进口。

为了增强我国自力更生能力,我们要积极发展替代进口产品的生产,加快国产化进程,保护和促进民族工业的振兴和发展。中国是一个发展中国家,对幼稚产业要给予一定的保护,这不仅是我国国情的需要,也符合世界贸易组织的要求。因此,我国采取优先进口先进技术和关键设备的措施,以促进替代进口产品的产业的发展。

## 第二节 进口关税措施

### 一、关税的含义与目的

关税是进出口商品经过一个国家关境时，由该国政府设置的海关向进出口商征收的一种税。由于对进出口商品征税，会提高进出口商品的成本和价格，削弱进出口商品的市场竞争能力，客观上对进出口数量起到一种限制作用，所以，关税措施被称为关税壁垒。关税是各国对外贸易政策的核心内容之一。在大多数国家，为了促进出口，往往会尽可能少地使用出口关税，因此，在国际经济交换中，注意力也就通常集中在进口关税上面。

关税是通过海关执行的。海关是设在关境上的国家行政管理机构，是贯彻执行本国有关进出口政策、法令和规章制度的重要工具。关境是海关管辖的范围，即其征收关税的领域。在一般情况下，一个国家的关境与其国境是一致的。但是有些国家相互缔结关税同盟，参与关税同盟的各成员国的领土即成为统一的关境，这时关境大于国境。另外，有些国家因在国境内设立了自由港、自由贸易区或海关保税仓库，由于商品进出这些区域不需纳税，所以关境小于国境。

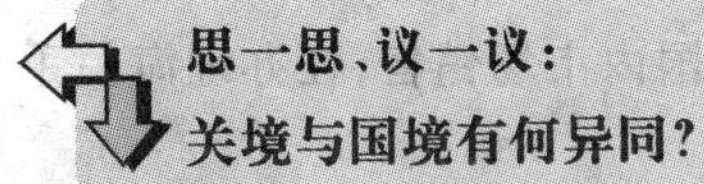


关税是一种非常古老的税种，是随着社会生产力的发展、商品流通的扩大以及国际贸易的产生而逐步发展起来的。长期以来，各国都把关税作为调节进出口的重要手段，尤其是在贸易保护主义盛行时期，可以通过抵税、免税、退税来鼓励商品出口，通过税率的高低来调节进口。关税作为现代贸易制度的一项内容，对一国国民经济会产生重大影响。

征收关税主要出于三个目的：一是增加本国财政收入，以此目的而开设的关税称为财政关税。二是保护国内产业和市场，以此目的而开设的关税称为保护关税。财政关税的税率视国库需要和影响的贸易数量而制定，如税率过高便会阻碍进口或影响出口，达不到增加财政收入的目的。随着一些国家经济的发展，财政关税在财政收入中的重要性及其所占比重相对降低，这主要是由于其他税源增加；还由于许多国家曾广泛地利用高关税限制商品进口，以保护国内生产和

国内市场,于是财政关税就被保护关税所代替。保护关税税率越高,越能达到保护的目的,故长期以来它是贸易保护政策的主要手段,至今仍为实行保护政策的一项基本措施。三是调整商品结构。通过调整关税税率结构,来达到调整商品结构的目的。在海关税则中,可以通过调高某项产品的进口税率达到减少进口数量的目的,或是通过调低某项产品的进口税率达到扩大进口数量的目的。此外,关税还有调节经济的作用,利用关税税率的高低,影响企业利润、物价和进出口数量,从而影响国内经济、市场、物价和财政。其具体表现是:利用税率的高低影响企业的利润,进而有意识地引导某一种类商品的生产,改变产业结构;利用税率的高低影响物价,维持各类商品之间的价格结构;利用税率的高低影响进出口贸易,维持进出口贸易的平衡。

## 二、关税的种类

关税的种类很多,按照不同的标准主要可划分为以下几类:

### (一)按照征税对象或商品流向,关税可分为进口税、出口税和过境税

#### 1. 进口税

进口税是进口国家的海关在外国商品输入时,对本国进口商所征收的正常关税。这种税在外国商品直接进入关境或国境时征收,或者外国商品由自由港、自由贸易区或海关保税仓库等提出运往进口国的国内市场销售,在办理海关手续时征收。

目前各国征收的关税主要是进口税,因为征收进口税可提高进口商品的价格,削弱进口商品的竞争力,从而起到限制进口的作用。

进口税通常可分为最惠国税和普通税两种。最惠国税适用于与该国签订有最惠国待遇原则贸易协议的国家或地区所进口的商品;普通税适用于与该国没有签订这种贸易协议的国家或地区所进口的商品。最惠国税率比普通税率低,两种税率差幅往往很大。第二次世界大战后,大多数国家都加入关税与贸易总协定或者签订双边的贸易条约或协议,相互提供最惠国待遇。因此,正常进口税通常指最惠国税。

资料卡

**最惠国待遇原则**

最惠国待遇原则是国际经贸条约中一项传统的法律原则。最惠国待遇是指一国在贸易、航海、关税、国民法律地位等方面给予另一国的优惠待遇不得低于现时或将来给予任何第三国的优惠待遇。该项待遇的给予通常是通过签订双边贸易条约并在其中订入最惠国待遇条款得以进行。享有最惠国待遇的国家为受惠国,给予最惠国待遇的国家为给惠国。WTO体制的最惠国待遇原则不同于一般的双边贸易条约中规定的最惠国待遇条款。首先,它确认的是一种无条件的最惠国待遇,即确保WTO的一方成员给另一方成员的任何贸易优惠都立即无条件地提供给予所有其他成员,从而使最惠国待遇多边化;其次,WTO的所有成员在国际贸易的各个方面享有的是同等的待遇,确保了所有成员在同一水平上进行公平的贸易竞争;最后,它扩展适用于服务贸易和与贸易有关的知识产权等方面。

第二次世界大战后,大多数国家为了保护国内市场,促进本国工业发展,都对工业制成品的进口征收较高的关税,对半制成品或中间投入品的进口税率则较低些,而对原材料的进口税率最低甚至免税。

2. 出口税

出口税是指出口国家的海关对本国产品输往外国时,对出口商所征收的关税。由于征收出口税势必提高本国出口商品在国际市场的销售价格,降低商品的国际竞争力,因而大多数国家对绝大多数出口商品都不征收出口税。目前,征收出口税的国家主要是发展中国家,其目的是为了增加财政收入,或者是为了保证本国的生产和本国市场的供给。

近年来,一些发达国家为了调整本国出口产品结构,鼓励工业制成品多出口,限制木材、煤炭等初级产品的出口,也对一些初级产品开始征收出口税,并课以较高的税率。我国目前也存在着对生丝、铅矿砂、生锑、山羊绒等100种初级产品征收出口关税的情况。

3. 过境税

过境税是对途经本国关境,最终目的地为他国的商品征收的关税。过境货物对本国生产和市场没有什么影响,因而过境税率很低。目前,大多数国家在外国商品通过其领土时,只征收少量的准许费、印花费、登记费和统计费等。大多

数发达国家已相继废止征收过境税。

资料卡

## 入世4年中国关税总水平连续4次下降

加入世界贸易组织之后，中国关税总水平从2002年1月1日起，由原来的15.3%下降到12%；2003年，关税总水平又下降一个百分点，降至11%；2004年，中国关税总水平再次下降至10.4%；2005年我国关税总水平降至9.9%。4年间，中国4次下调汽车进口关税，一直受到高关税壁垒保护的汽车市场逐步有序开放。中国汽车工业已能为消费者提供上百种型号的国产轿车，大量国产中低档轿车价格已与国际接轨，400多万家庭圆了轿车梦。4年间，中国农产品关税总水平连续下调，由加入WTO前2001年的23.2%，降至2005年的15.35%，远远低于62%的世界农产品平均关税水平，成为世界上农产品关税总水平最低的国家之一。随着进口的粮食、水果、肉类等价格的不断下降，泰国山竹、火龙果等一大批进口水果摆上了普通人家的餐桌。

从2006年1月1日起，中国将根据加入WTO的关税减让承诺，进一步降低一百多个税目的进口关税，涉及植物油、化工原料、汽车及汽车零部件等产品。由于此前中国已经履行了绝大部分降税义务，因此，2006年税率下降的幅度和税目数均明显减少，对关税总水平影响不大。2006年的关税总水平仍为9.9%，其中，农产品平均税率为15.2%，工业品平均税率为9.0%。

2006年中国将继续对小麦、玉米等7种农产品和磷酸二铵等3种化肥实行关税配额管理，取消豆油、棕榈油、菜子油3种农产品的关税配额，对关税配额外进口一定数量的棉花继续实行滑准税；对冻鸡、啤酒、胶卷、摄像机等55种商品继续实行从量税、复合税，并根据进口平均价格的变化适当调整部分从量税税率；对两百多项进口商品实行暂定税率。

2006年，根据中国—东盟自由贸易区协议，中国将对原产于东盟十国的商品实行比最惠国税率更加优惠的协定税率，其中所有“早期收获”商品的税率都将降为零。根据《亚太贸易协定》、中国—巴基斯坦自由贸易区“早期收获”安排和内地与香港、澳门更紧密经贸关系安排，中国将对原产于上述国家和地区的部分商品实行协定税率。中国还将对原产于柬埔寨、缅甸、老挝、孟加拉国、苏丹等三十多个最不发达国家的部分商品实行特惠税率。

2006年大陆将继续对原产于台湾地区的菠萝、番荔枝、木瓜等15种新鲜水果实行进口零关税。

（二）按照差别待遇和特定的实施情况分类，关税可分为进口附加税、差价税、特惠税和普惠税

1. 进口附加税

进口附加税是指进口国海关对进口商品征收正常进口税外，再额外加征的进口税。进口附加税是限制商品进口的一种临时措施。征收进口附加税的目的主要有：应付国际收支危机，维持进出口平衡；防止外国商品低价倾销；对某个国家实行歧视或报复等。

进口附加税是限制商品进口的重要手段，在特定时期有特定的作用。例如，1971年8月15日，美国为了应付国际收支危机，实行新经济政策，宣布对外国商品一律征收10%的进口附加税，以限制商品进口。除了这种对所有进口商品都征收附加税的情况外，许多国家有时还针对个别国家和个别商品征收进口附加税。这种进口附加税主要有反倾销税和反补贴税两种。

（1）反倾销税

反倾销税是对于实行商品倾销的进口商品所征收的一种进口附加税，其目的在于抵制商品倾销，保护本国产品的国内市场。

如何确定可否征收反倾销税，关贸总协定第6条规定，进口国征收反倾销税必须具备两个条件：进口产品价格低于正常价格；对进口国已建立的工业造成实质性损害或产生实质性威胁，或者对某一工业的新建产生实质性阻碍。两个条件同时具备，而且两个条件之间有因果关系，才能征收反倾销税。“正常价格”是指相同产品在出口国用于国内消费时在正常情况下的可比价格。如果没有这种国内价格，则是相同产品在正常贸易情况下向第三国出口的最高可比价格；或产品在原产国的生产成本加合理的推销费用和利润，这被称为推算价格。如何确定损害，即实质性损害、实质性威胁和实质性阻碍，第6条规定，应以无可辩驳的证据为依据，并须对下列两点作出客观的审查：① 倾销的货物对进口国市场相同产品的影响。例如，该倾销进口货物数量是否显著增加，而进口国相同产品数量是否显著减少，其市场价格是否大幅度下降，等等。② 由于进口这种货物而产生的对进口国此种产品生产者的影响。这种“影响”是指对生产相同产品

的国内生产者总体的影响。如果某进口商品最终确认符合被征收反倾销税的条件,则所征收的税额不得超过经调查确认的倾销差额,即正常价格与出口价格的差额。征收反倾销税的期限也不得超过为抵消倾销所造成的损害必需的期限。一旦损害得到弥补,进口国应立即停止征收反倾销税。另外,若被指控倾销其产品的出口商愿作出"价格承诺",即愿意修改其产品的出口价格或停止低价出口倾销的做法,进口国有关部门在认为这种方法足以消除其倾销行为所造成的损害时,可以暂停或终止对该产品的反倾销调查,不采取临时反倾销措施或者不予征收反倾销税。

但在实践中这一系列规定并没有得到恰当的实施。实际上,反倾销已成为发达国家实行贸易保护主义和实行歧视政策的一种工具。一些发达国家不仅利用征收反倾销税来阻止外国商品进口,而且还借助征税前的反倾销调查来暂时停止某种商品的进口。从反倾销调查开始,这项商品至少在一两年内不能进入该国市场。

(2) 反补贴税

又称抵消税或补偿税,是对于直接或间接接受奖金或补贴的外国商品进口时所征收的一种进口附加税。凡是进口商品在生产、制造、加工、买卖、运输过程中接受直接或间接的奖金或补贴都构成征收反补贴税的条件,不管这种奖金或补贴是来自政府还是来自同业公会。反补贴税的税额一般按奖金或补贴数额征收,其目的在于抵消出口国给予其出口商品的奖金或补贴,使它不能在进口国的市场上进行低价竞争以保护本国生产和市场。

为了防止有关国家滥用反补贴税,关贸总协定第6条对反补贴税作了严格的规定。① 反补贴税一词应理解为:为了抵消商品于制造、生产或输出时所直接或间接接受的任何奖金或补贴而征收的一种特别关税;② 补贴的后果会对国内某项已建的工业造成重大损失或产生重大威胁,或在严重阻碍国内某一工业的建立时,才能征收反补贴税;③ 反补贴税的征收不得超过"补贴数额";④ 对于受到补贴的倾销产品,进口国不得同时对它既征收反倾销税,又征收反补贴税;⑤ 在某些例外情况下,如果延迟将会造成难以补救的损害,进口国可以在未经缔约国全体事前批准的情况下征收反补贴税,但应立即向缔约国全体报告,如未获批准,这种反补贴税应立即予以撤销;⑥ 对产品在原产国或输出国所征收的捐税,在出口时退还或因出口而免税,进口国对这种退税或免税不得征收反补贴税;⑦ 对初级产品给予补贴以维持或稳定其价格而建立的制度,如符合若干条件,不应作为造成重大损害而对它征收反补贴税。

2. 差价税

差价税又称差额税,是当某种本国生产的产品的国内价格高于同类的进口商品的价格时,为了削弱进口商品的竞争能力,保护国内生产和国内市场,按国内外价格之间的差额征收的关税。征收差价税的目的是使该种进口商品的税后价格保持在一个预定的价格标准上,以维持进口国国内该种商品的市场价格。

对于征收差价税的商品,有的规定按价格差额征收,有的规定在征收一般关税以外另行征收,这种差价税实质上属于进口附加税。差价税没有固定的税率和税额,而是随着国内外价格差额的变动而变动,因此是一种滑动关税。差价税的典型表现是欧盟对从非成员国进口的农畜产品的做法。

3. 特惠税

特惠税又称优惠税,是指对某个国家或地区对进口的全部商品或部分商品,给予特别优惠的低关税或免税待遇。它不适用于从非优惠国家或地区进口的商品。特惠税有的是互惠的,有的是非互惠的。

资料卡

**《曼谷协定》**

《曼谷协定》的全称为《亚太经社会发展中成员国贸易谈判第一协定》。该协定是在联合国亚洲及远东经济委员会(后改名为联合国亚洲及太平洋经济和社会委员会,简称联合国亚太经社会,ESCAP)的主持和推动下,于1975年7月31日由孟加拉国、印度、韩国、斯里兰卡、老挝、菲律宾和泰国7个国家共同在泰国首都曼谷签订的,故简称为《曼谷协定》。目前《曼谷协定》正式成员包括孟加拉国、中国、印度、韩国、老挝和斯里兰卡6个国家。《曼谷协定》是亚太区域中唯一由发展中国家组成的关税互惠组织,其宗旨是通过该协定成员国对进口商品相互给予关税和非关税优惠,不断扩大成员国之间的经济贸易合作与共同发展。中国于2001年5月23日正式成为《曼谷协定》成员。作为中国参加的第一个区域性多边贸易组织,《曼谷协定》在中国关税史上具有重要地位。一方面,在《曼谷协定》框架下,我国第一次根据协定给予其他国家低于"优惠税率"(从2002年1月1日起改称为"最惠国税率")的关税优

惠税率；另一方面，我国也是第一次通过关税谈判从其他国家获得特别关税优惠。2005 年 11 月召开的《曼谷协定》第一届部长级理事会上通过的部长宣言，将《曼谷协定》正式更名为《亚太贸易协定》。

资料卡

**CEPA**

CEPA 是“Mainland and Hong Kong & Macao Closer Economic Partnership Arrangement”的英文简称。《内地与香港关于建立更紧密经贸关系的安排》及其附件分别于 2003 年 6 月 29 日和 9 月 29 日由中央政府和香港特别行政区政府在香港签署；《内地与澳门关于建立更紧密经贸关系的安排》于 2003 年 10 月 17 日由中央政府和澳门特别行政区政府在澳门签署。内地与香港和澳门两个特别行政区之间建立正式的自由贸易关系，标志着内地与港澳的经贸交流与合作进入了一个新的历史阶段。CEPA 遵循了“一国两制”的方针，并符合世界贸易组织的规则。CEPA 于 2004 年 1 月 1 日起实施，两地货物贸易零关税优惠措施正式生效。CEPA 实施后，港澳产品竞争力增强，带动了港澳经济的全面增长。2004 年港澳经济分别增长 8.1% 和 28%。2005 年上半年港澳经济分别增长 6.8% 和 12.6%。

第二次世界大战以前，特惠税主要在宗主国与殖民地附属国之间实行，目的在于保护宗主国在殖民地附属国市场上的优势。最有名的特惠税是 1932 年英联邦国家在渥太华会议上建立的英联邦特惠税。1973 年英国加入西欧经济共同市场后，逐步实行欧共体对外关税，英联邦特惠税从 1974 年 1 月到 1977 年 1 月逐步取消。第二次世界大战以后影响较大的特惠税是洛美协议国家之间的特惠税。它是西欧经济共同市场向参加协议的非洲、加勒比海和太平洋地区的发展中国家单方面提供的特惠税。为了扩大从非洲国家的进口，促进中非双边贸易的进一步发展，中国自 2005 年 1 月 1 日起给予 25 个非洲最不发达国家部分输华商品免关税待遇，此次给予特惠税待遇的商品共计 190 个税目。

资料卡

**2006年中国将落实四项自由贸易区协定**

随着中国与世界各国和地区经贸往来的不断深入，近年来中国与有关国家和地区签订了一系列自由贸易区协定和关税优惠协定，原产于这些国家和地区的商品在进口时可享受比最惠国税率更加优惠的协定税率。2006年中国将履行四项协定。

第一，根据中国—东盟自由贸易区协议，2006年所有原产于东盟十国的“早期收获”商品的税率都将降为零，正常降税的商品仍将继续执行2005年7月20日实施的协定税率；第二，根据2005年11月召开的《曼谷协定》第一届部长级理事会上通过的部长宣言，《曼谷协定》正式更名为《亚太贸易协定》，2006年中国仍按加入原《曼谷协定》时的承诺，继续对原产于韩国、印度、斯里兰卡、孟加拉和老挝五国的928项商品实行协定税率；第三，根据中国—巴基斯坦自由贸易区“早期收获”安排，2006年将对原产于巴基斯坦的2 244项商品实行协定税率；第四，根据内地与港澳关于建立更紧密经贸关系的安排，2006年将对港澳地区销往内地的产品全面实施零关税。

4. 普惠税

1968年第二届联合国贸易与发展会议通过了建立普遍优惠制的决议，发达国家承诺对从发展中国家或地区进口工业制成品、半制成品以及部分农产品给予普遍的、非歧视的和非互惠的优惠关税待遇。这种按普遍优惠制征收的比最惠国待遇还优惠得多的关税就是普惠税。实行普遍优惠制的目的是：扩大发展中国家的出口；增加发展中国家的外汇收入，以改善其国际收支；促进发展中国家的工业化和经济增长。

普遍优惠制有三个原则，即普遍性、非歧视性和非互惠性原则。普遍性是指发达国家对所有发展中国家出口的制成品、半制成品和部分农产品给予普遍的关税优惠待遇；非歧视性是指应使所有发展中国家都无歧视、无例外地享受普惠制待遇；非互惠性即非对等性，是指发达国家应单方面给予发展中国家作出特殊的关税减让而不要求发展中国家对发达国家给予对等待遇。

资料卡

**我国普惠制待遇情况**

新西兰、澳大利亚政府分别于 1978 年 10 月 13 日和 1978 年 10 月 17 日率先给予我国普惠制待遇,目前共有 27 个发达国家给予我国普惠制待遇。

普遍优惠制是发展中国家在联合国贸易与发展会议上长期斗争的成果。普惠制从 1971 年正式开始实施至今已实践了三十多年。目前,全世界已有 190 多个发展中国家和地区享受普惠制待遇,给惠国达 29 个。实行普惠制的国家,在提供普惠税待遇时,都作了种种限制性的规定,如对受惠国家或地区的规定、对受惠商品范围的规定、对受惠商品减税幅度的规定、对给惠国保护措施的规定、对原产地的规定等。

## 三、关税的征收依据和方法

### (一) 关税的征收依据

一国的海关税则就是征收关税的依据。海关税则又称关税税则,它是一国对进出口商品计征关税的规章和对进出口的应税和免税商品加以分类的一览表。海关税则是关税制度的重要内容,是国家关税政策的具体体现。关税税则一般包括两个部分:一部分是海关计征关税的规章条例及说明;另一部分是关税税率表。其中关税税率表主要包括税则号列、货物分类目录和税率三部分。

1. 货物分类目录

海关税则中对各种不同进出口商品进行分类、组合、排列,将种类繁多的商品归纳成类、章、组和税目的分类体系,称为海关税则商品分类目录。长期以来,各国海关税则的商品分类越来越细,这不仅是由于商品日益增多而产生技术上的需要,更主要的是各国开始利用海关税则更有针对性地限制有关商品进口和更有效地进行贸易谈判,将其作为实行贸易歧视的手段。

为了避免各国因海关税则商品分类不同而引发矛盾,从技术上为国际贸易提供方便,统一货物分类目录开始出现并不断完善。其中影响较大的有两个:一是《布鲁塞尔税则目录》,1952 年由欧洲关税同盟小组成立的关税合作理事会制定,1976 年改称《海关合作理事会税则商品分类目录》(*Customs Cooperation Council Nomenclature*, CCCN),CCCN 曾被一百四十多个国家用来编制本国的税则;二是《商品名称及编码协调制度》,1983 年由海关合作理事会协调制度委员会制定,《协调制度》与《海关合作理事会税则商品分类目录》的分类总则相似,但增加了对子目一级的规定,它能同时满足关税统计和国际贸易的其他方面的要求,于1988年1月1日正式实施,到1991年有八十多个国家采用,我国于1992年正式使用。

2. 海关税则的种类

海关税则是一国征收关税的依据,主要可分为单式税则和复式税则。

(1) 单式税则

又称一栏税则,是指一个税目只有一个税率,即对来自任何国家的商品均以同一税率征税,没有差别待遇。目前,只有少数发展中国家如委内瑞拉、巴拿马、冈比亚等仍实行单式税则。

(2) 复式税则

又称多栏税则,是指同一税目下设有两个或两个以上的税率,即对来自不同国家的进口商品按不同的税率征税,实行差别待遇。其中,普通税率(或称一般税率)是最高税率,特惠税率是最低税率,在两者之间,还有最惠国税率、协议税率、普惠制税率等。目前,世界上大多数国家采用复式税则。复式税则有二栏、三栏、四栏不等,我国目前采用两栏税则。

(二) 关税的征收方法

关税的征收方法又称征税标准,主要有从量税和从价税,在这两种主要征收方法的基础上,还有混合税和选择税。

1. 从量税

从量税是按商品的重量、数量、容量、长度和面积等计量单位为标准计征的关税。各国征收从量税,大部分以商品的重量为单位来征收,但各国对应纳税商品重量的计算方法各有不同。

从量税额 = 商品数量 × 从量税/单位

这种方法比较简单,第二次世界大战前为西方国家所普遍采用。但是战后由于各国普遍存在通货膨胀,从量税不能起到增加财政收入和保护市场的作用,同时,价值高和价值低的商品都从量征税,显然是不合理的,因此,各国逐步改用从价税的方法来征收关税。

2. 从价税

从价税是以商品价格作为征税标准而征收的关税,其税率是商品价格的百

分率。

从价税额 = 商品价格 × 从价税率

在征收从价税时,较为复杂的问题是确定进口商品的完税价格。完税价格是经海关审定作为计征关税的货物价格,它是决定税额多少的重要因素。因此,如何确定完税价格是十分重要的问题。目前,各国采用的完税价格不尽一致,大体上分为三种:一是以 CIF 价(成本加保险费、运费价)为征税标准;二是以 FOB 价(装运港船上交货价)为征税标准;三是以法定价格为征税标准。

一般说来,从价税有以下优点:

(1) 从价税的征收比较简单,对于同种商品,可以不必因其品质的不同,再详细分类;

(2) 税率明确,便于各国间进行比较;

(3) 从价税额随商品价格的高低而增减,比较符合税收公平的原则;

(4) 在税率不变时,税额随商品价格上涨而增加,既可增加财政收入,又可起到保护关税的作用。

目前,大多数发达国家普遍采用这种方法计征关税,我国也采用从价税。

3. 混合税

又称复合税,它是对某种商品采用从量税和从价税同时征收的一种方法。

混合税额 = 从量税额 + 从价税额

混合税可分为两种:一种是以从量税为主加征从价税;另一种是以从价税为主加征从量税。

4. 选择税

选择税是对某种商品同时定有从量税和从价税两种税率,在征收时选择其中税额较高的一种征税的征税方法。有时,为了鼓励某种商品进口,也有选择其中税额较低者征收的情形。

**四、关税的保护程度**

关税的保护程度一般是用来衡量或比较一个国家对进口商品课征关税给予本国经济的保护所达到的地步或水平。根据对关税保护考察对象的不同,关税保护程度可以用两种方法表示。关税对一国经济整体或某一经济部门的保护程度,通常用关税水平来衡量;关税对某一类个别商品的保护程度则常以保护率

(包括名义保护率和有效保护率)来衡量。

(一) 关税水平

关税水平是指一个国家进口关税的平均税率。关税的平均税率的计算方法有两种:

1. 简单算术平均法

关税水平的计算公式为:关税水平 = 税则中所有税目的税率之和/税则中所有税目之和 ×100%。简单算术平均法最大的优点是计算简单,但很难真正全面地反映一国关税对其经济的保护程度,原因是没有考虑到进口商品的数量和价格,税则分类的不同也会影响关税水平的高低。

2. 加权算术平均法

应用加权算术平均法计算关税水平可分为全部商品加权平均法、有税商品加权平均法和选择性商品加权平均法三种方法。

(1) 全部商品加权平均法:

关税水平 = 进口关税额/进口商品总值 ×100%

(2) 有税商品加权平均法:

关税水平 = 进口关税额/有税商品进口总值 ×100%

(3) 选择性商品加权平均法:

关税水平 = 有代表性商品进口关税总额/有代表性商品进口总值 ×100%

加权平均法克服了简单平均法的不足,比较全面地反映了一国关税对其经济的保护程度。

(二) 关税保护率

关税保护率是指关税对进口国整体经济或某类产业或产品的保护程度。关税保护率可分为名义保护率和有效保护率。

1. 名义保护率

名义保护率就是由于实行保护而引起的国内市场价格超过国际市场价格的部分与国际市场价格的百分比。其计算公式是:

名义保护率 = (进口商品国内市场价格 - 该进口商品国际市场价格)/该进口商品国际市场价格 ×100%

例如,在国际市场上某种轿车的售价每辆 10 000 美元,某进口国的国内市场相同轿车的价格在各种保护措施作用下为每辆 12 000 美元,那么该进口国对该

种轿车的名义保护税率为(12 000 - 10 000)/10 000 × 100% = 20%。

在现实经济中,影响进口商品国内外价格差的因素很多,除关税外,还有各种非关税壁垒措施,但关税是国际贸易中主要的保护手段。因而,一国海关税则中某一商品的法定税率常常被认为就是该国的关税名义保护率。

事实上,任何一国或产业都不是对所有商品都实行保护。其中,对某些敏感性商品的关税保护大大高于该国整体关税水平。同时,各种非关税措施的保护更是不能用关税水平来衡量的。因此,名义保护关税率实际上并不能准确、真实地反映对国内受保护商品的有效保护程度。

2. 有效保护率

名义保护关税率考察的是关税对某种进口制成品价格的影响,是为了在征收关税之后使其价格与国内同类产品的价格处于同一水平,以达到削弱其竞争能力、保护国内生产的目的。这对保护完全用本国原材料生产的产品是适用的,但对用进口原料或元器件生产的制成品则不完全适用。因为名义关税率并没有将国内生产同类制成品所用进口原材料的进口税率包括在考察范围之内,而原材料的进口关税率是影响本国产品竞争力的一个重要因素。

有效保护率考察的不仅是进口制成品征收关税税率对其价格的影响,还考察本国同类制成品所用进口原材料的关税税率对本国产品竞争力的影响。因为进口原材料的关税率会影响本国制成品的增加值。从商品价格构成角度看,增加值是商品价格减去原材料费用后的余额,即新创造的价值。所谓保护国内生产,表面上看是保护、维持国内产品的价格,实际上是保护本国产品的增加值。本国产品价格为一定时,进口原材料关税率低,则产品的物质成本就低,产品的增加值就会相应扩大,竞争力也随之提高,同类外国产品进口税率的有效保护作用也就会增强。反之,也就减弱。

有效保护率指征收的关税额占国内增加值增量的百分比。国内增加值是最终产品价格与在这种商品生产中进口的中间产品成本之间的差额。国内增加值增量就是一种加工产品在国内各种保护措施下的增值量和其在自由贸易条件下增值量的差额与自由贸易条件下增值量之比。用公式表示如下:

$$E = (V' - V)/V \times 100\%$$

公式中:$E$ 为有效保护率;

$V'$为征收关税后单位最终产品的附加值,即最终产品征税后价格与中间投入品征税后的价格；

$V$为自由贸易时最终产品增加值，即最终产品价格与中间投入品价格的差额。

假如在未征收关税时，一件皮夹克的国内价格为1 000元人民币，其中500元是进口皮革的价格，这时一件皮夹克在国内加工的附加值 $V = 1\,000 - 500 = 500$(元)。

(1) 若对皮夹克进口征收20%关税，皮革进口免税，则关税的有效保护率为：

$$E = [(1\,000 \times 120\% - 500) - 500]/500 \times 100\% = 40\%$$

(2) 若对皮夹克和皮革进口都征收20%关税，则关税的有效保护率为：

$$E = [(1\,000 \times 120\% - 500 \times 120\%) - 500]/500 \times 100\% = 20\%$$

(3) 若对皮夹克进口免税，而对皮革进口征收20%关税，则关税的有效保护率为：

$$E = [(1\,000 - 500 \times 120\%) - 500]/500 \times 100\% = -20\%$$

由此可以得出结论：当最终产品名义税率一定时，原材料或中间产品名义税率越低，则最终产品名义税率的保护作用越大；反之，则越小。

实行关税保护不仅依赖于较高的税率，还要有合理的关税结构和生产结构。关税结构又称为关税税率结构，是指一国关税税则中各类高低不同的商品关税税率之间的相互关系。世界各国因其国内经济和进出口商品的差异，关税结构也各不相同，但一般都表现为资本品税率较低，消费品税率较高，生活必需品税率较低，奢侈品税率较高；本国不能生产的商品税率较低，本国能够生产的商品税率较高。其中比较突出的特征是关税税率随产品加工程度的逐渐深化而不断提高。制成品的关税税率高于中间产品的关税税率，中间产品的关税税率高于初级产品的关税税率。这种关税结构现象称为关税升级结构，或阶梯式关税结构。在实行关税升级结构的国家，关税的实际保护率明显高于其名义税率。

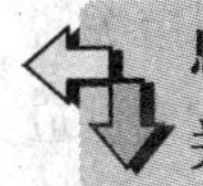

**思一思、议一议：**

**关税水平、名义保护率和有效保护率之间有什么关系？**

## 五、中国的进口关税政策

1949 年中华人民共和国的建立标志着帝国主义把持中国海关管辖权或管理权的结束。1950 年 1 月,政务院通过了《关于关税政策和海关工作的决定》(以下简称《决定》),宣布了我国独立自主的保护关税政策。在这个决定中,明确指出,“海关税则必须保护国家生产,必须保护国内生产品与外国商品的竞争”。就是说要在关税的保护之下,建立自己的民族工商业。《决定》提出了我国制定关税税则的 6 项原则。根据这 6 项原则,我国制定了 1951 年实施的《进出口税则》。这一阶段,根据中国实施的税则,进口商品的算术平均关税水平为 52.9%,其中农产品的关税率为 92.3%,工业品的平均关税率为 47.7%。这一关税水平大大高于关贸总协定缔约国当时的平均水平。在计划经济为主导的条件下,尽管我们明确了关税的制定原则,但是,所有的商品进口都是在国家计划的安排下进行的,每年国家都制定年度经济发展计划,根据这个计划,如果国内不能生产某种产品或生产资料,才能安排进口。在此情况下,关税及其调节作用是非常有限的。

1979 年,我国的经济体制开始了从计划经济向市场经济转变的改革,并提出对外开放的基本经济方针,由此决定对外贸易政策,特别是关税政策在国民经济中充分发挥作用,有了自己的舞台。1980 年 1 月 1 日起,国家恢复了对国营外贸专业公司的进出口货物全面征收关税的制度。在 1982 年召开的第五届全国人民代表大会第五次会议上提出了要适当调整关税税率,以鼓励或限制某些商品的进口,因而对《进出口税则》作了较大的调整。其基本原则是降低了国内不能生产的先进设备和供应不足的原材料,以及机器、仪器的零部件的税率,提高了某些耐用消费品和国内已经能够生产供应的机器设备的关税。

1984 年国务院又批准了关税税则领导小组修改《进出口税则》和《暂时实施条例》的提议,指出,关税政策要“体现国家的对外开放政策,贯彻奖出限入,保护与促进国民经济的发展和保证国家关税收入”。在此基础上提出了制定关税的新的 6 项原则:① 对国家建设和人民生活所必需的而且国内不能生产或供应不足的动植物良种、肥料、饲料、药剂、精密仪器、仪表、关键机械设备和粮食等产品的进口予以免税或低税;② 对原材料的进口税率,一般比半成品、制成品为低,特别是受自然条件制约、国内生产短缺且不能迅速发展的原料,其税率更低;

③ 国内不能生产的机械设备、仪器、仪表的零部件，其税率应比整机为低；④ 对国内已能生产的非国计民生必需的物品，应制定较高的税率；⑤ 对国内生产需要保护的产品制定更高的关税；⑥ 为鼓励出口，对绝大多数出口商品，不征出口税，但对国际市场上容量有限而竞争性强的商品，以及需要限制出口的极少数原料、材料和半成品，必要时可征收适当的出口关税。这6项原则比之新中国成立初期的6项原则更适应市场经济条件下通过贸易政策调节商品的进出口的需要，同时也标志着我们的贸易政策在很大程度上已从只有政治上的象征意义，向真正作为调节对外贸易的杠杆的方向转变。在这些原则指导下，中国对进口关税水平进行调整，此时的关税率已经从平均52.9%下降到38%，其中农产品平均关税率为43.6%，工业品的平均关税率为36.9%。

1987年2月13日，在我国政府向当时的多边贸易组织《关税与贸易总协定》提交的备忘录中又进一步明确“促进改革开放，保护民族工业，贯彻产业政策，反对贸易歧视”的关税政策制定原则。1987年9月12日国务院又修订了《进出口税则》，并进一步调整了关税水平。1992年，我们开始实行以各国海关《协调制度》目录为基础的新税则。同年3月18日，国务院对《进出口税则》进行了第二次修订，调整后的进口关税率为43.1%。自1992年起，中国为了重返关税与贸易总协定（1994年12月底以前）、加入世界贸易组织（1995年1月1日后）先后5次调整了关税的税率。

总体而言，改革开放以后，从质上看，中国的关税政策在逐步起到调节进口商品供求、保护本国相应产业发展的作用；从量上看，服从于中国对外开放的发展，中国的进口关税水平也经历了一个由较高水平的进口关税向较低水平的进口关税的转变的过程。尽管进口关税的总水平在下降，但是它仍然高于世界平均水平，也高于发展中国家的平均水平。据世界贸易组织有关统计，发展中国家现在的平均关税水平大约为9%，发达国家平均关税水平在3.5%左右。因此，从总体上看，中国仍是一个高度保护贸易的国家，它正在经历一个贸易自由化的过程。

**中国平均名义关税率的变化**

| 年份 | 平均名义关税率(%) | 当年关税削减涉及进口商品的种类 |
|---|---|---|
| 1950—1984 | 52.9 | |
| 1986 | 38.1 | |
| 1990 | 42.5 | |
| 1991 | 从47.2降至42.8 | 265 |
| 1992 | 从42.8降至39.9 | 225(1月份)、16(4月份)和3 371(12月份) |
| 1993 | 从39.9降至36.6—36.4 | 2 898 |
| 1994 | 36.6—36.0 | 234 |
| 1995 | 36.6—35.9 | 4 |
| 1996 | 从35.9降至23.0 | 4 000多个 |
| 1997 | 从23.0降至17.0 | 4 800 |
| 2001 | 从2000年的16.4降至15.3 | |
| 2002 | 从15.3降至12 | 3 462 |
| 2003 | 从12降至11 | 3 000多个 |
| 2004 | 从11降至10.4 | |
| 2005 | 从10.4降至9.9 | 900多个 |

资料来源:黄静波:《中国对外贸易政策改革》,广东人民出版社2003年版;www.people.com.cn。

## 第三节 进口非关税措施

### 一、非关税措施概述

#### (一)非关税措施的产生与发展

非关税措施又称非关税壁垒,是指利用关税以外的一切限制进口的措施和手段。这种措施和手段可以通过国家法律、法令以及各种行政措施来实现,与关税壁垒一起充当政府干预贸易的政策工具。

非关税措施早在资本主义发展初期就已出现,但普遍建立起来却是在20世纪30年代。“非关税壁垒”这一术语是在关贸总协定(GATT)建立以后才逐渐产生的，真正把非关税措施作为保护贸易政策的主要手段则开始于20世纪70年代。其原因是多方面的。

(1) 各国经济发展不平衡是非关税壁垒迅速发展的根本原因。美国的相对衰落，日欧的崛起，特别是20世纪70年代中期爆发的经济危机，使得市场问题显得比过去更为严峻。

(2) 第二次世界大战后在GATT努力下，关税大幅度减让之后，各国不得不转向用非关税措施来限制进口，保护国内生产和国内市场。

(3) 20世纪70年代中期以后，许多国家相继进行了产业结构调整，为保护各自的经济利益，纷纷采用了非关税措施来限制进口。

(4) 科技水平迅速提高，相应地提高了对进口商品的检验能力。通过检验，可获得各种商品对消费者健康的细微影响，从而有针对性地实行进口限制。

(5) 非关税措施本身具有隐蔽性，不易被发觉。在实施中往往可找出一系列理由来证明它的合理性，从而使受害国难以进行报复。

(6) 生态环境和国民健康保护的需要。20世纪60年代，随着工业化的迅速发展，许多发达国家发生了一系列重大的环境污染事件，迫使各国经济发展开始从单一追求经济效益方式转变为追求"经济、社会、环境"三个目标效益平衡的发展模式。与此同时，公众环保意识普遍提高，对衣、食、住、行的条件、用品的卫生和安全要求予以关注，从而产生了一系列的非关税措施。

最后，在上述背景下，多边贸易体制允许采用正当的非关税措施，如世界贸易组织对正当的"绿色贸易壁垒"就持肯定态度。

经过多年的演化发展，20世纪90年代以来，非关税壁垒呈现出形式更加隐蔽、技巧更加高明的特点，以至于很难区分其保护是否合理。具体来看，大致有以下几方面变化：

(1) 传统制度化的非关税壁垒不断升级。如反倾销的国际公共规则建立后，在制度上削弱了其贸易壁垒的作用，但频繁使用反倾销手段又使其演化为新的贸易壁垒。

(2) 技术标准上升为主要的贸易壁垒。由于各国的技术标准难以统一，技术标准成为最为复杂的贸易壁垒，并常常使人难以区分其合理性。

(3) 绿色壁垒成为新的行之有效的贸易壁垒。一些国家特别是发达国家往往借环境保护之名，行贸易保护之实。

(4) 政治色彩越来越浓。一些国家甚至利用人权、劳工标准等形成带有政治色彩的贸易壁垒,大肆推销其国内人权标准,干涉别国内政。

据不完全统计,非关税壁垒从20世纪60年代末的八百多项已上升至21世纪初的两千多项。

(二) 非关税措施的特点

非关税措施与关税措施相比,具有许多自身的特点:

1. 非关税措施项目具有复杂多样性,适用范围具有广泛性

从20世纪60年代以来,发达资本主义国家采取的非关税措施日益复杂多样化,目前已达一千多项。不仅如此,非关税措施的适用范围也日益广泛,限制进口的商品范围不断扩大,既有初级产品,如农产品,又有工业制成品,从服装鞋帽到汽车和钢铁,而且随着服务贸易的进一步发展,非关税措施更扩展到服务贸易领域。

2. 非关税措施具有较大的灵活性和针对性

关税税率的制定和调整,必须通过立法程序,一经确定,必须严格执行,灵活性差,难以应付一些紧急出现的情况。而非关税措施的制定一般只需经过行政程序,手续简便,灵活性强。同时,非关税措施的制定往往针对某个具体的国家或某种具体的商品,具有较强的针对性。

3. 非关税措施具有隐蔽性和歧视性

所谓隐蔽性是指非关税措施不像关税措施那样具有公开性。关税是公开制定的税率,并以法律形式公布于众,依法执行,而非关税措施一般借助于随意制定并且不公开的繁琐复杂的技术标准和进口手续,从而达到限制进口的目的。所谓歧视性是指进口国根据与其政治关系不同而采取不同的非关税措施,为歧视对方制定一些限制进口的特殊规定。一国只有一部关税税则,关税措施便像堤坝一样同等程度地限制了所有国家的进出口,而非关税措施可以针对某个国家或某种商品相应制定。

4. 非关税措施具有十分明显的有效性和难以超越性

关税措施是通过征收高额关税,提高进口商品的成本和价格,削弱其竞争力,间接地达到限制进口的目的。如果采用诸如配额、"自动"出口限制、进口许可证等非关税措施,由于它们一般规定了进口商品的数量或金额,超过限额就禁止进口,这样就直截了当地将不想进口的商品拒之于国门之外。

### （三）非关税措施的作用

非关税措施可分为直接和间接两大类，前者是指进口国直接规定商品进口的数量或金额，或者通过施加压力迫使出口国自己限制商品出口，如进口配额制、“自动”限制出口、进口许可证制等；后者是指进口国利用行政机制，对进口商品制定苛刻的条例和技术标准，从而间接限制进口，如外汇管制、最低限价、海关估价制度、歧视性政府采购政策及有关安全、健康、卫生和技术标准等。

发达国家的贸易政策越来越把非关税措施作为实现其政策目标的主要工具。对它们而言，非关税措施的作用主要表现在三个方面：一是作为防御性武器限制外国商品进口，用以保护国内陷入结构性危机的生产部门及农业部门，或保障国内垄断资产阶级能获得高额利润；二是在国际贸易谈判中以此逼迫对方妥协让步，以争夺国际市场；三是用作对他国的贸易歧视手段，甚至作为实现其政治利益的手段。总之，发达国家设置非关税措施是为了保持其经济优势地位，维护不平等交换的国际格局，具有明显的剥夺性。

必须承认，发展中国家同样也越来越广泛地使用非关税措施，但与发达国家不同的是，其目的在于：一是限制非必需品进口，节省外汇；二是限制外国进口品的竞争力，保护民族工业和幼稚工业；三是发展民族经济，摆脱发达资本主义国家对本国经济的控制和剥削。由于发展中国家与发达国家经济发展水平的巨大差距，设置非关税壁垒有其合理性和正当性。为此，关贸总协定在“肯尼迪回合”中增加了“贸易与发展”部分，并陆续给予发展中国家更大的灵活性，允许其为维持基本需求和谋求优先发展而采取贸易保护措施。但总的说来，从关贸总协定到世界贸易组织，对发展中国家的要求注意得还不够，发展中国家有必要为此而继续斗争。

## 二、非关税措施的主要措施

非关税措施名目繁多，内容复杂，联合国贸易与发展会议将非关税措施分成三种类型，每种类型分为A、B两组，其中A组为数量限制，B组为影响进口商品的成本，具体分类情况如表3－1所示。

**表3-1 联合国贸发会议对非关税措施的分类**

1. 为保护国内生产不受外国竞争而采取的商业措施
   A组:(1) 进口配额
   (2) 许可证
   (3) "自动"出口限制
   (4) 禁止出口和进口
   (5) 国营贸易
   (6) 政府采购
   (7) 国内混合规定
   B组:(8) 最低限价和差价税
   (9) 反倾销税和反补贴税
   (10) 进口押金制
   (11) 对与进口相同的国内工业生产实行优惠
   (12) 对与进口商品相同的国内工业实行直接或间接补贴
   (13) 歧视性的国内运费
   (14) 财政部门对于进口商在信贷方面的限制
2. 除商业政策以外的用于限制进口和鼓励出口的措施
   A组:(15) 运输工具的限制
   (16) 对于进口商品所占国内市场份额的限制
   B组:(17) 包装和标签的规定
   (18) 安全、健康和技术标准
   (19) 海关检查制度
   (20) 海关估价
   (21) 独特的海关分类
3. 为促进国内替代工业的发展而实行的限制进口措施
   (22) 政府专营某些商品
   (23) 政府实行结构性或地区性差别待遇政策
   (24) 通过国际收支限制进口

### (一) 传统的非关税措施

传统的非关税措施主要是指在数量上对进口产品采取的各种限制措施以及进口国家政府、海关等国家机构所采取的限制进口措施,由于这种非关税措施受到世贸组织各种协议的约束,其限制进口的作用已经受到不同程度的削弱。

1. 进口配额制

进口配额又称进口限额,是指一国政府在一定时期内(通常为一年)对某些"敏感"商品的进口数量或金额加以直接的限制,在规定的期限内,配额以内的货物可以进口,超过配额不准进口,或者征收较高的关税或罚款后才能进口。进口配额制主要有以下两种:

(1) 绝对配额

绝对配额是指在一定时期内对某些商品的进口数量或金额规定一个最高限额,达到这个数额后便不准进口。这种进口配额在实施中,又有以下三种方式:

① 全球配额。这种配额对货物来自哪些国家和地区不加限制,政府主管部门根据各国进口商提出申请的先后顺序,或过去某一时期的实际进口额批给一定的额度,直至总配额发放完毕为止,超过总配额就不准进口。进口国实行这种配额的目的是让各出口国相互竞争,从而选择价格或质量对其有利的商品进口。

② 国别配额。这种配额是将总配额按国别或地区进行分配,超过规定的配额便不准进口。为了区分来自不同国家或地区的商品,在进口时进口商必须提交原产地证明书。实行国别配额,可以更好地贯彻国别地区政策。国别配额又可分为自主配额和协议配额。前者又称单方面配额,由进口国单方面、自主地强制规定在一定时期内从某国或某地区进口某种商品的配额。后者是指由进口国和出口国两国政府或民间团体之间协商所确定的配额。

③ 进口商配额。这种配额是针对某些进口商实行的配额。进口国将某些商品的进口配额在少数进口商之间进行分配。

**思一思、议一议:**

**全球配额、国别配额与进口商配额之间有什么区别?**

(2) 关税配额

关税配额是对商品进口的绝对数额不加限制,而对在一定时期内所规定的配额以内的进口商品给予低税、减税或免税待遇,对超过配额的进口商品则征收较高的关税,或征收附加税或罚款。

关税配额按商品进口来源不同可分为全球性关税配额和国别关税配额;按征收的目的又可分为优惠性关税配额和非优惠性关税配额。优惠性关税配额是对关税配额内的进口商品给予较大幅度的关税减让,甚至免税,而超过配额的进口商品则征收原来的最惠国税率;非优惠性关税配额是在关税配额内仍征收原来的进口税,但超过配额的进口商品,就征收极高的附加税或罚款。

关税配额与绝对配额的最大不同在于:绝对配额规定一个最高数额,不得超额进口;而关税配额在额度内可以享受优惠关税或免税,超过额度仍可进口,只不过超额部分的待遇不同而已。目前大多数发达国家对于从发展中国家进口的

制成品或半制成品，在配额内的给予普惠制待遇，超过配额的以最惠国税率征税。

**思一思、议一议：**
**关税配额与绝对配额哪个对进口国最有利？**

2. 进口许可证制

进口许可证制是一种凭证进口的制度。在实行进口许可证制的国家，某些商品必须得到国家有关部门的批准，领取许可证才可进口，没有许可证一律不准进口。进口许可证在实际使用中很灵活，它可以单独使用，也可与配额、外汇管制等结合起来运用，还可以通过发放地点的安排、繁杂的申领程序和手续、办证的费用及许可证的有效期等方面的规定设置贸易障碍，增加进口商的成本和风险，使进口许可证成为一种拖延或限制进口的措施。

从进口许可证与进口配额的关系上看，进口许可证可分为两种：一种是有定额的进口许可证，即国家有关机构预先规定有关商品的进口配额，然后在配额的限度内，根据进口商的申请进行审批，并发给进口商一定数量或金额的进口许可证，当进口配额用完即不再发放进口许可证；另一种是无定额的进口许可证，即不与进口配额相结合的进口许可证。有关政府机构预先不公布进口配额，对有关商品进口许可证的颁发，只是在个别考虑的基础上进行，没有公开的数量根据。此时，由于没有公开的标准，有关当局在执行上具有很大的灵活性，因而就给正常的贸易造成更大的困难，起到更大限制进口的作用。

进口许可证按照许可的程度又可分为两种：一种是一般许可证，它对进口国别或地区没有限制，凡属一般许可证的商品，进口商只要填写一般许可证即可获准进口，因此属于这种许可证的商品实际上是自由进口商品；另一种是特别许可证，是指进口商必须向政府当局提出申请，经有关当局逐笔审查批准后才能进口。这种进口许可证，多数都指定进口国别或地区。

3. 金融控制措施

(1) 外汇管制

外汇管制是一国政府通过法令对国际结算、外汇买卖和使用实行限制，以平衡国际收支和维持本国货币汇价的一种制度。在实行外汇管制的国家，一切外汇收入都要按官定汇价卖给国家，一切外汇支出都要经外汇管制机关的许可，才能购买外汇。出口商必须把出口所得到的外汇收入按官方汇价卖给外汇管制机关,进口商也必须在外汇管制机关按官价申请购买外汇以支付进口货款。

外汇管制的方式常见的有:① 数量性外汇管制,即一国外汇管理机构对外汇买卖的数量直接进行限制和分配,其目的在于集中外汇收入,控制外汇支出,实行外汇分配,以达到限制进口商品品种、数量和国别的目的。一国实行数量性外汇管制时,往往规定进口商必须获得进口许可证后,方可得到所需的外汇。② 成本性外汇管制,即一国外汇管理机构对外汇买卖实行多重汇率制度,利用外汇买卖成本的差异,间接影响不同商品的进出口。所谓多重汇率制度,是指一国货币有两个以上的汇率,其目的是利用汇率的差别达到限制或鼓励某些商品进出口。③ 混合性外汇管制,即一国同时采用数量性和成本性外汇管制,对外汇实行更为严格的控制,以影响商品的进出口。

(2) 进口押金制

进口押金制又称先期进口存款制,是指进口商在进口商品前,必须预先按进口金额的一定比率和规定的时间,在指定的银行无息存入一笔资金,所有款项将按规定冻结一段时期。这种制度无疑加重了进口商的资金负担,起到了限制进口的作用。

4. 歧视性国内政策

(1) 歧视性政府采购政策

歧视性政府采购政策是指政府通过法令或其他方式规定,政府机构在采购商品时要优先购买本国产品。这种做法是通过歧视外国产品,从而起到限制进口的作用。

许多国家都制定有不同类型的"国内购买法"。例如,英国政府规定政府机构使用的通信设备和电子计算机必须是英国产品。日本政府规定,其所用办公设备、汽车、计算机、电缆、机床等必须购买本国产品。又如美国政府从 1933 年开始实行《购买美国货法案》规定,联邦政府所属机构采购的货物,应该是美国制造的,或是用美国的原料制造的。只有在美国自己生产的数量不足,或是国内产品价格过高,或者不购买外国货就不符合美国利益的情况下,才可以购买外国货。

(2) 歧视性国内税

歧视性国内税是指进口国通过对进口商品征收与国内产品有差别的国内

税,增加进口商品成本来阻碍进口。这是一种比关税更灵活和更易伪装的非关税壁垒措施。歧视性的国内税与世界贸易组织的国民待遇原则是相违背的,往往遭到出口国的反对。

5. 最低限价和禁止进口

最低限价就是一国政府规定某种进口商品的最低价格,进口货物价格低于规定的最低价格则征收进口附加税或禁止进口。最低限价一般是进口国生产的同类商品的价格较高的,通过限定最低价格来削弱进口商品的竞争能力。另外,当一国政府感到实行进口数量限制也无法阻止进口以解决经济贸易困难时,往往颁布法令禁止某些商品的进口。

6. 进出口的国家垄断

进出口的国家垄断,即在对外贸易中某些商品或全部商品的进出口由国家直接经营或授权某些经济组织垄断经营。国家垄断商品的进出口,通过国际市场和国内市场的不同差价,国家可以获得巨额的利润,增加财政收入,同时也可以控制某些商品的进口数量。

7. 设置海关壁垒

海关除了征收关税外,还可通过本身对进出口商品的监督管理职能,利用法律条文的弹性,增加对进口的阻碍。

① 海关任意估价。有些国家专断地提高进口货的海关任意估价,相应提高进口货的关税负担,阻碍商品的进口。例如,美国海关长期以来是按照进口商品在出口国的国内批发价和出口销售价之中较高的一种来征收关税的,这实际上就提高了进口商品的完税价格。

② 改变进口关道。有些国家改变货物入关口岸,让进口货物在海关人员少、海关仓库狭小、商品检验能力差的海关进口,拖延商品过关时间,增加进口商的负担,从而达到限制进口的目的。

③ 制造繁琐的清关手续。一些国家为限制进口,往往会在其中故意制造麻烦,增加进口阻力。例如,对报关文件和单据要求非常繁杂,填写要求非常高,甚至要求提供一些特别的文件。

④ 制定独特的商品分类。有些国家不依照海关合作理事会制定的税则和"协调制度"(HS)来制定本国海关税则和商品分类,单独搞一套商品分类,使出口商难以应付。

（二）非关税壁垒的新发展

由于传统非关税壁垒的作用受到不同程度的限制，各国为了利用非关税壁垒达到限制进口的目的，采用了各种新型的非关税壁垒，这些非关税壁垒表面上都具有合理性，并且有些还为世界贸易组织的协议所允许。

1. 技术性贸易壁垒

技术性贸易壁垒是指一国政府或非政府机构，以国家安全或保护人类健康与安全、保护动植物的生命和健康、保护环境、防止欺诈行为等为由，采取一些强制性或非强制性的技术措施，如技术标准与法规、合格评定程序、包装与标签要求等，提高对进口产品的技术要求，增加进口难度。常见的技术性贸易壁垒有：

（1）技术法规

技术法规指必须强制性执行的有关产品特征或其他相关工艺、生产方法，许多强制性标准也是技术法规的组成部分。技术法规主要涉及劳动安全、环境保护、卫生与健康、交通规则、无线电干扰、节约能源与材料等，也有一些是审查程序上的要求。目前，工业发达国家颁布的技术法规种类繁多，尤其是近几十年来，为了保护消费者的合法权益，许多工业发达国家不遗余力地致力于消费者保护法规的制定。

（2）技术标准

技术标准是指经公认机构批准的、非强制执行的、供通用或重复使用的产品或相关工艺、生产方法的规则、指南。有关专门术语、符号、包装、标志或标签的要求也是标准的组成部分。这些标准中既有生产标准，也有试验、检验方法标准和安全卫生标准；既有工业品标准，也有农产品标准。随着竞争的加剧，发达国家有意识地利用标准作为竞争的手段，往往把标准中的技术差异作为贸易保护主义的措施，有些标准的规定甚至是经过精心策划的，专门用以针对某个国家的出口产品，特别是广泛地利用安全标准为工具，限制进口。有些技术标准不仅在条文本身上限制了商品进口，而且在实施过程中也为国外产品的销售设置了重重障碍。

（3）质量认证和合格评定程序

质量认证是根据技术规则和标准对生产、产品、质量、安全、环境等环节以及整个保障体系的全面监督、审查和检验，合格后由国家或外国权威机构授予合格证书或合格标志来证明某项产品或服务是符合规定的规则和标准的活动。目前

在国际上影响比较大的质量认证体系有ISO9000系列标准、ISO14000环保系列标准、美国的产品安全认证体系UL、欧盟的CE标志、日本的JIS标准等。

质量认证既能促进国际贸易的发展,也能成为国际贸易的障碍。如果一种质量认证体系能被各国所接受,并能相互承认对方的检验结果,就将促进国际贸易的发展。而实际上,质量认证和合格评定程序越来越成为各国用来保护国内市场提高国际竞争力的合法武器和工具。

(4) 卫生检疫标准

卫生检疫标准主要适用于农副产品及其制成品、食品、药品、化妆品等。目前,各国要求卫生检疫的商品越来越多,规定的标准也越来越严。例如,日本规定茶叶农药残存量不得超过10/100万;美国规定陶瓷含铅量不得超过7/100万;英国规定花生黄曲霉素不得超过20/100万等,都是一些非常苛刻的要求。

(5) 包装和标签标准

许多国家对在国内市场销售的商品,规定有关包装和标签的条例,而且这些条例或规定内容繁杂、手续麻烦且经常变化,这使国外商品一时难以适应。出口商为了符合这些规定,不得不按规定重新包装和改换标签,费时费工,增加了商品的成本,削弱了商品的竞争力。

(6) 计量单位

很多出口商品能否顺利销售,有时取决于所使用的计量单位。明显的例子就是仪器、工具、夹具、模具等。有些国家抵制与本国计量单位不一致的商品进口。

2. 绿色贸易壁垒

绿色贸易壁垒,也称绿色壁垒,是指在国际贸易活动中,一国以保护环境为由而制定的一系列环境贸易措施,使得外国产品无法进口或进口时受到一定限制,从而达到保护本国产品和市场的目的。关注环境、保护地球是人类最为重要的任务之一,在贸易增长的同时,人类理应对赖以生存的环境进行保护;而且越是经济发达的国家,对绿色产品的需求越多,也刺激了绿色贸易的盛行。同时,国际环保公约和世界贸易组织《技术性贸易壁垒协定》中的有关规定,成为国际贸易中的绿色法律,客观上支持了绿色壁垒的形成。绿色贸易壁垒的主要内容包括以下几项:

(1)“绿色技术标准”。发达国家的科技水平较高,处于技术垄断地位。它们在保护环境的名义下,通过立法手段制定严格的强制性技术标准,限制国外商品进口。这些标准都是根据发达国家生产和技术水平制定的,发展中国家较难达到。这种貌似公正、实则不平等的环保技术标准势必导致发展中国家产品被排斥在发达国家市场之外。

国际标准化组织于1996年正式推出了《ISO14000环境标准体系》,颁布了统一的国际性的环境管理体系标准及审核认证标准。ISO14000是国际标准化组织(ISO)为推动可持续发展,统一协调各国环境管理,减少世界贸易中的非关税贸易壁垒而制定的环境管理系列标准。由于实施该系列标准具有保护环境和消除技术性贸易壁垒的双重作用,因此受到世界各国的广泛关注。

(2)"绿色环境标志"。它是一种在产品或其包装上的图形,表明该产品不但质量符合标准,而且在生产、使用、消费、处理过程中符合环保要求,对生态环境和人类健康均无损害。目前,发达国家纷纷制定和实施系列"环境标志"制度,逐步减少没有"环境标志"产品的进口。

(3)"绿色包装和标签要求"。近十几年来发达国家相继采取措施,大力发展绿色包装,主要有:① 以立法的形式规定禁止使用某些包装材料,如含有铅、汞和镉等成分的包装材料、没有达到特定的再循环比例的包装材料、不能再利用的容器等。② 建立存储返还制度。许多国家规定,啤酒、软性饮料和矿泉水一律使用可循环使用的容器,消费者在购买这些物品时,向商店缴存一定的保证金,退还容器时由商店退还保证金。③ 税收优惠或处罚,即对生产和使用包装材料的厂家,根据其生产包装的原材料或使用的包装中是否全部或部分使用可以再循环的包装材料而给予免税、低税优惠或征收较高的税负,以鼓励使用可再生的资源。

许多发达国家对于在国内市场上销售的商品还规定了各种标签条例。这些规定内容复杂、手续烦琐。进口商品必须符合这些规定,否则不准进口或禁止在其市场上销售。目前最为流行的生态标签 OKO-TEX Standard(生态纺织品标准100),是纺织品进入欧洲市场的通行证。

(4)"绿色补贴"。为了保护环境和资源,有必要将环境和资源费用计算在成本之内,使环境和资源成本内在化。发达国家将严重污染环境的产业转移到发展中国家,以降低环境成本。发展中国家绝大部分企业本身无力承担治理环境污染的费用,政府为此有时给予一定的环境补贴。发达国家认为发展中国家

的"补贴"违反关贸总协定和世界贸易组织的规定,因而限制其产品进口。

(5)"绿色关税制度"。这是绿色壁垒的初期表现形式,即进口国以保护环境为理由,对一些污染环境、影响生态环境的进口产品除征收一般正常关税外,再加征额外的关税。

(6)"环境配额制度"。是根据某一出口国某种产品环保实绩来确定其在本国市场的销售配额,即按时期(如年、季度)分配给相关出口国输入本国该产品的最高数量。

(7)"环境许可证制度"。环境许可证制度要求在取得许可证的基础上才能允许进口或出口,也就是在出口前要获得进口国的"预先通知同意"。

(8)"禁止进口与环境贸易制裁"。环境贸易制裁是绿色壁垒中极端严厉的措施,轻者实施禁止输入,重者则实施报复。国际上对违反环保规则采取强制性措施的案例非常之多,举不胜举。

资料卡

### 大兴其势的绿色壁垒

绿色消费已成为一种世界性消费浪潮,可持续发展战略已成为各国经济发展的主题。"绿色壁垒"是发达国家为保护环境、保障人体健康和安全,通过立法制定的严格的强制性技术标准,目的是限制不符合生态环保标准的产品进入本国市场。"绿色壁垒"产生和发展更为重要的原因来自经济领域,随着世界贸易自由化的发展,传统贸易壁垒正逐步弱化和消除,绿色壁垒正迅速成为各国保护本国利益的主要贸易武器。

联合国统计署1999年的统计数据表明,全球绿色消费规模已达3 000亿美元,84%的荷兰人、89%的美国人及90%的德国人在购物时会考虑环保标准;另据联合国贸易发展会议的资料显示,因不符合环保要求,中国每年有74亿美元的商品出口受阻。

纺织服装是我国主要出口商品之一,出口额每年增加120亿美元,20世纪90年代以来,屡屡遭遇发达国家的绿色壁垒。发达国家相继立法,对进入本国市场的中国纺织服装实施环保认证及有害物质检验认证,如欧盟有关国家通过的OKO-TEX100纺织品环保标准,对进口服装的偶氮游离甲醛等一百多种有害物质含量进行了限制;日本、美国、欧盟等将从中国进口羽绒制品的残脂率限制在0.3%—0.5%以内。

据不完全统计,我国出口德国的纺织品受限于绿色壁垒的约占15%。国内某服装集团对德出口的内衣,因含偶氮染料被拒之门外,少收汇500万美元;江苏出口欧盟的夹克衫由于纽扣所含金属超标,也被退货。2005年我国服装出口可望达到430亿美元,但如果不走生态产业的道路,那么所有预测中的利益将可能如海市蜃楼一样遥不可及,我国其他行业的发展也同样面临这一挑战。

3. 服务贸易壁垒

第二次世界大战后,服务贸易发展迅速。由于各国服务行业发展不平衡,有些国家采取了保护措施。服务业的特殊性决定了各国限制的办法只能用非关税措施,服务贸易中的非关税壁垒对传统的服务项目的限制主要集中在运输、旅游以及外国银行在本国设立分支机构等方面。20世纪80年代以来,对新兴服务业的限制主要体现在以下几个方面:一是数据处理和通信设备服务方面的歧视限制,如有些国家禁止在本国内使用在本国以外进行处理的数据;二是限制外国公民在本国建厂、开设银行、进行技术咨询服务活动;三是对外国银行、企业的开业权加以严格限制。

4. 劳动壁垒

以SA8000(Social Accountability 8000)社会责任认证为代表的"劳动壁垒"正在成为最新型的非关税壁垒。SA8000即企业社会责任标准,规定了企业必须承担的对社会和利益相关者的责任,对工作环境、员工健康与安全、员工培训、薪酬、工会权利等具体问题制定了最低要求,例如禁止雇佣童工和必须消除性别或种族歧视等。SA8000主要取自于《国际劳工组织公约》、《世界人权宣言》和《联合国儿童权利公约》。2001年12月社会责任国际(Social Accountability International)发布了第一个修订版《SA8000:2001》。目前,要加入跨国公司的全球产业链,大都要通过SA8000认证或者根据SA8000进行的社会责任审核。

世界贸易组织成立以后,发达国家伺机将"劳工标准"问题多边化。1996年12月在新加坡召开的世界贸易组织首届部长级会议上,以美国为首的发达国家在维护人权、保证公平竞争的借口下,坚持核心劳工标准的讨论。劳工标准的核心是,当进口国家发现进口产品是由被剥夺公认权利和低于公认标准工资的工人生产时,有权对该产品征收关税或限制进口。

SA8000是继ISO 9000、ISO14000之后出现的又一个重要的国际性标准。虽然目前它只涉及人身权益以及与健康、安全、机会平等等与核心要素有关的初始审核,但随着不断修订和完善,该标准最终可能发展成为一个覆盖道德、社会和环境等范围的标准,并有可能会转化为像ISO标准一样的真正国际性标准。

### 三、中国的进口非关税政策

中国限制进口的非关税措施主要包括进口许可证、进口配额、指令性进口计划、进口专营制、外汇分配和其他一些进口管制措施。

我国在1980年10月开始实行进口许可证制度,并于1984年通过国家法令将此制度化。其目的是通过对进口贸易的管理和对进口经营单位、进口经营商品的控制,保证进口贸易有秩序地进行,保证外汇的合理使用和外汇收支平衡,调整进口商品结构,提高进口贸易的经济效益,促进和适度保护国内生产的发展。我国的进口许可证实行分级管理,商品所属的管理级别的根据是这些商品的重要程度。1992年以前,进口许可证管理的商品大约占到所有进口商品的50%以上,从涉及的商品数量看,超过一千多种。1992年,在中美贸易《市场准入备忘录》中,中国明确制定了减少进口许可证管理范围的时间表。根据这个时间表,到1997年年底,中国将其进口许可证减少2/3,约束的商品种类为385种。在恢复了进口许可证管理的同时,1980年我国也恢复了出口商品许可证管理。对属于出口许可证管理的商品实行分级管理。按照1991年中国出口商品的分类管理情况,第一类为关系到国计民生的、大宗的资源性的和某些特殊的出口商品;第二类为国际市场容量有限、有配额限制和竞争激烈、价格比较敏感的出口商品;第三类为其他出口商品。许可证管理是1980—1997年中国管理对外贸易商品进出口的主要措施。

配额管理是中国对进口商品实行管理的另一个重要措施。经中央和有关地方协商,国家要根据每年对某些商品的需要量确定需要限制的进口量。一旦这种需求量确定下来,中央政府将其分配给有关的用户,并由中央政府派驻各口岸的机构加以落实和管理。

中国对进出口经营权的限制是非关税措施的另一个重要形式。在市场经济国家,企业的外贸经济是通过申请、注册制度进行的。一家公司出于对自己生产经营的需要,需要从事对外贸易的经营。在此情况下,它只需要按照经营对外贸易的最低资本要求申请建立一家外贸公司或一项附属业务就可以经营对外贸易了。在中国,这种对外贸易的经营权是依靠审批制获得的。根据有关规定,一家企业能否经营对外贸易,必须经过国家的审批、认可,否则不能从事对外贸易的经营活动。在计划经济体制下,国家垄断了对外贸易经营的权利,因此任何企业都必须通过国家所属的外贸公司进口或出口商品。改革开放以前,中国对外贸易是典型的国家垄断制度,中国所有的商品进出口都由国家设立的15家国营外贸公司统一经营。此后,中国对外贸易的经营权逐步下放。为加快外贸经营体制改革,促进和规范各类企业从事进出口业务,外经贸部改革了实施五十余年的外贸进出口经营权审批制,自2004年7月1日起,实行进出口经营资格登记和核准制。除外商投资、商业物流企业,以及经济特区、浦东新区的企业外,其他各类所有制企业均可申请外贸流通经营权或生产企业自营进出口权。外贸经营由审批改为备案登记制,既放开了经营权,促进了经营主体多元化,又可保证对外贸秩序的有效监管和维护。

进口替代是中国长久的贸易政策。为了发展本国确定的重要产业,自1980年以后,中国就规定了一系列产业或产品的进口替代规定。特别是允许外国企业来中国投资以后,或在与中方的合作协议之中,或在协议之外要有关于国产化的某些承诺。在我们自身看来,这是发展本国重要产业的便利措施,但是在客观上形成了对进口同类产品的逐步排斥。到1992年中美贸易关系备忘录中,中国承诺取消所有进口替代的规定,但是在某些特殊商品(如汽车生产上)还有进口替代要求。

我国也有一些名义上绝对是必需的非关税壁垒的措施,进出口商品的检验就属于此类。根据《中华人民共和国进出口商品检验条例》的规定,“一切进出口商品都必须经过检验,未经检验的,不准安装投产,不准销售,不准使用”。从名义上看,这是提高我国进出口商品质量,保证我国生产者和消费者权益的重要手段和环节。在我们过去多年的实践中,在控制进口商品的质量方面发挥过重要的作用,防止了某些利益的损害。然而,像其他国家一样,我们的商品检验在客观上也会起到限制商品进口的作用。特别是对某些敏感商品的进口,我们的检验已经成为限制、甚至禁止进口的非常重要的理由。

技术标准也是常见的非关税壁垒之一。中国对进口商品当然要有一个明确的商品技术标准。但是由于科学技术的发展,商品的新种类不断出现,原有的标

准难以跟上这种技术的进步,因此中国规定,中国没有制定自己的技术标准的商品将使用原产地的标准。因而如果其他国家的进口商品在技术标准的规定上不一致,中国对同类新产品的技术标准就有两个甚至更多的标准。问题在于,中国在依据这些标准进行检验时,就有了灵活的余地。

同其他国家类似,我国的政府采购实际上也是一种非关税壁垒措施。我国实行两种不同的采购制度:一是世界银行或其他世界组织贷款的采购;二是中国政府的采购。对于国际组织贷款的采购,一般由我国国营贸易公司的分支机构或国务院所属的机电设备招投标中心来管理。而中国政府自己的采购要求优先对待国内的产品和服务。

我国的外汇管制是比较严格的。在计划经济体制下,外汇的收支要服从于国家经济计划的顺利完成,同时由于外汇短缺,对外汇收支的管理也是我们有效使用有限外汇的重要措施。改革开放以后,这一基本原则没有根本性的变化,但是外汇管制的程度明显减弱了。我国的外汇管理主要包括对国内企事业单位的外汇管理,对个人的外汇管理、三资企业的外汇管理和对借用外债的管理。外汇的经营权也由国家垄断。规定除经国家外汇管理总局批准,国内各部门和企业事业单位不得私自保存外汇,不得私自买卖外汇,国内的私人可以存有外汇,也可以卖给银行,但不能私自买卖。1996年以后,政府决定,允许经常项目外汇的自由兑换,同时公民因私出国可以按照市场价格兑换一定数额的外汇。在客观上,这种外汇管制限制了商品的进口,特别是在便利性方面,外汇管制的突出问题不仅在于人为制造了商品进口的外汇兑换成本,也带来了比较繁杂的进口程序。特别是当企业的进口增加与政府平衡国际收支或贸易收支的安排相矛盾时,企业所面临的外汇使用问题就非常突出了。因此,我国经常项目实行外汇自由兑换有利于改善我们的商品进口条件,在便利进口方面有了明显的进步。

此外,在中国对外贸易管理中,由于长期采取计划经济的管理方式,在进行贸易决策时一般采取内外有别的方式:一方面,对不便于公开的,我们采取发布内部文件的方法下达指示或指令,乃至条例或规范;另一方面,对可以公开的,我们采取发布通告或通知的方式。国际规范的管理方式是通过固定的公开出版物公布与贸易有关的法律、条例、规定、指令等,并且要提前公布,以便外国的企业或个人能够有一个准备执行的时间。我国这种靠发布文件,特别是靠发布内部文件的方式调整或规范贸易的管理方式,不利于外国的有关企业或个人掌握信息,提前做好准备,因而构成对外国商品进口的障碍。

## 本章小结

1. 在对外经济贸易方面,应当“坚定不移地执行独立自主、自力更生、艰苦奋斗、勤俭建国的方针”。我国的进口原则是:有利于技术进步,有利于增强出口创汇能力和有利于节约使用外汇。

2. 关税是进出口商品经过一个国家关境时,由该国政府设置的海关向进出口商征收的一种税。关税是各国对外贸易政策的核心内容之一。在大多数国家,为了促进出口往往会尽可能少地使用出口关税,因此,在国际经济交换中,注意力也就通常集中在进口关税上面。

3. 关税的种类很多,按照不同的标准主要可划分为以下几类:按照征税对象或商品流向,关税可分为进口税、出口税和过境税;按照差别待遇和特定的实施情况分类,关税可分为进口附加税、差价税、特惠税和普惠税。

4. 一国的海关税则就是征收关税的依据。海关税则又称关税税则,它是一国对进出口商品计征关税的规章和对进出口的应税和免税商品加以分类的一览表。海关税则主要可分为单式税则和复式税则。关税的征收方法又称征税标准,主要有从量税和从价税,在这两种主要征收方法的基础上,还有混合税和选择税。

5. 关税的保护程度一般是用来衡量或比较一个国家对进口商品课征关税给予本国经济的保护所达到的地步或水平。根据对关税保护考察对象的不同,关税保护程度可以用两种方法表示。关税对一国经济整体或某一经济部门的保护程度,通常用关税水平来衡量;关税对某一类个别商品的保护程度则常以保护率(包括名义保护率和有效保护率)来衡量。

6. 非关税措施是指除关税以外,用来限制进口的一切措施,也称为非关税壁垒。

7. 目前世界上使用比较广泛的非关税壁垒措施主要有:进口配额制、技术性贸易壁垒、“自动”出口配额制、进口许可证制、金融控制措施、歧视性国内政策、最低限价和禁止进口、海关壁垒、反倾销政策等。

## 思考与练习

### 一、填空题

1. 在对外经济贸易方面，应当“坚定不移地执行________、________、________、________的方针”。

2. 我国的进口原则是：有利于________，有利于________和有利于________。

3. 征收关税主要出于三个目的：一是________，以此目的而开设的关税称为财政关税；二是________，以此目的而开设的关税称为保护关税；三是调整商品结构。

4. 按照征税对象或商品流向，关税可分为________、________和________。

5. 普遍优惠制有三个原则，即普遍性、________和________原则。

6. ________是按商品的重量、数量、容量、长度和面积等计量单位为标准计征的关税。

7. 进口配额制主要有________和________两种。

8. ________年我国恢复了进出口商品许可证管理。

### 二、单项选择题

1. 要利用两种资源和打开两个市场，其目的是(　　)。

A. 增强自力更生的能力　　B. 反对闭关自守、孤立奋斗的思想

C. 逐渐冲淡自力更生的意识　　D. 向主要依靠国外市场方向发展

2. 由出口国家直接控制某些商品对特定国家出口的贸易限制行为称为(　　)。

A. 绝对进口配额制　　B. 绝对出口配额制

C. “自动”出口配额制　　D. “自动”进口配额制

3. 进出口许可证制度是一种管制进出口贸易的手段，就其职能和实施范围来说(　　)。

A. 它只能限制进出口商品的数量

B. 它只能限制进出口商品的质量

C. 它既能限制进出口商品的数量，又能限制进出口商品的质量

D. 它既能限制进出口商品的数量，又能限制价格、市场等方面

4. 我国《海关进出口税则》中规定我国对进口货物实行(　　)。

A. 单一税率　B. 复式税率　C. 国民收入　D. 经济周期

5. 进口差价税的征收方法是(　　)。

A. 按商品的国内价格与进口价格之间的差额向本国进口商征收

B. 按商品的出口价格与进口价格之间的差额向本国进口商征收

C. 按从价税额与从量税额之间的差额向外国出口商征收

D. 投资捐赠

6. 自动进口许可证制与非自动进口许可证制,在限制商品进口的作用方面(　　)。

A. 自动进口许可证比非自动进口许可证的作用大

B. 非自动进口许可证比自动进口许可证的作用大

C. 自动进口许可证与非自动进口许可证有同等作用

D. 无法比较

7. 关税与贸易总协定对倾销与反倾销的规定是(　　)。

A. 倾销进口货与所称损害之间存在因果关系

B. 关税与贸易总协定规定范围内的损害

C. 对倾销商品进口国可同时征收反倾销和反补贴税

D. 贸易差额

**三、多项选择题**

1. 普惠制的主要原则包括(　　)。

A. 非互惠原则　B. 公平竞争原则

C. 非歧视原则　D. 普遍优惠原则

2. 进口附加税通常是一种限制进口的临时性措施,征收进口附加税的目的主要有(　　)。

A. 应付国际收支危机　B. 防止外国商品低价倾销

C. 对某个国家实行歧视或报复　D. 多征关税

3. 征收关税的主要目的有(　　)。

A. 增加本国财政收入　B. 调节国家的对外经济关系

C. 保护国内产业和市场　D. 调整财政和外汇收支

4. 按照差别待遇和特定的实施情况分类,关税可分为(　　)。

A. 差价税　　B. 特惠税　　C. 普惠税　　D. 进口附加税

5. 关税的征收方法又称征税标准，主要有(　　)等几种。

A. 从量税　　B. 从价税　　C. 混合税　　D. 选择税

6. 关税水平是指一个国家进口关税的平均税率。关税的平均税率的计算方法有(　　)。

A. 简单算术平均法　　B. 全部商品加权平均法

C. 有税商品加权平均法　　D. 选择性商品加权平均法

7. 非关税壁垒与关税壁垒相比，具有(　　)等许多自身的特点。

A. 非关税壁垒措施项目具有复杂多样性，适用范围具有广泛性

B. 非关税壁垒措施具有较大的灵活性和针对性

C. 非关税壁垒措施具有隐蔽性和歧视性

D. 非关税壁垒措施具有十分明显的有效性和难以超越性

**四、判断题**

1. 新中国建立以来，我国一直坚持实行进出口许可证制度。　(　　)

2. 普惠制是指发达国家承诺对从发展中国家(或地区)输入的商品，特别是工业品及其半制成品，普遍给予关税优惠的待遇，其主要原则是：普遍的、非歧视的和互惠的。　(　　)

3. 对外开放是我们的基本国策，因此不应强调自力更生。　(　　)

4. 以保护本国工农业为目的而对外国商品进口征收的关税，税率越高，越能达到保护的目的。　(　　)

5. 关贸总协定规定，某种商品在出口国出口时如享受退税待遇的，进口国可对其征收反补贴税。　(　　)

6. 在一般情况下，进口商品若在国内生产，其生产费用大于进口该商品所耗费用时才有比较利益。　(　　)

7. 我国实行被动配额的国家和地区是美国和港澳地区。　(　　)

8. ISO9000系列标准是国家标准化组织制定的商品生产企业的质量体系认证标准。它不仅有利于提高出口商品的质量，也有利于出口生产企业提高管理水平和技术水平。　(　　)

9. 普惠制的非歧视原则是指发达国家应对所有发展中国家或地区出口的制成品或半制成品都不歧视、毫无例外地给予享受普惠制的优惠待遇。(　　)

**五、问答题**

1. 我国现阶段的进口贸易战略是什么？

2. 什么是进口附加税？征收进口附加税有何目的？

3. 如何确定可否征收反倾销税？关贸总协定第6条规定必须具备哪两个条件？

4. 实行普遍优惠制的目的和原则是什么？

5. 有效保护率是怎样反映关税对国内受保护商品的有效保护程度的？

6. 什么是进口配额制？主要有哪几种形式？

7. 常见的技术性贸易壁垒有哪些？

## 技能实训

1. 假定某国对进口彩色电视机征收10%的从价税，在自由贸易条件下，该品牌电视机的价格为3 500元，其中投入的原材料价格为2 100元。试计算：① 原材料免税时的有效保护率；② 对原材料征收5%从价税时的有效保护率。

2. 中国电信反倾销第一案落定。

2005年1月1日，商务部仲裁原产于美国、日本、韩国的进口非色散位移单模光纤存在倾销且对国内产业造成实质损害，倾销与损害之间存在因果关系。为此，商务部决定自2005年1月1日起，对原产于上述三国的进口被调查产品征收7%—46%不等的反倾销税，限期5年。至此，被业界人士称为"中国通信业反倾销第一案"的光纤反倾销案在历经一年半的博弈后，终于尘埃落定。

2000年中国市场光纤的需求总量在800万芯公里左右，国内年生产能力不过600万芯公里，对进口产品的依赖较重，而当时中国市场对康宁、朗讯等国外光纤认可程度非常高，因进口产品减少等因素导致了2001年初光纤市场供应不足。

此后，中国电信改制、移动、联通GSM网的发展等市场机会都大大刺激了光纤的需求，2001年中国光纤市场年需求在1 200万芯公里以上，光纤产能却只有800万芯公里。这一年国内市场上光纤价格上涨幅度惊人，G652光纤最高价格竟达1 000元/芯公里，而相关的光缆产品也是水涨船高，光缆厂家销售情况火爆，客户甚至是付现款提货。

由于2001年市场反应激烈，掩盖了行业内的供需矛盾，在2001年后期到2002年年底，国内掀起一阵光纤项目新建、扩建投资热潮，武汉长飞、华新藤仓、

富通昭和都相继扩容,上海朗讯、南京特恩弛、江阴法尔胜、深圳特发、武汉烽火、天大天财等光纤企业生产能力均在 100 万芯公里以上,2002 年底总生产能力近 1 400 万芯公里,已经能满足国内的光纤需求。与此同时,外国生产厂商也都盯上中国市场,对中国市场需求的估计过于乐观,以为占领中国市场可以弥补其他市场的损失。因此不惜低价倾销,在中国市场上演了一场最惨烈的价格战。标准单模光纤价格从 2001 年年初的最高价 1 000 多元/芯公里拼到 2002 年的不到 120 元/芯公里,韩国的光纤降到了 100 元以下,美国康宁光纤价格降到 115 元,出现成本倒挂的情况。因此,国内一些光纤厂只能停产。行业协会不得不重新调整行业平均成本,企业联合发出反低价倡议书,光纤光缆行业面临严峻的考验。

2003 年 7 月 1 日,我国商务部开始对原产于美国、日本、韩国的进口非色散位移单模光纤进行反倾销调查。

据了解,韩国光纤企业享受了政府的补贴,而其他企业的情况各有不同。日本公司对此次反倾销反应平平,一方面,否认存在倾销;另一方面,认为其产品在中国的销量并不大,就算加税也产生不了多大影响,并且自认为质量和服务方面仍然存在优势。受反倾销调查裁定影响最深的是美国康宁公司,是国内企业发动此次反倾销的主要目标。这一全球光纤行业第一巨头目前在华光纤销售量为 300—400 万芯公里,年收入大概 5 000 万美元,其光纤产品在国内市场占有率高达 30%,出口中国光纤业务收入占康宁公司业务总收入的 6%。

2004 年 6 月 16 日,商务部发布公告,公布了非色散位移单模光纤(简称 G652 单模光纤)反倾销调查的初裁决定,认定原产于美国、日本、韩国的进口 G652 单模光纤存在倾销,国内相关产业遭受了实质损害,同时倾销和实质损害之间存在因果关系,并决定对该产品采取保证金形式的临时反倾销措施。6 月 22 日,商务部公告决定延长对 G652 单模光纤反倾销调查的期限 6 个月,调查截止日期为 2005 年 1 月 1 日。2005 年 1 月 1 日商务部作出以上仲裁。

据了解,美国 OFS 费特有限责任公司初裁判定倾销幅度是 46%,中国商务部在实地调查过程中,该企业并没有让商务部到企业内部进行调查,结果在仲裁中该企业的倾销幅度仍是 46%。其他被调查企业的倾销幅度也没有改变。但是,一家“幸运”的公司却得以免除征收反倾销税,这家公司倾销幅度由 2004 年 6 月初裁的 16% 降低为仲裁时的 1.51%,它就是拥有一百五十多年历史的美国康宁公司。根据《中华人民共和国反倾销条例》第27条规定，这一倾销幅度属于微量倾销幅度，免征反倾销税。

在仲裁中除康宁外，其他被调查企业的倾销幅度并未改变，因此国内企业很大程度上已经取得了今后5年内在国内市场的竞争优势。然而，专家提醒，企业的当务之急是争取在5年的"保护期"内尽量提高行业自身的竞争力，解决行业内资金、技术等方面的问题，以便在征税期满后凭借实力与国外同行一争高下。

讨论：

1. 反倾销是保护国内相关产业的一项措施，除此之外还有什么措施？

2. 反倾销已经成为当前国际贸易中各种非关税壁垒的主要形式之一，我国对这一形式的利用与其他国家的运用主要有何异同？

**案例分析**

**案例3-1 欧共体、美国和韩国的酒税争端**

按韩国酒税法，韩国对国内的烧酒征收35%的税，而进口蒸馏酒（威士忌等）的税率是100%。1997年4月2日，欧共体要求和韩国协商解决酒税问题。5月23日，美国要求和韩国协商解决酒税问题。9月1日协商失败。欧共体和美国分别要求世界贸易组织成立专家组解决这两个案子。

关于案情的争议点：(1) 产品的专有性。韩国认为，欧共体和美国没有明确提出此案中针对的是哪种酒，而只是列出了威士忌等几个品种，而韩国的法律涵盖所有蒸馏酒。(2) 相同产品的界定问题。即便是在确定了产品专有性的情况下，本案关键是威士忌等蒸馏酒和韩国的传统烧酒是否为相同产品。因为根据GATT第3条第2款，只有在对相同产品征税高于国内产品的情况下才可以援引此款。(3) 对国内产品的保护问题。即便是确定了威士忌等进口酒和韩国的烧酒是相同产品，世界贸易组织作出裁定还必须依赖调查韩国的酒税差别是否真正造成对本国产业的保护。GATT第3条第2款的第2句要求认定税收差异是否造成对本国产品的保护。

争端双方的陈述：韩国认为，威士忌与烧酒不是相同产品，首先，在价格上前者比后者要贵12倍，按照反垄断法的一般规定，存在如此巨大价格差距的两种产品是不构成竞争性和替代性的，所以，两者不是相同产品。其次，

就消费倾向来看，人们对威士忌和烧酒的消费倾向是不同的，并以中国台湾地区为例证明了这一点。此外，以欧共体出版的《向韩国出品食品导读》中讲到了威士忌和韩国烧酒的不同为理论依据证明两者的不同。

欧共体和盟国认定，两类酒是相同产品，其主要依据是两类酒具有相同的成分，从而认为韩国违反了GATT的有关款项。

本案结论：世界贸易组织专家组最后判定韩国败诉。专家认为，就专指性问题没有必要逐一确定起诉方指的是哪一类酒。专家把"西式酒"作为一类产品和韩国烧酒作比较，判定两者是相同产品，因为两类酒无论是用在豪华酒店还是平常百姓人家，这一区别不能算作是产品有不同的最终用途。另外，两类产品虽然有价格差别，但差异程度不至于影响竞争关系，即两类产品在市场上是可以替代的。专家还认为韩国对烧酒和进口酒的税收差别超过了70%，足以保护国内产业。

**简评：**

1. 关税是一国推行其外贸政策的一项重要措施，是进口或出口的商品货物和物品通过一国关境时由政府设置的海关向本国进口商或出口商征的一种税收。关税的高低直接影响各国进口商品的价格，商品价格的变化又直接对国外市场商品的需求产生影响，进而对国内外的生产、交换、消费与分配等再生产的有关方面产生影响。就积极方面看，关税可以增加一国的财政收入，可以保护国内市场和民族工业，防止发达国家商品倾销或转嫁危机。就消极方面看，关税也容易恶化与贸易伙伴之间的友好关系，影响整个世界贸易的发展。由于关税的上述效应，在第一次世界大战后，尤其是20世纪30年代的大危机后，世界贸易环境恶化，保护主义盛行，世界贸易量骤减。第二次世界大战又使得这一状况雪上加霜，大战结束前由美国发起建立了现称的世界贸易组织，这是一个以市场经济、自由贸易为基础、为削减关税、消除贸易壁垒而缔结的政府间多边贸易协定。但是，入世的国家在关税正效应的驱使下，相互之间的关税争端并没有停止，而且纠纷更加广泛与复杂。欧共体、美国和韩国的酒税纠纷就是典型案例。

2. 这一案例对我们的启示是:第一,这一案例足以说明,加入世界贸易组织的各国仍在极力通过关税来保护本国的利益,就这个意义上讲,关税对于一国利益的保护极其重要。但就整个世界经济来看,一国的关税保护也会损害其他国家的利益,以致影响整个世界经济发展。第二,世界贸易组织在处理各个国家的关税争端,保护世界整体利益,以促进世界经济共同发展方面是有其重要作用的。因此,加入世界贸易组织的国家要充分利用这一组织来解决关税争端。我国入世后,面对更加广泛与复杂的关税争端纠纷,更要多多吸取这方面的经验与教训,建立起有效的应急机制和危机处理机制,以减少突发事件的损失。

**问题:**

1. 关税对于本国和外国有什么不同的作用?
2. 世界贸易组织在国际贸易的关税争端中有哪些作用?

# 第四章 中国对外贸易的出口贸易战略

【导读】 发展对外贸易，关键是扩大出口贸易，因为出口贸易是进口贸易、引进技术、利用外资及一切对外经济活动的物质基础。随着我国经济的进一步开放和市场化进程的加快，出口贸易在国民经济发展中的地位越来越重要。因此，发展出口贸易，是我国从一个经济发展水平较低的国家发展成为经济发达的现代化强国的重要条件，具有重大的战略意义。本章重点阐述中国出口贸易的政策和措施。

# 第一节　出口补贴

## 一、出口补贴与促进出口

### (一) 补贴的概念及特征

补贴是指一国政府或公共机构向本国生产商或出口商提供的现金补贴或财政上的优惠,以提高商品在国内、国际上的竞争力。

从上述定义可以看出补贴具有如下特征:

(1) 补贴是一种政府行为,这里的政府行为不仅包括中央和地方政府的补贴,还包括政府干预的私人机构的补贴行为;

(2) 补贴的对象是国内的生产商或出口商;

(3) 补贴是一种财政行为,它可通过立法的形式或行政手段实施,有现金补贴的直接方式和免税、退税、低息贷款等间接方式;

(4) 补贴的目的是提高商品的国内、国际竞争力;

(5) 补贴必须授予被补贴方某种利益,使被补贴的产品可以低于进口产品的价格在国内销售或低于同类外国产品的价格在国际上销售,从而达到阻碍进口和鼓励出口的效果。

### (二) 补贴的范围及分类

1. 补贴的范围

根据世界贸易组织的《补贴与反补贴协议》第1条规定,补贴的范围包括:(1) 政府直接转让资金(如赠与、贷款),潜在的直接转让资金或债务(如贷款担保);(2) 政府对本应征收的财政收入的放弃不予征收;(3) 政府提供货物或服务或购买货物;(4) 政府向基金机构拨款,或委托、指令私人机构履行上述三项功能;(5) 构成1994年关贸总协定第6条含义内的任何形式的收入或价格支持或由此而给予的某种优惠。

2. 补贴的分类

依据不同的标准,可对补贴作如下分类:

(1)根据补贴的形式,可将补贴分为直接补贴和间接补贴。直接补贴是指由政府或公共机构给本国的生产商、出口商的现金补贴,以弥补商品的经济损失或确保能获得较高利润。目前,美国、欧盟对农产品都给予直接补贴。间接补贴

是指政府或公共机构对本国的生产商或出口商提供财政上的优惠或技术上的资助或赠与,例如减免或退还税款、提供优惠贷款或担保、工人工资及社会福利方面的优惠等。目前,各国的间接补贴形式多样,有较大的隐蔽性,在反补贴实践中易引起争议。

(2) 根据补贴的对象,可将补贴分为一般补贴和出口补贴。一般补贴是指一国政府给予生产某一产品的国内生产商的补贴,而不论该商品是否用于出口。出口补贴是指一国政府专门给予某一出口产品的生产商的鼓励性补贴。

(3) 根据补贴是否导致反补贴措施的角度,可将补贴分为禁止性补贴(红灯类,red category)、可申诉性补贴(黄灯类,amber category)、不可申诉性补贴(绿灯类,green category)。禁止性补贴是指各国可直接采取反补贴措施的补贴。可申诉性补贴是指其目的在于实施国内政治、经济或社会政策,但又给进口国特定工业带来重大损害,从而应受到反补贴惩罚的补贴。不可申诉性补贴是指对国际贸易影响不大,不应受到反补贴制裁的补贴,亦称为许可使用的补贴(permitted subsidy)。

(三) 出口补贴的概念及效应

1. 出口补贴的概念及目的

出口补贴,是指一国政府为鼓励某种商品的出口,对该商品的出口所给予的直接补助或间接补助。直接补助是政府直接向出口商提供现金补助或津贴。间接补助是政府对选定商品的出口给予财政税收上的优惠,如对出口的商品采取减免国内税收(如宽减公司所得税等)、向出口商提供低息贷款等。

出口补贴的目的是为了使本国企业在国际市场上能以低于实际生产成本的价格出售其产品,提高其在国际市场的竞争能力,扩大产品的出口。

2. 出口补贴的效应

(1) 刺激出口。出口补贴对于接受补贴的出口部门的生产商来说,等同于负的税负,因而生产者实际得到的价格等于购买者所付的价格加上单位补贴金额,即出口补贴可使出口产品在国际市场上的销售价格降低,为此刺激出口。从进口国的角度看,出口补贴是一种威胁。因为接受补贴的产品都以低于成本的价格将产品销到国外市场,从而会挤垮进口国的同类工业,对此各国都采取了一些措施。

(2) 对国外消费者有利。补贴后的产品在国外销售价格降低,生产成本(国内价格)与国外价格之间的差额等于补贴金额。由于本国产品出口价格的下降,国外消费者购买本国产品的代价就会降低,从而可以从进口这些便宜的商品获得国内净福利的增加。因此,出口补贴不仅有利于本国出口生产者,而且有利于国外的消费者。但与此同时,国内消费者发现他们要支付比国外消费者更高的价格,并且国内消费者作为纳税人,还要承担一部分政府给予国内生产者的补贴,因此出口补贴损害了国内消费者的利益。

## 二、世界贸易组织中的补贴与反补贴协议

### (一) 协议产生的背景

为了扩大出口,世界各国(地区)纷纷对出口实行补贴,而进口国家为了保护本国市场和产业的发展,以反补贴措施拒之。其结果,国际贸易中的补贴与反补贴措施影响了国际贸易的健康发展,扭曲或损害了贸易各国的利益,故需要予以规范。第二次世界大战后,在筹建国际贸易组织的《哈瓦那宪章》第四章第三部分以 9 个条款,专门就补贴作了规定。在 1947 年 10 月 30 日签署的《关贸总协定》中,在第 6 条、第 16 条和第 23 条中对之作了原则性规定,但它们未能有效地制约补贴与反补贴措施的滥用。为了竞争,国际贸易中的补贴与反补贴措施的实施范围不断扩大,措施的种类不断增加,成为国际贸易中非关税措施中的一种重要形式。在关贸总协定"东京回合"多边贸易谈判中,把补贴与反补贴措施列为重点议题之一,并达成了一项较为详细的协议,即《关于解释和运用〈关税与贸易总协定〉第 6 条、第 16 条和第 23 条的协议》,亦称《补贴与反补贴守则》。但由于该守则在结构上不够严谨,文字上含混,对日趋复杂的补贴与反补贴措施仍不能有效地予以制约,故仍需进一步修正与充实。

在关贸总协定"乌拉圭回合"多边贸易谈判中,经过艰苦的谈判,达成了较《守则》更为明确、更易操作的《补贴与反补贴措施协议》,从而在世界贸易组织中确立了更为完善的补贴与反补贴措施的约束机制。

资料卡

**《哈瓦那宪章》**

为了从整体上解决第二次世界大战后国际经济关系中的主要问题,美国试图从金融、投资、贸易三方面重建国际经济秩序。在金融方面,1944 年 7 月在美国提议下召开了联合国货币与金融会议,成立了国际货币基金组织(IMF),建立起布雷顿森林体系,以促进各国在货币金融领域的合作,维持汇率

的稳定和国际收支的平衡；在投资方面，1946年成立了国际复兴开发银行（世界银行），旨在通过长期贷款和技术援助，促进战后经济的复苏与发展；在贸易方面，美国则积极倡导以其互惠贸易协定为框架，组建国际贸易组织，以便在多边基础上，通过互减关税，扭转日益盛行的高关税贸易保护主义和歧视性的贸易政策，促进国际贸易的自由发展。1945年，美国向联合国经社理事会提议召开世界贸易与就业会议，倡议成立国际贸易组织（ITO）。1946年2月，联合国经社理事会接受建议，成立了筹备委员会，着手筹建国际贸易组织。同年10月，经社理事会在伦敦召开了第一次筹委会，讨论美国提出的国际贸易组织宪章草案，并决定成立起草委员会对草案进行修改。1947年4月，美、英、中、法等23个国家在日内瓦又召开了国际贸易及就业筹备委员会第二次会议，同年11月在古巴的哈瓦那举行的联合国贸易和就业会议上，审议并通过了《国际贸易组织宪章》（又称《哈瓦那宪章》）。《哈瓦那宪章》共分九章和一个附件，主要内容分别是：宗旨与目标；就业和经济活动；经济发展与重建；一般商业政策；限制性贸易措施；政府间商业协定；国际贸易组织的建立；争端解决和一般规定。《哈瓦那宪章》的目标是建立一个全面处理国际贸易和经济合作的国际组织，成为继国际货币基金组织和世界银行之后的第三个国际机构。《哈瓦那宪章》号召各缔约方政府在经济和贸易政策上予以合作，采取行动维护充分就业及有效需求的大幅度稳定增长。

但是，由于各国针对《哈瓦那宪章》草案提出了许多修正案，特别是增加了管理对外投资的条款，以至美国和某些国家认为该宪章与其国内立法存在差异和干预了国内立法。特别是美国国会认为《哈瓦那宪章》中的一些规定与美国国内立法有矛盾，不符合美国的利益，因此，在美国国内形成了反对该宪章的强大力量，美国国会没有批准《哈瓦那宪章》。在其影响下，56个《哈瓦那宪章》签字国中，只有个别国家批准了《哈瓦那宪章》，因此无法全面实施《哈瓦那宪章》设想，建立国际贸易组织的计划随之夭折。

（二）协议的构成及主要内容

1. 构成

《补贴与反补贴措施协议》由 11 个部分 32 个条款和 7 个附录构成。

第一部分为“总则”，包括第 1 条和第 2 条。第二部分为“禁止的补贴”，包括第 3 条和第 4 条。第三部分为“可申诉的补贴”，由第 5 条、第 6 条和第 7 条组成。第四部分为“不可申诉的补贴”，由第 8 条、第 9 条构成。第五部分为“反补贴措施”，包括第 10 条、第 11 条、第 12 条、第 13 条、第 14 条、第 15 条、第 16 条、第 17 条、第 18 条、第 19 条、第 20 条、第 21 条、第 22 条和第 23 条。第六部分为“机构”，由第 24 条构成。第七部分为“通知与监督”，由第 25 条和第 26 条构成。第八部分为“发展中国家成员方的特殊和差别待遇”，由第 27 条构成。第九部分为“过渡性安排”，即“现有的计划”和“向市场经济转变”，由第 28 条和第 29 条构成。第十部分为“争端解决”，由第 30 条构成。第十一部分为“最后条款”，由第 31 条和第 32 条构成，分别为“临时适用”与“其他最后条款”。

7 个附录分别为“出口补贴说明表”、“生产过程投入物消费的准则”、“退税作为出口补贴制度替代的认定准则”、“从价补贴总量的计算”、“收集有关严重侵害情况的程序”、“第 12 条第 6 款的现场调查程序”、“第 27 条 2(a) 款中的发展中国家成员方”。

2. 主要内容

《补贴与反补贴措施协议》(以下简称《协议》)把补贴分为三大类，即禁止的补贴、可申诉的补贴和不可申诉的补贴。

(1) 所谓禁止性补贴是指不允许成员方政府实施的补贴，一旦实施，任何受其影响的其他成员方可以直接采取反补贴措施，又称为“红色补贴”。这类补贴实际上是很明确地专门用于影响贸易的补贴，因此最有可能对其他成员方的利益造成损害。

具体而言，《协议》中将出口补贴和进口替代补贴规定为禁止的补贴，包括如下内容：

① 政府对出口企业直接给予的现金补贴；② 给予出口企业的外汇留成或其他类似的鼓励措施；③ 在运输上为出口货物运输提供更优惠的待遇；④ 在生产上和服务上为出口企业提供更优惠的待遇；⑤ 减免、退回或缓征出口企业应缴或已缴的直接税和社会福利缴款；⑥ 给予出口企业比内销企业更高的征税基数折扣，以减少出口生产的征税额；⑦ 对出口企业在生产与销售之间的间接税的征收上予以较内销企业更优惠的减免、退还、缓缴待遇；⑧ 在按生产流程分级征收的间接税上，给予出口企业较内销企业更优惠的减免、退还、缓缴待遇；⑨ 对出口企业因生产出口产品所使用的进口原材料实行进口退税超过进口关税实际

征收额,或者在已有部分进口替代之后仍继续实施进口关税的退还;⑩ 以更优惠的条件向出口生产企业提供信贷担保或保险,这些信贷担保或保险实际上起到了降低出口产品成本的作用;⑪ 政府给予出口企业的信贷利率低于市场实际利率;⑫ 对初级产品以外的任何出口产品给予直接或间接补贴,导致其出口售价低于可比的内销价格。对初级产品的补贴导致补贴国在世界出口贸易中占有不合理的较高份额;⑬ 以任何形式向出口经营活动和进口替代经营活动所提供的其他政府补贴。

(2) 所谓可申诉的补贴是指在一定范围内允许实施,但如果在实施的过程中对其他成员方的经济贸易利益产生了不利影响,受到不利影响的成员便可对其提出反对意见或提出申诉的补贴。学者们形象地称为"黄灯补贴"或"黄色补贴"。可申诉补贴不包括农业协议第13条给予农产品的补贴。

根据《协议》第5条的规定"不利影响"主要指损害其他成员的国内产业,使其他成员根据关贸总协定(1994)享有的直接或间接利益丧失或受到损害,尤其是对关税减让利益的损害;"严重损害"是一个范围较广的概念,《协议》专门在第6条中作了规定。"严重损害"可在补贴有以下几种影响之一的情况下形成:① 排斥或阻碍另一成员同类产品进入实施补贴的成员的市场;② 替代或阻碍另一成员同类产品向第三国市场出口;③ 在同一市场上,与其他成员方同类产品的价格相比,该补贴产品的价格明显下降,或对同类产品造成了严重的抑价、压价或亏本销售;④ 实施补贴成员的初级产品或商品在世界市场上的份额与前3年的平均市场份额相比有所增长,而且该增长在实施补贴后呈持续上升的趋势。

根据《协议》第6条第7款的规定,如存在下列任何一种情况,上述①、② 所指的"排斥或妨碍"同类产品的严重损害不能成立:① 对从申诉成员方的同类产品出口或从申诉成员方享有过的第三国市场进口的禁止或限制;② 对有关产品进行垄断贸易或国营贸易的进口国以非商业意愿将进口国从申诉成员方转向其他国家;③ 严重影响申诉成员方供出口产品的生产、数量、质量、价格的自然灾害、罢工、运输中断等不可抗力事件;④ 限制从申诉成员方出口安排的存在;⑤ 从申诉成员方出口的有关产品供货量的自愿减少;⑥ 未能符合进口国家的技术标准或其他管理规定。

(3) 所谓不可申诉的补贴是指成员方在实施这类补贴措施时一般不受其他成员的反对或因此而采取反补贴措施的补贴。《协议》规定了两种不可申诉补贴:一种是不具备专向性的补贴,即那些不是向某个企业、某个产业提供,而是具有普遍性,是所有企业、产业都能获得的补贴,它不会引起世界贸易组织项下的任何反补贴措施;另一种是专向性补贴,市政府对科研、落后地区及环境的补贴,但这种不可申诉补贴应符合以下条件:① 资助由企业直接进行或通过与高等教育或研究机构签订合同而进行的研究活动。其条件是:资助金额不超过产业研究费用的75%或竞争前开发活动费用的50%;资助仅限于用于研究活动的人员、仪器、设备、土地或建筑等产生的费用、咨询和类似的服务费用,以及额外产生的与研究活动有关的一般管理费用和其他诸如与资料供应等有关的流动成本。② 资助国内落后地区。其条件是:一是有关资助是根据地区发展的整体规划要求进行的;二是这种资助在该地区应该是普遍性的,即享受资助者不应仅限于该地区特定的企业或产业;三是落后地区应为明确界定的、地理上连续的地理区域;四是确定落后地区的标准应该是公平和客观的,它至少应包括人均国民生产总值不超过全国人均国民生产总值的85%和失业率至少为全国平均水平的110%等指标中的一个。③ 为促进现有设施适应法律和规章所规定的新的环境要求而给予有关企业的资助。其条件是:一是资助是一次性的非重复措施;二是资助限定在适应性改造工程费用的20%以内;三是资助不包括因替换或实施受援投资而产生的费用;四是资助与企业计划减少废料和污染直接相关且比例相称,不含可取得的任何制造成本的节约;五是资助是所有能采用新设备或新工序的企业可获得的。

(三) 反补贴措施的确定与实施

反补贴措施的确定与实施包括反补贴调查、就业损害的确认和采取的补救、征收反补贴税措施等。

1. 反补贴调查的发起

(1) 反补贴调查发起的基础。对某项进口产品进行正式的反补贴调查,应基于受到有关补贴措施不利影响的进口成员方国内产业或其代表所提交的书面请求而正式发起。

(2) 反补贴调查申请书的内容。申请书的内容包括:补贴与数量;损害状况;补贴进口与受损害的因果联系。应充分证明某种已大量进口的产品享有某种补贴和对申诉产业造成的损害。反补贴调查书面请求应包括以下内容:申诉者的身份及代表的产业,产品的数量与价值;受补贴产品状况,如出口国家或出口地、出口

厂商、进口商名单；补贴的数量和性质；补贴进口产品对国内工业的损害，如补贴进口量的演变，它们对国内相同产品价格的影响，对国内工业的冲击影响等。

(3) 反补贴调查的确认。当局在对申请书的证据的准确性和充分性予以审核后，如果确认，可开始进行调查；如发现证据不足，应尽快拒绝调查申请和终止调查。

调查不能妨碍海关程序，调查应自发起日的1年内，最长不能多于18个月内结束。

2. 反补贴调查的程序

第一，在反补贴调查中，有关利益成员方和全部利益方以书面形式提出其认为与调查有关的情况和意见，并尽快通知所有有利害关系的各当事者。

第二，出口商、外国生产商或有利害关系的成员方在收到问卷调查后的30天内予以答复，必要时可再延长30天。

第三，在调查中，调查当局对属于机密性质的资料、信息，如未经同意，不得泄露。

第四，在征得企业、当事成员方的同意后，可到其他成员方境内进行调查。

第五，当利益成员方或利益各方在合理的时间内拒绝接受或不提供必要的信息，或严重阻碍调查时，则肯定的和否定的，初步和最终的裁决，可在已有事实的基础上作出。

第六，在作出最终裁决以前，调查当局应就形成决定的重要事实通告利益成员方和所有利益方，以使利益各方有足够时间维护其利益。

第七，调查当局也对被调查产品的工业用户、消费者组织提供机会，由其提供被调查产品的补贴、损害和因果资料。

第八，在利益各方，尤其是小公司遇到资料提供的困难时，调查当局要进行帮助。

3. 对补贴损害和实质性损害威胁的确认

反补贴调查的目的是确认相同产品的产业是否因补贴受到损害。

(1) 损害的依据。损害的依据有二：一是受补贴产品的进口量及补贴产品对国内相同产品的价格影响；二是受补贴产品进口对国内同类产品的生产者的后续冲击。

在衡量受补贴产品的进口量时，要考虑按绝对量或与在进口成员方的生产或消费相比，它是否一直有重大的增长；在受补贴进口产品对价格的影响方面，要考虑与国产同类产品相比，它是否有重大的削价，或大幅度地压低价格或阻止价格提高。

测定受补贴产品对进口成员方国内产业的影响应综合考虑下述因素：生产、销售、市场份额、利润、生产率、投资收益、资本利用率的现实和潜在的下降；影响国内价格的要素；对资金流动、库存、就业、工业、增长的影响。

（2）实质性损害威胁的认定。在作出存在实质性损害威胁的认定时，调查当局应特别考虑下述因素：补贴的性质或受控补贴对贸易的影响；受补贴产品进口国国内市场的高增长率表明进口的巨大增长；出口商有足够自由处置能力的巨大增长，表明受补贴产品对进口成员方市场出口的巨大增长；受补贴商品进口后的价格对国内价格的重大压低或抑制作用，将使进口需求提高；受调查的国家产品的库存状况。

（3）受补贴的进口产品造成的损害和实质性损害威胁被认定后，可作出采取反补贴措施的申请。

4. 反补贴措施的种类与实施

（1）采取临时措施。如果反补贴调查当局初步肯定存在补贴，且对进口成员方国内产业已造成实质性损害或严重威胁，为防止在调查期间继续造成损害，可采取临时措施。临时措施可采用临时反补贴税的形式，临时反补贴税由初步确定的补贴额所存交的现金存款或债券来担保。临时措施不得早于自发起调查之日起后的60天；实施临时措施应限定在尽量短的时期内，不得超过4个月。如果最终确认了损害，或在认定损害威胁的同时又认定在不采取临时措施，其影响肯定会导致损害时，对于本应实施临时措施的那一段时期可以追溯征收反补贴税。若最终认定的反补贴税额高于原现金存款或债券所担保的余额，超出部分不应再征收；如低于原现金存款或债券所担保的金额，对于多收部分应尽快退回。若反补贴调查的最终结论是否定的，则在执行临时措施期间所提交的现金存款或债券担保都应尽快退回。

（2）补救承诺。如果在反补贴调查期间，出现下述情况，反补贴调查可停止或中止：第一，出口成员方政府同意取消补贴，或采取其他措施；第二，出口商同意修正其价格，使调查当局满意地认为补贴所造成的损害性影响已消失。这样就算达成了“补救承诺”。补救承诺达成后，则反补贴调查应停止或中止。如果

以后的情况表明不存在产业损害或损害威胁，补救承诺应自动取消。补救承诺可以由出口成员方提出要求，也可以由反补贴调查当局提出建议，但不能强迫出口商承担这一承诺。补救承诺的期限不得长于反补贴税所执行的期限。

(3) 反补贴税。如果反补贴调查最终裁定存在补贴和产业损害，进口成员方当局便可决定对受补贴进口产品征收反补贴税，但它不得超过经确认而存在的补贴额，且应无歧视地征收。但对于已撤回的补贴或已按本协定规定作出承诺的供应国的进口应给予例外。

反补贴税的执行期限只能以抵消补贴所造成的损害所必需的时间为准，执行期限不得长于5年。如调查当局通过调查确认有"充分理由"继续执行，可适当延长期限。

5. 有关发展中成员方和转向市场经济国家的补贴措施

发展中国家成员方可以在补贴与反补贴措施协议生效后的8年内，以渐进的方式消除出口补贴，但不能提高现有的补贴水平。如在8年期后仍要实施时，应提前一年与"补贴与反补贴措施委员会"磋商，在获得批准后，方可继续；否则，应在8年期满后的2年内取消所遗留的出口补贴。

如果发展中国家成员方的受补贴的产品连续两年在世界贸易中取得了3.25%以上的比重，则出口补贴应予取消。

对发展中国家成员方进行的反补贴，在下述情况出现时，应立即终止：第一，对有关产品的全部补贴水平未超过其单位价值的2%；第二，有关受补贴进口产品占进口成员方该产品进口总量未超过4%。

另外，正在实施由中央计划经济向市场、自由企业经济过渡的成员方，可以在补贴与反补贴措施协议生效后的3年内继续实施某些"被禁止使用的补贴措施"而不受反对。若有必要，还可以向"补贴和反补贴措施委员会"要求适当延长免责期限。

**思一思、议一议：**

**反补贴规则与"巴西诉加拿大民用飞机补贴案"**

在当代经济中，补贴通常都是各国政府用于扶持本国企业或经济发展的手段，而且很多都违背了世界贸易组织的反补贴规则。因此，自《反补贴协议》生效以后，世界贸易组织解决的与该协议有关的贸易争端很多。例如，

1997年,世界贸易组织就受理了一起巴西和加拿大关于民用飞机补贴的纠纷。

1997年3月10日,巴西认为加拿大政府向民用飞机工业提供补贴,违反了《反补贴协议》,损害了巴西的正当利益,要求与加拿大磋商。按照巴西的观点,加拿大通过中央政府和地方政府的一系列计划向国内民用飞机工业提供补贴。其中的两项补贴是:(1)"加拿大账户",即加拿大政府把由于规模或风险原因不能得到"出口发展公司"资助的出口,转为由自己经营管理,并记在外交和国际贸易部的账户上;(2)"加拿大技术合伙计划",该计划旨在向高技术出口项目提供投资。在磋商未果的情况下,1998年7月23日,世界贸易组织争端解决机构成立专家小组。经过调查,专家小组支持巴西的部分请求,确认"加拿大账户"和"加拿大技术合伙计划"对国内飞机工业的资助构成了违反《反补贴协议》的出口补贴,建议争端解决机构要求加拿大按照《反补贴协议》纠正其做法。后来,争端解决机构通过了专家小组报告,该案遂告结束。

你从中悟出了什么道理?

(四)我国关于补贴立法和实践与《协议》的差距

世界贸易组织《协议》中把补贴分为禁止性补贴、可诉补贴和不可诉补贴三种情况。我们存在的最主要问题是禁止性和可诉性补贴。

1. 禁止性补贴

世界贸易组织《协议》规则中规定的禁止性补贴,主要包括出口补贴和进口替代补贴。

在出口补贴方面,一是出口实绩补贴。该项补贴主要是以出口业绩为基础优先获得贷款和外汇,例如国家计划委员会根据《国务院关于汽车产业政策的通知》为促进汽车的出口而实施的补贴。提供补贴的对象和方式是给予所出口的整车产品在其销售量中所占比例达到表4-1中所列比例的汽车生产企业。

表4-1 整车产品在其销售量中所占比例

| 车辆类型 | 类别 | 百分比 |
| --- | --- | --- |
| 客车 | M1 | 3% |
| | M2 | 5% |
| | M3 | 8% |
| 货车 | N1 | 5% |
| | N2,N3 | 4% |
| 摩托车 | L | 10% |

资料来源:石广生主编:《中国加入世界贸易组织法律文件导读》(三),第99页。

另外,出口占其年度总销量10%的汽车和摩托车零件生产企业也在其中之列。中国承诺在2000年前取消这一措施。二是税收减免优惠方面。我国对某些类型的外商投资企业,特别是涉及产品出口创汇型外商投资企业和出口导向型国内企业给予的特殊的关税及所得税等税收减免优惠,实质上构成了变相的企业专项性补贴。如1986年国务院发布的《关于鼓励外商投资的规定》第8条规定:"凡当年企业出口产品产值达到当年企业产品产值70%以上的,可以按照现行税率减半交纳企业所得税。"再比如2000年2月,科技部、外经贸部、财政部、国家税务总局、海关总署联合发布《中国高新技术产品目录》,对8个领域1 900项高新技术产品给予享受出口优惠的做法。

在进口替代补贴方面。我国对一些进口替代型企业给予的特殊的税收减免优惠及财政资助,实质上构成了进口替代补贴。国家计委和经委曾颁布对有关合营企业产品采取以产顶进的办法,有关部门将1 751种产品列入以产顶进、替代进口清单。尽管在1992年8月取消了公布的进口替代清单,但我国对进口替代的倾斜在相关立法和政策中仍是存在的。比如为了促进中国汽车工业的国产化进程,1994年公布了《国务院关于汽车产业政策的通知》,该通知规定对国产化率达到以下比例的汽车企业给予关税税率上的优惠:(1) 包含进口技术的M类整车国产化率达到40%、60%或80%者;(2) 包含进口技术的N类和L类整车国产化率达到50%、70%或90%者,包含进口技术的汽车和摩托车和关键件国产化率达到50%、70%或90%者。① 另外,为了鼓励国内企业的技术革新,《中华人民共和国进出口关税条例》还规定:"汽车零部件,对此关税和进口税的

① 石广生主编:《中国加入世界贸易组织法律文件导读》(三),第101页。

减免应根据国产化率确定。”

2. 可诉补贴

可诉补贴用于一定范围内允许实施，但如果在实施过程中对其他成员方的经济利益产生不利影响或严重侵害而会遭到受害成员方提起的反补贴诉讼。我国在这方面问题主要存在于税收减免优惠和对国有企业的补贴当中。

(1) 税收减免优惠

区域性税收减免优惠。这是指我国对经济特区、经济技术开发区等地区性的税收减免可因其具有地区专项性而实行的补贴。① 对经济特区的优惠政策(不含上海浦东地区)。从1991年至今，根据《中华人民共和国外商投资企业和外国企业所得税法》对在深圳、珠海、汕头、厦门、海南经济特区的外资企业实行优惠所得税政策提供补贴，其对象和方式是：第一，对于在经济特区设立的外资企业和在经济特区从事生产和经营活动的外国企业，应适用范围15%的优惠所得税税率。第二，对于在经济特区所在城市的老城区设立的外资生产型企业，应适用24%的优惠所得税税率；对于技术密集型项目、外资额在3 000万美元以上、偿还期较长的项目以及国家鼓励的部门中的项目，如能源、运输等，所得税税率可进一步减至15%。第三，对于外资额在500万美元以上、经营期在10年以下的服务部门的企业，第一年应免除所得税，第二、三年应免除50%，但应向当地税务主管部门申请并获批准。② 对经济技术开发区的优惠政策。为了加快地区开放，吸收外资，我国税务总局和地方税务机关从1984年至今对大连、秦皇岛、天津、烟台、青岛等29个城市实施了优惠所得税税率和所得税免除。其补贴的对象和方式分两种：第一，对于在经济技术开发区设立的外资生产型企业适用范围15%的优惠所得税税率；第二，对于在经济技术开发区所在城市的老城区设立的外资生产型企业适用24%的优惠所得税税率；对于技术密集型、外资额在3000万美元以上、偿还期较长的项目以及国家鼓励的部门中的项目，如能源、运输等所得税税率可进一步减至15%。这些实际上构成了专向性补贴。③ 对上海浦东经济特区的优惠政策。为了加快浦东的开放，吸收外资，根据《中华人民共和国外商投资企业和外国企业所得税法》，其补贴的对象和方式分两种：第一，对于在上海浦东经济特区设立的外资企业及对于在特区内从事基础设施建设的外商企业，应适用15%的优惠所得税税率；第二，对于在上海浦东经济特区设立的、从事如机场、港口、铁路、发电厂等能源和运输建设项目、经营期在15年

的外资企业，应免除前五年的所得税，第六年至第十年应免除 50%。①

产业性税收减免优惠。主要是指国家对生产性外商投资企业和从事农业、林业、牧业的外商投资企业以及从事基础设施建设的外资项目规定的特殊税收减免优惠。比如，根据《中华人民共和国外商投资企业和外国企业所得税法》的规定，对于从事港口、码头和泊位建设的中外合资企业，适用 15% 的优惠所得税税率，对于经营期超过 15 年的企业，可免除前五年的所得税，第六年至第十年可免除 50% 的所得税；从事农、林、畜牧业的外资企业，在初次所得税免除和减免期期满后，15% 和 30% 的所得税仍可适用 10 年范围的规定，但需向当地税务主管机关提出申请并获批准。② 此外，我国在 1995 年 6 月发布的《指导外商投资方向暂行规定》中，把我国的外商投资项目分为鼓励、允许、限制和禁止四类，因此具有产业专项性。

(2) 国有企业的补贴

为了促进国有企业的结构调整，同时通过促进合理化、维持稳定生产和社会安全以保证就业，国家对国有企业在财政、金融、物资供应、产品销售和人才供应与管理等方面做出了给予优惠的规定。该项补贴分为中央预算提供的补贴和地方预算提供的补贴。中央财政补贴仅从 1990—1998 年就为冶金、有色金属、煤炭、石油等行业提供共计 893.89 亿元人民币的财政补贴。北京、天津、河北、山西等 31 个省、市、自治区的地方财政在 1990—1998 年间提供给某些国有企业的补贴共计 2 784.86 亿元人民币。

以上这些对国有企业的补贴，与《协议》和世界贸易组织的国民待遇原则是有冲突的。

**思一思、议一议：**

**首例对华反补贴案警示我国调整政策**

2004 年 8 月 27 日，加拿大边境服务署对原产于中国的烧烤架作出反倾销及反补贴初裁，认定我国上述产品对加拿大出口存在倾销和补贴，并决定对涉案产品征收临时性关税。这是国外对我国出口产品发起的第一次反补贴调查，也是我国出口产品首次被征收高额的反补贴税。

---

① 石广生主编：《中国加入世界贸易组织法律文件导读》(三)，第 102、103、104、105 页。

② 同上书，第 106 页。

据统计，在过去的3年中，原产于中国的烧烤架占有加拿大市场1/5的份额，平均每年销售额为1亿美元。2000年，中国烧烤架在加拿大的销售量近5800台，2003年增加到约1.21万台。2004年4月13日，应加拿大安大略省Fiesta烧烤架有限公司的申请，加拿大边境服务署对原产于中国的烧烤架立案，进行反倾销和反补贴合并调查，涉案产品金额约2000万美元，在世界范围内首开对我国出口产品提起反补贴调查的先河。

2004年6月11日，加拿大国际贸易法院作出初裁，认定原产于中国的烧烤架对加拿大国内产业造成了实质性损害。加拿大海关将根据倾销幅度与补贴幅度累加结果，从即日起对涉案产品征收临时进口关税。

过去发达国家在开展反补贴调查时，一直把中国视为“非市场经济国家”，认为中国的原材料和劳动力以及制成品的价格是由政治因素而不是市场因素决定的。基于这种认识，发达国家普遍认为反补贴法不适用于非市场经济的中国。现在中国是世界贸易组织成员，世界贸易组织的一系列规则都对中国适用。中国加入世界贸易组织后，《中华人民共和国加入议定书》第10条规定，中国对国有企业提供的补贴将被视为专向性补贴，中国在加入时起应取消所有出口补贴和进口替代补贴。虽然中国在加入世界贸易组织后的15年内可以被视为非市场经济国家，但其他世界贸易组织成员可以援引《补贴与反补贴措施协定》对从中国进口的产品征收反补贴税，《补贴与反补贴措施协定》在确认是否存在补贴时并不考虑补贴的成员方是否是市场经济国家。这不仅大大缩小了以补贴来扶持国内产业和企业发展的余地，而且使我国在加入世界贸易组织后随时面临被其他成员方起诉而卷入补贴争端的可能。

因此，伴随加拿大对华反补贴第一案的出现，我国可能存在的某些产业补贴措施面临的挑战正在由潜在向现实转化。寻求取代出口补贴和进口替代补贴的措施，解决现行补贴政策与世界贸易组织《补贴与反补贴措施协定》和《中华人民共和国加入世界贸易组织议定书》的冲突，已经成为我国制定和完善产业政策时必须加以认真研究的一个问题。

此外,《补贴与反补贴措施协定》在严格禁止出口补贴和进口替代补贴的同时,对可申诉补贴和不可申诉补贴的规定具有一定的灵活性。就航空工业来讲,世界各国政府对航空工业的补贴,以利用军用飞机和太空发展计划补贴民用飞机研制最为普遍,每个国家都重视运用这一金额庞大又不易被世界贸易组织成员指控的间接补贴方式。这种补贴策略给中国调整产业补贴方式提供了值得重视的经验。由此看来,我们可以借鉴国外的成功做法,善加利用《补贴与反补贴措施协定》的灵活性规定,在世界贸易组织规则允许的范围内,及时调整和完善我国的产业补贴政策,有效规避反补贴调查对我国出口产品的危害。

面对国外对我国的反补贴个案,我国应如何调整政策?

## 三、世界贸易组织《农业协议》中的出口补贴

### (一)《农业协议》中出口补贴的内容

根据《农业协议》,出口补贴指:

(1) 政府根据出口实绩提供的补贴;

(2) 政府以低于国内市场的价格出口或处理库存;

(3) 通过政府措施融资(包括征税)支付农产品出口;

(4) 视出口产品含农产品情况而对农产品提供的补贴;

(5) 影响出口产品营销和运输成本的补贴。

### (二) 哪些成员以及哪些产品需要削减出口补贴

1. 总体情况

目前,共有25个世界贸易组织成员对428种农产品使用出口补贴(括号内是补贴产品品种数量),包括:澳大利亚(5)、巴西(16)、保加利亚(44)、加拿大(11)、哥伦比亚(18)、塞浦路斯(9)、捷克(16)、欧盟(20)、匈牙利(16)、冰岛(2)、印度尼西亚(1)、以色列(6)、墨西哥(5)、新西兰(1)、挪威(11)、巴拿马(1)、波兰(17)、罗马尼亚(13)、斯洛伐克(17)、南非(62)、瑞士(5)、土耳其(44)、乌拉圭(3)、美国(13)、委内瑞拉(72)。

欧盟的补贴几乎涉及所有产品分类,南非、土耳其次之,东欧国家的补贴范围也较广;从出口补贴使用的分布上看,使用国家较多的产品依次包括(括号内

为使用成员数量)：水果和蔬菜(19)、其他奶产品(15)、牛肉(14)、禽肉(13)、粗粮(12)、其他农产品(11)、蔬菜油(11)、乳酪(11)、糖(10)、小麦和面粉(10)。

2. 使用出口补贴最多的国家

欧盟是全球最大的出口补贴使用者。1995—1998 年,欧盟年均出口补贴支出约 60 亿美元,占全球出口补贴支出的 90%。瑞士是第二大出口补贴使用者,补贴份额约占 5%。美国是第三大出口补贴国,补贴份额不到 2%。欧盟、瑞士、美国和挪威四个 OECD 成员的出口补贴占到了全球的 97%。

3. 使用出口补贴最多的产品

从数量上看,出口补贴最多的产品是粮食;从价值上看,出口补贴最多的产品是牛肉和奶产品。从实际补贴数量上看,单项最大补贴产品是小麦和面粉以及粗粮,年均实际补贴量都在 1 000 万吨以上。以下实际补贴较多(100 万吨以上)的产品依次为:水果和蔬菜、糖、其他奶产品、牛肉。从承诺完成情况看,较多依赖补贴(承诺完成率超过 50%)出口的产品主要是奶产品和肉蛋产品,包括:其他奶产品、乳酪、脱脂奶粉、蛋、牛肉、禽肉。其中 1998 年蛋和猪肉的补贴超过了承诺水平。粮食的补贴水平则依国际市场状况波动较大。

以欧盟为例,补贴价值最大的单项产品是牛肉,占实际补贴支出的 22%。具体分类支出为:奶类占 40%,牛肉占 22%,粮食占 13%,糖占 12%,加工品占 11%。美国传统的出口补贴主要用于小麦、粗粮和奶类。1995—1998 年,95% 的支出用于奶类(78% 补贴脱脂奶粉),其余用于禽肉。

由于少数国家占有大部分的出口补贴,因此它们也占有大部分的减让承诺。例如,欧盟(34%)、美国(34%)和加拿大(23%)占去了小麦出口补贴减让承诺的 9/10,欧盟(45%)和加拿大(14%)占去了粗粮出口补贴减让承诺的近 1/3,欧盟占去了牛肉、黄油和乳酪出口补贴减让承诺的约 3/4,欧盟(56%)和美国(18%)占去了脱脂奶粉出口补贴减让承诺的约 3/4。

4. 出口补贴减让承诺执行情况

总体上看,出口补贴减让是《农业协议》三个方面减让承诺执行得最好的一项。各国大都未用完允许的补贴,唯一的例外是波兰,补贴的数量超过了承诺。但是,随着 1995—1997 年世界市场农产品价格高峰期的结束,出口补贴的使用又有回升势头。

5. 哪些产品的出口补贴超过了承诺水平

部分产品,主要是奶产品、糖、肉和粗粮的实际使用出口补贴,在一些年份超过了承诺水平。最大的数量超标发生于1995年挪威禽肉出口补贴,补贴数量超过承诺水平的1.14倍。此外,1996年欧盟稻米,1997年波兰食糖、挪威羊肉,1998年美国脱脂奶粉、欧盟猪肉的补贴数量都超过了当年承诺水平的40%以上。最大的价值补贴超标发生于1995年匈牙利玉米出口补贴,补贴价值超过承诺水平的1.82倍。此外,1995年挪威禽肉、匈牙利红胡椒粉,1996年欧盟稻米、匈牙利红胡椒粉,1997年欧盟食糖,1998年欧盟食糖和猪肉的补贴价值都超过了当年承诺水平的20%以上。1995—1998年间,欧盟和挪威成为超标最多的两个成员。

6. 出口补贴和国际农产品市场

出口补贴是扭曲国际农产品价格最重要的政策工具之一。据估计,出口补贴对全球农产品价格扭曲的贡献为13%。在乌拉圭回合《农业协议》达成以前,欧盟和美国是两个最大的出口补贴使用者,补贴主要用于粮食和奶产品。

1995年世界贸易组织成立以后,欧盟成为全球最大的出口补贴使用者。目前,在农产品中,奶产品是最大的出口补贴产品。OECD国家2/3的奶产品出口需要补贴,1/2的肉、蛋产品出口需要补贴,1/3的果菜产品出口需要补贴。粮食的补贴则根据国际市场情况,波动较大,如1995年国际粮价较高时,补贴的出口数量只有1/3;到1998年,粮食价格下降时,补贴的出口数量增加到近2/3。

由于美国和欧盟是全球两个最大的农产品出口国,出口份额占世界市场的35%以上,因此,它们的农产品出口补贴对国际市场价格有着重要的影响。从几种主要补贴产品看,美国和欧盟的小麦出口占世界市场的44.2%(美国29.8%,欧盟14.4%,1995—1996市场年度与1999—2000市场年度平均),粗粮出口占65.7%(57.8%和7.9%,1995—1996市场年度与1999—2000市场年度平均),食糖出口占14.7%(欧盟,1995—1998年平均,下同),脱脂奶粉出口占30.3%(5.1%和25.2%),黄油出口占27.2%(2.6%和24.6%),乳酪出口占45.4%(3.2%和42.2%),牛肉出口占32.9%(15.8%和17.1%),猪肉出口占47.6%(15.6%和32.0%),禽肉出口占61.9%(45.3%和16.6%),果菜出口占28.7%(17.2%和11.5%)。换句话讲,补贴较多的产品通常也是它们拥有较大国际市场份额的产品,显然,这会对粮食、奶产品、畜产品和园艺产品的国际市场价格有不同程度的扭曲作用。

7. 规避出口补贴的措施

《农业协议》第10条规定不得通过出口信贷和食品援助来规避出口补贴减让承诺,并要求按一定的纪律来管理出口信贷和食品援助。但是,到目前为止,在上述两方面,各成员还没有“经过共同努力”达成“国际议定的纪律”。这也为出口补贴的规避留下了许多充满争论的话题。

(1) 出口信贷

一般来说,出口信贷包括以下几种形式:贷款担保、贴息、延期或缓期还款、承担运费。出口信贷既能缓解进口国外汇和财政的约束,又能起到价格“打折”的作用,从而影响国际贸易流向和世界市场价格。因此,在出口补贴受到限制的情况下,出口信贷的使用日益广泛且呈增加之势。鉴于出口信贷可能和直接的出口补贴一样对贸易产生影响,要求审查和监督出口信贷使用的呼声越来越高。据估计,全球农业出口信贷已从1995年的110亿美元增长到1998年的180亿美元。美国是最大的出口信贷提供者,年提供30亿美元。美国不同意把出口信贷归类为出口补贴,但同意以新的纪律对其进行约束。

(2) 食品援助

在很多情况下,食品援助和商业性出口已难以区分,成为经过乔装改扮的出口补贴新形式。

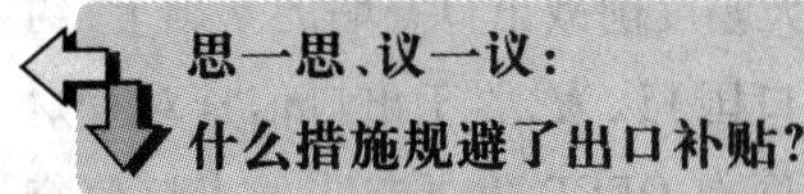


8. 出口补贴的反面:出口限制和出口税

《农业协议》第12条泛泛规定成员(发展中成员不受该条限制)在限制出口时,要考虑进口成员的粮食安全和进行磋商。原因是出口促进和抑制措施的交替使用,加剧了国际农产品市场的不稳定性。当农产品高价时,出口补贴减少,出口限制增加;当农产品低价时,出口补贴增加,出口限制减少。二者同样放大了国际农产品供求的形势。更重要的是,出口限制措施的使用,会损害进口国对国际市场的信心,转而诉诸国内支持。

(三) 目前的议题和其他成员的提案

目前主要议题有三个:一是要不要全部取消出口补贴或者如何削减;二是出

口信贷和食品援助要不要取消或者削减;三是出口限制和出口税问题。

世界贸易组织秘书处已经收到含出口竞争内容的综合性或专门性建议28份,其中关于出口补贴的建议27份,关于出口限制的建议7份,讨论稿2份。主要观点如下:

在出口补贴上,以美国和凯恩斯集团(Cairns Group)为主的成员主张全面终止一切形式的出口补贴。至少要大幅度削减出口补贴,比如在下一个执行期开始时,一次性削减出口补贴的50%,然后在一定时期内(发达国家3年,发展中国家6年)全面停止出口补贴的使用。欧盟则主张渐进式地削减出口补贴,且不同意完全终止或一次性大幅度削减出口补贴。中间的建议(如印度和东盟等发展中国家)是,在新一轮谈判进行过程中,继续按现行《农业协议》规定的方式逐步削减出口补贴,并在谈判结束或2006年后的3年内终止使用出口补贴,但应给予发展中国家执行的灵活性,如更长的执行期限,允许补贴在不同类别的农产品间转移,在发达国家高补贴情况下保留实施高关税的权利加以制衡等。还有部分成员建议,在不取消出口补贴的情况下,应针对不同的产品类别实行不同的减让幅度,并像约束关税那样,对单位(每吨)补贴数量进行约束。

大多数国家都同意对出口补贴的规避措施,主要是出口信贷、食品援助和国营贸易,制定纪律加以约束。在出口信贷上,许多国家认为,出口信贷应纳入出口补贴的范围加以减让。美国同意制定规则对出口信贷进行管理,但反对把出口补贴的减让范围扩大到出口信贷,并坚持在大幅度削减出口补贴的基础上,约束出口信贷。较为谨慎的建议(主要是食品进口国)认为,鉴于出口信贷对有财政或供给问题国家的粮食安全的作用,它们赞同在OECD发展起来的出口信贷纪律,但应加以完善。在食品援助上,所有成员都认为出于人道主义目标的国际食品援助是必要的。在防止滥用食品援助以避免扭曲贸易的措施上,大多数国家认为,国际食品援助只能以捐赠作为唯一的形式,而不能以包括信贷在内的其他形式出现,并应对捐赠国的供给数量实行约束承诺和通报制度。一些发达国家部分地同意这些建议,但认为过严的规则可能妨碍食品援助的及时性。在国营贸易上,一些国家主张对出口企业实行和进口企业同等严格的纪律约束,主要出口国认为没有必要。一些国家认为国营企业的垄断扭曲了贸易,部分发展中国家认为,它们的私营部门发育不良,需要国营企业帮助政府实现粮食安全目标。

在出口限制上，大多数成员主张制定规则，约束出口限制的各种措施。以日本为主的进口国建议，应像关税化那样，把所有的出口限制措施转化为出口关税，然后加以减让。瑞士主张全面取消所有的出口限制措施，但给发展中国家一定的灵活性。凯恩斯集团认为，关税升级使得许多国家尤其是发展中国家出于发展国内农产品加工业的考虑，不得不对初级品出口实行限制，因而主张把出口限制减让和关税升级减让联系起来，共同削减。

在发展中国家的特殊和差别待遇上，所有成员都同意应继续实施这一原则，但在方式和程度上未能达成一致。

资料卡

**世界贸易组织《香港部长宣言》**

149个成员的部长们在经过6天精疲力竭的、有时甚至是充满火药味的谈判后，于18日达成最终协议。世界贸易组织总干事拉米形容此次会议将“停滞不前的多哈回合贸易谈判拉回了正常轨道”。

**一、会议实现的目标**

正如事先预计的那样，《香港部长宣言》（以下简称《宣言》）中并未包括削减补贴和关税的具体数字，因为各成员在香港会前都意识到在这方面分歧很大，不可能在香港就此达成共识。为此，部长们仅在一些原则性意见上达成一致，以便为今后的农业和非农谈判达成全面模式提供指导，同时提出在2006年4月前完成这些谈判，以便在2006年年底前结束本轮谈判。

本次会议最大的成果有两个：一是明确在2013年前取消农业的出口补贴，但“要视全面模式达成的情况而定”；二是在棉花和最不发达成员免配额、免关税的市场准入上取得实质性进展，但也有一些人怀疑这些承诺是否能够带来实质的利益。

部长们为自己提出了一个艰巨的挑战，即在2006年4月达成全面模式，3个月后的2006年7月31日前提交初步的减让表。而WTO总干事拉米曾提出过，将复杂的技术模式转换为具体承诺的过程需要近一年的时间。

**二、农业谈判成果**

1. 出口竞争。欧盟在会议的最后一天同意取消出口补贴的日期，这为大会通过《宣言》铺平了道路。案文中提出“成员们要确保在2013年取消所有出

口补贴，并严格具有相同效果的其他出口措施的纪律”。欧盟接受2013年取消出口补贴，而始终反对在2010年，根本原因在于按照2003开始实施的共同农业政策（CAP）改革计划，欧盟将在2013年取消其大部分的出口补贴。但为平衡2个时间表的差距，《宣言》案文中规定“大部分的出口补贴应在开始实施的前半段时间内取消”。（注：发达成员在乌拉圭回合的执行期为5年。）

《宣言》同时要求在“2006年4月30日前，作为全面模式的内容，在粮食援助、出口信贷和出口国营贸易企业等方面制定纪律”。对于粮食援助，欧盟提出美国的实物援助是对其农民的变相出口补贴，为此，案文规定“对于实物援助、援助货币化和再出口等行为要制定有效的纪律，以免再出现漏洞使成员继续进行出口补贴”。同时案文提出“要制定一个用于紧急粮食援助的‘保险箱’政策，以满足紧急情况的需要”。

2. 国内支持。扭曲贸易国内支持的总体削减分三层进行，其中层次越高线性削减幅度越大。允许的支持水平最高的成员像欧盟将分在最高层，这意味着欧盟将在最高层进行最大幅度的线性削减。美国和日本将在第二层，其他成员在最低层。而一些成员如瑞士，由于其扭曲贸易国内支持的相对水平较高，虽然在最低层，仍需要进行额外的削减。

案文规定，总体削减的水平至少等于AMS、蓝箱和微量允许分别削减之和。虽然这一描述弱于案文草案规定的“必须大于”，仍可以限制成员为规避削减义务进行的转箱行为，但除此之外，案文未提及蓝箱纪律问题。

3. 市场准入。成员们同意按四层进行关税削减，同时提出“成员们需要对发达成员和发展中成员适用的分界点进一步加强共识”。案文还提及了在不同程度上保留灵活性的问题，提出成员们仍需要在如何对待敏感产品上达成共识。这与17日案文草案相比是一个退步，17日草案中提出“根据产品偏离关税削减公式的程度，扩大TRQ（关税配额）”。

在最终案文中，允许发展中成员“根据粮食安全、农民生计和农村发展的原则确定的指标，‘自主指定’一些税目作为特殊产品，同时可以使用特殊保障机制”，而2004年框架协议中只规定发展中成员“指定”特殊产品。此外，案文进一步规定选择的指标是“粮食安全、农民生计和农村发展”，这体现了G33近期提出的有关指标的提案内容，这些指标包括某一产品的就业人数或在当地人口口粮中的比例。对于特殊保障机制，除数量触发外，案文还包括了争议较大的价格触发的内容，这对于发展中成员非常重要。因为它们不可能有效监控进口的数量，而监控价格则比较简单。

**三、棉花和最不发达成员市场准入方面的成果**

1. 棉花。在出口竞争方面，《宣言》提出发达成员在2006年取消所有出口补贴，这意味着美国不仅要取消“第二步”(STEP 2)的棉花出口补贴计划，而且要取消美国棉花出口信贷计划中的补贴因素，世界贸易组织已在2005年4月裁决这两项计划违反了世界贸易组织规则。其他发达成员没有棉花的出口补贴。

在市场准入方面，案文要求发达成员向最不发达成员提供免关税和免配额的市场准入，但这些非洲成员不太可能从中受益，因为它们不向美国出口棉花。相反，它们需要同有补贴的美国棉花在其他市场上进行竞争，特别是亚洲的市场。

在国内支持方面，经过艰苦的谈判，部长们直到会议的最后一刻才同意“对于削减棉花的扭曲贸易国内支持，要比有待达成的一般削减公式(是指普通意义上的扭曲贸易国内支持削减)更有雄心水平，实施期更短”。这意味着直到对农业的总体削减和实施最终确定后，才会考虑确定棉花的扭曲贸易国内支持的削减幅度和实施进度。非洲产棉国对此条款非常失望。美国对其棉农补贴中，有80%—90%是用于对生产者和价格的补贴(2004年约为38亿美元)，这一补贴使美国棉农在国际市场上能以低于其生产成本的价格销售棉花。

对于补偿，《宣言》并未规定建立补偿机制或紧急基金对受影响的棉农给予援助，但要求世界贸易组织秘书处寻求双边、地区性或多边机构的合作，以“建立一种机制，以在取消补贴之前，解决棉花部门收入下降问题”。

2. 最不发达成员的市场准入。《宣言》提出发达成员在2008年向最不发达成员提供免关税和免配额的市场准入，虽然这一时间晚于最不发达成员所期望的，但确定一个具体时间非常重要，使最不发达成员获益的时间不受多哈回合的谈判能否在2008年前达成这一限制。

但对于涉及的产品范围需要特别注意:如发达成员在2008年前不能开放全部产品的市场,则至少应该包括97%的税目。而保留的3%的税目可能高达330个税号,由于最不发达国家出口产品比较单一,这3%的税目有可能包括它们所有的出口产品。

## 第二节 外汇政策

外汇政策影响着一国经济的诸多方面,而不仅仅是对外贸易,所以,外汇政策并不是"纯"贸易政策。但是,外汇政策无疑是影响对外贸易的重要因素之一,因为任何对外贸易活动都必须面临着诸如外汇的可获得性、本币的可兑换性、汇率变化等与外汇和汇率有关的问题。外汇政策在中国曾经是政府控制对外贸易最重要的措施之一,这种政策反映在汇率体制的变化和外汇留成制的建立、发展直至最后取消的整个过程中。

### 一、外汇留成制与促进出口

1979年中国建立了外汇留成(foreign exchange retention, FER)制度,以便为出口提供更强的刺激。

#### (一)什么是外汇留成制度

实行出口商品外汇留成,是国家鼓励出口,增加外汇收入,支持地方生产建设,发展对外贸易的一项重要经济措施。凡经批准经营对外贸易出口业务的各类外贸公司,包括专业进出口公司、工贸公司、地方外贸公司和经批准有对外出口经营权的企业及企业联合体等,其经营的出口商品(含代理出口商品和自营出口商品)在实际出口后,实行按出口商品收汇全额比例留成。

这一制度从一开始就以比较复杂的形式出现,并在后来进行了较为频繁的调整。起初实行的外汇留成比率为:中央直属企业生产和出口的产品其收汇企业可留成20%,地方企业生产和出口的产品可留成外汇40%,在留成的部分中再分为企业和中央或地方政府各半。对加工贸易和补偿贸易的收汇,外汇留成比例是外汇净收入的15%,而纯粹的来料来件加工装配,其劳务外汇收入则可留成30%。

1982 年后,外汇留成比例变得更复杂了,对越来越多的出口产品规定特定的外汇留成比例,留成比率的范围从 5% 到 25% 不等。

在 1985 年,这一外汇留成制度再一次调整,在大部分省市实行统一的 25% 的外汇留成比例,但对一些特殊的省区实行优惠的外汇留成比例,例如广东省的外汇留成比例总水平为 30%,而在经济特区达 100%;福建省和一些边远省区也可有较高的留成比例。某些行业如机电行业也制定了较高的留成比例,但此时的整个外汇留成制度仍然以区域性差别为基础。稍后,在实行第一轮对外贸易承包责任制期间(1988—1991),外汇留成比例大体上分为两种情况,即对计划内出口创汇部分,80% 上缴中央政府,20% 留给出口企业;对超额完成出口计划的外汇收入,20% 上缴中央,80% 由出口企业留用;对自负盈亏改革试点的轻工、工艺和服装等出口企业,外汇留成比例为 100%。

1991 年,外汇留成制度改变了按不同地区实行不同留成比例的做法,开始全面以不同的出口产品类别为基础来规定外汇留成比例。总体上,所有出口产品的出口收汇企业留成比例为 80%,在这当中,30% 必须售予国家银行。但为了给某些地区或行业增加出口刺激,有关的外汇留成比例也有过数次调整。尽管如此,这样的外汇留成结构一直维持到 1993 年。

1994 年汇率并轨的同时,外汇留成制度被废止。

(二) 外汇留成比例

根据国务院批转对外经济贸易部《关于外贸体制改革意见的报告》的通知(国发〔1984〕122 号文件)精神,出口商品外汇留成,自 1985 年 1 月 1 日起按报告执行,出口商品外汇留成比例如下:

(1) 出口机电产品、成套设备及零配件(包括以进养出的净创汇部分和对外承包工程项目出口的部分),按当年实现的出口收汇全额留成 50%(进口原材料、零部件及配套设备的外汇包括在内,不再另拨)。

(2) 军工部门出口的军品(不含民品),按当年实现的出口商品收汇留成 100%。

(3) 出口原油、成品油,属于国家计划统一分配的,按当年出口商品收汇留成 3%。经批准在国家统一分配计划之外,专项代理出口的增产原油、成品油,其收汇全部留给委托单位。“煤代油”代理专项出口的原油、成品油,按出口商品收汇留成 50%。结余的留成外汇额度年底上缴。

(4) 各类外贸公司经营进料加工、来料加工出口的商品,按出口商品净创汇金额(即扣除进口原料、材料、辅料、设备等用汇)留成30%。

(5) 除上述四项外,其他一般出口商品(包括军工部门生产出口的民品和原规定不留成的粮食、食用油、水泥、煤炭、钢材、生铁、锌、加工出口用原木),均按当年出口商品收汇留成25%。

(6) 为解决各类外贸公司搞好出口业务经营所需的外汇费用,按当年完成的出口商品收汇实行出口商品经营费用外汇留成,包干使用。各类外贸总公司的出口商品收汇,包括总公司本身和分公司的出口商品收汇,由总公司提取使用;省、自治区、直辖市及计划单列市的各类地方外贸(工贸)公司和经批准有对外出口经营权的企业及企业联合体的出口商品收汇,由省、自治区、直辖市及计划单列市经贸厅(委、局或外贸局)统一提取分拨给各公司。此项外汇留成用于各类外贸公司,为经营出口商品出国推销、驻外代表、商品广告、商标注册、商情资料、律师费、寄售仓租费、样品购置、扶持出口企业的小型技术改造、自有加工生产企业的技术改造、自有车船、仓库机械用具的维修用料费用等。其留成比例为:各总公司系统和各省、自治区、直辖市及计划单列市的各类外贸公司,都按出口商品收汇总额留成1%。中国化工进出口总公司出口原油、成品油(包括代理出口的增产原油、成品油和"煤代油"的原油、成品油)和军工部门出口军品不计取此项留成。

(7) 广东、福建省实行特殊政策和灵活措施,对其一般出口商品的收汇留成,具体办法另定。……

(8) 内蒙古、新疆、广西、宁夏、西藏五个民族自治区的出口商品收汇留成比例,依据《中华人民共和国民族区域自治法》规定应享受国家的优待,除西藏自治区仍按原规定100%留用外,内蒙古、新疆、广西、宁夏四个民族自治区按实际出口商品收汇留成50%。青海、贵州、云南三省按实际出口商品收汇留成50%。

外汇留成的对象和比例由国家规定。留成外汇的用途须符合国家规定,有留成外汇的单位如本身不需用外汇,可以通过外汇调剂市场卖给需用外汇的单位使用。留成外汇的范围和比例逐步扩大,指令性计划分配的外汇相应逐步减少。

### (三) 外汇留成与促进出口

实施外汇留成制度实际上是一种加强出口刺激的行政性措施,在一定程度上起到了促进出口的作用。

首先,允许出口企业留成一定比例的外汇,对这些企业来说改善了它们获取和使用外汇的状况。在过去中国那种统一计划体制下,外汇控制事实上限制了企业灵活自由地获得国外先进技术设备和从事可赢利的进口活动,外汇留成制度则反映出这种过度严格的外汇控制有了相对的松动,而留成比例则表示这种松动的程度。通过实行外汇留成制度,对于单个企业的外汇可获得性,意味着它们有能力且有可能在更大程度上利用国外资源来改善其生产能力和提高赢利。

其次,在双重汇率体制下,外汇留成也是出口企业增加其总收益的一个途径,从而成为扩大出口的有效刺激。由于调剂汇率通常高于官方汇率,留成外汇在于调剂汇率售出时便可折回为更多的本国货币,留成比例越高,以本币衡量的出口收入就越多。不仅如此,调节汇率的应用意味着本币的部分贬值,由于可调剂的外汇源于出口企业的创汇,这种本币部分贬值仅对出口企业所用。所以,这种本币贬值也就成为进口替代体制下抵消"反出口偏向"、促进出口的刺激措施,同时又避免了本币全面贬值可能造成价格剧变所带来的冲击。从这方面看,外汇留成制度尤其适合于当时中国维持其贸易总政策的需要,即既要严格限制进口,又要鼓励出口。

外汇留成制度的推行,在当时的条件下有效地调动了出口企业的积极性,促进了对外贸易的发展。但是,在外汇留成制度的实施过程中也出现了一些问题,主要表现为外汇额度与实际外汇资源分离,形成外汇供给和外汇需求在一定程度的错位,如有的企业有外汇留成却并不需要使用外汇,有的企业需要使用外汇却没有外汇留成额度,国家计委常常不能予以安排满足。这种供求的脱节对外汇调剂市场产生了一种内在的需求。1980 年 10 月中国银行和国家外汇管理局制定了《调剂外汇暂行计划》,中国银行开始在北京、上海等 12 个大中城市办理外汇调剂业务,有偿转让外汇资源的使用权,中国外汇调剂市场开始产生。

## 二、外汇汇率与促进出口

### (一)人民币汇率制度的演变过程

从 1950 年公布人民币汇率开始到现在,我国人民币汇率制度所处的时期是国际上的固定汇率制度时期和浮动汇率制度时期。从下面的人民币汇率的演变过程可以看出,我国人民币汇率是由我国经济发展决定的,也受到这两个时期国

际汇率制度的影响，如表 4－2 所示。

**表 4－2　人民币汇率变动概览**

| 变动时期 | 变动方向 | 变动内容 | 变动背景 |
|---|---|---|---|
| 1949 年 | 浮动汇率 | 口岸大城市设立交易所 | 天津、上海、广州解放后，先后建立外汇交易所，中国人民银行公布交易所开盘价，在交易所议价成交 |
| 1950 年 | 取消议价制 | 实行国家外汇统收统支制度 | 1950 年 4 月取消外汇交易所，中国人民银行根据国内外市场物价变化对汇率进行机动调整 |
| 1953 年 | 固定汇率 | 外汇专营 | 国际上普遍实行固定汇率制，汇价很少波动，国内物价平稳，外贸进出平衡，汇率只作为计划核算工具，采用盯住英镑的固定汇率制 |
| 1964 年 | 出口补贴 | 进口商品加成计价 | 出口成本上升，人民币汇价过分高估，挂牌汇价为 1:2.4618，实际汇价达到 1:6.65。对一部分进口商品按进口成本加价 103% 作价，以进口盈余弥补出口亏损 |
| 1967 年 | 盯住英镑浮动 | 适应性调整 | 1967 年 11 月英镑贬值 14.7%，人民币相应下浮。国内出口工业品比重上升，农产品比重下降，出口成本有所上升 |
| 1971 年 | 脱离盯住汇率 | 改变定价模式 | 1971 年 6 月英镑汇率浮动，1971 年 12 月和 1973 年 2 月美元两次贬值，人民币无法按某一国货币汇率定价，从 1971 年开始，普遍推行对外人民币计价结算，把人民币稳定在各国货币汇率中间偏上水平。因美元贬值，人民币汇率由 1:2.418 升至 1:1.425（1980 年 7 月的价格） |
| 1981 年 | 实行双重汇率 | 新订贸易内部结算价 | 实行对外开放政策，下放外贸经营权，鼓励出口和利用外资，为改变人民币汇率低于出口换汇成本，新订出口贸易结算价为 1:2.8。继续保留人民币的公开牌价 |
| 1985 年 1 月 | 取消双重汇价 | 实行统一牌价 | 从 1981—1984 年逐渐缩小两种汇价差距，到 1985 年 1 月 1 日，取消内部结算价，实行统一的公开牌价 1:2.8 |

（续表）

| 变动时期 | 变动方向 | 变动内容 | 变动背景 |
| --- | --- | --- | --- |
| 1986年至1992年 | 汇率浮动 | 分次调低汇率 | 国内物价逐渐放开，价格总水平上升，出口换汇成本增大。实行单一的汇价之后，1988年3月各地普遍设立外汇调剂中心，允许留成外汇议价交易。随着物价的变动多次调低汇率，1985年10月1日调为1:3.2，1986年3月5日调为1:3.7，1989年12月16日调为1:4.72，1990年11月17日调为1:5.22 |
| 1993年 | 汇率浮动 | 稳定市场汇率 | 经济过热，物价上涨，进口需求猛增，对外汇求大于供，市场汇率不断下跌。1993年5月取消外汇调剂限价，市场汇率下降到1:11.2，同年7月中国人民银行采取外汇干预措施，年底回升到1:8.72 |
| 1994年1月1日 | 贸易项目有条件可兑换 | 汇率并轨，取消官方汇率，建立以市场供求为基础的、单一的、有管理的浮动汇率制度 | 实行官方汇率和市场汇率并轨，推行结售汇制度，取消外汇留成，为实现贸易项目可兑换创造条件。汇率并轨后人民币汇价为1:8.72，1994年4月4日建立全国统一的外汇交易中心 |
| 1996年7月1日 | 经常项目可兑换 | 放宽非贸易用汇限制 | 国内经济快速发展，进出口增长很快，国际收支平衡，外汇储备上升，取消经常项目用汇所有限制，放宽个人用汇范围，1996年12月1日宣布经常项目可兑换 |
| 2001年11月17日 | 增加汇率弹性 | 提高人民币汇率生成机制，有效利用银行间市场汇率浮动区间 | 中国人民银行副行长郭树清指出，根据中美1998年签订的有关协议，中国承诺将扩大人民币弹性。有效利用银行间市场汇率浮动区间；调整银行结售汇周转头寸管理政策；进一步完善结汇制度 |
| 2005年7月21日 | 有管理的浮动汇率 | 实行以市场供求为基础、参考一篮子货币进行调节、有管理的浮动汇率制度 | 2005年7月21日19:00时，美元兑人民币升值2%，交易价格调整为1美元兑8.11元人民币，人民币汇率不再盯住单一美元，形成更富弹性的人民币汇率机制 |

(二) 人民币汇率调整与促进出口

1. 1949—1952年的人民币汇率的机动调整

1948年12月1日中国人民银行成立时就开始发行人民币,并通过兑换各解放区原来流通的货币而进入流通。1949年1月18日开始对外发布人民币对美元的外汇牌价。由于人民币没有规定含金量,因此,人民币汇价的计算不是以两国货币的黄金平价为基础,而是以"物价对比法"为基础计算的。

"物价对比法"是国民经济恢复时本着"鼓励出口、兼顾进口、照顾侨汇"的汇价方针确定的。它以当时的国内物价水平为基础,依据进口商品的国内人民币价格与主要进出口商品的国外价格的对比,参照侨眷生活商品国内外价格的比价,确定人民币的对外汇率。

我国当时之所以采用这样的方法计算人民币汇率,是因为解放初期,由于多年战争的破坏,国内生产停滞,外汇资金奇缺,通货膨胀尤为严重,国民经济亟待恢复,因此鼓励出口、增加外汇收入,是我国当时外汇管理的重要方针。当时私营进出口商在我国对外贸易中占很大比重,鼓励私商出口,制定汇率需要照顾私商的利益。在这一时期,我国参照当时国内物价水平,对人民币的外汇牌价连续调整了几十次。从最初1美元兑换旧人民币80元降低到1美元兑换旧人民币42 000元。1950年3月始,我国实行财政、物资、信贷平衡管理,经济状况基本好转,国内物价趋于下跌,人民币汇率回升,1952年,调到1美元兑换旧人民币26 170元。汇率起到了调节进出口贸易的作用。

2. 1953—1980年人民币汇价基本稳定,逐步形成高估

从1953年开始到1972年人民币汇价基本稳定不变,其原因在于我国从1953年起进入有计划的社会主义建设时期。国内物价由计划确定基本稳定,汇价作为计划核算工具也要求稳定。与此同时,对外贸易由国家统制,盈亏统负,不需用汇率调节,资本主义国家普遍实行固定汇率制。因此,以维护汇率稳定为直接目的的人民币汇率在钉住英镑20年中保持稳定,仅在1967年英镑贬值后才加以调整。由于出口商品结构变化,出口换汇成本持续增加,汇率不变,逐步形成高估,出口赚钱,进口亏本。

世界经济发展不平衡,出现多次美元危机,最终导致以美元为中心的固定汇率制于1973年崩溃,西方各国普遍实行了浮动汇率制,外汇汇率随着外汇市场的供求情况频繁地、大幅度地波动。我国无法按照西方主要国家货币公布的官

方汇率制定人民币汇率。对西方主要货币的汇价反而上升，从而形成人民币汇率的长期高估。

为了避免西方主要国家货币汇率波动带来的不利影响，我国曾经采用过“一篮子货币”的浮动方法。篮子中所选用的货币是我国对外经济贸易往来中经常使用的货币，按其重要程度和政策上的需要确定权重，再根据这些货币在前一营业日外汇市场上的汇率，加权计算出人民币汇率。在货币篮子中，选用的货币种类、数量及权重有过几次变动。为了坚持人民币汇价水平稳定的方针，有利于对外贸易推行人民币计价结算，使出口收汇不因外币贬值而遭受损失，在制定人民币汇率指导思想上要求人民币汇率水平稳定在国际市场各国货币汇率中间偏上水平上，选用较硬的货币，加大这种货币的比重，使人民币汇率既不随上升货币而上升，也不随下跌货币而下跌。人民币汇率水平保持稳定，是当时人民币汇价政策的目标，但是，这种钉住自定货币篮子的汇率制度使人民币汇价的确定脱离了直接的物质基础和货币购买力原则，反映的是人民币与篮子货币的相应变动情况，而不是人民币本身的价值量的变动情况。当 20 世纪 70 年代后期爆发世界性通货膨胀时，美元汇率下跌，导致了人民币对外汇价的节节上升。从 1972 年至 1980 年，人民币汇率由 1 美元 = 2.20 元人民币逐步调为 1 美元 = 1.52 元人民币。人民币对美元升值 44.7%，扩大了人民币汇率的不合理性，人民币汇率持续高估，使我国出口贸易处于不利地位。1980 年全国平均出口换汇成本为 1:2.75，比美元与人民币的比价高出 1.23 元；也就是说，每出口 1 美元商品亏损 1.23 元，出口越多，亏损越大。

3. 1981—1993 年的人民币汇价大幅度贬值

为了大力发展对外贸易，鼓励出口，限制进口，加强外贸的经济核算，1979 年 8 月国务院决定改革我国汇率制度，除继续保留人民币的公开牌价之外，另外制定内部贸易结算价，从 1981 年 1 月 1 日起实行，对外公布的人民币牌价为 1 美元 = 1.50 元人民币，这主要用于非贸易外汇的兑换和结算，而进出口贸易则使用内部贸易结算价 1 美元 = 2.80 元人民币，此为贸易汇率。它是按 1978 年全国出口平均换汇成本 1 美元 = 2.53 元人民币加上 10% 的利润计算出来的。这种双重汇率制不符合国际货币基金组织实行单一汇价的要求，于是我国从 1984 年起随着国际市场美元汇率的上升逐步下调汇率，将对外公开的汇率向内部贸易结算价靠拢，于 1985 年 1 月 1 日起，重新实行单一的汇率，即人民币的官方牌

价变为1美元=2.80元人民币。这意味着人民币对外贬值46%,1985年1月至10月人民币汇率又逐步调整,由1美元=2.80元人民币调为1美元=3.20元人民币,人民币对外贬值12.5%。此后,由于国内通货膨胀,物价上涨,出口换汇成本增加,人民币汇率进行三次大幅度调整。1986年7月5日调为1美元=3.70元人民币,贬值幅度为13.5%;1989年12月16日调为4.72元人民币,贬值幅度为21.2%;1990年11月17日调为5.22元人民币,贬值幅度为9.5%,到1993年年底调为5.80元人民币。这一时期相应的出口贸易增长率的情况如表4-3所示:

**表4-3 我国相应时期出口贸易增长率的情况**

| 年份 | 1981 | 1982 | 1983 | 1984 | 1985 | 1986 | 1987 | 1988 | 1989 | 1990 | 1991 | 1992 | 1993 |
|---|---|---|---|---|---|---|---|---|---|---|---|---|---|
| 出口贸易增长率(%) | 20.4 | 1.4 | -0.4 | 17.6 | 4.6 | 13.1 | 27.5 | 20.5 | 10.6 | 18.2 | 15.8 | 18.1 | 8 |

资料来源:《中国对外贸易白皮书(1998)》。

人民币实际汇率的变化与我国出口贸易增长率之间的关系。由于出口贸易对汇率变化的反应有时滞性,所以我们把出口贸易增长率调后一年进行比较,如表4-3所示:1983—1986年人民币实际有效汇率下跌幅度的加大,明显地促进了我国1984—1987年出口增长率的增加,尤其是从1985年的4.6%增长到1987年的27.5%;其后,从1986—1988年,实际有效汇率下跌减缓,1988年比1987年实际有效汇率还有所增长,相应的出口增长率也下降到1989年的10.6%;从1990—1992年实际有效汇率降幅呈下跌趋势,1993年比1992年实际有效汇率还略有增长,同期,出口增长率呈缓慢下降趋势。

虽然该阶段人民币官方汇价在不断往下调,但每次调整之后都维持一个比较长的时期。而同期国内物价水平因多种原因节节上升,抵消了汇率的下调。1988年外贸体制进行了重大改革,推行对外贸易承包责任制,外贸经营由进出口统筹、财政补贴转向独立核算、自负盈亏机制,1991年取消对外贸的财政补贴。官方汇率过高不能解决取消财政补贴后的出口亏损问题,1988年3月以后各地普遍设立外汇调剂中心(1980年10月中国银行已办理外汇调剂业务,但调剂外汇数量小,汇率受到控制),扩大外汇留成比例,放开外汇调剂市场汇率,调剂外汇数量逐步增加。人民币官方汇率与市场汇率并存:一方面是官方对外公布并调整的外汇牌价;另一方面是以外汇市场供求形成的外汇调剂汇率。企业出口收汇中上交国家的外汇按官方汇率折算，企业所得到的留成外汇可按调剂市场汇率折算，国家计划项下关系国计民生的重要物资和必需品的进口由国家批准按官方汇率折算，一般商品的进口按市场汇率折算。在利用外资方面，外商来华投资注册资本按官方汇率折算，汇出利润通常按市场调剂价计算。

鉴于以前一次性大幅度调整官方汇率对国民经济、物价、对外债务影响较大，企业难以承受，从1991年4月9日起，我国改变做法，官方汇率改为小步缓慢调整，至1993年年底调至5.22元人民币，下调9.57%。调剂市场汇率放开后，波动较大。1988—1993年由于经济过热，物价上涨，进口需求激增，曾由1988年3月的1美元兑5.70元人民币下降至1993年2月的8.2元人民币。为了抑制汇率投机性下跌曾一度实行限价，促使外汇流向场外交易。1993年5月取消限价，市场汇率骤跌至1美元合11.20元人民币。1993年7月后，在国家加强宏观调控和中国人民银行入市干预下，到1993年年底市场汇率回落到8.72元人民币。

人民币汇率双轨制，两种汇率差距很大。有利的方面是既避免了官方汇率的频繁波动，保证了国家计划内生产建设和生活必需品的进口和物价的稳定，又利用市场汇率适当地提高出口利润或弥补某些商品的亏损，解决了取消财政补贴后外贸企业亏损问题。不利的方面是形成人民币对外的两个核算标准，不利于外汇资源的有效配置和企业之间的公平竞争，助长了流通领域的不正之风。由于双轨制下用汇成本高低不同，用官方汇率获取外汇的成本相对低廉，成为盲目引进与扩大投资规模和浪费外汇的一个潜在因素。这种苦乐不均的差别不利于企业的成本核算和平等竞争，从而造成资源配置的不合理。同时双重汇率使外商在投资资本汇入和红利汇出中无形地增加了其投资成本，减少了外汇盈利收入，既使外商失去了公平竞争的机会，又损害了外商投资企业的利益，使外商对于我国的利用外资政策产生怀疑，也影响了外商投资的积极性。

我国是国际货币基金组织的成员国。国际货币基金组织敦促我国取消双重汇率，承担《国际货币基金协定》第8条义务，该条规定，禁止成员国实行歧视性汇率安排或采取复汇率制。因为复汇率制往往被视为对外贸易补贴的一种政策，不利于实现贸易的自由化，在我国“复关”和加入世贸组织谈判中，缔约国要求我国实行统一的单一汇率。因此，人民币双重汇率的并轨成为改革开放进程中急需解决的问题。

4. 1994 年以后实行以市场供求为基础的、单一的、有管理的人民币浮动汇率制

1994 年 1 月 1 日,实现了人民币官方汇率和外汇调剂市场汇率并轨,开始实行以市场供求为基础的、单一的、有管理的浮动汇率制,使得人民币汇率的生成和运行机制发生了实质性的变化。可以说 1994 年年初人民币汇率制度的重大改革,是我国经济体制改革和国民经济发展的必然结果,是外汇体制和人民币汇率制度改革的延续和进一步深化。新的人民币汇率生成和运行机制具有以下主要特点:

(1) 汇率的形成以外汇市场的供求状况为基础。1994 年 1 月 1 日开始实行银行结售汇制度,为了保证银行结售汇制度的顺利进行,4 月初建立了银行间外汇市场。外汇指定银行根据每个营业日企业在银行结售汇情况和中国人民银行对其核定的结售汇周转外汇头寸限额,在银行间外汇市场买卖外汇,平补头寸,形成外汇供求,通过市场交易形成人民币对外币(美元、日元、港币)的市场价格。中央银行对汇率的调控由以往的行政手段转向市场调节,通过外汇公开市场操作吞吐外汇,平抑供求。外汇市场的供求关系成为决定人民币汇率的基础。

(2) 统一的汇率。汇率并轨后,中国人民银行根据前一营业日银行间外汇市场形成的美元对人民币的加权平均价,公布当日主要交易货币(美元、日元和港币)对人民币交易的基准汇率,并由外汇指定银行根据中央银行公布的基准汇率,参照国际外汇市场的行情,套算人民币对其他主要货币的汇价。所有的贸易、非贸易以及资本项目的对外支付和结算都使用此汇率进行,这样就消除了外汇调剂市场由于行政区划和地区分割等因素而形成地区汇率的不一致状况。

(3) 浮动汇率。新的汇率机制是一种浮动汇率机制,允许人民币汇率在中国人民银行公布的基准汇率的一定幅度范围内上下浮动,即外汇指定银行之间的外汇买卖可以在公布的基准汇率上下 0.3% 的幅度内浮动(从 1996 年 7 月 1 日起,银行间外汇市场美元的交易价仍在中国人民银行公布的交易中间价上下 0.3% 的幅度内浮动;日元、港币的交易价,可以在中国人民银行公布的交易中间价上下 1% 幅度内浮动),对客户的外汇买卖可以在公布的基准汇率上下 0.25% 的浮动幅度内对外挂牌。从 1996 年 7 月 1 日起,外汇指定银行公布美元挂牌价时,其现汇买卖价不得超过中国人民银行公布的美元交易中间价上下 0.15% 的幅度;日元、港币现汇买卖挂牌价,在中国人民银行公布的交易中间价上下 1%

的幅度内制定；其他挂牌货币的现汇买入价与现汇卖出价之间的价差不得超过0.5%。

（4）有管理的汇率。为了维持外汇市场的稳定性和流动性，保证汇率在宏观经济目标范围内平稳运行，避免短期的投机性波动。中央银行对汇率波动进行管理，对外汇指定银行规定了周转外汇头寸限额，外汇指定银行在办理结售汇的过程中出现的超买或超卖的外汇，必须在外汇市场上抛补。同时，中央银行运用货币政策等经济手段在外汇市场上吞吐外汇，调节外汇供求，以稳定汇率。

这一时期相应的出口贸易增长率的情况，1994年实际有效汇率比1993年下降了21.8%，1994年出口增长率高达31.9%，1995年出口增长率也为22.9%；1995年与1996年连续两年的实际有效汇率上升，导致了1996年出口增长率仅为1.5%。我们不难看出，出口贸易的增长率与人民币的实际有效汇率变化率之间有着较大的关系，可概括为：人民币实际有效汇率下降速度增大，我国当年与次年出口贸易增长率也相应加大，而人民币实际有效汇率下降减缓或上升，相应的出口贸易增长率也降低了，这与理论分析的结果是吻合的。

5. 2005年7月21日，实行以市场供求为基础、参考一篮子货币进行调节、有管理的浮动汇率制度

2005年7月21日，中国人民银行发布〔2005〕第16号文件《关于完善人民币汇率形成机制改革的相关事宜公告》。其主要内容如下：

（1）自2005年7月21日起，我国开始实行以市场供求为基础、参考一篮子货币进行调节、有管理的浮动汇率制度。人民币汇率不再盯住单一美元，从而形成更富弹性的人民币汇率机制。

（2）中国人民银行于每个工作日闭市后公布当日银行间外汇市场美元等交易货币对人民币汇率的收盘价，作为下一个工作日该货币对人民币交易的中间价格。

（3）2005年7月21日19:00时，美元对人民币交易价格调整为1美元兑8.11元人民币，作为次日银行间外汇市场上外汇指定银行之间交易的中间价，外汇指定银行可自此时起调整对客户的挂牌汇价。

（4）现阶段，每日银行间外汇市场美元对人民币的交易价仍在人民银行公布的美元交易中间价上下3‰的幅度内浮动，非美元货币对人民币的交易价在人民银行公布的该货币交易中间价上下一定幅度内浮动。

(5) 中国人民银行将根据市场发育状况和经济金融形势,适时调整汇率浮动区间。同时,中国人民银行负责根据国内外经济金融形势,以市场供求为基础,参考一篮子货币汇率变动,对人民币汇率进行管理和调节,维护人民币汇率的正常浮动,保持人民币汇率在合理、均衡水平上的基本稳定,促进国际收支基本平衡,维护宏观经济和金融市场的稳定。

此次的人民币汇率安排改革的核心是放弃单盯美元,改盯一篮子货币,以建立调节自如、管理自主的、以市场供求为基础的、更富有弹性的人民币汇率机制。从此次人民币短期升值来看,这将有利于缓解国际收支失衡的巨大压力,同时,释放人民币潜在的升值压力,并能淡化人民币兑美元的国际矛盾。从长远战略来看,人民币汇率新机制的建立,将有利于推进人民币汇率安排的市场化改革进程,最终为人民币在资本项目下实现可兑换创造渐近条件。

## 第三节　出口退税制

### 一、什么是出口退税

出口产品退(免)税,简称出口退税,其基本含义是指对出口产品退还其在国内生产和流通环节实际缴纳的产品税、增值税、营业税和特别消费税。出口产品退税制度,是一个国家税收的重要组成部分。

出口退税主要是通过退还出口产品的国内已纳税款来平衡国内产品的税收负担,使本国产品以不含税成本进入国际市场,与国外产品在同等条件下进行竞争,从而增强竞争能力,扩大出口创汇。

1985年3月,国务院正式颁发了《关于批转财政部〈关于对进出口产品征、退产品税或增值税的规定〉的通知》,规定从1985年4月1日起实行对出口产品退税政策。1994年1月1日起,随着国家税制的改革,我国改革了已有退还产品税、增值税、消费税的出口退税管理办法,建立了以新的增值税、消费税制度为基础的出口货物退(免)税制度。

### 二、出口退税的范围

我国出口的产品,凡属于已征或应征产品税、增值税和特别消费税的产品,除国家另有明确规定的之外,应退还已征税款或免征应征税款。

（一）申请出口退税的条件

出口产品，一般应具备以下的三个条件：

（1）必须是属于产品税、增值税和特别消费税范围的产品。

（2）必须报关离境。所谓出口，即是输出关口。这是区分产品是否属于应退税出口产品的主要标准之一，以加盖海关验讫章的出口报关单和出口销售发票为准。

（3）必须在财务上做出口销售。

（二）特准退税的产品

一般来说，出口产品只有在同时具备上述三个条件的情况下才予以退税。但是国家对退税的产品也做了特殊规定，特准某些产品视同出口产品予以退税。

特准退税的产品主要有：

（1）外轮供应公司销售给外轮、远洋货轮和海员的产品；

（2）对外修理、修配业务中所使用的零配件和原材料；

（3）对外承包工程公司购买国内企业生产的、专门用于对外承包项目的机械设备和原材料，在运出境外后，凭承包单位出具的购货发票和报关单办理退税；

（4）国际招标、国内中标的机电产品。

（三）不予以退税的产品

国家同时也明确规定了少数出口产品即使具备上述三个条件，也不予以退税。

国家明确不予退税的出口产品有：

（1）出口的原油；

（2）援外出口产品；

（3）国家禁止出口的产品；

（4）出口企业收购出口外商投资的产品；

（5）来料加工、来料装配的出口产品；

（6）军需工厂销售给军队系统的出口产品；

（7）军工系统出口的企业范围；

（8）对钻石加工企业用国产或进口原钻石加工的钻石直接出口或销售给外贸企业出口；

(9) 齐鲁、扬子、大庆三大乙烯工程生产的产品;

(10) 未含税的产品;

(11) 个人在国内购买、自带出境的商品暂不退税。

## 三、出口退税登记的一般程序

### (一) 出口退税登记的一般程序

1. 有关证件的送验及登记表的领取

企业在取得有关部门批准其经营出口产品业务的文件和工商行政管理部门核发的工商登记证明后,应于30日内办理出口企业退税登记。

2. 退税登记的申报和受理

企业领到《出口企业退税登记表》后,即按登记表及有关要求填写,加盖企业公章和有关人员印章后,连同出口产品经营权批准文件、工商登记证明等证明资料一起报送税务机关,税务机关审核无误后,即受理登记。

3. 填发出口退税登记证

税务机关接到企业的正式申请,经审核无误并按规定的程序批准后,核发给企业"出口退税登记证"。

4. 出口退税登记的变更或注销

当企业经营状况发生变化或某些退税政策发生变动时,应根据实际需要变更或注销退税登记。

### (二) 出口退税附送材料

(1) 报关单。报关单是货物进口或出口时进出口企业向海关办理申报手续,以便海关凭此查验和验放而填具的单据。

(2) 出口销售发票。这是出口企业根据与出口购货方签订的销售合同填开的单证,是外商购货的主要凭证,也是出口企业财会部门凭此记账做出口产品销售收入的依据。

(3) 进货发票。提供进货发票主要是为了确定出口产品的供货单位、产品名称、计量单位、数量,是否是生产企业的销售价格,以便划分和计算确定其进货费用等。

(4) 结汇水单或收汇通知书。

(5) 属于生产企业直接出口或委托出口自制产品,凡以到岸价 CIF 结算的,还应附送出口货物运单和出口保险单。

(6) 有进料加工复出口产品业务的企业,还应向税务机关报送进口料、件的合同编号,日期,进口料件名称、数量,复出口产品名称,进料成本金额和实纳各种税金额等。

(7) 产品征税证明。

(8) 出口收汇已核销证明。

(9) 与出口退税有关的其他材料。

## 四、哪些企业可以出口退税及办理出口退税时必须提供的凭证

### (一) 可以出口退税的企业

(1) 具有外贸出口经营权并承担国家出口创汇任务的企业,经过经贸主管部门批准,享有独立对外出口经营权的中央和地方外贸企业、工贸公司以及部分工业生产企业。

(2) 委托出口的企业主要指具有出口经营权的代理出口,承担出口盈亏的企业。

### (二) 企业办理出口退税时必须提供什么凭证

(1) 购进出口货物的增值税专用发票或普通发票。申请退消费税的企业,还应提供由工厂开具并经税务机关和银行(国库)签章的《出口货物消费税专用缴款书》(也称“专用税票”)。

(2) 出口货物销售明细账。

(3) 盖有海关验讫章的《出口货物报关单(出口退税联)》。

(4) 出口收汇汇单证。但下列四项出口货物可不提供出口收汇单:① 易货贸易、补偿贸易出口的货物;② 对外承包工程出口的货物;③ 经主管部门批准延期收汇而未逾期的出口货物;④ 企业在国外投资而在国内采购并运往境外的货物。

(5) 增值税《税收(出口货物专用)缴款书》或《出口货物完税分割单》(1996年4月1日起执行,详见财税字[1996]8号文件)。

外轮供应公司、远洋运输公司销售给外轮、远洋货轮的货物,按月向主管退税业务的税务机关报送《出口货物退税申报表》和《出口产品退税申报表》,同时提供购进货物的增值税专用发票、消费税专用发票、外销发票和销售货物的增值

税专用发票、外汇收入凭证,其中外销发票必须列明销售货物名称、数量、销售金额并经外轮、远洋国轮船长签名方可有效。生产企业承接国外修理修配业务,应在被修理修配货物复出境后,向税务机关报送《出口货物退税申报表》和《出口产品退税申报表》,同时提供已用于修理修配的零部件、原材料等的购货增值税专用发票和货物出库单、修理修配发票、被修理修配货物复出境报关单、外汇收入凭证。

资料卡

**财政部　国家税务总局2005、2006年关于调整产品出口退税率的有关通知**

**财政部　国家税务总局关于铁合金取消出口退税的补充通知**

**财税[2005]67号**

各省、自治区、直辖市、计划单列市财政厅(局)、国家税务局,新疆生产建设兵团财务局:

2005年,国务院关税税则委员会办公室印发的《中华人民共和国进出口税则(2005年版)》将钒铁税则号做了调整。现就《财政部、国家税务总局关于取消电解铝铁合金等商品出口退税的通知》(财税〔2004〕214号)的相关事宜补充通知如下:

财税〔2004〕214号文件中的"钒铁"70209200的税则号不再使用,相应变更为72029210、72029290;对列入这两个税则号项下的"钒铁",自2005年1月1日起一律取消出口退(免)税。

特此通知。

中华人民共和国财政部
国家税务总局
2005年4月22日

## 财政部　国家税务总局关于降低钢材产品出口退税率的通知

**财税[2005]73号**

各省、自治区、直辖市、计划单列市财政厅(局)、国家税务局,新疆生产建设兵团财务局:

经国务院批准,自2005年5月1日起对税则号7208、7209、7210、7211、7212、7213、7214、7215、7216、7217、7219、7220、7221、7222、7223、7225、7226、7227、7228、7229项下的钢材,出口退税率下调为11%。具体执行时间按《出口货物报关单(出口退税专用)》上海关注明的出口日期为准。

特此通知。

中华人民共和国财政部
国家税务总局
2005年4月27日

## 国家税务总局关于明确天然肠衣适用征税率、出口退税率等有关问题的通知

**国税发[2005]74号**

各省、自治区、直辖市和计划单列市国家税务局,扬州税务进修学院,局内各单位:

近接中国食品土畜进出口商会、中国肉类协会天然肠衣协会等单位来函反映,要求对天然肠衣适用增值税征税率、出口退税率等问题予以明确。经研究,现通知如下:

一、天然肠衣按农产品适用13%的增值税税率。

二、出口的“整个或切块盐渍的猪肠衣”(海关商品码05040011)、“整个或切块盐渍的绵羊肠衣”(海关商品码05040012)、“整个或切块盐渍山羊肠衣”(海关商品码05040013)、“整个或切块盐渍的猪大肠衣”(海关商品码05040014)、“整个或切块的其他动物肠衣”(海关商品码05040019),适用5%的增值税出口退税率。从2005年1月1日起执行。具体执行日期以出口货物报关单(出口退税专用)上注明的出口日期为准。

三、目前对上述货物按17%征收增值税的地区,一律从2005年5月1日起改按13%征税。在此之前已按17%征税的不予调整。

四、2005 年 4 月 30 日前外贸企业收购上述货物并已经取得按 17% 征税的增值税专用发票，于 2005 年 7 月 31 日前出口的，按 13% 办理退税；2005 年 4 月 30 日前生产企业如内销上述货物当地税务机关是按 17% 征税的，出口按 13% 计算免抵退税；按 13% 征税的，按 5% 计算免抵退税。

国家税务总局

2005 年 4 月 28 日

**财政部　国家税务总局关于调整部分产品出口退税率的通知**

**财税[2005]75 号**

各省、自治区、直辖市、计划单列市财政厅(局)、国家税务局，新疆生产建设兵团财务局：

经国务院批准，自 2005 年 5 月 1 日起调整下列产品的出口退税率：

一、将煤炭，钨、锡、锌、锑及其制品的出口退税率下调为 8%。具体税号见附表 1。

二、取消稀土金属、稀土氧化物、稀土盐类，金属硅，钼矿砂及其精矿，轻重烧镁，氟石、滑石、碳化硅，木粒、木粉、木片的出口退税政策。具体税号见附表 2。

具体执行时间按《出口货物报关单(出口退税专用)》上海关注明的出口日期为准。

特此通知。

附表：1. 出口退税率下调为 8% 的产品目录。

2. 取消出口退税的产品目录。

中华人民共和国财政部

国家税务总局

2005 年 4 月 29 日

附表1　出口退税率下调为8%的产品目录

| 序号 | 税则号 | 产品名称 | 退税率下调为 |
|---|---|---|---|
| 1 | 28418010<br>28418040<br>28259012<br>28259019.10<br>28259011<br>28418020<br>28418030<br>28499020<br>81011000.11<br>81011000.19<br>81011000.90<br>81019400 | 前列税则号项下的钨及钨制品 | 8% |
| 2 | 80011000.10<br>80011000.90<br>80012020<br>80012010<br>80012090<br>80030000<br>80040000<br>80060000 | 前列税则号项下的所有锡及锡制品 | 8% |
| 3 | 79011100<br>79011200<br>79012000 | 前列税则号项下的锌及锌合金 | 8% |
| 4 | 81101010<br>81101020<br>81109000<br>28258000 | 前列税则号项下的锑及锑制品 | 8% |
| 5 | 27011100<br>27011290<br>27011900<br>27012000<br>27021000<br>27022000<br>27030000 | 前列税则号项下的煤炭产品 | 8% |

**附表2　取消出口退税的产品目录**

| 序号 | 税则号 | 产品名称 |
|---|---|---|
| 1 | 4401 | 木片、木粒 |
| 3 | 4405 | 木丝、木粉 |
| 4 | 28046900.1 | 前列税则号项下的金属硅类产品 |
| 5 | 2613 | 钼矿砂及精矿 |
| 6 | 25191000<br>25199010<br>25199020<br>25199030<br>25309099.10<br>25199099.10 | 前列税则号项下的轻重烧镁类产品 |
| 7 | 25292100<br>25292200 | 前列税则号项下的萤石(氟石)产品 |
| 8 | 25261020<br>25262020 | 前列税则号项下的滑石产品 |
| 9 | 28492000<br>38249090.10 | 前列税则号项下的碳化硅产品 |
| 10 | 28053011<br>28053012<br>28053019<br>28053021<br>28053029 | 前列税则号项下的稀土金属类产品 |
| 11 | 28461010<br>28469011<br>28469012<br>28469013<br>28469014<br>28469019 | 前列税则号项下的稀土氧化物类产品 |

（续表）

| 序号 | 税则号 | 产品名称 |
| --- | --- | --- |
| 12 | 28469029<br>28461020<br>28461030<br>28469049<br>28461090<br>28469090<br>28469030<br>28469028<br>28469048 | 前列税则号项下的稀土盐类产品 |

## 财政部　国家税务总局关于调整煤焦油等产品出口退税率的通知

## 财税[2005]184号

各省、自治区、直辖市、计划单列市财政厅（局）、国家税务局，新疆生产建设兵团财务局：

经国务院批准，从2006年1月1日起调整下列产品的出口退税率：

一、取消煤焦油、生皮、生毛皮、蓝湿皮、湿革、干革的出口退税政策。具体见附表1。

二、将列入《关于在国际贸易中对某些危险化学品和农药采用预先知情同意的鹿特丹公约》（简称《PIC公约》）和《关于持久性有机污染物的斯德哥尔摩公约》（简称《POPS公约》）中的25种农药，分散染料，汞，钨、锌、锡、锑及其制品，金属镁及其初级产品，硫酸二钠，石蜡的出口退税率下调为5%。具体见附表2。

特此通知。

附表：1. 取消出口退税的商品目录

2. 出口退税率下调至5%的商品目录

中华人民共和国财政部

国家税务总局

2005年12月23日

**附表1　取消出口退税的商品目录**

| 序号 | 税则号 | 商品名称 |
|---|---|---|
| 1 | 2706 | 从煤、褐煤或泥煤蒸馏所得的焦油及其他矿物焦油，不论是否脱水或部分蒸馏，包括再造焦油 |
| 2 | 4101<br>4102<br>4103 | 前列税则号项下的生皮 |
| 3 | 4104<br>4105<br>4106 | 前列税则号项下的皮革 |
| 4 | 4301 | 生毛皮 |

**附表2　出口退税率下调至5%的商品目录**

| 序号 | 税则号 | 商品名称 |
|---|---|---|
| 1 | 28331100 | 硫酸二钠 |
| 2 | 27122000<br>27101994 | 石蜡 |
| 3 | 32041100 | 分散染料及以其为基本 |
| 4 | 28054000 | 汞 |
| 5 | 81041100<br>81041900<br>81042000<br>81043000 | 前列税则号项下的金属镁 |
| 6 | 28418010<br>28418040<br>28259012<br>28259019.10<br>28259011<br>28418020 | 前列税则号项下的钨及钨制品 |

（续表）

| 序号 | 税则号 | 商品名称 |
|---|---|---|
| 6 | 28418030<br>28499020<br>81011000.11<br>81011000.19<br>81011000.90<br>81019400<br>28259019.90 | 前列税则号项下的钨及钨制品 |
| 7 | 80011000.10<br>80011000.90<br>80012020<br>80012010<br>80012090<br>80030000<br>80040000<br>80060000<br>80020000 | 前列税则号项下的所有锡及锡制品、锡废碎料 |
| 8 | 79011100<br>79011200<br>79012000<br>79020000 | 前列税则号项下的锌及锌合金、锌废碎料 |
| 9 | 81101010<br>81101020<br>81109000<br>28258000<br>81102000 | 前列税则号项下的锑及锑制品、锑废碎料 |
| | | **农　　药** |
| 10 | 2918900010 | 2,4,5-三氯苯氧乙酸（又称2,4,5涕） |
| 11 | 2903590010 | 艾氏剂、七氯、八氯化甲桥茚（又称氯丹） |
| 12 | 2930909029 | 敌菌丹、甲胺磷 |
| 13 | 2918199020 | 乙酯杀螨醇 |
| 14 | 2910900010 | 狄氏剂、异狄氏剂 |
| 15 | 2908909010 | 前列税则号项下的地乐酚、地乐酚盐 |
| 16 | 2903309020 | 二溴乙烷 |

（续表）

| 序号 | 税则号 | 商品名称 |
|---|---|---|
| 17 | 2924199020 | 前列税则号项下的敌蚜胺 |
| 18 | 2903510010<br>29035100101<br>29035100102 | 林丹 |
| 19 | 2903510090 | 1,2,3,4,5,6—六氯环己烷(又称六六六) |
| 20 | 29036200 | 六氯苯及滴滴涕 |
| 21 | 2921430030 | 杀虫脒 |
| 22 | 2924199010 | 久效磷、磷胺 |
| 23 | 2920100010 | 甲基对硫磷、对硫磷 |
| 24 | 2908109010 | 五氯苯酚 |
| 25 | 2903590020 | 毒杀酚 |
| 26 | 2903590030 | 灭蚁灵 |
| 27 | 2931000012 | 前列税则号项下的氯乙基苯 |
| 28 | 28429000 | 前列税则号项下的砷酸汞、焦硫酸汞 |
| 29 | 2851009090 | 前列税则号项下的砷化汞 |
| 30 | 28342990 | 前列税则号项下的硝酸汞、硝酸亚汞、硫酸汞 |
| 31 | 2826190090 | 前列税则号项下的氟化汞 |
| 32 | 28121049 | 前列税则号项下的氯化汞 |
| 33 | 2812900090 | 前列税则号项下的碘化汞 |
| 34 | 2931000029 | 前列税则号项下的乙酸汞等有机汞 |
| 35 | 28380000 | 前列税则号项下的硫氰酸汞、硫氰酸汞钾、硫氰酸汞铵 |
| 36 | 28274900 | 前列税则号项下的氯化铵汞、氯化钾汞 |
| 37 | 28275900 | 前列税则号项下的溴化汞、碘化汞 |
| 38 | 28259090 | 前列税则号项下的氧化汞、氧化亚汞 |

## 第四节 出口信贷制度

### 一、出口信贷的概念与特点

#### （一）出口信贷的概念

出口信贷(Export Credit)是出口国政府为了支持本国商品的出口，加强本国商品的国际竞争力，以利息补贴和信贷担保的形式，鼓励本国银行对本国出口商或外国进口商（或其银行）提供条件优惠的一种中长期融资方式。

（二）出口信贷的特点

（1）出口信贷的利率一般低于相同条件资金贷放的市场利率。信贷利率和市场利率之间的利差由出口国政府进行补贴，以弥补银行进行出口信贷业务导致的利息损失。这其实是出口国政府提供资金以帮助出口商销售资本货物。

（2）出口信贷的发放和信贷保险相结合。出口信贷主要用于大型成套设备的进出口，有期限长、金额大的特点。提供此类信贷的银行承担着较大的风险。为了鼓励本国银行发放出口信贷，减轻银行的顾虑，保证其贷出资金的安全收回，从而达到扩大出口的目的，发达国家一般都设立专门机构对发放出口信贷的银行提供贷款安全保证措施，即信贷保险。如果发生不能收回贷款的情况，则保险机构用国家资金予以赔偿。这种保险措施的设立促进了银行发放出口信贷，从而增强了一国出口竞争能力。

（3）出口信贷资金只限于购买贷款国商品。出口信贷是一种指定用途贷款，它的获得必须同购买贷款国的出口商品相联系。提供出口信贷国家的贷款原则都规定贷款购买的资本货物限于该国制造的，如果该资本货物是由多国产品组装，则本国部件所占部分应在50%以上，有的甚至高达85%，或者干脆只对设备中属于本国制造的部分提供信贷支持。

（4）由国家设立提供出口信贷的专门机构，管理与运用出口信贷资金。这种国家信贷机构一般是在出口信贷金额巨大，商业银行信贷资金不足、无力提供全部资金需求的情况下，发放出口信贷来支持出口。例如，美国发放出口信贷的习惯做法是由商业银行同进出口银行共同承担，而英国则曾规定商业银行提供出口信贷资金超过其存款的18%时，其超过部分由国家出口信贷保证局提供。根据国家政策的不同，有些国家的出口信贷机构对某些特定类型的出口项目直接发放出口信贷。这样，国家信贷机构作为商业银行的补充，弥补了商业银行可能出现的出口信贷资金不足的窘境，加强了本国出口商在国际市场上的竞争力，并能随时调整出口信贷政策，以适应国际市场与政策的变化。

## 二、出口信贷的主要类型

出口信贷的类型主要有：卖方信贷（Supplier's Credit）、买方信贷（Buyer's Credit）、福费廷（Forfaiting）、信用安排限额（Credit Line Agreement）、混合信贷

(Mixed Credit)、签订"存款协议"(Deposit Facility Agreement)向对方银行存款等。

(一) 卖方信贷

在大型机械装备与成套设备贸易中,出口国银行为便于出口商以赊销或延期付款方式出卖设备,向出口商提供的信贷就叫卖方信贷。

1. 发放卖方信贷的程序与做法

(1) 出口商(卖方)以延期付款或赊销方式向进口商(买方)出售大型机械装备或成套设备。在这种方式下,进出口商签订合同后,进口商先支付10%—15%的订金,在分批交货验收和保证期满时,再分期付给10%—15%的货款,其余70%—80%的货款在全部交货后若干年内分期偿还(一般每半年还款一次),并付给延期付款期间的利息。

(2) 出口商(卖方)向其所在地的银行商借贷款,签订贷款协议,以融通资金。

(3) 进口商(买方)随同利息分期偿还出口商(卖方)货款后,根据贷款协议,出口商再用以偿还其从银行取得的贷款。

出口商向银行借取卖方信贷,除按出口信贷利率支付利息外,并须支付信贷保险费、承担费、管理费等。这些费用均附加于出口成套设备的货价之中,但每项费用的具体金额进口商不得而知。所以,延期付款的货价一般高于以现汇支付的货价,有时高出3%—4%,甚至有的高出8%—10%。

卖方信贷的程序如图4-1所示:

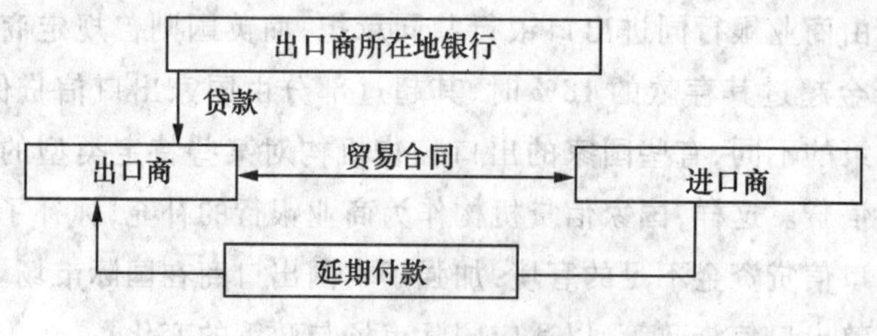


图4-1 卖方信贷的程序

2. 卖方信贷还本付息的计算方法

其还本付息的方法主要有以下两种:

第一种为:延期付款部分每半年偿付本息一次,本金按确定的还款次数平均，利息则根据未付余额计算。

例如：延期付款或贷款的全部金额为2 000万元，分10年20次归还，每半年偿付一次，每次还款100万元，利率为年息8%。第一次还款的利息是：2 000万元 $\times 8\% \times \left(\frac{1}{2}\right)=80$ 万元；第二次利息是：1 900万元 $\times 8\% \times \left(\frac{1}{2}\right)=76$ 万元……最后一次的利息是：100万元 $\times 8\% \times \left(\frac{1}{2}\right)=4$ 万元。此种计算方法对债权人较为有利，可以减轻债权人的资金风险负担，因时间越长，债务人无力还款的可能性就越小。但此种方法对债务人筹措还款资金比较困难，因债务人购买的成套大型机器设备投入生产经营活动，从建成到实现利润需要一个时间过程。因此在最初的几年还款期内，支付较大的本息有一定困难。于是，近几年出现了第二种计算方法。

第二种为：归还本金，每期金额是相同的。它的利息按未付余额计算，利息本金都在变化，但是每期本金与利息之和是相同的。这种称为息随本减的计算法，许多银行已在使用。它根据延期付款或贷款的总额，用复利计算出每次偿还本息的定额，在定额中扣除按未付款余额计算的利息后，即为该项本金的归还数。各项定额的计算公式如下：

$$P \times \frac{I}{1-(1+I)^{n}}$$

式中：$P$ 代表本金，$n$ 代表还款次数，$I$ 代表付息期利率。

例如：年息8%，半年还款一次，付息期利率应是 $8\% \times \left(\frac{1}{2}\right)=4\%$。将数据代入公式，每次还款金额是2 000万元 $\times \frac{4\%}{1-(1+4\%)^{20}}=147.16$ 万元（尾数删去），则10年20次的还款，每次本息都是147.16万元。第一次还款的未付金额为2 000万元，应付利息2 000万元×4% =80万元。147.16万元减去80万元，剩下的67.16万元，即为第一次归还的本金数。第二次未付余额减为2 000万元－67.16万元＝1 932.84万元，那么第二次所归还的147.16万元中，利息为77.32万元，扣除后应还本金额为69.84万元。第三次，第四次……第二十次归还的147.16万元中，本金部分增至为141.5万元，而利息部分则下降为5.66万元。第二种方法即是随着还款期的推移，其偿还借款金额中利息越来越少，而本金所占的份额越来越大。进口国在进口资本货物、利用外国出口信贷时，可以争取采

用这种还本付息的方法。

（二）买方信贷

在大型机械装备或成套设备贸易中，出口商（卖方）所在地的银行贷款向外国进口商（买方）或进口商所在地的银行提供贷款，这种贷款就叫买方信贷。其业务内容及做法如下：

1. 直接贷款给进口商（买方）

这种买方信贷的程序是：

(1) 进口商（买方）与出口商（卖方）洽谈贸易，签订贸易合同后，进口商（买方）先缴相当于货价15%的现汇订金。现汇订金在贸易合同生效日支付，也可以在合同签订后的60天或90天支付。

(2) 在贸易合同签订后至预付订金前，进口商（买方）再与出口商（卖方）所在地银行签订贷款协议。这个协议以上述贸易合同作为基础。

(3) 进口商（买方）用其借得的款项，以现汇付款条件向出口商（卖方）支付货款。

(4) 进口商（买方）对出口商（卖方）所在地银行的欠款，按贷款协议的条件分期偿付。

2. 直接贷款给进口商所在地（买方）银行

这种买方信贷的程序是：

(1) 进口商（买方）与出口商（卖方）洽谈贸易，签订贸易合同，进口商（买方）先缴15%的现汇订金。

(2) 签订合同至预付订金前，进口商（买方）的银行与出口商（卖方）所在地的银行签订贷款协议。该协议虽以前述贸易合同作为基础，但在法律上具有相对独立性。

(3) 进口商（买方）银行以其借得的款项，转贷予进口商（买方），后者以现汇条件向出口商（卖方）支付货款。

(4) 进口商（买方）银行根据贷款协议分期向出口商（卖方）所在地的银行偿还贷款。

(5) 进口商（买方）与进口商（买方）银行间的债务按双方商定的办法在国内清偿结算。

其程序如图4－2所示：

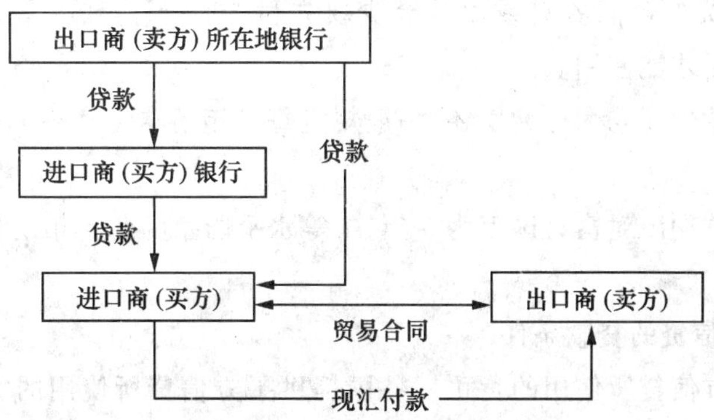


**图 4－2　直接贷款给进口商所在地(买方)银行的程序**

由买方信贷的概念和做法我们看到,买方信贷能够提供更多的融通资金,有利于进出口双方洽谈贸易、组织业务,可使出口商避免货款被拖欠以至不能收回的风险,可使进口商避免卖方信贷项下进口价格由货价、利息及费用混合构成,难以比较货价的弊端和争取更有利的信贷条件;还有利于银行减轻信贷风险。所以买方信贷方式应用最为普遍。

3. 买方信贷的贷款原则

经济合作与发展组织(OECD)成员国达成的 1978 年 4 月 1 日生效的《官方支持出口信贷的指导原则协议》(*Arrangement on Guide Lines for Official Supported Export Credit*,简称 OECD 国家《君子协定》)中,关于买方信贷贷款原则的主要内容如下:

(1) 接受买方信贷的进口商只能以其所得的贷款向发放买方信贷国家的出口商、出口制造商或在该国注册的外国出口公司进行支付,不能用于第三国。因贷款利率低,政府补贴利差,因此扩大出口的实惠不能被他国所得。

(2) 进口商利用买方信贷仅限于进口资本货物(Capital Goods),如单机、成套设备和有关技术和劳务等,一般不能以贷款进口原材料、消费品等。一些国家发放的买方信贷有时也允许用于进口非资本货物,如船舶、飞机、军用品、卫星站等,但要另订协议,另外规定条件。

(3) 提供买方信贷国家出口的资本货物限于是该国制造的,如该资本货物的部件系由多国产品组装,则本国部件应占 50% 以上。个别国家规定外国部件不能超过 15%,有的国家规定只对资本货物本国制造的部分提供信贷。

(4) 贷款一般只提供贸易合同金额的 85%,船舶为 80%;其余 15% 或 20%

要付现汇。贸易合同签订或生效至少要先付5%的订金,一般须付足15%或20%的现汇后才能使用贷款。

(5) 贷款偿还均为分期偿还,一般规定每半年还本付息一次,还款期限有长有短。

(6) 还款期限对富有国家为5年,中等水平国家为8.5年,相对贫穷国家为10年。

4. 买方信贷的贷款条件

(1) 买方信贷所使用的货币。各国提供买方信贷所使用的货币不尽相同,大致有三种情况:① 使用提供买方信贷国家的货币;② 提供买方信贷国家的货币与美元共用,不同货币采用不同利率;③ 单独使用美元。

(2) 申请买方信贷的起点。进口商利用买方信贷购买资本货物都规定有最低起点,如所购买的资本货物的金额未达到规定的起点,则不能使用买方信贷。这一规定的目的在于促进大额交易,扩大出口国资本货物的推销。

(3) 买方信贷的利率与利息计算方法。买方信贷利率都低于市场利率,但各国不同,大致可分为以下几种类型:

① 经济合作与发展组织国家(OECD国家)的利率类型。OECD国家的出口信贷利率为商业参考利率(Commercial Interest Reference Rate,CIRR),它是单一货币利率,每月15日调整一次。经济合作与发展组织虽只有22个成员国,但它包括了主要发达国家,没有参加该组织的国家也参照执行出口信贷的《君子协定》,所以CIRR是最主要的出口信贷利率。

② 伦敦银行同业拆放利率(LIBOR)类型。买方信贷的利率按LIBOR收取,此利率高于OECD类型。日本用这种利率发放买方信贷,而日本政府对利差不予贴补。

③ 加拿大类型。由加拿大政府自定,一般高于OECD,低于LIBOR类型的。

④ 美国类型。美国发放的买方信贷的资金一部分由进出口银行提供,另一部分由商业银行提供,前者收取的利率较低,后者按美国市场利率收取。由进出口银行与商业银行提供资金的比例不定期地进行调整。目前,前者提供的比例为42.5%,后者为57.5%。由于美国市场利率较高,故其平均利率水平也高,竞争性较差。

与利率相关的利息计算方法,各国也不一样。如借取美元1年按360天计算，借取马克、法国法郎、日元1年按365天计算。按360天计算比按365天计算借入者将多付年率为1.389‰的利息。1年按365天计，年利率为10%。如果按360天计，实际年利率则为10.1389%。国际通用的计息时间为"算头不算尾"，即当天借款当天计息，还款当天不计息。

(4) 买方信贷的费用。使用买方信贷除支付利息外，尚须支付一些费用，其中有管理费，费率一般在1‰—5‰左右。有的国家规定在签订信贷协议后一次支付，有的规定每次按支取贷款金额付费；承担费，费率在1‰—5‰，每3个月或6个月按未支用贷款余额计付一次，有的国家有时不收取承担费；信贷保险费，有的国家规定由进口商付，有的规定由出口商付，有的在信贷协议中规定由进口商银行付，费率一般为贷款金额的2.5‰。

(5) 买方信贷的用款手续。出口商银行与进口商银行签订贷款总协议，规定贷款总额，当进口商与出口商达成交易、签订贸易合同需用贷款时，根据贸易合同向进口国银行申请，经批准后即可使用贷款。如我国使用英国、澳大利亚、挪威等国买方信贷的手续就是这样。但有的国家规定除签订买方信贷总协议之外，根据贸易合同，还要签订具体协议，如我国使用加拿大、意大利、法国、比利时、瑞典的买方信贷时就是这样。

(6) 买方信贷的还款期。还款期根据进口设备的性质与金额大小而定，一般有三种类型：

① 单机一般在货物装船后6个月开始分期还款；但也有些国家按提单日期、支用贷款日期或合同规定的装运日期计算还款期。

② 成套设备按基本交货完毕或最终交货后6个月开始还款；有的规定按交接验收后6个月开始还款；也有的规定保证期满后6个月开始还款。

③ 劳务一般按合同执行完毕后或分段执行后6个月开始还款。

**思一思、议一议：**

**买方信贷与卖方信贷的主要区别是什么？**

### (三) 福费廷

福费廷(Forfaiting)，是从1965年起始于西欧的一种新的中长期对外贸易融资方式，是出口信贷的又一类型。它是指在进口商延期付款的大型设备交易中，出口商把经进口商承兑的远期汇票无追索权地售予出口商所在地银行或大金融公司,从而提前取得现款的一种资金融通方式;简单地说,是一种没有追索权的贴现业务。

福费廷出口信贷业务的具体做法是:

(1) 进出口商在洽谈贸易时,如想使用福费廷信贷,应事先和当地银行或金融公司约定,以便做好各项信贷安排。

(2) 进出口商订立贸易合同,规定使用福费廷,出口商向进口商签发远期汇票,并取得进口商往来银行的担保。但担保银行要经出口商所在地银行认可其资信。

(3) 出口商在备货发运后,将全套货运单据通过银行寄交进口商,进口商则将经自己承兑的由银行担保的汇票或本票回寄出口商。单据的寄交办法一般通过银行寄送。

(4) 出口商在取得经进口商承兑的、并附有银行担保的远期汇票或本票后,便可根据约定,以无追索权方式,向约定银行或金融公司提出贴现,取得现款。

福费廷业务对出口商相当有利:① 它能使出口商资产负债表中的负债下降,提高资信度;② 出口商能立即获得现款,可以加快资金周转;③ 通过贴现卖断,可以转嫁风险;④ 减少信贷管理和票据托收费用。办理福费廷业务,银行虽然要向出口商收取各项费用,但这些费用都可以转移到货价上由进口商承担,所以对出口商来说就可以减少信贷管理的费用,同时出口商把票据卖断给银行,货款托收的费用就由银行来承担了。另外,对进口商来说,办理福费廷业务手续比较简便,但也有不利之处,就是福费廷业务的利息和所有费用要计算在货价之中,因此货价比较高。

**(四) 混合信贷**

这种货款方式是卖方信贷与买方信贷形式的新发展。为了克服买方信贷与卖方信贷的不足,出口国增强其出口设备的竞争力,扩大其商品出口量,在出口国银行发放买方信贷和卖方信贷的同时,出口国政府还从预算中拿出一笔资金,作为政府贷款,或给予部分赠款连同买方或卖方信贷一起发放,以满足出口商或进口商支付当地费用和设备价款的需要。政府贷款或赠款占整个贷款金额的比率视当时政治、经济情况及出口商或进口商的资信状况而有所不同,一般占贷款金额的30%—50%。这种为满足同一设备的融通资金需要,卖方信贷或买方信贷与政府贷款或赠款混合一起发放的方式即为混合信贷。这一信贷形式近几年来发展较快。

西方国家提供混合信贷的形式大致有两种:

(1) 对一个项目的融资,同时提供一定比例的政府贷款(或赠款)和一定比例的买方信贷(或卖方信贷)。例如,意大利和法国提供的混合信贷中,政府贷款占52%,买方信贷占48%;政府贷款(或赠款)和买方信贷分别签署贷款协议,两个协议各自规定其不同的利率、费率和贷款期限等融资条件。

(2) 对一个项目的融资,将一定比例的政府贷款(或赠款)和一定比例的买方信贷(或卖方信贷)混合在一起,然后根据赠与部分的比例计算出一个混合利率。例如,英国方式是1/4赠款与3/4出口信贷相结合,利率为5%。这种形式的混合信贷只签一个协议,当然其利率、费率和贷款期限等融资条件也只有一种。

#### (五) 信用安排限额

信用安排限额是20世纪60年代后期发展起来的一种出口信贷新形式,其主要特点是出口商所在地银行为了扩大本国一般消费品或基础工程的出口,给予进口商所在地银行以中期融资的便利,并与进口商所在地银行配合,组织较小的金融业务的成交。

信用安排限额有两种形式:一是一般用途信用限额(General Purpose Lines of Credit),也叫购物篮信用(Shopping Basket Credit)。在这种形式下,出口商所在地银行向进口商所在地银行提供一定的贷款限额,以满足进口商购买该出口国消费品的资金需要。二是项目信用限额(Project of Lines of Credit)。在这种形式下,出口国银行向进口国银行提供一定贷款限额,以满足进口国的厂商购买出口国的基础设备或基础工程建设的资金需要。

#### (六) 签订"存款协议"

进出口商银行签订一个存款协议,规定出口商银行在进口商银行开立账户,在一定期限内存放一定金额的存款,并在期满之前保持约定的最低款数额,以供进口商在出口国购买设备之用。

### 三、我国的出口信贷制度

目前,所有的发达国家和一些发展中国家均给予国外进口商以优惠的出口信贷进口本国的设备,并对出口信贷给予国家担保。出口信贷的利差与出口信

贷的风险,完全由国家负担,以利本国产品出口,增强海外竞争能力。为了改善我国的出口商品结构,扩大机电产品的出口,在国家有关政策的指导下,中国银行于1980年开办了出口卖方信贷业务,即对我国机电产品的出口单位发放政策性低利贷款。1983年曾试办过出口买方信贷,即对购买我国机电产品的国外进口商发放贷款。1994年我国成立了归口办理出口信贷业务的政策性银行——中国进出口银行。它除办理出口卖方信贷、出口买方信贷和出口福费廷业务外,还办理保险担保、我国政府对外优惠贷款、进口买方信贷、转贷外国政府贷款和项目评估审查业务等。中国进出口银行的建立与业务的开展,标志着我国初步形成了一个出口信贷体制。现主要介绍中国进出口银行经营的出口卖方信贷、出口买方信贷和出口福费廷业务。

(一) 出口卖方信贷

(1) 贷款对象:具有法人资格、经国家批准有权经营机电产品出口的进出口企业和生产企业。

(2) 贷款范围:凡出口成套设备、船舶及其他机电产品,合同金额在50万美元以上,并采用一年以上延期付款方式的资金需求,均可申请使用。

(3) 借款条件:① 借款企业经营管理正常,财务信用状况良好,有履行出口合同能力,有可靠的还款保证并在有关银行开立账户;② 出口产品一定属于机电产品或成套设备类型;③ 出口产品在中国制造部分符合我国出口原产地规则的有关规定;④ 进口商以现汇即期支付的比例,原则上船舶贸易合同不低于合同总价的20%,机电产品和成套设备贸易合同不低于合同总价的15%;⑤ 出口项目符合国家有关政策和企业法定经营范围,经有关部门审查批准,并持有已生效合同;⑥ 出口项目经营效益好,换汇成本合理,各项配套条件落实;⑦ 合同的商务条件在签约前征得中国进出口银行同意;⑧ 进口商资信可靠,并能提供中国进出口银行可接受的国外银行付款保证或其他付款保证。

(4) 贷款金额:最高不超过合同总价(或出口成本总值)减去订金。贷款货币为人民币或美元。

(5) 贷款利率:根据中国人民银行有关规定,执行优惠利率。

(6) 贷款期限:自签订贷款合同之日起,至还清贷款本息日止,最长不超过10年(含宽限期)。

(7) 申请贷款应提供的报表和资料:① 正式书面申请;② 填交有关表格和

用款、还款计划;③ 借款单位近三年的资产负债表和损益表;④ 有关部门对出口项目的批准书;⑤ 出口项目可行性报告;⑥ 出口合同副本;⑦ 国内供货合同副本;⑧ 投保出口信用险的意向书或保单;⑨ 还款担保书或抵押协议。

中国进出口银行受理借款单位申请后,按银行规定的贷款条件进行贷前调查和评审,经过银行的项目评审委员会审批同意后,银行与借款单位即签订书面贷款合同。

(二) 出口买方信贷

(1) 贷款对象:中国进出口银行认可的国外进口商或进口商的银行。

(2) 贷款范围:贷款限于购买中国的成套设备、船舶或其他机电产品。

(3) 贷款条件:使用买方信贷的贸易合同,应具备以下条件:① 设备贸易合同金额不低于100万美元。② 成套设备的中国制造部分不低于70%,船舶不低于50%,否则适当降低贷款金额。③ 船舶合同进口商以现汇支付的比例不低于贸易合同总价的20%;成套设备合同不低于15%。④ 贸易合同必须符合双方政府有关政策规定,取得双方政府颁发的进出口许可证及进口国外汇管理部门同意汇出本息与费用证明。⑤ 根据中国人民保险公司的规定,办理出口信用保险。

(4) 贷款金额:船舶项目不超过贸易合同总价的80%,成套设备项目不超过85%。

(5) 贷款期限:自贷款协议签订之日起至还清贷款本息之日止,一般不超过10年。

(6) 贷款利率:根据优惠原则,参照经济合作与发展组织(OECD)出口信贷利率水平确定。

(7) 费用:除利息外,还收取管理费与承担费。

(8) 申请贷款应提供的报表和资料:① 借款人的法定地址、名称;② 借款人近期的资产负债表、损益表、现金流量表及其他表明经营状况的资料;③ 商务合同草本及其他有关资料;④ 贷款的用途及还款计划。

(三) 出口福费廷业务

我国进出口银行对机械设备出口也开办出口福费廷业务。其程序与步骤如下:

(1) 在机械设备贸易中,如欲采用福费廷形式,国内设备出口单位应事先同中国进出口银行取得联系,将交易的有关情况,如进口商名称、进口商所属国别、合同金额、延付期限、开证行、承兑行或担保行、预计签订合同时间、预计交货时间等，书面提交给中国进出口银行。

(2) 中国进出口银行在审查上述资料及情况后，如认为可行，则提交给设备出口商一个参考的折现率报价，以便出口商测算出口合同的设备报价。

(3) 设备出口单位向中国进出口银行提交正式委托书，委托出售福费廷交易中进口商开出并加担保的本票(或出口单位开出，经进口商承兑并加担保的汇票)。

(4) 中国进出口银行向设备出口商提交购买票据的正式报价。

(5) 设备出口商同意中国进出口银行报价，应给予正式书面答复，并提交有关合同副本、信用证副本、提单副本以及汇票或本票。

(6) 中国进出口银行将买断票据款划拨至设备出口商账户。

## 第五节　出口管制

出口管制就是一个国家对其法人或自然人的出口依据国家法律和政策进行控制的行为。它的目的通常有：保证短缺物资的国内需求；控制本国独有或领先的技术外流；执行外交政策；维护外贸秩序；维护国家安全；履行承担的国际义务等。因此，实行出口管制对一个国家来说不仅具有经济意义，而且具有重要的战略意义。美国在第二次世界大战期间最早实行出口管制。第二次世界大战后，随着世界形成东、西方两大阵营的冷战局面，美国及“北约”部分成员国为防止战略物资流向“华约”成员国或共产党执政的国家，于1949年成立了一个多国出口管制协调机制——巴黎统筹委员会(简称巴统)。巴统是冷战的产物，它的出现制约了一些国家，特别是发展中国家经济和科学技术的发展。

资料卡

### 巴黎统筹委员会

巴黎统筹委员会的正式名字是“输出管制统筹委员会”(Co-Ordinating Committee for Export Control)，是1949年11月在美国的提议下秘密成立的，因其总部设在巴黎，通常被称为“巴黎统筹委员会”。巴统有17个成员国：美国、英国、法国、德国、意大利、丹麦、挪威、荷兰、比利时、卢森堡、葡萄牙、西班牙、加拿大、希腊、土耳其、日本和澳大利亚。

巴统是冷战的产物，是第二次世界大战后西方发达工业国家在国际贸易领域中纠集起来的一个非官方的国际机构，其宗旨是限制成员国向社会主义国家出口战略物资和高技术。列入禁运清单的有军事武器装备、尖端技术产品和稀有物资等三大类上万种产品。被巴统列为禁运对象的不仅有社会主义国家，还包括一些民族主义国家，总数共约30个。随着国际政治经济形势的变化和科技水平的提高，西方国家为了自身的经济利益，不断突破巴统的禁运限制，巴统不得不缩小其管制范围。1990年，巴统大幅度放宽对苏联和东欧国家的高技术产品出口限制，禁运项目由成立初期的400个减少到120个，1991年度又减少2/3，受其禁运的国家也越来越少。

冷战结束后，世界格局发生重大变化，加上巴统的禁运措施与世界经济科技领域的激烈竞争形势也不相适应，一些西方国家又把巴统作为相互进行贸易战的工具。巴统会员国的高级官员1993年11月在荷兰举行会议，一致认为巴统“已经失去继续存在的理由”。1994年4月1日，巴统正式宣告解散。

20世纪70年代以后，随着世界格局的变化，国际出口管制的侧重点有所改变，转向以防止大规模杀伤性武器（核武器、化学武器、生物武器及运载这些武器的工具——导弹）的扩散为主。于是国际上出现了以防扩散为目的的《不扩散核武器条约》、《禁止生物武器公约》、《禁止化学武器公约》和“核供应国集团”，对敏感生物化学品进行管制的“澳大利亚集团”和“导弹及其技术控制制度”。1994年巴统宣布解散后，原巴统成员国及一些国家在1996年又建立了“关于常规武器和双用途物品及技术出口控制的瓦森纳安排”，简称“瓦森纳安排”。

**资料卡**

**瓦森纳安排**

“瓦森纳安排”全称为“关于常规武器和双用途物品及技术出口控制的瓦森纳安排”。1994年3月，巴统正式解散。1996年7月，“关于常规武器和双用途物品及技术出口控制的瓦森纳安排”在维也纳正式成立。瓦森纳安排为集团性出口控制机制，旨在加强在军品、敏感两用物资及技术转让方面的控制，弥补现行控制大规模杀伤性武器及其运载工具机制的不足。成员国可在自愿的基础上根据本国立法实施出口控制和相互交换信息。目前,瓦森纳安排共有39个成员国。瓦森纳安排秘书处设在维也纳,每年召开全体会议,由各成员国逐年轮任会议主席。

中国的出口管制工作始于20世纪50年代。随着时间的推移,其内涵不断发生变化。特别是改革开放以来,为适应逐步建立社会主义市场经济体制、国家经济建设和国际形势发展的需要,中国形成了一整套行之有效的出口管制法律体系和管理体制。

## 一、中国出口管制的法律基础和相关法规

中国政府根据本国的国情,参照国际通行的出口管制做法,遵循我国已签署的国际条约、公约以及政府对外所做的承诺,制定了一系列出口管制的行政规章,对国际社会普遍关注的敏感商品和技术实施出口管制。多年来的实践证明,在特定时期和中国特有的管理体制下,中国政府以行政手段为主的出口管制是切实可行的。进入20世纪90年代,为适应逐步建立社会主义市场经济的新形势和法制化的需要,努力与国际接轨,我国开始着手建立并完善出口管制法律体系,健全出口管制管理机制,以加强管理的规范性、科学性和公开性。1994年颁布的《中华人民共和国对外贸易法》作为对外贸易领域的基本法律,对需要限制或禁止进出口的贸易行为做出了明文规定,从而使限制或禁止有可能导致扩散的贸易出口有法可依。

该法第16条规定:"属于下列情形之一的货物、技术,国家可以限制进口或者出口:

1. 为维护国家安全或者社会公共利益,需要限制进口或者出口的;

2. 国内供应短缺或者为有效保护可能用竭的国内资源,需要限制出口的;

3. 根据中华人民共和国所缔结或者参加的国际条约、协定的规定,需要限制进口或者出口的。"

近年来,中国政府不断制定、颁布有关的法律,完善出口管制法律体系。1995年公布实施了《中华人民共和国监控化学品管理条例》;1997年公布实施了《中华人民共和国核出口管理条例》和《中华人民共和国军品管理条例》;1998年6月颁布实施了《中华人民共和国核两用品及相关技术出口管制条例》;2002

年，我国相继颁布《中华人民共和国导弹及相关物项和技术出口管制条例》、《中华人民共和国生物两用品及相关设备和技术出口管制条例》和《有关化学品及相关设备和技术出口管制办法》等法规。至此，中国在防扩散出口管制方面的法规已涵盖了核、生物、化学和导弹等领域，形成了较为全面的敏感物项和技术出口管制体系。

此外还有一些部门的规定，也构成出口管制法律体系不可缺少的一部分，是对实施有关法规的有机补充。

## 二、中国的出口管制措施

### （一）出口许可证管理

出口许可证（Export License）是国家对实行出口许可证管理的商品批准其出口的法律文件，是海关监、管、验、放出口货物的依据。凡实行出口许可证管理的商品（规定免领的除外），各类出口企业应在商品出口前按规定在指定的发证机关申领出口许可证，海关凭出口许可证接受申报。

中国在1980年开始实行出口许可证制度。实行这一制度的初始动机是要在国家计划体制下强化对进出口的行政管理，保护国内经济、稳定中国产品的国内外市场以及提高经济效益。到1983年，共有38种出口商品需要申领出口许可证（Shen Jueren 1983）。1986年，需申领出口许可证的出口商品增加到152种。到1989年，出口许可证管理的出口商品进一步增至173种（Lardy 1992, p. 24）。在1992年，出口许可证对按协调税目划分的676组商品实施，占中国全部出口商品组数的15%强（World Bank 1994a, p. 68）。经过若干次调整以及结合运用出口配额，到1993年，有四大类出口商品根据国家的《出口商品管理暂行规定》实施出口限额许可证，这四大类商品包括138种具体商品，约占全部出口的40.7%。到1995年，出口限额和许可证管理的出口商品增至143种。2000年，中国取消若干种商品的出口限额许可证或出口许可证，当年实行出口许可证管理的商品为54类，按实际操作分解为68种（343个商品编码），其中，配额许可证事务局发证商品为16种，各地特派员办事处发证商品为39种，省级发证机构发证商品为13种。2001年实现出口许可证管理的商品为66种（331个8位HS编码），其中，配额许可证事务局发证商品为9种，各地特派员办事处发证商品为46种，各地外经贸委（厅、局）、商务厅（局）发证商品为11种。2006年实行

出口许可证管理的商品为46种(312个8位HS编码),其中,配额许可证事务局发证商品为7种,各地特派员办事处发证商品为31种,各地外经贸委(厅、局)、商务厅(局)发证商品为8种。

资料卡

**商务部、海关总署公告2005年85号**
**《2006年出口许可证管理货物目录》**

根据《中华人民共和国对外贸易法》和《中华人民共和国货物进出口管理条例》,现发布《2006年出口许可证管理货物目录》(见附件1),并就有关问题公告如下:

一、2006年实行出口许可证管理的46种货物(312个8位HS编码),分别实行出口配额许可证、出口配额招标和出口许可证管理。

(一)实行出口配额许可证管理的货物是:玉米、大米、小麦、棉花、锯材、活牛(对港澳)、活猪(对港澳)、活鸡(对港澳)、蚕丝类、煤炭、焦炭、原油、成品油、稀土、锑砂、锑(包括锑合金)及锑制品、氧化锑、钨砂、仲钨酸铵及偏钨酸铵、三氧化钨及蓝色氧化钨、钨酸及其盐类、钨粉及其制品、锌矿砂、锡矿砂、锡及锡基合金、白银。

(二)实行出口配额招标的货物是:蔺草及蔺草制品、碳化硅、氟石块(粉)、滑石块(粉)、轻(重)烧镁、矾土、甘草及甘草制品。

(三)实行出口许可证管理的货物是:活牛(对港澳以外市场)、活猪(对港澳以外市场)、活鸡(对港澳以外市场)、牛肉、猪肉、鸡肉、消耗臭氧层物质、监控化学品、易制毒化学品、石蜡、铂金(以加工贸易方式出口)、锌及锌基合金、电子计算机、电风扇、自行车、摩托车(含全地形车)及其发动机、车架。其中监控化学品、易制毒化学品在2006年将实行两用物项和技术进出口许可证管理,《两用物项和技术进出口许可证管理办法》颁布后,按新办法执行。

二、除对港澳出口的活牛、活猪、活鸡实行全球许可证下的国别(地区)配额许可证管理外,其他出口许可证管理货物目录所列出口货物均实行全球出口许可证管理。

三、对玉米、大米、煤炭、原油、成品油、棉花、锑砂、锑(包括锑合金)及锑制品、氧化锑、钨砂、仲钨酸铵及偏钨酸铵、三氧化钨及蓝色氧化钨、钨酸及其盐类、钨粉及其制品、白银实行国营贸易管理。

四、实行出口配额招标的货物，无论何种贸易方式，各授权发证机构均凭商务部下发的中标企业名单及其中标数量和招标办公室出具的《申领配额招标货物出口许可证证明书》签发出口许可证。

五、自2005年6月1日起，矾土项下其他黏土(HS编码2508400000)不再实施出口配额许可证管理。

六、自2006年1月1日起，取消茶叶的出口配额许可证管理。

七、以加工贸易方式出口下列货物，按以下规定办理：

(一) 以加工贸易方式出口属出口配额许可证管理的货物[但本条第(二)、(三)、(四)、(五)款规定的除外]，发证机构凭出口配额、《加工贸易业务批准证》及出口合同(正本复印件)核发出口许可证。

(二) 进口用于生产铂金的原料加工复出口铂金(铂或白金)，发证机构凭经营企业注册地商务主管部门的《加工贸易业务批准证》、海关加工贸易进口报关单、出口合同(正本复印件)核发出口许可证。

(三) 进口原油加工复出口石蜡，进口含白银货物(银粉、未锻造银等及银的半制成品除外)加工复出口白银，以加工贸易方式出口锌及锌基合金，发证机构凭经营企业注册地省级商务主管部门的《加工贸易业务批准证》、海关加工贸易进口报关单、出口合同(正本复印件)核发出口许可证。其中，白银《加工贸易业务批准证》凭商务部批件核发，发证部门加验商务部批件。

(四) 以加工贸易方式出口甘草及甘草制品，发证机构凭经营企业注册地省级商务主管部门的《加工贸易业务批准证》、中国医药保健品进出口商会的《申领加工贸易货物出口许可证证明书》、海关加工贸易进口报关单和出口合同(正本复印件)核发出口许可证。

(五) 进口原油加工复出口成品油，免领成品油出口许可证。

(六) 本条第(二)、(三)、(四)款所述出口许可证的有效期，按《加工贸易业务批准证》核定的出口期限核发。《加工贸易业务批准证》核定的出口期限超过次年2月底的，出口许可证有效期核发至次年2月底，企业应于2月底前申请办理延期手续，发证机构按《加工贸易业务批准证》的出口期限核发出口许可证。

八、根据国务院《关于边境贸易有关问题的通知》(国发[1996]2号)精神,边境小额贸易企业凡出口配额招标的货物、消耗臭氧层物质、监控化学品、易制毒化学品和摩托车(含全地形车)及其发动机、车架,仍按现行有关规定,在商务部授权的发证机构办理出口许可证。边境小额贸易企业出口边境小额贸易出口许可证管理货物(附件2第1—23种),由商务部授权的边境省、自治区商务主管部门根据商务部下达的边境小额贸易出口配额签发出口许可证。边境小额贸易企业出口除本条所述以外的其余列入《2006年出口许可证管理货物目录》的货物,一律免领出口许可证。

九、为保证进出口许可证联网核销的实施,对不实行"一批一证"管理的货物,发证机构在签发出口许可证时必须在许可证"备注"栏内填注"非一批一证"。实行"非一批一证"管理的货物为:

(一)外商投资企业出口货物;

(二)加工贸易方式出口货物;

(三)补偿贸易项下出口货物;

(四)大米、玉米、小麦、活牛、活猪、活鸡、牛肉、猪肉、鸡肉、原油、成品油、煤炭。"非一批一证"的出口许可证,可在同一口岸多次报关,但不得超过12次。12次报关后,出口许可证虽有余额,但海关停止接受报关。

十、监控化学品、易制毒化学品和消耗臭氧层物质的货样广告品须凭出口许可证出口。

十一、对涉及出口许可证管理的纺织品目录另行公告。

十二、我国政府在对外援助项下提供的本目录产品(监控化学品和易制毒化学品除外)不纳入配额和许可证管理。

本目录自2006年1月1日起执行。《2005年出口许可证管理商品目录》同时废止。

附件:1. 2006年出口许可证管理货物目录

2. 2006年边境小额贸易出口许可证管理货物目录

商务部 海关总署

2005年12月27日

## 中华人民共和国商务部公告 2005 年第 125 号
## 2006 年出口许可证管理货物分级发证目录

根据商务部、海关总署 2005 年第 85 号公告《2006 年出口许可证管理货物目录》，为做好出口许可证发证工作，现发布《2006 年出口许可证管理货物分级发证目录》，并就有关问题公告如下：

一、2006 年实行出口许可证管理的货物为 46 种（312 个 8 位 HS 编码）。其中，配额许可证事务局（以下简称“许可证局”）发证货物为 7 种，各地特派员办事处（以下简称“各特办”）发证货物为 31 种，各地外经贸委（厅、局）、商务厅（局）（以下简称“各地方发证机构”）发证货物为 8 种（详见附件）。

二、为维护正常的经营秩序，对部分出口货物实行指定发证机构发证或指定出口报关口岸管理。各类出口企业出口这些货物，均须到指定的发证机构申领出口许可证，并在指定的口岸报关出口；指定发证机构须按指定的口岸签发出口许可证。

（一）锑（包括锑砂、氧化锑、锑（包括锑合金）及锑制品）指定黄埔海关、北海海关、天津海关为出口报关口岸；

（二）轻（重）烧镁出口许可证由大连特办签发；指定大连（大窑湾、营口、鲅鱼圈、丹东、东港）、青岛（青岛港）、天津（东港、新港）、长春（图们）、满洲里为出口报关口岸，有关商检证明由指定出口报关口岸出入境检验检疫局办理；

（三）甘草指定天津海关、上海海关、大连海关为出口报关口岸；甘草制品指定天津海关、上海海关为出口报关口岸；

（四）蚕丝类货物指定上海（吴淞、浦东机场、浦江、宝山、外高桥保税区海关）、广州（白云机场海关、广州海关新风办事处）、深圳（皇岗、笋岗海关）、成都、重庆、青岛、天津（天津新港、天津东港海关）、大连（总关、大窑湾海关）、昆明、梧州、杭州为出口报关口岸；

（五）活牛、活猪、活鸡、牛肉、猪肉、鸡肉的出口许可证由各特办签发，但对港澳活牛、活猪、活鸡以陆运方式出口的许可证由广州、深圳特办签发；

（六）以进口原木加工锯材复出口方式出口的锯材：黑龙江省指定大连、绥芬河为出口报关口岸，指定黑龙江省商务厅签发出口许可证；内蒙古自治区

指定满洲里、二连浩特、大连、天津、青岛为报关口岸，指定内蒙古自治区商务厅签发出口许可证；新疆维吾尔自治区指定阿拉山口、天津、上海为出口报关口岸，指定新疆维吾尔自治区外经贸厅签发出口许可证。

三、各发证机构除按出口许可证签发管理规定外，同时对配额招标货物签发出口许可证还须依据：商务部发布的中标企业名单及其中标数量和有关招标办公室出具的《申领配额招标货物出口许可证证明书》。

四、进口原木加工锯材复出口，按照国家林业局、商务部和海关总署联合发布的《进口原木加工锯材出口试点办法》的规定，由有经营资格的试点企业凭《进口原木加工锯材出口证明》向第二条(六)指定的发证机构申领出口许可证，许可证备注栏必须注明“进口原木加工锯材”。

五、监控化学品、易制毒化学品和计算机按《两用物项和技术进出口许可证管理办法》执行。在京的中央管理企业，出口本《目录》所列货物(本《目录》有特殊规定的除外)，其出口许可证由许可证局签发。京外的中央管理企业，出口需由许可证局或指定发证机构签发的许可证货物，从其规定；其他货物的出口按本《目录》发证范围，分别由属地特办和地方发证机构签发。

六、对加工贸易和边境小额贸易出口许可证的签发，按商务部与海关总署联合下发的2005年第85号公告的规定执行。

七、为保证进出口许可证联网核销的实施，对不实行“一批一证”管理的货物，发证机构在签发出口许可证时必须在许可证“备注”栏内填注“非一批一证”。

八、发证机构应严格按商务部颁布的《货物出口许可证管理办法》、《两用物项和技术进出口许可证管理办法》、《2006年出口许可证管理货物目录》和《出口许可证申领签发工作规范》等有关规定审核、签发出口许可证。

九、列入《输欧盟纺织品出口临时管理商品目录》、《对美出口纺织品临时管理商品目录》的纺织品，由各地方商务主管部门及发证机构按照《纺织品临时出口许可证件申领签发工作规范》有关规定审核、签发纺织品临时出口许可证件。

本通知自2006年1月1日起执行。《2005年出口许可证管理商品分级发证目录》同时废止。

附件:《2006年出口许可证管理货物分级发证目录》

中华人民共和国商务部
2005年12月31日

### 三、出口配额管理

出口配额是直接限制本国商品出口的另一种出口管制措施。在一定时期(1年或半年甚至1季度),国家对某些商品规定最高的出口数量或金额,以便减少该商品在国外市场上的销售,从而维持较高价格或缓和国内市场上的供求矛盾。目前,我国仅对部分出口商品实行出口配额管理,分为主动出口配额管理和被动出口配额管理两类。

主动配额管理是指为了维护我国有关出口市场的稳定,主动采取的自行控制出口数量的措施,以便有秩序地发展出口贸易。实行主动配额管理的出口商品主要是:关系国计民生的大宗资源性出口商品;在中国市场上占有重要地位的大宗传统出口商品;中国在国际市场上占主导地位的重要商品;以及出口额大且易引起经营秩序混乱的商品。

被动出口配额管理是指由于进口国有数量限制,并通过政府间贸易协议谈判要求出口国自行控制出口的措施。这种出口配额管理主要是为了履行我国与有关国家签订的协议。同时,也是为了组织和管理好配额的分配和使用,防止配额使用不充分而造成浪费,以提高配额的使用效益。

1992年12月21日经国务院批准,对外经济贸易部1992年12月29日发布了第4号令,以适应社会主义市场经济发展的需要,加强出口宏观管理,促进企业转换经营机制,加快对外贸易发展,自1993年1月1日起,国家对138种出口商品实行配额许可证管理。对关系国计民生的大宗资源性出口商品以及在我国出口中占有重要地位的大宗传统出口商品,实行计划配额管理,品种为38种。我国在国际市场或某一市场上占主导地位的重要出口商品、外国要求我国主动限制的出口商品,实行主动配额管理,品种为54种,其中远洋地区配额商品为31种,港澳地区配额商品为23种。出口金额大且经营秩序易于混乱和重要的名、优、特出口商品以及少数确需管理的商品,实行一般许可管理,列入出口许可

证管理商品范围,品种为22种。国外对我国有配额的24种出口商品,继续实行被动配额管理。

资料卡

**138种实行出口配额管理的商品目录**

**一、实行计划配额管理商品目录(38种)**

1. 大米,2. 大豆(含大豆碎),3. 玉米(含玉米碎),4. 茶叶,5. 煤炭(含水煤浆),6. 钨(指钨砂、仲钨酸铵、三氧化钨、钨酸),7. 锑(指锑锭、氧化锑),8. 原油,9. 成品油,10. 棉花,11. 棉纱,12. 棉涤纶纱,13. 棉坯布,14. 棉涤纶坯布,15. 蚕丝类,16. 坯绸(包括梭、针织的生、炼、漂绸)。

(以上16种特别重要的出口商品,由国家组织统一联合经营。)

17. 豆粕及豆饼,18. 花生仁(果),19. 松香及松脂,20. 原木及锯材,21. 羊绒及无毛绒,22. 兔毛,23. 钢材及废钢,24. 生铁,25. 锡(指锡锭、焊锡及锡砂),26. 锌(指锌锭、锌矿砂),27. 铁合金(指硅铁、钨铁),28. 焦炭,29. 水泥,30. 轻(重)烧镁,31. 硭石块(粉),32. 滑石块(粉),33. 烧碱,34. 纯碱,35. 石蜡,36. 中药材(其中:人参、甘草),37. 四环素,38. 维生素C。

**二、实行主动配额管理商品目录(54种,括号内为实行主动配额的国家或地区)**

39. 烟花爆竹(美国、日本、港澳),40. 芦笋罐头(欧共体、港澳),41. 水煮笋(日本),42. 红小豆(日本),43. 高粱(日本、东南亚),44. 薇菜干(日本),45. 栗子(日本、港澳、东南亚),46. 大蒜(港澳、东南亚),47. 芝麻(日本),48. 荞麦(日本),49. 蜂蜜(日本),50. 薄荷脑油(欧共体),51. 苇及苇制品(日本),52. 蔺草及制品(日本),53. 阿拉伯袍裤(中东六国),54. 磷片石墨(日本),55. 肝素钠(欧共体、港澳、美国),56. 鲜蜂王浆(日本、欧共体、美国),57. 半夏(日本),58. 槐米(日本),59. 桐木及板材(日本),60. 棉漂布(日本、港澳),61. 棉涤纶漂布(日本),62. 联苯双脂(韩国、东南亚),63. 甘草制品(港澳、日本、东南亚),64. 糠醛(醇)(欧共体、日本),65. 地毯(英国、日本),66. 硅锰合金(日本、港澳),67. 蕉柑(东南亚),68. 冻兔肉(欧共体、港澳),69. 梭子蟹(日本),70. 活猪(包括活大猪、活中猪、活乳猪)(港澳),

71. 活牛(港澳),72. 活羊(港澳),73. 活禽(活鸡、活鸭、活鹅、活鸽)(港澳),74. 冻猪肉(港澳),75. 冻牛肉(港澳),76. 冻羊肉(港澳),77. 冻家禽(港澳),78. 活水产品(包括活塘鱼、大闸蟹)(港澳),79. 鲜水果(包括鸭梨、哈密瓜、香梨、荔枝、西瓜)(港澳),80. 鲜蔬菜(包括大白菜、土豆、萝卜、冬瓜、菜花)(港澳),81. 皮蛋(港澳),82. 虫草(港澳),83. 菊花(港澳),84. 黄芪(港澳),85. 当归(港澳),86. 枸杞(港澳),87. 党参(港澳),88. 茯苓(港澳),89. 苎麻纱(包括纱、条、球、精干麻)(港澳),90. 苎麻坯布(港澳),91. 卫生纸(港澳),92. 盐水蘑菇(港澳)。

**三、实行一般许可管理商品目录(22 种)**

93. 食糖,94. 抽纱(手绣、手编),95. 猪鬃,96. 猪肠衣,97. 黑白电视机,98. 轴承,99. 稀土,100. 桂皮,101. 桂油,102. 重水,103. 景泰蓝,104. 松茸,105. 麻黄素,106. 聚乙烯,107. 铅及铅基合金,108. 镍及镍基合金,109. 镍材,110. 黄磷,111. 铝锭,112. 军民通用化学品(10 个),113. 易制毒化学品(22 个),114. 电子计算机及外部设备。

**四、实行被动配额管理商品目录(24 种)**

(一) 纺织品被动配额商品(19 种)

1. 化学纤维,2. 棉纱,3. 毛纱及毛线,4. 其他纱,5. 棉布(色织布、花布),6. 化纤混纺布,7. 亚麻帆布,8. 呢绒,9. 枕套、床单、床罩、被套,10. 毛巾,11. 手套,12. 手帕,13. 袜类,14. 毛衫,15. 毛毯,16. 台布,17. 服装,18. 地毯,19. 医用纱布。

(二) 非纺织品被动配额商品(5 种)

20. 蘑菇罐头(欧共体),21. 日用陶瓷(英国),22. 木螺丝(德国),23. 木薯干、红薯干(欧共体),24. 黑白、彩色电视机(英国)。

我国 2002 年共有主动配额管理的商品 54 种,2005 年减少到 35 种,2006 年将减少到 34 种。世界贸易组织在 2005 年取消了纺织品配额管理,但由于中国的大量的出口,使得欧洲和美国对中国的纺织品实行设限,根据中欧、中美纺织品谈判协议,2006 年中国输欧 10 类纺织品、输美 21 类纺织品实行临时配额管理。

### 纺织品临时出口许可证

中华人民共和国纺织品临时出口许可证
TEMPORARY TEXTILES EXPORT LICENCE OF THE
PEOPLE'S REPUBLIC OF CHINA　　No.0000000

| 1. 出口商：<br>Exporter | | | 2. 发货人：<br>Consignor | | |
|---|---|---|---|---|---|
| 3. 出口许可证号：<br>Export licence No. | | | 4. 出口许可证有效截止日期：<br>Export licence expiry date | | |
| 5. 贸易方式：<br>Terms of trade | | | 6. 合同号：<br>Contract No. | | |
| 7. 报关口岸：<br>Place of clearance | | | 8. 出口最终目的国(地区)：<br>Country / Region of purchase | | |
| 9. 付款方式：<br>Payment | | | 10. 运输方式：<br>Mode of transport | | |
| 11. 商品名称：<br>Description of goods | | | 商品编码：<br>Code of goods | | |
| 12. 规格、等级<br>Specification | 13. 单位<br>Unit | 14. 数量<br>Quantity | 15. 单价(　)<br>Unit price | 16. 总值(　)<br>Amount | 17. 总值折美元<br>Amount in USD |
| | | | | | |
| | | | | | |
| | | | | | |
| | | | | | |
| 18. 总计<br>Total | | | | | |
| 19. 备注：<br>Supplementary details<br>输欧或输美许可证号：<br>类别号： | | | 20. 发证机关盖章：<br>Issuing authority's stamp<br>21. 发证日期：<br>Licence date | | |

中华人民共和国商务部监制(2005)。

## 本章小结

1. 出口补贴，是指一国政府为鼓励某种商品的出口，对该商品的出口所给予的直接补助或间接补助。直接补助是政府直接向出口商提供现金补助或津贴。间接补助是政府对选定商品的出口给予财政税收上的优惠，如对出口的商品采取减免国内税收(如宽减公司所得税等)、向出口商提供低息贷款等。

2. 世界贸易组织中的补贴与反补贴措施协议把补贴分为三大类,即禁止的补贴、可申诉的补贴和不可申诉的补贴。

(1) 所谓禁止性补贴是指不允许成员方政府实施的补贴,一旦实施,任何受其影响的其他成员方可以直接采取反补贴措施,又称为"红色补贴"。这类补贴实际上是很明确地专门用于影响贸易的补贴,因此最有可能对其他成员方的利益造成损害。(2) 所谓可申诉的补贴是指在一定范围内允许实施,但如果在实施的过程中对其他成员方的经济贸易利益产生了不利影响,受到不利影响的成员便可对其提出反对意见或提出申诉的补贴。学者们形象地称为"黄灯补贴"或"黄色补贴"。(3) 所谓不可申诉的补贴,是指成员方在实施这类补贴措施时,一般不会遭到其他成员的反对或因此而不采取反补贴措施的补贴。《协议》规定了两种不可申诉补贴:一种是不具备专向性的补贴,即那些不是向某个企业、某个产业提供,而是具有普遍性,是所有企业、产业都能获得的补贴,它不会引起世界贸易组织项下的任何反补贴措施;另一种是专向性补贴,市政府对科研、落后地区及环境的补贴。

3. 外汇留成制度。实行出口商品外汇留成,是国家鼓励出口、增加外汇收入、支持地方生产建设、发展对外贸易的一项重要经济措施。凡经批准经营对外贸易出口业务的各类外贸公司,包括专业进出口公司、工贸公司、地方外贸公司和经批准有对外出口经营权的企业及企业联合体等,其经营的出口商品(含代理出口商品和自营出口商品)在实际出口后,实行按出口商品收汇全额比例留成。

4. 出口退税。出口产品退(免)税,简称出口退税,其基本含义是指对出口产品退还其在国内生产和流通环节实际缴纳的产品税、增值税、营业税和特别消费税。出口产品退税制度是一个国家税收的重要组成部分。出口退税主要是通过退还出口产品的国内已纳税款来平衡国内产品的税收负担,使本国产品以不含税成本进入国际市场,与国外产品在同等条件下进行竞争,从而增强竞争能力,扩大出口创汇。

5. 出口信贷。出口信贷(Export Credit)是出口国政府为了支持本国商品的出口,加强本国商品的国际竞争力,以利息补贴和信贷担保的形式,鼓励本国银行对本国出口商或外国进口商(或其银行)提供条件优惠的一种中长期融资方式。出口信贷的类型主要有:卖方信贷、买方信贷、福费廷、信用安排限额、混合

信用贷款、签订存款协议向对方银行存款等。

6. 出口管制。出口管制就是一个国家对其法人或自然人的出口依据国家法律和政策进行控制的行为。它的目的通常有:保证短缺物资的国内需求;控制本国独有或领先的技术外流;执行外交政策;维护外贸秩序;维护国家安全;履行承担的国际义务等。因此实行出口管制对一个国家来说不仅具有经济意义,而且具有重要的战略意义。中国的出口管制工作始于20世纪50年代。

7. 出口许可证。出口许可证是国家对实行出口许可证管理的商品批准其出口的法律文件,是海关监、管、验、放出口货物的依据。凡实行出口许可证管理的商品(规定免领的除外),各类出口企业应在商品出口前按规定在指定的发证机关申领出口许可证,海关凭出口许可证接受申报。中国在1980年开始实行出口许可证制度。

8. 出口配额。出口配额是直接限制本国商品出口的另一种出口管制措施。在一定时期(1年或半年甚至1季度),国家对某些商品规定最高的出口数量或金额,以便减少该商品在国外市场上的销售,从而维持较高价格或缓和国内市场上的供求矛盾。目前,我国仅对部分出口商品实行出口配额管理,分主动出口配额管理和被动出口配额管理两类。

## 思考与练习

### 一、单项选择题

1. 自1995年以来我国最大类的出口商品是(    )。

A. 轻纺产品　　B. 机电产品

C. 石油　　D. 农副产品

2. 目前,我国最大的出口产品市场是(    )。

A. 香港地区　　B. 日本

C. 美国　　D. 欧盟

3. 新的《中华人民共和国对外贸易法》正式实施的时间是(    )。

A. 1994年7月1日　　B. 1994年5月12日

C. 2004年7月1日　　D. 1992年5月12日

4. 我国的现行汇率制度是(    )。

A. 有管理的、单一固定汇率制

B. 有管理的、单一浮动汇率制

C. 有管理的、盯住一篮子货币的浮动汇率制

D. 有管理的、自由浮动汇率制

5. 出口退税是指将出口货物在国内生产与流通中所缴纳的(　　)退还给出口企业,以增强出口竞争力。

A. 企业与职工个人所得税　　B. 进口关税与企业所得税

C. 增值税与消费税　　D. 进口关税与增值税

6. 根据《出口货物退(免)税管理办法》规定,我国出口产品应退税种为(　　)。

A. 所得税与消费税　　B. 增值税与消费税

C. 关税与增值税　　D. 消费税与关税

7. 对机电产品出口和成套设备出口提供政策性金融支持的银行为(　　)。

A. 中国进出口银行　　B. 中国银行

C. 中国工商银行　　D. 中国国际投资银行

8. 进出口配额管理主要是指国家对部分商品的进出口实行(　　)限制。

A. 金额　　B. 价格

C. 数量　　D. 品种

9. 我国实行出口被动配额管理的主要商品是(　　)。

A. 农产品　　B. 矿产品

C. 纺织品　　D. 化工品

10. 按照效益、公正、公开的原则,从1994年起我国对部分出口商品配额采取了(　　)分配。

A. 行政　　B. 招标

C. 计划　　D. 平均

**二、多项选择题**

1. 制定出口商品战略的重要意义在于(　　)。

A. 合理安排出口商品结构　　B. 增强出口商品竞争力

C. 扩大出口创汇能力　　D. 提高出口商品质量

E. 提高出口经济效益

2. 现阶段我国仍要发展轻纺产品出口,是因为其(　　)。

A. 可以吸收众多劳动力　　B. 技术含量高

C. 具有比较优势　　　　　　D. 仍具有一定创汇规模

E. 符合以质取胜战略要求

3. 我国发展创汇农产品出口的有利条件是(　　)。

A. 其价格低廉　　　　　　B. 具有丰富资源

C. 农产品是劳动密集型产品　　　　　　D. 农产品是可再生资源

E. 可避开国际贸易壁垒

4. 进入20世纪90年代以来,我国优化出口商品结构的重点放在由主要出口(　　)。

A. 初级产品向主要出口工业制成品的转变

B. 劳动密集型产品向主要出口资本密集型产品的转变

C. 粗加工制成品向主要出口精加工制成品的转变

D. 低附加值产品向主要出口高附加值产品的转变

E. 浅加工产品向主要出口深加工产品的转变

5. 目前我国出口市场仍主要集中在(　　)。

A. 港澳地区　　　　　　B. 美国、日本

C. 欧盟国家　　　　　　D. 独联体、东欧国家

E. 东盟国家

6. 我国应继续巩固和深度开发的出口市场是(　　)。

A. 日本　　　　　　B. 美国

C. 港澳地区　　　　　　D. 俄罗斯

E. 欧盟国家

7. 我国促进对外贸易发展的主要措施是(　　)。

A. 出口补贴　　　　　　B. 出口退税

C. 进出口信贷　　　　　　D. 设立外贸发展基金

E. 外汇留成

8. 中国的出口退税原则是(　　)。

A. 未征不退　　　　　　B. 征多少,退多少

C. 彻底退税　　　　　　D. 征多退少

E. 按出口比例退税

9. 出口退税产品应具备的条件是(　　)。

A. 必须是已征税的产品　　B. 必须是报关离境的产品

C. 必须是实行总量控制的产品　　D. 必须是自由出口商品

E. 必须是财务上已做出口销售的产品

10. 出口退税企业是指承担出口经济责任的企业,具体包括(　　)。

A. 外商投资企业　　B. 代理出口的企业

C. 特定出口企业　　D. 出口盈利企业

E. 经营出口业务的企业

11. 我国提供进出口信贷的主要金融机构有(　　)。

A. 中国银行　　B. 中国进出口银行

C. 中国工商银行　　D. 中国投资银行

E. 招商银行

12. 对我国纺织品出口进行设限的国家主要是(　　)。

A. 美国　　B. 加拿大

C. 欧盟国家　　D. 澳大利亚

E. 日本

13. 我国实行主动配额管理的商品是(　　)的出口商品。

A. 在国际市场上占主导地位　　B. 外国要求我国主动限制

C. 政府间贸易协定要求限制　　D. 国外容易进行反倾销立案

E. 在某一市场上占主导地位

**三、简答题**

1. 我国为什么要实行出口退税制度?
2. 简述 1994 年我国汇率改革的基本内容。
3. 什么是出口补贴?
4. 如何理解实行出口产品退税制度的必然性?
5. 什么是“双重汇率制”?
6. 出口信贷的类型有哪些?

**技能实训**

查阅有关网站,了解中国现行的出口贸易战略,结合课程讲授,写出 1 000—2 000 字的小论文。

案例分析

### 案例4-1　骗取出口退税案

1999—2003年9月期间，福州市“福胜公司”出口劳保手套61 135 681双，报关金额6 402万美元，与国外客户的实际成交价为2 473万美元，高报出口3 929万美元，指使49户生产厂家虚开增值税专用发票1 707份，金额15 210万元，税款2 585万元，价税合计17 796万元，骗取出口退税总值5 469万元。福州市国税局作出对“福胜公司”已取得骗取出口退税款1 305万元进行追缴，处以2倍罚款2 610万元的处理决定，采取税收强制执行措施将“福胜公司”离岸账户存款240万美元追缴入库，拟追缴外贸公司已退税款1 043万元，外贸公司未退税款1 506万元不予退税，其余骗税款已由各地税务机关陆续追缴并处理。公安机关批捕涉案人员8人，其中法人代表苏立胜已由福州市检察院以涉嫌虚开增值税专用发票和骗取出口退税罪向福州市中级人民法院提起公诉，等待他的将是法律的严厉制裁。

此骗税案反映了一种新型的骗取出口退税形式，在有真实的货物出口的情况下，虚构出口货物的价格，以低报高出口。“福胜公司”通过国外接单、国内下单、向外贸公司买单、虚抬单价高报出口、压低数量抬高单价虚开专用发票、将压低开票数量部分的货物通过有进出口经营权的生产厂家直接高报出口等一系列操作，魔术般地将货值虚抬至3倍骗取国家出口退税款。

（一）货物流：“福胜公司”向国外客户接单，谈妥业务后与国外客户签订“成交确认书”，同时取得国外客户传真的货物样单和品质要求，后下单给国内79家生产企业进行生产，签订“内购合同”，派跟单员监督生产厂家的整个生产过程，监督货物的品质是否合乎要求，出货时间是否及时等，生产完毕后生产厂家把货物送到“内购合同”上指定的“福胜公司”设在深圳的仓库，由仓管员验收合格通知“福胜公司”，由单证员向海运公司办理货物出口海运，向保险公司办理出口货物保险，海运公司开具“提单”、保险公司开具“保单”给“福胜公司”。

（二）利用外贸企业获取空白报关资料和外汇核销单。苏立胜在完成与国外客户签订订单即国外接单、安排国内生产厂家生产即国内下单后，以“福胜公司”的香港身份与外贸公司签订购销合同，取得外贸公司已盖好公章的空白报关资料和外汇核销单、装箱单，以高于真实成交价近三倍的金额（略低于海关手套出口指导价）自行委托报关行报关出口。

（三）指使生产企业虚开增值税专用发票。要取得退税款，还必须取得增值税专用发票和6.8%出口专用缴款书，“福胜公司”苏立胜开具“开票通知书”（开票通知书上注明受票单位名称，货物的品名、单价、数量、金额，开票注意事项等内容），指使生产企业按“开票通知书”的内容以略低于报关价的金额虚开增值税专用发票，其虚开形式归纳起来有：抬高单价、数量不变、抬高总金额；抬高单价、降低数量、总金额不变；无货虚开等。

（四）将已盖好章的海关报关单、外汇核销单、虚开的专用发票、专用缴款书等“两单两证”提供给外贸公司向税务机关申报出口退税。

（五）通过生产厂家退税款回流到苏立胜手中。“福胜公司”将“提单”一联交给国外客户提货，将“提单”、“保单”、自制出口发票提供给招商银行离岸部向国外客户银行托收货款；收到国外客户外汇后，按海关关单上的高报金额将外汇通过“福胜公司”离岸账户汇给外贸公司核销外汇；外贸公司收到汇款后按生产厂家虚开的增值税专用发票金额（含退税款）将款项付给厂家；厂家在扣除了真实成交价和开票费用后将余额汇还给苏立胜及其指定的家人户头。

（六）串通有进出口经营权的生产企业直接高报出口共同骗取出口退税。“福胜公司”将虚开发票压低开票数量部分的货物串通有进出口经营权的生产企业直接高报出口，生产企业按出口货物的数量或收汇的一定比例将获取的骗税款分成给苏立胜。

（七）取得虚开的进项发票。查实虚开的进项发票是核实已纳税款，确定骗税额的关键。虚开增值税专用发票的生产厂家为了少交税、保持正常的税负率，必然要在进项发票上做文章，取得虚开的进项发票进行抵扣。而废旧物资发票和收购业发票由于享有免税等税收优惠和在税务控管上存在

相当大的难度，理所当然地成为他们的选择。生产厂家或采取自己成立废品回收公司一套人马两块牌子，自己为自己虚开发票，或采取到当地废品公司缴纳0.2%手续费虚开发票，或为自己虚开收购业发票。经查实，生产厂家取得虚开的废旧物资发票和虚开收购业发票2 868份，价税合计26 167万元，已抵扣税款3 263万元。

从表面上看，"福胜公司"并未直接从国家取得出口退税款，但退税款通过外贸企业付给生产企业，又从生产企业回流到其手中，或直接从有进出口经营权的生产厂家取得骗税款分成，因此从整个案件的后果看，"福胜公司"是骗取出口退税的直接操纵者和骗税款的最大得利者。

骗取出口退税是一种严重的犯罪，其后果主要有：一是造成税款流失，使国家蒙受经济损失；二是严重扰乱了正常的经济秩序，给其他合法的出口企业造成损失。骗取出口退税的犯罪分子将所骗取的退税款作为自己的利润，将出口货物的价格压低到正常价格之下，与其他合法的出口企业争夺国外客户，使其处于不公平的竞争状态；三是滋生虚开发票的市场。骗取出口退税必然伴随着虚开发票，为了取得退税款，犯罪分子必然要指使生产企业虚构出口商品的货名、数量、单价等要素，以低报高虚开增值税专用发票，同时生产企业为保持较低的税负率必然要取得虚开的进项发票进行抵扣，从而形成虚开发票的恶性循环和需方市场，这也是虚开发票之所以屡禁不止的一个原因。

**问题：**

分析"福胜公司"采用了哪些骗税方法？

资料来源：http://www.fj.xinhuanet.com。

# 第五章

# 中国对外贸易的大经贸战略

【导读】 随着经济全球化、一体化进程的加快，各国之间的经济交往活动愈来愈频繁。我国必须积极参与国际经济活动、融入世界经济，才能在激烈的国际竞争中立于不败之地、使国民经济稳定、快速地发展。为此，我国制定了适合我国国情的外贸发展战略——“大经贸战略”。本章重点介绍了“大经贸战略”的内涵、基本内容以及实施“大经贸战略”的目标、政策措施。

# 第一节　实施"大经贸战略"的内涵

资料卡

**我国提出并实施"大经贸战略"的背景**

20世纪80年代至20世纪90年代初，国际国内形势发生了一系列重大而深刻的变化。

从国际来看，这一时期，世界格局中单极和多极的斗争错综复杂：苏联、东欧发生剧变，多极化进程遭遇曲折；经济全球化加速发展，世界经济结构加快调整，国际贸易和全球跨国直接投资大幅增长，跨国公司的作用不断增强；以经济、贸易、科技竞争为主要内容的综合国力竞争愈发激烈；国际贸易在各国经济发展中的地位不断提高，各国都在致力于扩大出口；"亚洲四小龙"迅速崛起，一些发展中国家的经济快速发展，形成激烈竞争态势。形势逼人，不进则退，如果我国不能采取有效的政策措施，积极扩大出口，加快经济发展，就会在激烈的国际竞争中失败，失去重要战略机遇。因此，国际形势要求我国必须借鉴其他国家的做法和经验，制定适合我国国情的外贸发展战略。

从国内来看，自20世纪80年代起，国内经济改革进一步深化，对外开放稳步扩大。国家相继设立了深圳等4个经济特区，开放了大连等14个沿海港口城市，开发和开放了上海浦东新区，初步形成了全方位的对外开放新格局，开放型经济发展取得巨大成功。但20世纪80年代末期，由于种种原因，西方国家对我国进行经济制裁，我国改革开放经受严峻考验。为打破国际制裁，减少政治和经济风险，增强应变能力，客观上也要求我国制定外贸发展战略，积极扩大出口，大力发展与世界各国和各地区的经贸合作。另外，1992年年初邓小平同志南巡讲话以后，我国掀起新一轮思想解放运动，经济理论又有了新的突破，开始提出社会主义市场经济的概念。党的十四大正式明确了我国改革的目标就是建立社会主义市场经济体制，十四届三中全会把这一改革目标进一步具体化，勾画了社会主义市场经济体制的基本框架，提出了系统的社会主义市场经济理论。这一理论的奠定，为"大经贸战略"的提出创造了理论前提。为此，时任我国外经贸部部长的吴仪在1994年春季举办的"90年代中国

外经贸战略国际研讨会"上系统描绘了"大经贸战略"构想。这一战略构想,是在总结我国改革开放15年来对外经贸发展的实践经验和科学地分析今后我国对外经贸发展面临的新的国内外环境,特别是国内加快建立社会主义市场经济体制这一新形势的基础上,结合对外经贸发展现状,提出来的具有重大理论指导意义的战略构想。

## 一、"大经贸战略"的内涵

"大经贸战略"的内涵是随着改革开放的深入而不断丰富的,随着改革开放理论的突破而不断深化的。

"大经贸"概念最早的内涵是外贸、外资、外经结合(简称经贸结合)。根据吴仪同志对"大经贸战略"的阐述和经贸理论界的研究来看,"大经贸战略"的内涵应概括为以下内容:进一步拓展对外经贸的深度和广度,形成对内对外全方位、多领域、多渠道的开放格局,加快国内经济与世界经济接轨,奠定我国开放型经济体系的基本格局;加快实现外经贸各项业务主要是对外贸易、利用外资、对外投资和其他对外经济技术合作业务的大融合,实现商品贸易、技术贸易和服务贸易的一体化协调发展;在竭力维护全球多边贸易体制的前提下,努力实现多边经贸合作、区域(含次区域)经贸合作和双边经贸合作的有机结合,维护我国应有的经济利益;协力推进贸易、生产、科技、金融等部门的密切结合,提高企业的国际竞争力;随着汇率、税收、关税等经济杠杆的理顺,对外经贸的宏观调节与国民经济宏观调控更好地结合起来,在扩大外经贸的规模、提高对国民经济增长的贡献度的同时,要着力发挥其促进我国产业结构调整、加快技术密集型产业的发展步伐、加快技术进步和提高宏、微观经济效益方面的作用;同时,外经贸作为沟通国内市场与国际市场的重要渠道,还要对国民经济发挥全面导向功能,提供多方面的综合服务,特别是信息沟通,开拓国际市场等方面的服务;也就是说,大经贸战略——实行以进出口贸易为基础,商品、资金、技术、服务相互渗透、协调发展,外经贸、生产、科技、金融等部门共同参与的经贸发展战略,即大开放、大融合、功能大转变。

**思一思、议一议:**
**何谓"大开放、大融合、功能大改变"?**

## 二、“大经贸战略”的基本内容

“大经贸战略”是建立在对外经济贸易经营主体多元化的基础上的,它包括以下几项内容:

(1) 从宏观指导与微观操作两个层次上,实现各项外经贸业务的渗透与融合,主要是对外贸易、利用外资、对外承包工程与劳务合作、对外援助、对外投资和其他对外经济合作业务的相互渗透与融合,实现商品贸易、技术贸易和服务贸易的一体化协调发展。

(2) 加强外经贸主管部门与国民经济综合管理部门和其他相关部门的协作与配合,把对外经贸的宏观管理与国民经济的宏观调控更好地结合起来,促进经济体制从传统的计划经济体制向社会主义市场经济体制转变。

(3) 加强外经贸行业与国内相关产业的结合,发挥对外经济贸易对国内产业结构调整、产品结构升级、企业技术进步、资源有效配置等方面的导向作用,促进经济增产方式由粗放型向集约型转变,促进国民经济的有效增长。

(4) 发挥贸、工、农、商、技、银等各方面的积极性,形成合力,从深度和广度上不断拓展国际市场,促进全方位、多领域、多渠道的对外开放,推动我国经济与世界经济互补互接,提高我国利用外国市场和资源的能力与水平。

## 三、实施“大经贸战略”的意义

我国实施“大经贸战略”是建立社会主义市场经济体制所必需的,是转变外经贸增产方式所必需的,是实现我国经济与世界经济互接互补所必需的,是实现2010年远景目标所必需的。“大经贸战略”的实施对促进我国外经贸发展具有重大的现实意义,有利于推动我国外经贸发展面临的一些重大现实问题的解决。具体来说,其意义表现在以下几方面:

(1) 有利于我国融入世界经济。“大经贸战略”的实施,有利于进一步打破在我国国内市场与国际市场之间存在的隔层以及国内各部门之间和各地区之间的界限,增进竞争,提高我国外向型经济的整体竞争力;有利于我国企业深入参与国际分工,分享国际经济一体化所带来的利益。

(2) 有利于促进产业结构调整和技术进步。产业国际竞争力和技术水平是决定外经贸发展的根本因素。由于我国外经贸发展主要是沿用外延发展模式,

外贸企业技术水平不很高,外贸商品主要是劳动密集型商品,外经贸促进产业结构调整和技术进步的作用远未充分发挥出来。实施"大经贸战略"的一个重要目标就是要加快外经贸发展模式由粗放到集约化的转变,其结果是促进企业技术进步、产业结构调整和出口产业、产品结构升级的双重目标的实现。

(3) 有利于解决我国外经贸活动中的一些问题。"大经贸战略"的实施,有利于打破行业界限,推动贸、工、农、技、商、金融等各类企业在微观层次上的联合,形成合力,不断拓展国际市场,适应规模经济的要求,为我国企业实现集团化、国际化经营和增强国际竞争实力创造条件,克服目前国内和国际化经营中的"散、乱、差、小"等无序现象;有利于推动我国外贸商品质量和效益不高、外贸经营秩序不佳等问题的解决。

(4) 有利于我国外经贸事业的兴旺发达。"大经贸战略"的实施对推动我国的改革开放尤其是外经贸领域的改革开放也具有十分积极的意义。与时俱进,不断改造"大经贸"战略,扩大其内涵和外延,除对外贸易之外,将其延伸到吸引外资、对外投资、国内贸易、国际经济技术合作等各方面,使之向"大商务"方向发展。

## 第二节 实施"大经贸战略"的目标

实施"大经贸战略"的主要目的是打破外贸领域的垄断,鼓励各类所有制企业参与国际竞争和合作,实现外经贸经营主体多元化;促进对外贸易、吸引外资、对外工程承包、对外劳务合作、对外投资等各项外经贸业务的相互渗透与融合,提高外经贸对我国经济增长的贡献,促进我国产业结构的调整,实现我国经济稳定发展。具体来说,"大经贸战略"的战略目标有以下几方面。

### 一、适度超前增长

外经贸要继续保持适度超前增长,提高对经济增长的贡献度,以弥补我国资源、资金和技术的缺口。

**1994—2005 年我国进出口总额及其增长率**

| 年份 | 进出口总额（亿美元） | 增长率（%） | 出口额（亿美元） | 增长率（%） | 进口额（亿美元） | 增长率（%） |
|---|---|---|---|---|---|---|
| 1994 | 2366.2 | 20.9 | 1210.1 | 31.9 | 1156.2 | 11.2 |
| 1995 | 2808.6 | 18.7 | 1487.8 | 23.0 | 1320.8 | 14.2 |
| 1996 | 2898.8 | 3.2 | 1510.5 | 1.5 | 1388.3 | 5.1 |
| 1997 | 3251.1 | 12.2 | 1827.9 | 21.0 | 1423.7 | 2.5 |
| 1998 | 3239.5 | -0.4 | 1837.1 | 0.5 | 1402.4 | -1.5 |
| 1999 | 3606.3 | 11.3 | 1949.3 | 6.1 | 1657.0 | 18.2 |
| 2000 | 4743.0 | 31.5 | 2492.0 | 27.8 | 2250.9 | 35.8 |
| 2001 | 5096.0 | 7.5 | 2661.0 | 6.8 | 2435.5 | 8.2 |
| 2002 | 6207.7 | 21.8 | 3255.7 | 22.3 | 2952.0 | 21.2 |
| 2003 | 8512.1 | 37.1 | 4383.7 | 34.6 | 4128.4 | 39.9 |
| 2004 | 11547.4 | 35.7 | 5933.6 | 35.4 | 5613.8 | 36.0 |
| 2005① | 12822.7 | 23.5 | 6866.5 | 29.7 | 5957.3 | 17.1 |

注:① 2005 年是 1—11 月的数字。

另外,2005 年 1—11 月,我国对外承包工程完成营业额 178.6 亿美元,同比增长 23.4%;新签合同额 250 亿美元,同比增长 20.5%。截至 2005 年 11 月底,我国对外承包工程累计完成营业额 1318.87 亿美元,合同额 1812.9 亿美元;2005 年 1—11 月,我国对外劳务合作完成营业额 41.1 亿美元,同比增长 30.7%;新签合同额 35 亿美元,同比增长 18.6%;派出各类劳务人员 22 万人,比上年同期增加 1 万余人;11 月末在外各类劳务人员 56 万人,较上年同期增加 2.9 万人。截至 2005 年 11 月底,我国对外劳务合作累计完成营业额 349.33 亿美元;合同额 396.12 亿美元,累计派出各类劳务人员 341.3 万人;2005 年 1—11 月,我国对外设计咨询完成营业额 1.95 亿美元,同比增长 105.4%;新签合同额 3.3 亿美元,同比增长 32.7%。截至 2005 年 11 月底,我国对外设计咨询累计完成营业额 13.7 亿美元,签订合同额 23.1 亿美元。

（数据来源:中华人民共和国商务部网站。）

## 二、集约化发展

改革开放之前,我国主要出口初级产品(即没有经过加工或只经过初步加工的产品),1953 年初级产品占总出口额的比重为 79.4%,而工业产品的比重仅为 20.6%;到了 1993 年时,初级产品占总出口额的比重变为 18.2%,而工业产品的比重变为 81.8%。工业产品的出口主要是化学品及有关产品和杂项制品,其次是机械及运输设备。虽然工业制成品在我国出口中的比例逐步上升,但这种变化主要是数量变化促成的,是高投入、粗放型经营的结果。与发达国家相比,我国机电产品的出口比重仍有很大的距离,我国高科技产品在工业制成品中所占比例偏低。为此,我国要进一步优化产品结构、产业结构,加快技术进步和提高效益,促进我国产业结构的调整,使我国各类企业由粗放型经营向集约化经营转变。

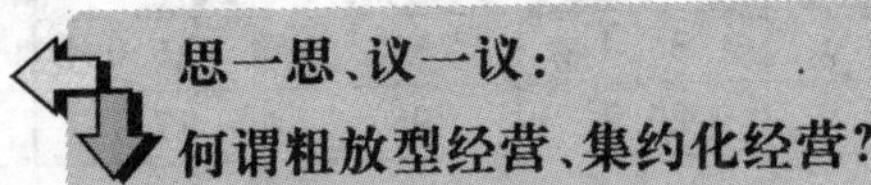


## 三、市场多元化

逐步实现以亚太市场为重点、以周边市场为支撑、发达国家和发展中国家合理分布的市场结构。

现在,我国的经贸合作伙伴已增加到两百多个国家和地区。中美经贸关系在矛盾和摩擦中发展。中日经贸关系相对较稳定,日本成为我国最大的贸易伙伴。我国与欧盟国家经贸关系有新的发展,欧盟各国重视发展同我国的合作,相继调整对华政策,公布了《欧中关系长期政策》白皮书,强调全面加强与中国的友好合作,欧盟国家的企业来华投资踊跃。我国与原苏联、东欧国家的双边贸易逐步回升。俄罗斯大幅调整对华政策,希望与中国建立战略伙伴关系,进一步加强经贸关系。我国同周边国家及广大发展中国家的经贸关系有进一步的发展。我国港澳台地区同祖国内地的经济贸易联系和合作更加密切。在发展多边经贸关系方面,我国积极参加了亚太经合组织的活动,并于 2005 年开始实施中国—东盟自由贸易区协定等等。

**2004 年我国商品进出口市场结构**

| 洲际 | 出口市场总值 5 933.7 亿美元 | | 进口市场总值 5 614.2 亿美元 | |
|---|---|---|---|---|
| | 数额 | 比例(%) | 数额 | 比例(%) |
| 亚洲 | 2 995.0 | 49.5 | 3 695.3 | 65.8 |
| 欧洲 | 1 224.0 | 20.6 | 890.4 | 15.9 |
| 北美 | 1 332.4 | 22.5 | 520.5 | 9.3 |
| 拉美 | 182.4 | 3.1 | 217.8 | 3.9 |
| 大洋洲 | 101.7 | 1.7 | 133.3 | 2.4 |
| 非洲 | 138.2 | 2.3 | 156.5 | 2.8 |

## 四、地区分工合理化

根据我国各地区的经济技术水平和地理位置，可将全国划分为三大经济带，即东部沿海经济带、中部经济带和西部经济带。[①] 东部地区受政策的倾斜、经济技术水平和地理位置等因素的影响，在我国对外贸易中占有绝对的比重。随着改革开放的深入，这种比重不仅没有下降，反而继续上升；与此相反，中西部地区出现下降趋势。并且，中西部地区为了赶超东部地区，向东部地区学习，形成了雷同的产业。所以要改变各地区外向产业发展雷同化、重叠化的现象，减少地区之间的矛盾和摩擦，形成各地区之间外经贸合理协调发展的格局。

## 五、实现良性循环

促进外经贸与国内经济的相互融合，形成开放经济条件下的良性循环，更好地发挥外经贸在现代化建设中的战略作用。

现在，我国在原来对外贸易、对外经济技术援助、技术引进的基础上，发展了吸收外国投资、接受外国援助、对外承包工程和劳务合作、对外投资。对外贸易方式多样化，有现汇贸易、易货贸易、补偿贸易、来料加工装配、转口贸易等；对外援助方式由主要提供无息和低息贷款为主，转为以贴息项目贷款为主，增加了小额赠送，鼓励双方企业利用援外基础进行合资、合作经营；技术贸易从单向技术

① 这种划分方法是《中国经济年鉴》的划分方法。

引进发展为双向技术进出口,引进技术的渠道进一步拓宽。在发展双边经贸关系的同时,重视发展多边经贸关系,形成了商品、技术、资金、劳务密切结合、相互促进,双边和多边经贸相结合,全面发展的局面,涌现出一些实行外经贸综合经营、贸工农技商结合的颇具实力的集团公司。进出口贸易持续增长,外汇结存大幅度增加。利用外资特别是吸收外商直接投资发展较快,到2004年12月底,全国累计批准设立外商投资企业508941个,合同外资金额10966.08亿美元,实际使用外资金额5621.01亿美元。仅2005年1—6月,合同外资金额861.90亿美元;实际使用外资金额285.63亿美元。利用外国各种贷款也达到相当规模,建成一批在国民经济发展中具有重要作用的项目。对外承包和劳务合作取得显著成绩,对外援助方式改革迈出可喜步伐,技术进出口、对外投资、同联合国发展系统的合作等都取得较大进展。所有这一切,促进了国内外经济的融合,使国内外经济实现了良性循环。

## 第三节　实施"大经贸战略"的主要政策措施

为"大经贸战略"的顺利实施,我们必须采取相应的措施并提供切实可行的政策保障。

### 一、实施"大经贸战略"的主要措施

#### (一) 转变观念

思想观念的转变对确定我国外经贸政策、提高外经贸机关的权威是非常重要的,是实施"大经贸"战略的重要条件。因此,外经贸主管部门和相关部门,要从传统的外经贸系统的局限中跳出来,着眼于全社会、整个行业,在制定政策、体制改革实施具体管理时都要从全局出发,要考虑到全社会所有的对外经贸企业、经贸业务的发展。对于直属企业是要支持的,但不是像从前那样给一些特殊政策,而是要帮助他们克服等、靠、要思想,自觉参与市场竞争,推动企业改革、改组、改造,增强活力,提高竞争能力。

#### (二) 转变职能

政府及相关的管理机构,要从过多的微观管理、直接干预转变到宏观间接调控上来。我国外经贸部机关的工作,重点是制定政策、法律法令、规章制度、发展

战略、规划,加强政府间的谈判,协调重要经贸活动,为企业创造良好的发展环境。对于一些必要的微观的管理,一要规范化,二要尽可能地实行公开、公正、透明的管理办法,比如公开招标等。

(三) 转变指导工作的方式

在过去,我们指导工作的主要方式除开会外,就采用发红头文件、电话、电传等,这些已不适应变化了的新情况。比如,发红头文件,一般说来只发到县团级,三资企业怎么办?好多乡镇企业也都没法发到,所以,必须改变政府及相关机关指导工作的方式。一是要充分利用电子政务工程、商务部 EDI 中心的电脑信息网络,用它了解情况、沟通信息,进行监管。二是要充分发挥《国际商报》在指导外经贸工作中的作用。国际商报能发挥传播快、传播面广和一竿子插到底的作用。三是要更多地利用电视、电话会议的方式。它不仅可以迅速而广泛地传播领导的意图,而且费用低。过去,好政策是保密的,现在要求公开、透明,这就为我们利用现代传媒工具创造了条件。总之,要充分利用现代科技成果,采取便捷、及时的方式来指导工作。

(四) 提高人员素质

"大经贸战略"对国家政府及相关主管机关工作人员提出了更高的要求。一是要求机关的公务员学习掌握全面的业务知识,比如,现在管劳务承包的人员,其业务既涉及外贸又涉及外资;管外贸的人员,其业务不仅要涉及外资,还要涉及劳务承包;管外资的要涉及外贸、承包劳务等。所以,机关工作尽管有分工和侧重,但所有人员对相关的业务知识都要有所了解。二是我们机关的公务员要了解整个国家经济全局的情况和政策。因为外经贸是国家经济中不可分割的一部分,又是要渗透到每个行业之中的,所以要正确决策就必须了解全局。此外,还要了解基本的生产、技术知识,成为复合型人才。这样才能更好地履行自己的职责。另外,对外经济贸易工作涉及国民经济的各个部门和社会生活的方方面面,实施"大经贸战略"使社会的各个部门和人员都会接触到一些外经贸活动,将会使我们的工作和服务的面越来越宽。因此,我们每一个人都应该了解国际经济全局以及相关行业的情况,学习和掌握全面的业务知识以及基本的生产、技术知识,成为适应于全球经济一体化条件下的复合型人才。

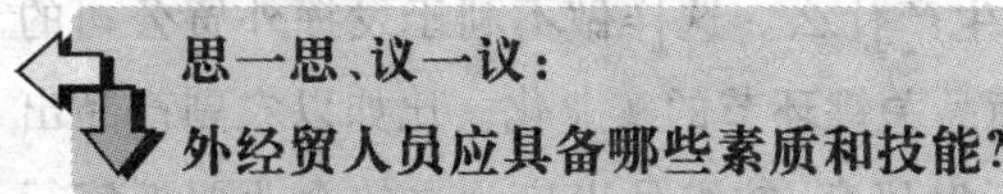

(五) 加强合作

对外经济贸易工作涉及国民经济的各个部门,实施"大经贸战略"的主要目的是打破外贸领域的垄断,鼓励各类所有制企业参与国际竞争和合作,实现外经贸经营主体多元化并使外经贸工作实现较强的融合。因此,外贸部门、外资部门以及银行、保险等服务部门要加强合作,各个行业、各个企业以及相应的协会要加强协作与配合,形成发展出口合力,发挥各个方面扩大出口的积极性。

(六) 深化企业改革

所有从事对外经贸业务的企业,一是要转变观念,都要由过去的重创汇、轻效益,重数量增长、忽视质量信誉提高等,转变为创汇与效益并重,增强竞争意识,主要靠提高质量、信誉,积极主动参与市场的平等竞争求发展。二是要加强企业经营管理。重点是加强企业的财务、投资、客户管理,搞好资产经营,整顿国内外分支机构,建立民主、科学决策机制,强化审计监督。三是要加快企业联合、改组。我国外经贸企业经营规模小,抵御风险能力差,不能适应国际竞争的需要。要推动企业在自愿、互利的基础上实现联合、兼并,逐步形成一批以外经贸公司为龙头、贸工农技商结合的综合商社和以生产企业为核心、具有多种功能的产业跨国公司,在我国对外经济贸易发展中发挥骨干作用。同时,对一些小的外经贸企业要根据因地制宜、发挥优势的原则,采取股份合作制等形式进行改组,实行贸工农一体化经营。四是要改变主要以收购制为主的经营方式,加快推行进出口代理制,加速外贸公司实业化进程。虽然自2004年7月已经开放外贸经营权,外贸经营主体实现了多元化,但在进出口商品高技术、高附加值比重增加的情况下,外贸公司再以收购制为主,而小型生产企业自营外贸,这在出口商品成本、对市场的灵活反应、对风险的抵御方面,都显示出明显的弱点。所以,必须加快向代理制为主转变。当然,是自营还是委托代理进出口,要根据效益来选择。从各国的普遍做法看,生产企业主要是经营主产品,考虑到经营风险,也有一部分要委托经营。对大量的中小生产企业,自营进出口不合算,多数是委托外贸公司代理。外贸公司要靠改善服务来争取更多的代理委托,增加收益。在加快推行外贸代理制的同时,有条件的外贸公司、国际经济合作公司要实业化,实业化并不是出口什么,自己就去投资生产什么。这样做不利于发挥外贸公司的优势,力量也不允许,但必须抓主营商品关键环节的实业化。比如以农副产品出口为主的外贸公司要抓改良品种的开发研究,纺织品出口为主的企业要抓流行服装的设计开发；国际经济合作公司要有自己的设计、投标、监理队伍等。要牵“牛鼻子”，要贯彻“人无我有，人有我好”的原则。开发出来的新产品，可以委托加工，既可以保证质量、数量、效益，又可带动相关产业的发展；能够多投标、中标，就可以把一批建筑、生产企业带出去，掌握主动权，这已被实践所证明。实业化中要重视利用现有的生产和研究开发力量，避免重复投资。重视利用外资，取长补短，加快实业化进程。同时要加快完善这方面的立法，制定相应的政策措施，为实行代理制创造必要条件。

（七）完善相应的法律法规

市场经济是法制经济，我国有关部门积极完善各类经贸法规，为“大经贸战略”实施提供了法律保障。1994 年 5 月，全国人大批准并颁布了中国第一部《中华人民共和国对外贸易法》。《中华人民共和国对外贸易法》是对外贸易的根本大法，它将为外经贸宏观管理提供法律保障，也将为各类外贸企业之间平等竞争创造条件。2004 年 7 月 1 日对《中华人民共和国对外贸易法》进行了修改并颁布实施了新的《中华人民共和国对外贸易法》，使所有法人或自然人均可依法获得进出口经营权，外贸经营主体多元化的目标已经实现。当前，对外经济贸易已不再是个别部门和少数行业的事情，已成为国民经济不可缺少的重要组成部分，并且对外贸易企业、国际经济合作公司、外商投资企业业务实现了交叉融合，达到了外经贸经营主体多元化、企业经营综合化的目的。

## 二、实施“大经贸战略”的主要政策

（一）完善了外经贸宏观调控机制方面的政策

1994 年以来，国家相继在财税、金融、外贸、投资等领域进行了重大改革，颁布和实施了相应的改革政策和措施。改革外贸体制的措施主要有：建立以市场为基础的、单一的、有管理的浮动汇率制度，实行人民币经常项目下有条件可兑换；取消外汇留成，改批汇制为银行结售汇制；2005 年 7 月 21 日又对外汇制度进行了改革，实行了盯住一篮子货币、有管理的浮动汇率制度；取消了外贸经营的指令性计划，外经贸宏观管理由原来的直接管理变为间接管理；建立现代企业制度，加快转换各类企业经营机制；统一外经贸政策、提高透明度。随着我国加入世界贸易组织，我们进一步规范了关税政策和非关税措施，开放了国内市场，逐步放开外经贸经营，真正以关税、汇率、利率等经济手段和法律手段管理对外贸

易,加速与国际经济惯例接轨,为“大经贸战略”的顺利实施创造一个良好的制度环境。

(二) 制定了完善的产业政策

我国制定了较为完善的产业政策,为外经贸发展提供了政策依据;推动了主导产业的发展和我国整体产业国际竞争力的增强,缓解了基础工业、基础设施和重要服务业的瓶颈约束,促进了中西部地区经济发展,为外经贸全面发展创造了良好的物质基础;同时,还为我国扩大出口、更多更好地吸收外部资金、技术和管理经验提供了一些鼓励政策和措施。

**思一思、议一议:**

**我国现行的产业政策中鼓励吸引外资和技术的政策有哪些?**

(三) 建立健全了外经贸的促进政策

面临激烈的国际竞争,20世纪90年代中后期,根据我国实际并参照国际惯例,我国建立和健全了外经贸促进政策体系,为“大经贸战略”的实施提供了有力的手段。外经贸促进政策包括:(1) 融资政策。金融部门(包括进出口银行)在改进服务和提高效率的同时,采取措施,扩大出口信贷的规模,促进技术密集型产品如高附加值机电产品、成套设备出口,加快出口产业升级。积极开展出口信贷保险业务和对外投资担保业务,为各类企业开拓国际市场提供有效支持。(2) 鼓励出口政策。人民币由经常项目下有条件可兑换向经常项目基本自由兑换,最后向自由兑换过渡,为促进出口发挥了积极作用;完善了出口退税办法,实现了足额及时退税,简化了手续;实行了鼓励出口的信贷政策,并对在扩大出口方面作出贡献的企业和企业家给予奖励等等。(3) 加强经贸中介组织建设,改进商情信息服务工作。建立和健全了各种经贸中介组织,发挥它们在提供商情服务和支持中小企业开拓国际市场方面的作用。在目前情况下,政府还应该为经贸中介组织提供必要的财力支持。(4) 扶持外经贸企业走实业化、集团化、国际化道路的政策。(5) 完善利用外资、引用先进技术和在高新技术领域开展国际合作等方面的鼓励政策,促进其向扩大规模、提高效益和优化结构的方向发展。

例如,2004年我国还出台了鼓励我国企业“走出去”的以下政策:(1) 国家发改委、中国进出口银行2004年10月27日下发《关于对国家鼓励的境外投资重点项目给予信贷支持的通知》,发改委和进出口行共同建立境外投资信贷支持机制,每年专门安排“境外投资专项贷款”,享受出口信贷优惠利率。(2)商务部2004年9月23日公布《关于境外投资开办企业核准事项的规定》,中国企业境外投资实行核准制,由商务部核准,非中央企业在某些国家(国别适时公布)的投资由省级商务主管部门核准。(3)国家发改委2004年10月发布的《境外投资项目核准暂行管理办法》,简化了审批的程序和内容、下放权限,使中国企业境外投资管理更为有序、高效。(4)国家外管局也出台了一系列政策,如放松购汇管制、放开“走出去”企业试点、允许个人财产对外转移售付汇等。2005年1月25日国家发改委、中国出口信用保险公司联合下发了《关于建立境外投资重点项目风险保障机制有关问题的通知》,由中国出口信用保险公司向国家鼓励的境外投资重点项目提供投资咨询、风险评估、风险控制及投资保险等境外投资风险保障服务。这些措施都将使我国“大经贸战略”、“走出去”战略落到实处。

## 三、需要进一步研究的若干理论问题

要很好地实施“大经贸战略”,保证其切实得到贯彻执行,从理论上看还要加强对以下问题的研究:

(1)专业化分工与协作、联合的关系。市场经济是专业化分工高度发达的经济,同时也是有着广泛协作和联合的经济。由于生产的国际化和跨国公司的日益发展,发达国家在专业化分工加强的同时,也出现了综合化、联合化、多样化经营,如何结合我国的实际正确处理外经贸企业与其他企业之间的分工和联合关系,是理论界需要深入研究的问题。

(2)竞争与垄断的关系。发达国家的经验表明,当今世界完全的竞争和完全的垄断都是不存在的,在竞争与垄断之间存在一个合理的结合点。就外经贸领域而言,同样也存在这个问题。我国的现状是过度竞争与过分垄断并存,我们面临着既要打破垄断、又要防止过度竞争的双重任务,这也是外经贸理论工作者亟待研究的一个问题。

(3)市场机制与政府干预的关系。在外经贸领域,政府干预和市场机制的关系从理论上讲同其他领域一样,是一种互为补充、互为依存的关系。但在经济(外贸)体制改革过渡期,如何正确处理政府干预和市场机制的关系是难度很大

的问题;如何使外经贸宏观调节和管理与市场机制的长期作用趋势保持一致,确实起到校正市场扭曲和弥补市场缺陷的作用,也是值得好好研究的大问题。

(4) 政府干预方式和手段的选择问题。在外经贸宏观调节和管理上要采取以间接调控为主的方式是毫无疑问的,但是在不同条件下经济、法律手段与行政手段如何合理组合,在外贸调节上关税手段和非关税手段在符合关贸总协定原则条件下如何合理配合等,都是亟待研究的问题。

(5) 宏观调控与微观基础的关系。外经贸宏观调节与管理需要有合适的微观基础,如何按照社会主义市场经济条件下外经贸宏观调控的需要,并按照现代企业制度的要求重塑外经贸的微观基础,包括企业经营机制和企业组织结构,也是确立新的外经贸发展模式需要研究的一个重要问题。

(6) 静态优势与动态优势的关系。外经贸发展既要有利于发挥我国的静态比较优势,同时还要有利于培植动态比较优势,确保国家的长期利益,必须在两者之间寻找一个合理的结合点,保证静态利益和动态利益的平衡。这个问题的妥善解决对于"大经贸战略"的实施具有重大意义。

## 本章小结

1. 随着世界经济一体化进程的加快,世界经济格局也在发生着变化。一个国家要想在激烈的国际竞争中立于不败之地,必须积极参与国际经济交往、融入世界经济。为此,我国在20世纪90年代提出实施"大经贸战略"。

2. "大经贸战略"的内涵是随着改革开放的深入而不断丰富的,随着改革开放理论的突破而不断深化的,总起来说即大开放、大融合、功能大转变。"大经贸战略"的目标是:(1) 外经贸适度超前增长;(2) 实现我国经济的集约化发展;(3) 外经贸市场多元化;(4) 我国各地区分工合理化;(5) 国内外经济良性循环。为实施"大经贸战略",我国政府及有关部门必须完善相关的法制,制定相应的政策,改变职能,提高服务。

## 思考与练习

### 一、名词解释

1. 大经贸战略
2. 粗放型经营
3. 集约化经营

## 二、选择题

1. 我国实行的大经贸战略是建立在对外经济贸易(　　)的基础上的。

A. 外贸专业公司统一经营　　B. 经营主体高度集中

C. 经营主体多元化　　D. 国有外贸公司和三资企业

2. 大经贸战略要求实现(　　)发展。

A. 商品贸易优先

B. 技术贸易优先

C. 服务贸易优先

D. 商品贸易、技术贸易、服务贸易的一体化协调

3. 大经贸战略的目标之一是对外经济贸易应保持与国民经济的(　　)增长。

A. 同步　　B. 适度超前

C. 适度滞后　　D. 高度超前

4. 大经贸战略的基本内容是(　　)。

A. 出口商品结构多元化

B. 商品贸易、技术贸易、服务贸易一体化协调发展

C. 外经贸宏观管理与国民经济宏观调控相结合

D. 贸易、工业、农业、商业、技术、银行相结合共同促进外贸发展

5. 目前我国出口市场仍主要集中在(　　)。

A. 港澳地区　　B. 美国、日本

C. 欧盟国家　　D. 独联体、东欧国家

E. 东盟国家

6. 为实施出口市场多元化战略,我国重点开拓的新市场是(　　)。

A. 西方工业发达国家　　B. 港澳地区

C. 发展中国家和地区　　D. 独联体、东欧国家

E. 欧盟国家

## 三、简答题

1. 我国实施的“大经贸战略”的内涵是什么?“大经贸战略”的基本内容包括什么?

2. “大经贸战略”的实施目标是什么?应建立健全哪些相关的法制、政策?

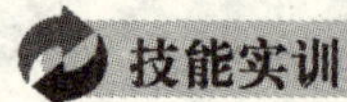

1. 小论文:浅析近年来我国进出口的现状。

2. 登录"中华人民共和国商务部"网站,查阅我国鼓励出口、鼓励"走出去"的政策;查阅我国促进外经贸发展的产业政策以及鼓励引进外资和技术的政策。

**案例分析**

## 案例5-1 青海省"十五"期间对外贸易发展目标

(一)"十五"期间对外贸易发展目标——实现大经贸战略

1. 实现大经贸战略,确立发展结构模式。要实施大经贸战略,增加对外贸易经营主体在推进贸工农技结合的同时,积极扶持各类企业开展对外贸易,把更多的企业推上国际竞争第一线,直接面向国际市场,参与国际竞争。引导自营进出口企业根据国际市场的需求变化,发挥自身优势,积极培育拳头产品,争创名牌产品,加快迈向国际市场的步伐,加强国有大中型企业的综合运用能力。同时挖掘三资企业的出口潜力,积极赋予私营企业进出口经营权。切实加强对各类进出口企业和外商投资企业的业务指导和管理工作,进一步实现我省外贸经营主体的多元化,培植新的外贸出口增长点,从而扩大我省外贸出口的规模,使外贸出口有大的增长。

出口产品结构设想:

根据我省的经济发展水平、产业结构的调整,以及国际市场的需求变化,以资源开发为基础,在"十五"期间造就一批具有潜在比较优势及青海特色的出口商品。

到2005年,工矿产品仍是我省出口产品中的支柱产品,符合我省矿产资源丰富、能源资源得天独厚的实际,平稳发展农牧业,并逐步增加科技投入,向精、深加工发展,加快发展机电产品出口,扩大盐化工产品和有色金属矿产品出口,提高出口商品制成品比重。

2005 年初级产品出口占全省总值的比重由 2000 年的 15% 下降到 12%；工业制成品出口占全省出口总值的比重由 84% 上升到 88%，其中原料性制成品出口比重由 57% 下降到 28%，机电产品和高科技、高附加值产品出口比重达到 26%。

出口产品发展方向：

“十五”期间，要坚持以市场需求为导向，以优势资源为依托，对经济结构进行战略性调整，发展具有市场竞争力的产业和产品，逐步形成具有青藏高原特色的特色外贸。重点是：(1) 农畜产品向精、深加工方向发展，重点开发植物蛋白饲料、三刺、人参果、蜂蜜、土豆淀粉等具有地方特色的深加工农副产品和绿色食品，增加畜产品的技术含量和附加值，努力开发牛绒、羊绒新品种，重点研究皮革深加工工艺，重点开发高技术、高附加值的明胶系列产品，提高出口产品的质量、档次和经济效益。(2) 依靠现有基础设施。提高冶金工业产品出口的档次和技术水平，开发高技术含量、高附加值的有色金属工业产品出口。重点开发专用钢新品种以及碳化硅、硅铁生产技术的提高和产品的深度加工。(3) 充分利用我省丰富的盐湖资源，加快攻克技术难关，发展盐化工业。重点开发金属钠、脱水光卤石、深加工金属镁、金属锂、碳酸锶等产品出口。(4) 充分利用我省丰富的高原动植物资源，开发具有高原特色的中藏药品、医药保健品出口。利用虫草、赛隆骨、红景天、大黄、藏茵陈、麻黄素等开发系列生物药品和保健品。(5) 围绕机械、纺织行业的战略调整，重点开发重型机床、电子量刃具等高技术机电产品和具有原材料优势的轻纺产品出口，实现产品的升级换代。(6) 利用我省电力资源和矿产资源相对充足的优势，积极寻求国外企业，采取灵活贸易方式，开展来样、来图和委托加工出口业务，使加工贸易成为一个新的增长点，比重由 5% 增加到 25%。同时，努力开拓与俄罗斯及周边国家的易货贸易，争取启动服务贸易和技术贸易。

2. 不断增加传统出口商品的市场份额，努力开发新产品。我省出口产品结构单一，产品不能适应国际市场的需求，严重制约了我省出口规模的扩大。“十五”期间，要紧紧围绕全省经济结构的调整重点，不断提高出口商

品的质量和档次，坚持以质取胜，增强国际竞争能力，由出口低附加值初级产品为主逐步转向出口精加工、高附加值产品为主，同时要根据当前全省经济发展的重点，突出省内资源优势，扩大地方特色产品出口，大力开发出口有市场的适销对路的新产品，实施科技兴贸战略，大力推动高新技术产品出口。

3. 培育一批出口商品生产基地。“十五”期间，我省出口商品生产基地未能建立，致使出口货源不稳定，影响了我省外贸出口的增长。培育出口商品生产基地，稳定货源仍是“十五”期间我省对外贸易的发展目标之一。根据我省出口产品的优势，积极筹措资金，加强对出口产品基地建设的投入，有计划、分步骤地建立机电产品、地毯、土畜产品、中医药保健品、铁合金产品、铅锌矿产品等出口产品生产基地。

4. 形成多元化的出口市场，改变目前我省出口市场过分集中在亚洲地区的不利局面。在努力巩固亚洲、欧洲、美洲三大传统出口市场的同时，下大力气，多方位积极开拓非洲、拉美、中东、独联体等新市场。减少对东南亚市场的过度依赖，增强外贸发展的机动性和抗风险能力。2005年出口3.4亿美元，其中：亚洲1.87亿美元，比重为55%；美洲0.68亿美元，比重为20%；欧洲0.51亿美元，比重为15%；非洲0.17亿美元，比重为5%；大洋洲0.17亿美元，比重为5%。

5. 使进口商品结构更趋合理，进口规模不断扩大。侧重于先进技术和关键设备及满足我省工农业生产所需的重要原材料的进口，推动企业的技术改造和产业升级，扩大进口规模，提高引进质量，使进口增长略高于出口，利用进出结合，以进代出，扩大出口。

（二）实现发展目标应采取的主要措施和重点要解决的问题

1. 加快外贸体制改革步伐，更好地实现大经贸战略。根据社会主义市场经济的要求，结合青海实际，深入推进外贸体制改革，加大外贸企业的改制力度。以建立现代企业制度为目标，加快转换经营机制，不断完善企业内部机制，强化所有权约束，加强企业内部管理和外部监督机制，大力推行贸、工、农、技、商、银的相互结合，实现国有外贸企业组织机构的整体优化、推动企业开展一业为主、多种经营，走实业化、集团化、国际化、多元化的路子。采取参股、控股、收购、兼并、联合等多种有效形式，吸纳更多的生产企业组建企业集团，通过建立企业集团等形式形成竞争合力。推动各类企业进入外贸领域，促进工贸的有机结合，以具有资源优势的拳头产品为龙头、大中型企业为骨干，将优良资产、优势资源、优势企业和优秀人才结合起来，组建符合现代企业制度要求，具有较大经济规模的集贸、工、科一体化的外贸企业集团，支持和引导有地方特色的项目和产品发展，构建具有生机与活力的特色外经贸，真正实现大经贸战略。

2. 调整出口商品结构，提高出口商品竞争力。立足我省资源优势，按照全省经济结构调整的总体要求，以实施科技兴贸战略为重点，加快出口商品结构升级换代的步伐，确定骨干产品和骨干行业，处理好传统出口产品、资源型出口产品与高科技、高附加值出口产品的关系。首先，要优化我省出口商品的总体结构，加大科技投入，建立科技创新机制，加强与科技部门的联系，大力开展科技含量高、附加值高的产品，提高出口商品的质量和档次，支持名牌产品和高新技术产品出口，扩大轻纺产品、机电产品的出口比例，改变目前我省出口以原料性和初加工制成品为主的现状。其次，根据国际市场需求，对于我省传统的大宗骨干出口商品，在初级加工的基础上进行深度开发，在深加工方面狠下工夫，不断提高出口产品的技术含量和附加值，加快产品更新换代。依托地产独特资源，选择一批重点出口商品和出口优势企业予以政策、资金方面的扶持，争取创出有青海特色的出口商品，提高我省出口产品的综合竞争力。“十五”期间，重点扶持 10 户出口千万美元以上的骨干企业，并保持年递增 2 户以上，力争每年培植 3—5 种新商品进入国际市场。

3. 进一步实施市场多元化战略。认真分析国际市场的变化及我省出口商品的实际情况，及时研究出口市场结构，制订出切实可行的方案，对传统的美国、日本和亚洲市场以优化产品结构为主，增加出口产品的技术含量和附加值，提高产品的质量和档次，搞好售后服务，巩固稳定传统市场。同时，加强与驻外经贸机构的联系，找准我省出口市场的主攻方向，对潜在的新

型市场要研究当地的经济结构、消费特点，努力寻找产品出口机会，挖掘有潜力的产品，有针对性地开拓新市场，建立国际市场信息网络，通过各种形式随时了解市场信息，增加开拓国际市场的资金投入，大力开拓符合我省产品销路的海外市场。鼓励企业重点拓展非洲、拉美市场，针对欧元区的出现，制定切实可行的营销策略，把我省具有资源优势、比较优势的产品推向新市场，减少对亚洲市场的过度依赖，增大外贸的回旋余地，保持主动，避免受制于人。

4. 千方百计扩大出口，处理好规模与效益的关系。我省外贸企业普遍存在亏损情况，经济效益不理想。外贸企业应转换经营方式，从粗放型经营转向集约型经营；从单纯注重数量的扩大转向更加注重改善经济效益，在此基础上形成新的规模。外贸企业通过改革，转换机制，以名优产品为龙头，组建集团，并积极联合生产企业、科研单位逐步扩大整体实力，取得规模效益，实现规模与效益的同步增长。

资料来源：青海省经济信息网（青海省“十五”规划中的部分内容）。

**问题：**

1. 从青海省“十五”期间的对外贸易发展目标来看，“大经贸战略”的内涵是什么？

2. 青海省为实施“大经贸战略”欲采取哪些措施？解决哪些问题？

### 案例5-2　中国企业积极海外扩张

2004年2月2日，上海宝钢集团公司正式对外宣布，将与巴西淡水河谷公司（CERD）合资，在巴西建设大型钢铁联合企业。据宝钢方面说，这个项目是迄今为止中国最大的海外直接投资项目，总投资预算约15亿美元，将在巴西东北部马拉尼昂州的圣路易斯市设一集采矿、冶炼、轧钢和经营于一体的综合性钢厂。与宝钢合资的伙伴巴西淡水河谷公司是一家1942年成立的国有企业，因其率先在巴西淡水河谷开矿而得名。1997年，该公司在政府鼓励下实行私有化，成为巴西竞争力最强的集团公司。现在，在巴西各地经营二十多处矿山的开采，公司共有铁矿砂储存量380亿吨。

2000 年下半年，在墨西哥索诺拉州奥夫雷贡市郊一片空旷的荒地上，一座建筑面积 6 万平方米的现代化大型纺纱厂拔地而起，那就是投资近 1 亿美元的华源墨西哥纺织实业有限公司，即落户于上海浦东的国有大型企业——中国华源集团在北美自由贸易区成员国墨西哥建立的面向美国市场的中国独资纺纱厂——“墨西哥项目”。

其他行业的企业也有类似的行动。例如国内家电行业有名的 TCL，于 2003 年斥资 820 万欧元收购了德国著名品牌——施耐德。自此，TCL 已坐拥四大品牌，分别是 TCL、乐华以及德国施耐德、美国高威达。2003 年青岛海尔设立了海尔美国总部，在巴基斯坦工业园的洗衣机、冰箱、空调项目也全面投产。又如三大石油巨头——中国石油化工集团、中国海洋石油有限公司、中国石油天然气集团公司，自 1993 年始就有在海外收购兼并的行动。

**问题：**

1. 中国企业是在怎样的背景下进行海外扩张的？为什么？

2. 你认为上述企业的行为是否是实施“大经贸战略”？你认为我国企业“走出去”应采取什么样的方式为好？

# 第六章

# 中国与世界贸易组织

【导读】 本章主要介绍了我国申请恢复关贸总协定缔约国地位和加入世界贸易组织的艰辛历程；介绍了世界贸易组织的宗旨、目标及基本原则；介绍了我国加入世贸组织后应享有的权利和义务；分析了我国加入世贸组织的必要性及我国与世贸组织的关系。

## 第一节　中国申请"复关"和加入世界贸易组织的概况

我国从1986年7月10日提出申请恢复我国在关贸总协定中的缔约方地位,到2001年11月11日《中国加入世贸组织议定书》正式生效,15年间,中国复关和入世谈判跌宕起伏,艰苦卓绝。

### 一、中国与关贸总协定的历史关系

1948年3月24日,中国政府签署了在哈瓦那召开的联合国世界贸易和就业会议的最后文件,成为国际贸易组织临时委员会执行委员会的成员。1948年4月21日,中国政府签署关贸总协定(临时适用议定书),并从1948年5月21日正式成为关贸总协定缔约方。1949年10月1日中华人民共和国成立,成为中国的唯一合法代表。可是在1950年3月6日,台湾当局由其"联合国常驻代表"以"中华民国"的名义照会联合国秘书长,宣布退出总协定。到了1965年1月21日,台湾当局又提出观察总协定缔约方大会的申请,同年3月,第22届缔约方大会接受台湾当局派观察员列席缔约方大会。

1971年10月,联合国大会通过了关于恢复中华人民共和国合法席位的第2758号决议,恢复了中华人民共和国在联合国的合法席位。关贸总协定按照在政治上服从联合国决议的原则,于1971年11月26日终止了台湾当局的"观察员"地位。不久,我国于1972年5月成为联合国贸发会议和关贸总协定下属机构国际贸易中心的成员。之后,我国逐步与关贸总协定恢复了联系。

虽然我国认为台湾当局不能代表中国,其于1950年3月宣布退出关贸总协定是不合法的、是无效的,但是台湾当局退出关贸总协定的法定程序是关贸总协定所接受的,如果让关贸总协定否定它过去所作出的决定,势必会引起有关"关贸总协定所作出的决定的法律效力"的争议,这显然是不现实的。另外,关贸总协定不是一个传统意义上的国际组织,而是一个契约,涉及有关国家在其中的权利和义务,契约内容的改变也是十分棘手。因此,我国政府决定:(1)在政治上恢复在关贸总协定中的地位;(2)在经济上对过去的近40年中断期间的权利和义务互不追溯,与缔约国重新进行谈判,自与缔约方达成协议之日起恢复中国的地位。所以,我国与关贸总协定的关系是"恢复"而不是"加入",我们称之为"复关"。

## 二、中国"复关"的历史经过

(一) 1986—1992年:6年时间、4万个问题,紧紧围绕着四个字——"市场经济"

1978年我党召开了十一届三中全会,提出了改革开放、加快发展国民经济的目标,这必然要求进一步加强与发展国际间的经济联系和合作。这次会议产生的一个直接效应就是要让长期封闭、半封闭的中国尽快融入世界经济发展的潮流之中。

1980年,我国先后在世界银行和国际货币基金组织取得合法席位。在世界三个主要经济组织中,只有关贸总协定我们还没有参加。随着改革开放的不断深入和扩大,以及对外经济贸易的迅速发展,1982年,当时的外贸部给国务院写报告,建议参加关贸总协定。报告认为,关贸总协定是规范当时世界贸易的一个组织,关贸总协定的成员在当时的贸易总量占世界贸易总量的85%,同时我国与关贸总协定成员的贸易量占我国整个进出口贸易量的85%,这两个85%说明关贸总协定是相当重要的;无论我国参加与否,它的各种规则对中国都有直接、间接的约束力,所以,恢复在关贸总协定中的缔约方地位对我们是有利的。

1982年11月,我国政府获得关贸总协定观察员身份并首次派团列席了关贸总协定第36届缔约方大会。1982年12月31日,国务院批准了中国申请参加关贸总协定的报告。1984年4月,中国成为关贸总协定特别观察员。1986年1月10日,我国国家领导人在会见关贸总协定秘书长邓克尔时,表示希望恢复中国在关贸总协定中的缔约方地位。1986年7月10日,我国驻日内瓦代表团大使钱嘉东代表中国政府正式提出申请,要求恢复中国在关贸总协定中的缔约方地位。1987年3月,关贸总协定理事会成立了"关于中国缔约方地位工作组",同年7月任命瑞士驻关贸总协定大使基拉德先生为中国工作组主席,同年10月22日中国工作组第一次会议在日内瓦举行,开始了中国的复关谈判。

按照关贸总协定的规则,中国复关谈判分为两个阶段,第一个阶段是对中国的外贸体制进行审议;第二个阶段是实质阶段,进行双边市场准入谈判并起草议定书。第一个阶段仅仅审议中国外贸体制就进行了6年。对我国外贸体制的审议实际上是对我国经济体制的审议。当时我国还是一个以计划经济为主的国家,大部分价格是由国家制定的,关税也比较高,而关贸总协定是在市场经济基础上建立起来的一个国际多边贸易组织，所以各国代表提出的问题很多是这两种不同的经济体制的差别所带来的，比如我国计划怎么制订，我国的价格怎么决定等等。

在中国复关谈判初期，市场经济在我国还是理论上的禁区，被认为是资本主义的东西。1982 年召开的党的十二大，提出了“计划经济为主，市场调节为辅”的原则。1984 年 10 月的中共十二届三中全会，进一步明确社会主义经济是“公有制基础上的有计划的商品经济”，直至 1987 年 10 月党的十三大仍然延续了有计划的商品经济这一提法。在复关谈判中，美国代表说，世界上只有两种经济，一种叫计划经济，另一种叫市场经济，没听说过商品经济。欧盟的代表说，他们翻了词典，英文里没有商品经济这个词，请中国代表给予解释。由于“商品经济”这几个字，使中国复关谈判的外贸体制审议迟迟得不到通过。一位参加我国复关入世谈判 10 年的同志回顾说，在审议我国外贸体制时一共提出了四万多个问题，但归结起来是一个问题，就是中国承诺不承诺搞市场经济的问题。

1992 年初，邓小平同志南巡重要讲话对于当时正处在理论十字路口的改革如同拨云见日，也为复关谈判扫清了障碍。1992 年 10 月召开的党的十四大明确指出，我国经济体制改革的目标是建立社会主义市场经济体制，以利于进一步解放和发展生产力。我国的改革目标确定后，复关谈判团团长佟志广在中国工作组会议上宣布：我们中国要搞市场经济，要搞社会主义市场经济，是共产党领导的市场经济，就其一般特征来说与其他国家搞的市场经济没有什么区别。我国承诺搞市场经济，与关贸总协定的基本原则接上了轨。这一承诺得到了关贸总协定缔约方的一致认可，工作组主席基拉德宣布结束对我国贸易体制的审议，进入实质性谈判。我方代表也宣布，欢迎缔约方与中方进行市场准入的谈判。持续了近六年的复关谈判终于完成了第一阶段的任务。

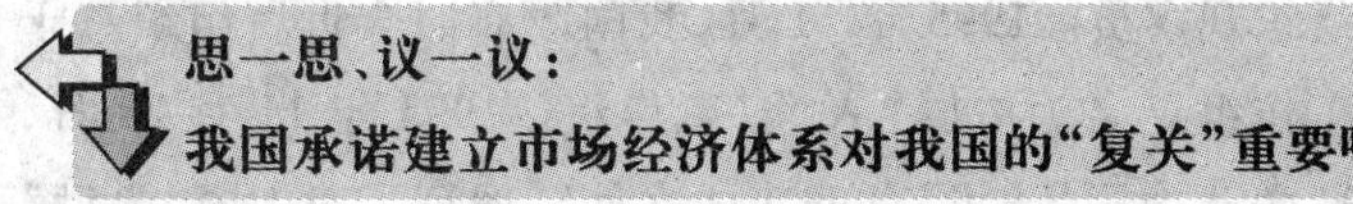


（二）1992—1995 年：世界贸易组织成立前的一次冲刺，复关谈判未能取得成功

1992 年 10 月 10 日，中美达成《市场准入备忘录》，美国承诺“坚定地支持中国取得关贸总协定缔约方地位”。1994 年 4 月 12 日至 15 日，关贸总协定部长

级会议在摩洛哥的马拉喀什举行，乌拉圭回合谈判结束，与会各方签署《乌拉圭回合谈判结果最后文件》和《建立世界贸易组织协议》。我国代表团参会并签署《最后文件》。1994年8月底，我国提出改进后的农产品、非农产品和服务贸易减让表。作为解决复关问题的一揽子方案，并从9—10月派出以海关总署关税司司长吴家煌为团长的市场准入代表团在日内瓦与缔约方进行了五十多天的谈判。然而，一系列谈判并没有向我国预期的方向前进，在这场掺杂了政治因素的谈判中，一些缔约方提出的苛刻要求和态度让我国无法接受。1994年11月28日，外经贸部部长助理龙永图会见关贸总协定总干事萨瑟兰。与此同时，我国驻美国、欧共体和日本大使分别约见驻在国高级官员，通报我国政府关于复关谈判最后时限的决定。1994年11月28日至12月19日，龙永图率我国代表团在日内瓦就市场准入和议定书与缔约方进行谈判，由于谈判立场差距过大，谈判未能达成协议。世界贸易组织成立之前，我国复关谈判的最后冲刺未能取得结果。

### 三、中国"入世"的艰辛过程

随着关贸总协定的结束，1995年1月1日世界贸易组织正式成立了，历史翻开了新的一页。虽然我国未能及时复关，但我国人民加快发展、改革开放的决心不但没有变化，反而因自身的发展壮大而更为坚定。从1995年7月我国的复关谈判转为加入世界贸易组织谈判，中国进入"入世"过程。

1995年3月11—13日，美国贸易代表坎特访华，与外经贸部部长吴仪就复关问题达成八点协议，同意在灵活务实的基础上进行中国"入世"的谈判，并同意在乌拉圭回合协议基础上实事求是地解决中国发展中国家地位的问题。1995年5月7—19日，应关贸中国工作组主席基拉德邀请，外经贸部部长助理龙永图率我国代表团赴日内瓦与缔约方就中国复关进行非正式双边磋商。1995年6月3日，我国成为世贸组织观察员。1995年11月，我国政府照会世贸组织总干事鲁杰罗，把中国复关工作组更名为中国"入世"工作组。1995年11月28日，美方向中方递交了一份"关于中国'入世'的非正式文件"，罗列了对中国"入世"的28项要求。1996年2月12日，中美就中国"入世"问题举行了第10轮双边磋商。我方对美方的"入世"的28项要求逐点做了反应。

1996年3月22日，龙永图率团赴日内瓦出席世贸组织中国工作组第一次正式会议并在会前和会后与世贸组织成员进行双边磋商。1997年8月6日，我国与新西兰在北京就中国"入世"问题达成双边协议。1997年8月26日,我国与韩国在汉城就中国"入世"问题达成双边协议。1997年10月13日至24日,外经贸部首席谈判代表龙永图副部长率团在日内瓦与欧盟、澳洲、挪威、巴西、印度、墨西哥、智利等30个世贸组织成员进行了双边磋商;与匈牙利、捷克、斯洛伐克、巴基斯坦签署了结束中国"入世"双边市场准入谈判协议,并与智利、哥伦比亚、阿根廷、印度等基本结束了中国"入世"双边市场准入谈判。

1997年10月26日至11月2日,江泽民同志应邀访美,在与克林顿总统发表的联合声明中,重申加快中国"入世"谈判,争取尽早结束。江泽民同志还宣布了中国参加信息技术协议(ITA)的意向。1997年11月1—16日,随同李鹏同志访日的外经贸部首席谈判代表龙永图副部长与日本外务省副外相原口就中国"入世"问题发表联合声明,重申中日双方已在服务业市场准入谈判方面取得重大进展,从而表明中日两国关于中国"入世"双边市场准入谈判已基本结束。1997年11月2日,出席亚太经合组织(APEC)部长级大会的中美高级贸易官员就中国"入世"问题全面地交换了意见,并一致认为双方代表团应加强努力,尽快落实中美首脑联合声明中关于加强中国"入世"谈判的宗旨。1997年12月1—12日,以外经贸部首席谈判代表龙永图副部长为团长的我国代表团在日内瓦出席了世贸组织中国工作组第6次会议,就议定书和工作组报告的绝大部分内容达成了谅解,期间还与美国、欧盟、日本、澳大利亚、巴西、墨西哥等国进行了双边磋商。

1998年3月28日至4月9日,在世贸组织中国工作组第7次会议上,我国代表团向世贸组织秘书处递交了一份近6 000个税号的关税减让表,得到了主要成员的积极评价。1998年5月18—22日,龙永图率我国政府代表团赴日内瓦参加了多边贸易体制50周年大庆和世贸组织第2届贸易部长会议。1998年6月17日,江泽民同志接受美国记者采访时提出"入世"三原则:(1) 世界贸易组织没有中国参加是不完整的;(2) 中国毫无疑问要作为一个发展中国家加入世界贸易组织;(3) 中国的"入世"是以权利和义务的平衡为原则的。1998年11月16日,江泽民同志和美国副总统戈尔在APEC吉隆坡会议上会晤,双方都表示希望在1999年早些时候结束中美双边谈判。

**思一思、议一议：**

**为什么我国毫无疑问要作为一个发展中国家加入世界贸易组织？**

1999年3月3日，中美高级贸易代表团就降低关税、进一步敞开农业、电信、金融和保险市场谈判至深夜。1999年4月6—13日，朱镕基同志访美，4月10日，中美签署"中美农业合作协议"并就中国加入世界贸易组织发表联合声明，美方承诺"坚定地支持中国于1999年加入世界贸易组织"。4月13日，克林顿与朱镕基同志通过电话达成一致：双方应进行紧张的谈判来解决中美关于中国加入世界贸易组织会谈中的遗留问题。朱镕基同志成功访问美国，使入世谈判进程加快。然而，5月8日，中国驻南联盟使馆被以美国为首的北约轰炸，又使谈判受阻。9月11日，在亚太经合组织非正式首脑会议上，江泽民同志与克林顿总统一致同意两国恢复谈判具有重要意义，并表示希望能早日成功地结束谈判。11月10—15日，美国贸易谈判代表巴尔舍夫斯基和国家经济委员会主席斯浪林访华，中美进行了新一轮谈判。15日双方终于签署了《中美关于中国加入世界贸易组织的双边协议》。

随后的2000年中，中国分别与马来西亚、拉脱维亚、欧盟、瑞士就中国加入世贸组织问题达成双边协议。

2001年7月3日，世界贸易组织成员国就中国于当年11月正式入世问题达成一致，中国在提出申请15年后终将实现加盟。2001年9月13日，中国与墨西哥达成入世双边协议。2001年9月17日，经过多次多边谈判，世界贸易组织中国工作组举行第18次会议通过了所有中国加入世界贸易组织的法律文件，提交给世界贸易组织部长级会议审议表决。2001年11月9—13日，世界贸易组织第四次部长级会议在卡塔尔首都多哈举行，11月10日的会议审议通过了中国加入世界贸易组织的决定。2001年12月11日，《中国加入世贸组织议定书》正式生效，我国正式成为世贸组织第143个成员。

**思一思、议一议：**

**我国是世界贸易组织的第143个成员，入世时是否与其他142个成员逐一进行了双边谈判？为什么？**

15年漫长的复关入世谈判，跨越了两个世纪。15年间，中国发生了巨大的变化;15 年间,中国谈判代表团团长换了四任;15 年间,一批黑发人谈成了白发人。在中华人民共和国的历史上,这是令人难以忘怀的篇章。

**中国香港特别行政区、澳门特别行政区、台湾地区加入世界贸易组织的时间**

1986 年 4 月 23 日,香港特别行政区以单独关税地区成为关税总协定缔约方。

1990 年 1 月 1 日,台湾地区以“台、澎、金、马单独关税地区”名义申请加入关贸总协定,并于 2001 年 11 月 12 日,经世界贸易组织第四届部长级会议审议通过,以中国台北的名称代表台湾、澎湖、金门、马祖单独关税区的身份申请加入了世界贸易组织,成为世界贸易组织的第 144 个成员。

1991 年 1 月 11 日,中国驻日内瓦代表团大使范国祥向关贸总协定总干事邓克尔递交中国政府关于澳门特别行政区在关贸总协定缔约方地位的声明。澳门特别行政区成为关贸总协定缔约方。

## 第二节　中国与世界贸易组织的关系

### 一、关贸总协定与世界贸易组织简介

#### (一) 关贸总协定简介

关贸总协定即关税与贸易总协定(General Agreement on Tariff and Trade, GATT)是一项规定国际贸易法律准则的多边协定,而不是一个“组织”,也不是联合国的一个下属机构。但是,尽管 GATT 名义上不是一个国际组织,事实上却有国际组织的特征和职能。它组织缔约方之间的多边贸易谈判,提供缔约方多边谈判的场所,协调国际贸易关系和解决国际贸易争端。它自 1947 年的诞生到 1995 年元月世界贸易组织对其的取代,47 年的历史中,共主持了 8 个回合的多边贸易谈判,持续时间最长的一轮叫乌拉圭回合谈判,该回合从 1986 年开始,前后长达 7 年半之久,其重要成果之一就是创立了世界贸易组织。

（二）世界贸易组织简介

1. 世界贸易组织概况

世界贸易组织(World Trade Organization，WTO)成立于1995年1月1日，其前身是GATT，其总部在瑞士日内瓦。WTO是世界上最大的多边贸易组织，是独立于联合国的永久性国际组织，负责管理世界多边贸易秩序，又被称为“经济联合国”。目前已经拥有150个成员，成员的贸易量占世界贸易的95%以上。WTO与世界银行、国际货币基金组织被并称为当今世界经济体系的“三大支柱”。

2. WTO的基本职能

WTO的基本职能是：(1) 制定和规范国际多边贸易规则；(2) 组织多边贸易谈判；(3) 解决成员之间的贸易争端。

3. WTO的宗旨、目标及地位

WTO的宗旨是：提高生活水平，保证充分就业，大幅度和稳定地增加实际收入和有效需求，扩大货物和服务的生产与贸易，按照可持续发展的目的，最优运用世界资源，保护环境，并以不同经济发展水平下各自需要的方式，采取各种相应的措施；积极努力，确保发展中国家，尤其是最不发达国家在国际贸易增长中获得与其经济发展需要相称的份额。

WTO的具体目标是：建立一个完整的、更具活力和永久性的多边贸易体制，以巩固原来的关贸总协定为贸易自由化所作的努力和乌拉圭回合多边贸易谈判的所有成果。为实现这些目标，各成员应通过互惠互利的安排，切实降低关税和其他贸易壁垒，在国际贸易中消除歧视性待遇。

4. WTO的组织机构

WTO的最高决策权力机构是部长大会，至少每两年召开一次会议，可对多边贸易协议的所有事务作出决定。部长大会下设总理事会和秘书处，负责WTO日常会议和工作。总理事会设有货物贸易、服务贸易、知识产权三个理事会和贸易与发展、国际收支、行政预算三个委员会。秘书处设总干事一人。

### WTO的国际多边贸易规则

（一）有关货物贸易的多边协议

该协议具体包括：1.《一九九四年关贸总协定》；2.《农业产品协议》；3.《关于卫生和植物检疫措施的协议》；4.《纺织品和服装协议》；5.《贸易技术壁垒协议》；6.《与贸易有关的投资措施协议》；7.《反倾销协议》；8.《海关估价协议》；9.《装船前检验协议》；10.《原产地规则协议》；11.《进口许可证程序协议》；12.《补贴与反补贴协议》；13.《保障措施协议》。

（二）《服务贸易总协定》及附件

（三）《与贸易有关的知识产权协定》

（四）《关于解决争端规则和程序谅解书》

（五）贸易政策审议机制

（六）诸边贸易协议

包括《民用航空器贸易协议》和《政府采购协议》等。

（七）《建立世界贸易组织的马拉喀什协议》

以及1995年7月28日的《自然人流动协议》、1997年2月15日69国达成并于1998年2月15日生效的《基础电信服务协议》、1997年3月26日43个国家达成《减让信息技术产品关税协议》、1997年12月12日70个国家达成于1999年3月1日生效的《多边金融协议》。

**思一思、议一议：**

**WTO与GATT有何联系和区别？**

5. WTO的基本原则

世贸组织的基本原则体现在它的各项协议、协定之中，主要有：

（1）最惠国待遇原则，即指在货物、服务贸易等方面，一成员给予其他任一成员的优惠和好处，都须立即无条件地给予所有成员。

资料卡

## 最惠国待遇原则的具体要求及例外

最惠国待遇要求在世界贸易组织成员间进行贸易时彼此不能实施歧视待遇,所有成员一律平等,只要其进出口的产品或服务是相同的,则享受的待遇也应该相同,不能附加任何条件,并且是永久的。货物贸易最惠国待遇原则要求,对于原产于或运往其他成员的产品所给予的利益、优惠、特权或豁免都应当立即无条件地给予原产于或运往所有其他成员的相同产品。主要针对以下几个方面:(1) 进口关税;(2) 对进出口本身征收的任何形式的费用,如进口附加费、出口税等;(3) 与进口相关的任何形式的费用,如海关手续费、领事发票费、质量检验费等;(4) 对进出口的国际支付与转账所征收的费用,如由政府对进出口国际支付征收的一些税金或费用;(5) 征收上述税、费的方法,如征收关税时,对进口商品的价值评估的标准、程序、方法均应在所有成员间一律平等;(6) 与进出口有关的所有法律和手续,如进出口在一定时间内规定特定的信息披露要求或说明;(7) 国内税或其他国内费用的征收,如销售税、由地方当局征收的有关费用等;(8) 任何影响产品在国内销售、购买、提供、运输、分销等方面的法律、法规、规章和要求,如对进口产品的品质证书要求,对进口产品移动、运输、储藏、零售渠道的要求,对产品的特殊包装及使用的限制等。在服务贸易方面的最惠国待遇要求,各成员应该立即和无条件地给予任何其他成员的服务及服务提供者相同的待遇。鉴于各成员国服务贸易发展水平的参差不齐,《服务贸易总协定》允许少数成员在2005年以前,存在与最惠国待遇不符的措施,但要将这些措施列入一个例外清单。在那之后,最惠国待遇原则上应是无条件地、永久地在所有成员国实施。在知识产权保护方面,某一成员提供给其他成员国的任何利益、优惠、特权或豁免,均应立即无条件地给予全体世贸组织其他成员的国民。世界贸易组织也规定了在特定情况下,可以对最惠国待遇提出例外请求,经世界贸易组织许可后,可以暂时背离最惠国待遇的原则,主要有:(1) 根据1979年11月28日关贸总协定缔约方全体大会的决定,对发展中国家给予优惠。这种优惠主要体现在:发达国家给予发展中国家出口的工业品及半成品以更优惠的差别的关税待遇;在非关税措施方面给予发展中国家的特别的差别的待遇;发展中国家之间可实行的优惠关税;对最不发达国家给予的特殊优惠。(2) 自由贸易区、关税同盟及对边境贸易所规定的少数国家享受的待遇可不给予其他世界贸易组织成员;经济一体化组织(如欧盟)内部可采取特殊的待遇。(3) 一成员为保障动植物及人民的生命、健康和安全或一些特定的目的而对进出口采取的所有措施。(4) 有关国家安全的例外。(5) 1994 年关贸总协定允许采用的其他措施,主要包括反倾销、反补贴及在争端解决机制下授权采取的报复措施。(6) 不属于世界贸易组织管辖范围的多边协议中的义务,主要指政府采购、民用航空器、乳制品及牛肉贸易等方面,不受最惠国待遇条款制约。

(2) 国民待遇原则,即指在征收国内税费和实施国内法规时,成员对进口产品、外国企业与服务和本国产品、企业、服务要一视同仁,不得歧视。严格地讲,应是外国商品或服务与进口国国内商品或服务处于平等待遇的原则。

资料卡

**国民待遇原则的具体规定**

(1) 一成员领土的产品输入到另一成员国时,不能以任何直接或间接的方式对进口产品征收高于对本国相同产品所征收的国内税或其他费用。例如,世界贸易组织成员对本国相同的产品和进口产品均可征收消费税,但该成员不能对进口产品征收高于本国产品的消费税。

(2) 给予进口产品的有关国内销售、分销、购买、运输、分配或使用的法令、规章和条例等的待遇,不能低于给予国内相同产品的待遇。据此,如果没有对国内产品在上述方面作出的任何规定,则不能规定进口产品必须满足某些方面的要求。例如,如果没有规定国内产品必须储藏于某特定仓库,或由某特定交通工具运输,则不能对进口产品作出此类规定。

(3) 任何成员不能以直接或间接方法对产品的混合、加工或使用有特定数量或比例的国内数量限制,或强调规定优先使用国内产品。例如,在某种化学药品生产中,不能规定某种成分必须使用一定比例的国内原材料;诸如国产化要求、进口替代要求等均可被视为直接或间接对外国产品构成歧视,违反国民待遇原则。

(4) 任何成员不得用国内税、其他费用或定量规定等方式,从某种意义上为国内工业提供保护。这意味着即使对进口产品和相同的国内产品适用同样的税收或费用,但对两者的征收方法不同,也可能构成对国内生产的保护。此处"国内生产"不仅指该产品的生产,也指与进口产品直接竞争的产品和替代品的生产。

国民待遇在《服务贸易总协定》中是这样规定的:每一成员应该在所有影响服务供给的措施方面,给其他成员的服务和服务者提供不低于其给予国内服务或服务提供者的待遇。《服务贸易总协定》的一个重要特征,就是将市场准入和国民待遇不是作为普通义务,而是作为具体承诺与各个部门或分部门的开放联系在一起,根据协议在不同行业中不同程度地履行国民待遇。

《知识产权协定》规定,每一成员向其他成员的国民就知识产权保护提供的待遇不得低于其给予本国国民的待遇。

(3) 互惠互利原则(也称权利与义务的平衡原则)。WTO管理的协议是以权利与义务的综合平衡为原则,这种平衡是通过成员互惠互利地开放市场的承诺而获得的,也就是你给我多少利益,我也给你多少实惠。以相互提供优惠待遇的方式来保持贸易的平衡,谋求贸易自由化的实现。

(4) 市场准入原则。WTO倡导成员在权利与义务平衡的基础上,依其自身的经济状况,通过谈判不断降低关税和取消非关税壁垒,逐步开放市场,实行贸易自由化。

(5) 公平竞争与贸易原则。WTO禁止成员采用倾销或补贴等不公平贸易手段扰乱正常贸易的行为,并允许采取反倾销和反补贴的贸易补救措施,保证国际贸易在公平的基础上进行。

(6) 发展中国家优惠待遇原则。世界贸易组织认为,发达成员方有必要认识到促进发展中成员方的出口贸易和经济发展,从而带动整个世界贸易和经济的健康发展的意义。因此,在各项协议中允许发展中成员方在相关的贸易领域,在非对等的基础上承担义务。

资料卡

## 世界贸易组织对发展中国家的优惠待遇

WTO对发展中国家的优惠待遇,主要体现在五个方面:(1) 较低水平的义务;(2) 更灵活的实施时间表,即较长时间的过渡期安排;(3) 发达国家尽最大努力对发展中国家成员开放其货物和服务市场;(4) 对最不发达国家更优惠的待遇;(5) 技术援助和培训人力资本。这些内容,在WTO的各个协议中都有所体现:

1. 《建立世贸组织协定》中的优惠贸易安排

在《建立世贸组织协定》中,世贸组织明确指出,最不发达国家仅承担与其经济发展水平相当的义务;通过对发展中国家提供技术援助和培训,增强它们参与多边贸易体制的能力,并因此而获益。

2. 国际收支困难实施进口限制时履行的最低水平义务

根据《1994年关贸总协定》的有关规定,发展中国家成员如果出现国际收支严重不平衡,或对外金融地位受到严重威胁时,可以为平衡国际收支采取措施。

3. 实施保障措施时对发展中国家的优惠安排

每一成员在履行减让义务时,由于不可预见的情况出现,某种产品大量进口,造成国内工业严重损害,或有严重损害威胁时,可以遵照一定的规则实施保障措施。如果实施保障措施的国家是发展中国家,则实施期限最长可达到10年;而发达国家,实施期限一般为4年,经授权一般也不超过8年。

4. 涉及发展中国家产品反倾销时的优惠安排

《反倾销协议》规定,发达国家在实施反倾销时,对发展中国家出口的产品在特殊情况下要给予特别考虑,尤其是在该发展中国家成员主要依靠某一种或几种出口产品时,针对这些产品的反倾销措施,应当尽可能考虑协议规定的建设性救济措施。

5. 对发展中国家成员在补贴和反补贴方面的优惠

《补贴和反补贴协议》规定:最不发达国家和人均国民收入不到1 000美元的发展中国家,不必取消禁止使用的出口补贴;其他发展中国家,则可在8年时间内(并可申请延长)逐步取消此类补贴。对于依国内产品使用情况而定

的补贴(即当地成分要求)其禁令在5年内不适用于发展中国家,最不发达国家为8年。

6.《与贸易有关的投资措施协议》对发展中国家的优惠安排

《与贸易有关的投资措施协议》禁止各成员使用的与贸易有关的投资措施,包括当地成分要求、贸易平衡要求、外汇平衡要求、外汇管制、国内销售要求。这些措施,被认为违反国民待遇和一般禁止使用数量限制的规定。协议规定,给发达国家2年的过渡期,给发展中国家5年的过渡期,给最不发达国家7年的过渡期。

7.《进口许可证协议》对发展中国家的优惠安排

《进口许可证协议》要求成员的许可证签发当局应特别考虑给新的进口商分配许可证,特别是来自发展中国家和最不发达国家的进口商。发展中国家可延期两年使用进口许可程序中有关自动许可证的规定。

8.《海关估价协议》对发展中国家的优惠安排

发展中国家执行《海关估价协议》的过渡期为5年。

9.《贸易的技术性壁垒协议》对发展中国家的优惠安排

《贸易的技术性壁垒协议》规定:各成员应考虑到发展中成员在其境内履行相关义务时在体制安排方面的特殊需要,对他们给予差别和优惠的待遇,确保这些措施不会阻碍其出口。发展中成员,仍可按照他们的技术和社会经济的特殊情况制定某些技术法规、标准和合格评定程序,目的在于保持与他们的发展需要相一致的当地技术、生产方法和工艺。

10. 发展中国家可以依本身发展水平实施《关于卫生和动植物检疫措施的协议》

《关于卫生和动植物检疫措施的协议》规定,各成员应考虑发展中国家,特别是最不发达国家的特殊要求,给予与其有利益关系的产品较长的适应期,以维持其出口机会,并可根据他们的请求,以及其财政、贸易和发展的需要,有限期地全部或部分免除其在该协议中承担的义务。

11.《农业协议》对发展中国家的优惠安排

《农业协议》充分认识到发展中国家农业出口及补贴对其农业和经济发展

的重要意义，在发展中国家履行减让义务、实施市场准入的承诺、国内支持等方面，都给予优惠的安排。

12.《服务贸易总协定》对发展中国家开放服务市场的优惠规定

《服务贸易总协定》规定，发展中国家对服务贸易实行逐步放开，允许其根据国内服务业发展状况、竞争力，决定是否开放和如何开放某一服务业，并允许对服务业实行一定程度的补贴和保护。

13. 其他相关协议对发展中国家的优惠安排

世界贸易组织的《装船前检验协议》、《争端解决规则和程序的谅解》、贸易政策评审机制等，均规定了发展中国家和最不发达国家成员的低水平减让义务等优惠安排。

(7) 贸易政策法规透明度原则。要求各成员将实施的有关管理对外贸易的各项法律、法规、行政规章和司法判决等迅速加以公布，以使其他成员政府和贸易经营者加以熟悉；各成员政府之间或政府机构之间签署的影响国际贸易政策的现行协定和条约也应加以公布；各成员应在其境内统一、公正和合理地实施各项法律、法规、行政规章、司法判决等。根据该原则，世贸组织成员需公布有效实施的、现行的贸易政策法规为：① 海关法规，即海关对产品的分类、估价方法的规则，海关对进出口货物征收的关税税率和其他费用；② 进出口管理的有关法规和行政规章制度；③ 有关进出口商品征收的国内税、法规和规章；④ 进出口商品检验、检疫的有关法规和规章；⑤ 有关进出口货物及其支付方面的外汇管理和对外汇管理的一般法规和规章；⑥ 引进外资的立法及规章制度；⑦ 有关知识产权保护的法规和规章；⑧ 有关出口加工区、自由贸易区、边境贸易区、经济特区的法规和规章；⑨ 有关服务贸易的法规和规章；⑩ 有关仲裁的裁决规定；⑪ 成员政府及其机构所签订的有关影响贸易政策的现行双边或多边协定、协议；⑫ 其他有关影响贸易行为的国内立法和行政规章。以上这些规则的公布应该是迅速的，但如果公开后会妨碍法令执行、违反公共利益或损害某一企业的利益，则可以不要求公开。透明度原则还规定，地方政府颁布的有关上述事项的法规不应与中央政府的有任何抵触。但是，中央政府授权的特别行政区地方政府的除外。

资料卡

## 世界贸易组织的主要例外规定

世界贸易组织的原则以及许多的协议中都有例外规定，主要有六类：一般例外、安全例外、发展中国家例外、区域经济一体化例外、反进口严重冲击例外、国际收支保障例外等。

一般例外：指出现某些情况时，成员方可以背离对其他成员方的义务，采取提高关税、实施数量限制等贸易限制措施：(1) 为保障人民和动植物的生命健康所必需的措施；(2) 为维护公共道德所必需的措施；(3) 为保护本国具有艺术、历史和考古价值的文物而采取的措施；(4) 有关输入黄金或白银的措施；(5) 有关劳改产品的措施；(6) 在国内的原料的价格低于国际价格水平，作为政府稳定经济计划的一部分的期间内，为了保证国内加工工业对这些原料的基本需要，有必要采取限制这些原料出口的措施；(7) 为了保证某些与本协定的规定并无抵触法令或条例贯彻执行所必需的措施；(8) 与国内限制生产和消费的措施相配合，为有效保护可能用竭的自然资源的有关措施；(9) 如果国际商品协定所遵守的原则已向缔约方全体提出，缔约方全体未表示异议，为履行这种国际商品协定所承担的义务而采取的措施。

安全例外：指在保证国家安全方面，缔约方可采取符合下列情况的行动：(1) 不向其他缔约方提供根据国家基本安全利益认为不可能公布的有关资料；(2) 为保护国家基本安全利益采取的行动，包括有关裂变材料及提供裂变材料的原料、武器弹药、军火贸易或直接和间接供军事机构用的其他物品或原料的贸易；战时或国际关系中的其他紧急情况；(3) 根据联合国宪章为维持和平安全而采取的行动。

发展中国家例外：主要体现在以下四个方面：(1) 发展中国家可以承诺相对于发达国家较低水平的贸易自由化义务。如按照乌拉圭回合达成的协议，世界贸易组织全体成员方的平均关税水平将降低34.3%，其中发达国家成员降低40.3%，而发展中国家成员只降低29.7%。(2) 允许发展中国家用较长的时间履行义务或者有较长的过渡期。如在关税减让和取消数量限制措施方面，发达国家的过渡期为5—6年，而发展中国家一般为10年。(3) 允许发展中国家对特定工业及幼稚产业实行保护。(4) 允许发展中国家为维持国际收支平衡而实施数量限制。

区域经济一体化例外:尽管区域经济一体化从本质上是违背世界贸易组织的基本原则,特别是最惠国待遇原则的,但在客观上也存在着一定的积极影响,至少可以促进区域内的自由贸易。因此,世界贸易组织把区域经济一体化作为其规则的一个重要例外,允许成员方成立关税同盟和自由贸易区等区域经济一体化组织。但是,世界贸易组织规则又明确要求成立这些区域经济一体化组织不得对集团之外的成员方构成贸易壁垒。

反进口严重冲击例外:世界贸易组织成员方在履行贸易自由化和市场开放承诺时,如果出现因进口激增并对国内相关产业造成损害或威胁时,世界贸易组织规则准许进口国采取恢复关税和实行数量限制,对国内相关产业提供临时保护。但必须遵照一定的程序和非歧视原则。

国际收支保障例外:世界贸易组织规则允许成员方在本国国际收支不平衡时,采取进口限制措施。但国际收支不平衡的情况必须得到国际货币基金组织的证实,并由世界贸易组织成立工作组进行讨论和审查。

## 二、中国与世界贸易组织的关系

### (一) 中国加入 WTO 的原则

中国加入 WTO 的三条原则:第一,世贸组织是一个国际性组织,如果没有中国这样最大的发展中国家参加是不完整的;第二,以发展中国家身份参加 WTO;第三,中国的参加是以权利和义务的平衡为原则的。

### (二) 中国加入 WTO 后的权利和义务

1. 权利

(1) 享受多边的、无条件的和稳定的最惠国待遇和国民待遇

入世后,我国的产品、服务和知识产权可以在所有的 WTO 成员方享受无条件的最惠国待遇和国民待遇,而不必通过与各成员签署双边协定来获得此待遇。

(2) 享受普惠制待遇及给予发展中成员方特殊待遇

由于我国是以发展中国家的身份加入世界贸易组织的,所以能享受世界贸易组织给发展中国家的特殊待遇,享受世界贸易组织发达成员方给予发展中成员方的特殊待遇,而不向发达成员方提供相应的义务。这些优惠待遇主要有:① 普遍优惠制。② 允许发展中成员方的关税总水平高于发达成员方。乌拉圭

回合开始时，发达缔约方的关税总水平为 6.3%，发展中缔约方的总水平为 15%；乌拉圭回合协议与协定实施后，发达成员方的关税总水平将从 6.3% 降到 3.8% 左右，而发展中成员方的关税总水平将从 15% 下降到 12% 左右。③ 在向世界贸易组织负责实施管理的贸易协议与协定的靠拢中，世界贸易组织中的发展中成员方的过渡期长于发达成员方。④ 允许发展中成员方在履行义务时有较大的灵活性。⑤ 世界贸易组织为发展中成员方提供技术等方面的援助。

(3) 享受贸易自由化成果

贸易自由化是指世界贸易组织各成员在货物、服务和与贸易有关的投资要逐步实现自由化，即各成员方保证履行世界贸易组织负责实施管理的乌拉圭回合和以后世界贸易组织成员达成的协议与协定，逐步降低关税，减少贸易壁垒，消除国际贸易中的歧视待遇，扩大货物、服务和与贸易有关的投资方面的准入度。与此同时，世界贸易组织成员方要加强对知识产权的保护。世界贸易组织不是一个纯粹的“自由贸易”组织，它是一个致力于贸易自由化与贸易保护相结合，使成员方进行开放、公平和无扭曲竞争的贸易组织。世界贸易组织负责实施管理的多边贸易协议与协定包括：1994 年关贸总协定，农产品协议，实施动植物卫生检疫的协议，纺织品与服装协议，技术性贸易壁垒协议，与贸易有关的投资措施协议，装运前检验协议，进口许可程序协议，补贴与反补贴协议，保障措施协议，服务贸易总协定，与贸易有关的知识产权协定。此外，还有乌拉圭回合以后达成的新协议：自然人流动协议，基础电信服务协议，减让信息技术产品关税协议，金融服务协议等。我国入世后，可以享受上述协议与协定中的自由化的成果和保护的措施。

(4) 在多边贸易体制中享有决策权

入世后，我国参与各个议题的谈判和贸易规则的制定既有发言权，又有决策权，有利于维护中国在世界多边贸易体系中的合法权益。

(5) 享有利用争端解决机制解决贸易争端权利

世界贸易组织“关于争端解决的规则与程序的谅解”指出：“世界贸易组织的争端解决制度是保障多边贸易体制的可靠性和可预见性的核心因素”。为此，世界贸易组织成员承诺，不应采取单边行动以对抗其发现的违反贸易规则的事件，而应在多边争端解决制度下寻求救济，并遵守其规则与裁决。世界贸易组织建立了贸易争端解决机制，详细地规定了贸易争端解决所应遵循的程序和时间表。我国入世后，在与世界贸易组织其他成员方发生贸易摩擦与贸易纠纷时，有权按世界贸易组织的争端解决机制邀请它们与我国共同解决贸易摩擦，如双边解决不成，可上诉到世界贸易组织争端解决机构，由其出面解决。

2. 义务

(1) 削减关税

WTO 有关协定规定“各成员方在互惠互利的基础上进行谈判以大幅度降低关税”。目前发达成员方的进口税已降到 3.8% 左右，发展中成员方也下降到 11% 左右。加入 WTO 后，我国必须逐步降低关税水平，从目前的关税总体水平 15.3% 进一步下降到 2005 年的 10%。实际上，到 2004 年年底，我国平均进口关税已降到 10.4%。从 2005 年 1 月 1 日起，我国将进一步降低进口关税，关税总水平将由 104% 降低至 9.9%，其中农产品平均税率将由 15.6% 降低到 15.3%，工业品平均税率将由 9.5% 降低到 9.0%。

(2) 取消非关税壁垒

WTO 的最终目标是要完全实现贸易自由化。入世后，我国必然要按照 WTO 的要求削减进出口配额、进出口许可证、外汇管制及技术检验标准等非关税壁垒。到 2005 年，全部取消 400 种进口配额。

(3) 开放服务业市场

随着各国经济的发展，服务业在整个国民经济中的地位不断提高，国际服务贸易的提供和使用日益增加。加入 WTO 后，我国应当逐步地、有范围地、不同程度地开放一些服务业，提高我国服务业的质量，增强中国服务业的竞争力。

(4) 强化对知识产权的保护

根据 WTO 与贸易有关的知识产权协议要加强对知识产权的保护。

(5) 逐步实现与贸易有关的投资措施自由化

我国加入 WTO 后，在外资政策上要作出调整，给予外国投资者真正的国民待遇。

(6) 接受争端解决机构裁决义务

在享有与 WTO 成员方磋商解决贸易摩擦，通过争端解决机制解决贸易纠纷的权利的同时，也有接受和履行世贸组织其他成员方磋商解决贸易摩擦和接受 WTO 争端解决机构裁决的义务。

(7) 缴纳会费

按在世界出口中所占比例缴纳一定会费。

(三) 中国加入 WTO 的必要性

1. 加入 WTO,使我国真正融入世界贸易大家庭

WTO 与国际货币基金组织、世界银行,被并称为世界经济的“三大支柱”,在世界经济贸易中发挥着极其重要的作用。其成员间的贸易额,现在已占全球贸易总量的95%;在我国的外贸进出口总额中,也有95%是在 WTO 成员间发生的。两个95%,决定了在当今这个世界上,不管你愿意不愿意,你都得和这个组织及其成员打交道,否则,你就没有发展国际经济贸易的空间。正因为如此,加入 WTO,有利于我国拓展经济发展空间,真正融入世界贸易大家庭。

2. 加入 WTO,有利于我国改善经济发展的外部环境

加入 WTO,一是我们获得了 WTO 所有成员国提供的最惠国待遇,其他国家在经济贸易方面对我国特别制定的一些限制和歧视措施就不能用了。二是我们获得了 WTO 所有成员国提供的国民待遇。我们在贯彻“走出去”战略,到 WTO 一百四十多个国家和地区进行贸易和投资时,也就会享受到不低于这些国家为本国国民提供的待遇,从而为我国更好地走向世界奠定了坚实基础。三是可以直接参与制定国际多边贸易新规则。加入 WTO 以后,我们就有这个权利了,不但可以在今后 WTO 制定新规则时维护我们国家的权利,而且可以维护发展中国家的权利。四是经过在双边和多边谈判中的不懈努力,争取到了一系列关系国计民生的大商品的专营权。为使我国在加入 WTO 后保留对一些重要物资进口的合法调控手段,通过艰苦谈判,我国保留了对原油、成品油、化肥、粮食、棉花、食糖、植物油和烟草等8种关系国计民生的大宗产品的指定经营管理,即由我国政府指定的少数公司专营,对非指定经营的比例也作了规定。五是经过艰苦谈判,取消了其他成员对我国的一些不公正设限。比如,在中美谈判中,美国开始不承认我国是发展中国家,经过长期的斗争,最后它不得不同意“以灵活务实的态度解决中国的发展中国家的地位问题”,从而使我国在实施义务方面可以享受一定的过渡期。又如,通过谈判,使欧盟、土耳其、泰国、墨西哥、挪威等 WTO 成员承诺,对来自中国的产品所采取的不符合世贸协议的禁止进口或数量限制措施,全部按时间表逐步取消。六是在服务领域保持了应有的权利。比如,在证券方面,我国坚持不开放 A 股交易,即不开放资本市场;在寿险、增值电信方面,

坚持外资股比例不超过50%，不承诺外资拥有管理控制权；在电信服务关口局方面，坚持所有国际电信必须经过中国电信管理部门作为独立监管机构批准设立的关口局；在音像服务方面，为防止外国意识形态的渗透和对我国文化与传统的冲击，坚持了录音和录像的开放不包括出版和制作，坚持电影院不允许外资控股，坚持音像领域只允许根据我国的法律规定设立中外合资企业，同时音像制品的输入和分销必须按我国法律法规进行审查，从而保证了我国对意识形态领域和对文化市场的管理权。七是获得了稳定、透明、可预见的多边贸易体制保障。未加入WTO之前，我们在与美国、欧盟、日本及其他国家发生贸易纠纷时，只能通过双边谈判解决，在"一对一"的场合下，往往"公说公有理，婆说婆有理"，有理说不清；入世以后，我们则可以利用WTO争端解决机制，解决与WTO成员在贸易和投资方面的纠纷，扩大我国处理对外经济贸易关系的回旋余地。以上七个方面，都有利于维护我国的合法权益，有利于改善我国经济发展的外部环境。

3. 加入WTO，有利于增强对外资的吸引力

吸收外商投资是我国对外开放基本国策的重要内容。加入WTO，进一步开放我国各类市场，实施国民待遇，有利于改善我国的贸易投资环境，进一步增强对外资的吸引力。同时，我国"入世"以后，其他国家也必须按照WTO规则以及与我国谈判达成的协议向我国开放市场，改善了我国的贸易环境，使我国能更有效地利用国内外两种资源、两个市场，更好地"引进来"、"走出去"，贯彻实施"大经贸战略"、"走出去"战略，对发展我国自己的跨国公司、扩大我国在海外的投资和商贸，也具有特别重要的意义。

4. 加入WTO，有利于我国加快经济结构的调整和科技进步

加入WTO对我国各行各业的冲击度和影响度是不同的。比如在工业领域，就可分为三类：第一类是在国际市场上具有比较优势的行业。像服装、棉纺织、毛纺织、丝绸、化纤、煤炭、水泥等生产能力居世界前列的产业，像纺织品、一般机电产品、鞋类、箱包、玩具、塑料制品等在国际市场上占有较大市场份额的产品，像电冰箱、洗衣机、空调器等一批在国际上拥有知名品牌的产品，像煤炭、有色金属等储量居世界前列的产品，因为这些产业和产品大都属于劳动密集和资源密集型产业，入世后，我们的竞争优势比较明显。目前存在的问题，主要是产品多属中低档，附加值低，自创品牌不多，多数企业未形成经济规模。所以，这些行业或企业必须在巩固市场份额的基础上，通过技术投入，提高产品附加值，进一步

扩大竞争优势，提高国际占有率。第二类是冶金、石化和机械行业这一类我国具有较好物质技术基础、但与国际先进水平相比尚有一定差距的行业。其入世后面临的最大问题就是国外高中档产品大量进入我国市场的冲击。这一类行业就应瞄准国际先进水平，采用先进技术，调整品种结构，尽快提高产品质量和档次，提高生产集中度，降低成本，更好地适应市场需求，替代进口。第三类是汽车工业尤其是轿车工业这一类产业基础薄弱、缺乏国际竞争能力的行业。其应利用过渡期的有限时间，采取综合措施，搞好企业的改革、改组、改造和加强管理，提高企业的整体素质和市场竞争能力，促进结构优化和产业升级。此外，根据我国入世时的承诺及入世后应尽的义务，我国农产品市场将适度开放，引进外国农业技术、资金，通过国内外市场竞争加快农业结构调整，促进农业现代化。总之，享受其他国家给予的最惠国待遇和国民待遇，我国可以将工业成熟技术转移到海外市场，腾出的国内市场空间可用于新的产业发展，并借助外部市场提升我国产业的竞争力，调整结构、借力升级。

（四）中国与 WTO 的政治、经济关系

从政治上来讲，我国是 1948 年成立的关税与贸易总协定（世贸组织的前身）的创始缔约方之一。虽然，1950 年台湾国民党当局以“中华民国”名义宣布退出关贸总协定，但我国政府不承认其退出的合法性、有效性。所以，在 1971 年联合国大会通过第 2758 号决议，将台湾当局驱逐出联合国并恢复了中华人民共和国的合法席位时，关贸总协定也于同年据此取消了台湾当局在关贸总协定的观察员资格。自此以后，我国开始了与关贸总协定的接触，并于 1986 年正式申请恢复关贸总协定缔约方地位。经过 9 年的努力，与多方进行了全面谈判，关贸总协定中国工作组也开过 19 次会议，但因种种政治上、经济上的原因，未能实现我国“复关”的目标。1995 年 1 月 1 日，WTO 成立。我国于同年 7 月 11 日正式成为 WTO 观察员，我国复关谈判工作组也于同年 12 月改为加入 WTO 工作组。2001 年 9 月 17 日，中国工作组第 18 次会议（自 1996 年至 2001 年中国入世工作组共举行了 18 次会议），通过了中国加入 WTO 的法律文件，这标志着中国加入 WTO 的谈判全部结束。同年 11 月 10 日在卡塔尔首都多哈举行了 WTO 第四届部长级会议，该会议通过了批准中国加入 WTO 的决定。11 月 11 日，中国签署了加入议定书。根据 WTO 有关规定，我国已于 2001 年 12 月 11 日正式成为 WTO 成员。

资料卡

### 台湾地区加入WTO问题

1992年9月，经与中华人民共和国中央政府磋商，关贸总协定理事会主席发表声明，确定了台湾地区加入关贸总协定的三项原则，即：所有缔约方都承认只有一个中国，台湾地区可以"台、澎、金、马单独关税区"（简称"中国台北"）名义加入关贸总协定，台湾地区不应在中华人民共和国之前加入关贸总协定。随后，关贸总协定成立中国台北工作组，谈判台湾地区入关事宜。世贸组织成立后，该工作组于1995年1月转入世贸组织。按照"我先台后"加入WTO的原则，该地区工作组于2001年结束工作，在卡塔尔多哈举行的WTO第四届部长级会议上以"台、澎、金、马单独关税区"，简称"中国台北"的身份获准加入WTO。2002年1月1日，台湾地区正式成为WTO成员。

从经济上来讲，WTO离不开中国。自我国实施改革开放政策以来，我国经济突飞猛进，连续二十多年近10%的平均年增长率创造了大量的就业和投资新机会，使我国变得更加繁荣。一个基本的事实是：我国正在成为全球化进程的中心，拥有世界近五分之一人口的中国加入WTO，将使该组织成为真正的全球性贸易组织，将使经济全球化进程更加有效和速度更快。目前，我国已成为贸易大国，对外贸易量在世界贸易量中占有举足轻重的作用。我国的经济增长和对外贸易的发展是我国和世界其他国家经济日益相互依存的过程，实现相互依存的一个关键性步骤就是让我国加入WTO这个多边贸易体系。另外，我国经济与各国经济具有很强的互补性。我国人口多、劳动力成本低，自然资源较丰富，这对许多缺乏劳动力和自然资源的国家，有很大吸引力；我国具有许多实用技术和丰富的企业管理经验，这是相当多发展中国家所需要的；我国13亿人口的巨大市场，为外商提供了众多的商业机会。我国已是世界经济的重要组成部分，整个世界需要中国完全参加到国际经济中。所以说，没有中国加入，WTO就不是一个真正的世界性组织。

当然，中国也离不开WTO。随着经济的增长，我国与世界的关系将越来越紧密。不仅我国的劳动密集型产品如鞋和玩具，而且占总产值比重越来越大的高科技产品和服务，都将更加依赖出口市场。为了加速现代化和工业化，为了满足消费者的需求，我国的进口也将迅速扩大。同时，对内和对外投资网络的扩张，将使我国更深地融入全球金融体系。据估计，为实现现代化，我国每年需要

进口约1000亿美元的设备和技术。另外,尽管我国经济的规模宏大,资源丰富,但对能源、矿产资源、食品和农产品不断增加的需求也无法全部由国内生产满足,需要从国外进口。所以,我国必须积极参与世界贸易。在参与世界贸易活动中,我们不能仅仅做一个旁观者看别人书写世界贸易游戏规则,我国只有加入WTO才能参与制定贸易规则。另外,通过上面的分析我们已看到,我国加入WTO有多种益处,比如,有利于改善我国经济发展的外部环境,有利于我国吸引外资,有利于我国加快经济结构的调整和科技进步等等。所以我们说中国在经济上离不开WTO。

## 本章小结

经过15年的努力,我国于2001年12月11日正式成为WTO的第143位成员,在这15年中,实际上我国经历了复关和入世的两个历程,每一个历程都艰苦卓绝。虽然入世过程千辛万苦,但入世给我国的经济发展带来很多机会,也给世界上其他国家带来多种益处。所以说,中国离不开WTO,离不开世界各国;WTO也离不开中国,世界经济离不开中国。

## 思考与练习

**一、名词解释**

1. 关贸总协定
2. 世界贸易组织
3. 最惠国待遇
4. 国民待遇
5. 市场经济地位
6. 发展中国家优惠待遇

**二、选择题**

1. 中国政府正式成为关贸总协定缔约方的时间是(　　)。

A. 1948年4月21日　　B. 1948年5月21日
C. 1986年7月10日　　D. 2001年12月11日

2. 世界贸易组织的最高权力机构是(　　)。

A. 部长会议　　B. 缔约方全体大会
C. 总理事会　　D. 理事会

3. 世界贸易组织的基本职能是(　　)。

A. 制定和规范国际多边贸易规则　　B. 组织多边贸易谈判

C. 解决成员之间的贸易争端

4. 从总体上看,关贸总协定与世界贸易组织的差异在于(　　)。

A. 性质不同,前者是一个多边的国际协定,后者则是一个合法的国际经济组织

B. 参加者称谓不同,前者的签字国成为缔约方,后者被称为"成员"

C. 约束范围不一样,关贸总协定约束商品贸易,世界贸易组织规则不仅包括商品贸易,还包括服务贸易等问题

D. 两者所倡导的基本原则和基本精神不同

**三、简答题**

1. 世界贸易组织的基本原则有哪些? 分别是什么?
2. 我国加入世界贸易组织的原则是什么?
3. 简述我国"入世"的权利和义务。
4. 简述我国加入世界贸易组织的必要性。

## 技能实训

1. 登录"中华人民共和国商务部"网站,了解我国外经贸现状。

2. 浏览"WTO 中文网",了解我国与世界贸易组织的关系,查阅我国"入世"的有关协定。

## 案例分析

### 案例6-1　中欧、中美纺织品博弈

从纺织品后配额时代、特别是 2005 年年初全球实行纺织品一体化以来,一些国家和地区相继对我国部分纺织品设定出口数量限制或发起设限调查,中欧、中美的纺织品双边贸易摩擦更是如火如荼。

2005 年的中欧、中美纺织品博弈初始,美方强硬、欧盟刚柔并举,而中国首先表现出来的则是克制礼让、"以和为贵"的商务外交思想,并采取了理性的策略——自己控制出口量的礼让策略。

根据世界贸易组织《纺织品与服装协定》关于纺织品配额一体化和我国加入世界贸易组织议定书中的相关条款，自2005年1月1日起，原对我国纺织品出口设限国取消配额限制。但为了抑制我国纺织品对欧美出口的过快增长，我国商务部、海关总署于2004年12月主动发出公告宣布：自2005年1月1日起，对相关纺织品出口不再实施配额许可证管理，而对148种纺织品征收出口关税；5月20日再次宣布大幅调高74种纺织品出口关税。对于中国这一来之不易、有效力、有诚意的政策，美欧非但没有作出积极回应，反而依据并不完整的短期统计，从2005年4月起，美国相继对中国出口美国的7类纺织品实施了数量限制，欧盟也对中国T恤和麻纱采取设限措施。

面对欧盟、美国的这种策略，5月30日中国突然改变战术，由软变强。中国商务部郑重宣布从6月1日起，取消了对81种纺织品征收的出口关税，刹那间改变了博弈格局。薄熙来在中国商务外交博弈策略变强时，表现了为中国纺织品企业力挺千钧的姿态，其中被中国媒体和老百姓记住的中国商务部部长薄熙来的名言是："你给我们企业加上半斤的压力，我们就要给它撤掉八两的负担"。中国博弈策略的变化给欧美带来了压力，促成了中欧谈判的尽快结束。2005年6月11日，中国和欧盟终于达成《中欧谅解备忘录》，对10类中国对欧出口纺织品确定了合理的基数和2008年以前的增长率。这一结果，也给美国未来策略的制定带来了困难。

为了稳定纺织品出口经营秩序，并加快中国纺织品出口增长方式转变，中国商务部又制定了《纺织品出口临时管理办法(暂行)》(以下简称"《办法》")。《办法》第8条中将两类商品列入《纺织品出口临时管理商品目录》，即：一类是有关国家或地区对我国实行限制的纺织产品，另一类是双边协议规定需要临时进行数量管理的纺织产品。根据这一条款，目前我国实行临时许可管理的商品主要是美国对我国设限的7类纺织品和中欧协议涉及的10类纺织品。《办法》第2条称，商务部将会同海关总署和质检总局制定及调整《纺织品出口临时管理商品目录》，列入目录的商品将需要申领纺织品临时出口许可证。

美国与中国有关纺织品贸易的谈判历时近6个月后，到2005年9月虽然没有结果，但也发出了一些积极的信号。通过商谈解决各方的贸易摩擦势在必行。

**问题：**

1. 请查找中美、中欧纺织品博弈过程中的主要事件。

2. 依据世贸组织的基本原则及我国“入世”后的权利和义务，分析、评价中美、中欧纺织品博弈过程中各方所采取的策略。

# 第七章

# 中国对外贸易关系

【导读】 本章分为两大部分，第一部分介绍了中国对外贸易关系的基本政策和基本原则，第二部分分节论述了我国与世界上不同国家与地区之间的经贸关系。在第二部分，首先从历史的角度概述了我国与不同类型的国家和地区经济贸易关系的发展概况，然后指出了我国同这些国家与地区在发展经济贸易关系方面存在的问题，最后探讨了解决问题的途径并展望了我国与这些国家和地区发展经济贸易关系的前景。

## 第一节　中国对外贸易关系的基本政策

对外经济贸易关系包括的内容十分广泛，涉及商品贸易、技术贸易、服务贸易、利用外资、生产技术交流、合资经营、合作生产及加工贸易等，其中以商品贸易为主要形式。我国必须制定正确的对外贸易的基本政策并加以贯彻实施，以指导我国同各个国家和地区发展经贸关系。

### 一、中国对外贸易关系的发展

新中国成立以来，我国对外贸易关系主要经历了以下几个阶段：

#### （一）20世纪50年代的贸易关系

新中国成立后，由于美国等西方国家对中国实行封锁禁运，我国在对外政策上倒向前苏联这一边，首先全面发展与前苏联、东欧等社会主义国家的对外贸易关系，同时积极发展了亚非拉的经贸合作，并打开了同一些西方国家的贸易渠道，这时与我国有贸易往来的国家和地区由1950年的46个增到1960年的118个。

#### （二）20世纪60年代的贸易关系

进入20世纪60年代，我国同前苏联、东欧国家关系恶化和疏远，对外贸易量下降，对外贸易开始逐步转向第三世界国家。同时，与欧洲等西方资本主义国家的贸易发展起来，1970年与我国有经贸关系的国家重新发展到130个。

#### （三）20世纪70年代的贸易关系

1971年，我国在联合国恢复了合法席位，1972年中美发表联合公报，同年签订了中美贸易协定，中美贸易开始大规模发展起来。所有这些，推动了我国对外贸易关系的发展，1980年，与我国有经贸关系国家和地区发展到174个。

#### （四）20世纪80年代至今的贸易关系

20世纪80年代以来，我国进入改革开放的新阶段，我国对外贸易采取全方位的政策，使我国同世界各国和地区的贸易关系有了突飞猛进的发展，对外贸易的格局发生了显著变化，到2002年，我国已与220个国家和地区发展了外贸关系，此外，还同许多全球性和地区性的多边贸易组织建立了联系。2003年，中国对外贸易保持了2002年下半年以来的快速增长势头，在世界贸易中的排名从

2002年的第五位上升到第四位，贸易大国地位进一步巩固，对国民经济发展的贡献进一步增强。2004年中国对外贸易保持快速增长。全年进出口总额将接近或突破1万亿美元，比上年增长17%左右，其中出口将达到5 050亿美元左右，增长约15%；进口将达到4 950亿美元左右，增长约20%。

## 二、我国对外贸易关系的基本政策

对外贸易政策是一个国家外交政策和经济政策的重要组成部分。一个国家对外贸易关系的发展，必须在本国政府外交政策和对外贸易政策原则的指导下进行。

早在新中国诞生前，毛泽东同志就阐明了新中国发展对外贸易关系的基本政策，"中国人民愿意同世界各国人民实行友好合作，恢复和发展国际间的通商事业，以利发展生产和繁荣经济"。这一政策在恢复和发展我国国民经济中发挥了重要作用。但是，在相当长的一段时间里，由于国内外条件的限制，此项政策在实行中遇到了重重障碍。

进入20世纪80年代后，国内国际形势都发生了巨大的变化。从国际形势看，世界经济在曲折中迅速发展，各国之间的联系日益紧密，特别是20世纪90年代以来，世界贸易的增长率连续超过世界生产的增长率，经济生活越来越走向国际化；从国内形势看，随着全党工作重点转移到社会主义现代化建设上来，党中央制定了对外开放的基本国策。与此相适应，我国提出的对外贸易工作的基本方针是：独立自主，自力更生，平等互利，扬长避短，通过各种方式积极开展对外经济技术交流与合作，充分利用国际上一切有利条件，促进我国社会主义建设事业的迅速发展。这一基本方针是我们制定对外贸易政策所遵循的主要原则和根本依据。

当前，我国对外贸易关系的基本政策是：在改革开放总方针指引下，实行全方位协调的国别地区政策，即坚持平等互利原则，致力于同世界上所有国家和地区发展多种形式的多边、双边经济贸易关系。这为我国积极参与国际交换和国际竞争，扩大国内经济与世界经济的联系，使国内经济与国际经济实现互接互补，促进国民经济发展创造了良好的条件。

## 三、中国对外贸易关系的主要原则

我国在发展对外贸易关系时，遵循下列原则：

（一）独立自主原则

独立自主是我国长期坚持的建国方针，也是我国发展对外经贸关系必须遵循的主要原则之一。其基本含义是：一国可以自主地解决和处理本国事务而不受别国的控制和干涉。

我国还处于社会主义初级阶段，生产力水平比较低，经济与技术相对比较落后。因此，我们必须在独立自主的基础上，自力更生地发展我国经济，建设我们的国家。但是，这绝不是说我们拒绝对外开放和国际经济合作，排斥国外市场、资源、先进技术和经验，闭关自守。相反，我们要在独立自主、自力更生的前提下，积极发展同世界各国和地区的经济贸易关系，互通有无，相互学习，取长补短，优势互补，充分利用国外的资源与技术，发展我国经济，使我国早日成为现代化强国。

（二）平等互利的原则

这一原则的基本含义是：国家不论大小、强弱和贫富，应该一律平等，在贸易中不允许强国欺负、歧视和剥削弱国，各国要相互尊重对方的主权和愿望，根据双方的需要和可能来发展经贸关系，反对把贸易作为控制和掠夺别国的工具。

平等互利必须贯彻到外贸活动的各个方面：首先，我国与各国进行贸易时，反对以任何借口，附带任何政治条件去谋求任何特权，同时，我们也决不接受对方任何不平等条件和不合理要求。其次，我国与各国在交往中要根据双方的需要和可能，在自愿的基础上进行交易。再次，对外贸易作价要符合国际市场价格水平，签订合同要“重合同、守信用”，以维护双方的利益。最后，在海关、商检、运输、仲裁及贸易平衡等涉及双方利益的方方面面，也必须贯彻平等互利的原则。

（三）互惠、对等原则

互惠、对等原则是世界贸易组织的基本原则之一。互惠是指利益或特权的相互或相应让与，它是两国之间建立和发展贸易关系的基础。在国际贸易中，国家之间相互给予最惠国待遇、国民待遇通常都是以互惠为前提的。对等是指贸易双方相互给予对方同等待遇：一是对等地给予同样的优惠待遇，二是对等地就对方给予自己的不平等或者歧视待遇，采取相应的报复措施。

我国将在平等互利的基础上建立与其他国家之间互惠、对等的贸易关系，即在国际贸易关系中坚持并维护互惠、对等原则。其贯彻与实施主要体现在以下

两个方面:一是我国在对外贸易方面根据所缔结或参加的国际条约、协定,给予其他缔约方、参加方或者根据互惠、对等原则给予对方最惠国待遇或国民待遇;二是任何国家或地区在贸易方面对我国采取歧视性的禁止、限制或者其他类似措施时,我国可以根据实际情况对该国家或地区采取相应的措施。这表明我国同其他国家与地区的贸易关系应当建立在对等、互惠的基础上,而不能建立在差别待遇甚至歧视待遇的基础上。

(四)外贸、外交相互配合的原则

外贸和外交的关系归根结底是经济和政治的关系,这两者是相互影响、相互作用的。对外贸易是一国与他国的商品交换活动,属于经济基础;外交负责处理一国与他国的政治问题,属上层建筑,所以,外贸是外交工作的基础之一,对外交活动有相当大的影响,外交为外贸服务是理所当然的。但政治是经济的集中表现,外贸又不能代表整个经济基础,为了整个国家的政治利益,外贸又要为外交服务,所以这两者是相互影响、相互作用又相互配合的。在很多时候,外贸还是外交工作的先锋和桥梁。先外贸后外交,通过友好贸易促进两国建交的例子是屡见不鲜的,但外贸也不能完全消极地服从外交,否则对外贸易也就起不到经济基础的作用了。

## 四、改革开放以来,我国发展对外经贸关系的基本经验

过去二十多年中,我国实行对外开放方针,较好地把握了国际产业结构调整带来的机遇,在扩大进出口贸易、吸引外商直接投资和沿海地区开放等方面取得显著成效,促进了经济高速增长,成为经济全球化中受益最大的发展中国家之一。

基本经验如下:

第一,始终坚持对外开放不动摇。对外开放是邓小平理论的重要组织部分,是全党全国人民的共识,已经成为我国的基本国策,即使在发生亚洲金融危机等重大事件而使国际环境剧烈变化的情况下,我国仍然坚持对外开放的基本方针,保持政策的稳定性与连续性,在世界上树立了我国改革开放的形象。

第二,充分利用"两种资源、两个市场",积极参与国际分工,提高国民经济的整体实力。通过对外开放,我国引进了资金与技术,发挥了比较优势,克服了制约经济发展的资源与环境瓶颈,有力地促进了经济的发展,壮大了国力。

第三,正确把握改革与开放的关系,形成相互促进的良性循环。对外开放在引进国外资金与技术的同时,也引进了国际通行的市场经济规则,推动了国内经济体制的改革。而国内市场化程度的提高,对外经济贸易体制的每一步重大改革,又为扩大对外开放提供了有利的条件。

第四,根据国内外形势变化适时采取扩大对外开放的战略步骤。从20世纪80年代实施沿海地区开放战略到20世纪90年代提出"以质取胜"、"市场多元化"和"大经贸战略",实行"全方位、多层次、宽领域"对外开放,对外开放水平不断提高。

第五,在对外开放中始终坚持独立自主方针。中国是一个社会主义大国,搞经济建设必须立足于自己的力量。我们在吸收人类共同文明成果的同时,抵制了资本主义腐朽文化的侵蚀,通过打击走私、反逃汇和防范金融风险的斗争,保障了经济安全。

我们在过去20年里积累的成功经验,应该作为21世纪初指导我国进一步对外开放的基本方针。

## 五、新的历史条件下我国发展对外经贸关系面临的新形势和新问题

在经济全球化背景下,我国加入WTO,并将在五年内兑现大部分承诺。这是影响我国经济生活的一件大事,也是我们分析对外开放所面临的新形势的基本出发点。市场开放意味着我国参与全球化的程度进一步加深,这不仅会带来一些新问题,而且一些长期存在的问题也将变得十分突出。因此,需要准确把握新形势与新问题,抓住机遇,积极应对,趋利避害。

(1) 结构调整不仅是中国面临的问题,而且是全球性的突出问题。以信息技术为核心的新技术革命和国际间产业转移与技术转移,为我国在开放环境下进行结构调整提供了历史性机遇。不过,技术进步加速导致产品生命周期大大缩短,一些产业已出现全球性的生产过剩,对我国结构调整的效率提出了新的要求。如果我们不能跟上技术进步和国际需求结构的变化,进行国内结构调整和接受国际产业转移,不仅难以实现产业结构的升级,而且可能使结构不合理的问题更为突出。

(2) 国内市场总供需格局的改变,为我国逐步开放国内市场、积极开拓国际市场创造了极为有利的条件。在工业化和城市化远未完成的发展阶段,需求相

对不足,使我国在"十一五"时期面临巨大的就业压力,一些新兴产业发展受到市场规模的制约。因此,在积极扩大内需的同时,我国能否利用加入 WTO 后外部环境改善的有利时机,扩大本国产品和服务在国际市场上的份额,扩大利用外资,进口国内短缺的资源和先进技术设备,对扩大总需求、增加有效供给具有比以往更加重要的意义,直接关系到对外开放能否继续成为促进我国经济快速增长的动力。

我国能否真正获得开放市场的好处,在很大程度上取决于国内市场机制的完善程度。降低贸易壁垒、减少对外资准入的限制,将进一步沟通国际和国内两个市场之间的联系,可以使我国在更大的范围内发挥市场配置资源的基础性作用。然而,目前国内市场条块分割的矛盾依然十分突出,市场化程度亟待提高。因此,能否在加入 WTO 的过渡期内推进经贸政策的统一实施,尽快建立国内统一大市场,将直接影响我国开放市场对优化资源配置、促进经济发展的效果。服务贸易市场的开放是我国参与国际竞争的新焦点。我国服务业总体发展相对落后,占 GDP 的比例低于多数发展中国家。服务贸易主要是采取当地商业存在的方式,而且在专业知识和技术方面难以实行垄断和封锁,因此,通过服务业的合资合作,可以引进国外资金、先进的管理经验、专业技术和规范的市场运作,培育和发展我国新兴的服务业,创造更多的就业机会,提高国民经济运行的总体效率和人民生活的质量。银行、保险、电信、分销等服务贸易是发达国家占有绝对优势的领域,开放市场必然对国内服务业造成巨大的竞争压力,而在 WTO 框架下,服务贸易没有保障措施,一旦危及关系全局的领域,难以事后补救。因此,如何严格掌握审批程序,加强行业监管,确保国家信息安全,防范金融风险,防止分销体系的垄断,对我国的法制建设、政府的管理效率是一个考验。

政府部门需要在观念、职能和管理方式上适应加入 WTO 的新形势。目前各级政府仍然习惯于用行政办法代替市场,直接干预企业的决策。产业政策调节范围过大,很多政策手段不符合 WTO 的规则。因此,加入 WTO 后,首先面临挑战的是政府。一方面,对外经贸管理将受到 WTO 规则的制约,数量限制、国产化和外汇平衡要求等措施要逐步取消,政府必须依法行政,增加透明度。另一方面,针对开放市场可能带来的风险,需要对有关法律法规和政策进行充实完善,加强监管能力。政府职能的转变和管理效率的提高,将直接影响对外开放的水平。

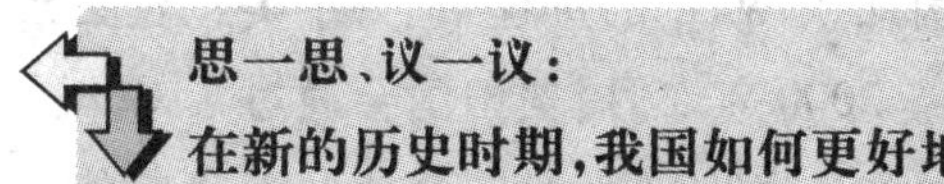


## 第二节　中国与主要发达国家的经贸关系

发达国家主要指北美洲的美国、加拿大、亚洲的日本、欧洲的欧洲联盟国家和大洋洲的澳大利亚、新西兰等国家。美国、日本、欧盟等主要发达国家是我国重要的贸易伙伴，我们应在平等互利的基础上积极发展与这些国家的贸易关系。

### 一、中国和美国的经贸关系

#### （一）中美经贸关系的发展现状

中美两国自1972年恢复正常关系以来，双边经贸关系的发展大体上可以划分为三个阶段：第一阶段，从1972年中美关系正常化至1978年年底。这一时期两国经济交往十分有限。1972年，中美双边贸易额只有1 300万美元，在中美正式建交前的1978年，贸易总额也只有9.91亿美元。第二阶段，从1979年中美正式建交至1989年。在这一阶段，中美于1979年7月签署了《中美贸易关系协定》，双方决定相互给予对方最惠国待遇，中美贸易合作开始快速发展。1979年中美贸易总额达到24.51亿美元，其中中国对美国出口5.9亿美元，自美国进口18.6亿美元，中方贸易逆差12.7亿美元。到1988年，中美进出口贸易总额达100.11亿美元，平均每年递增15.1%，当年美国成为中国的第三大贸易伙伴。美国的统计数字则是中美双边贸易额1979年23亿美元，到1985年达77亿美元，1989年则达到178亿美元。由于这一时期中美两国仍然将遏制前苏联作为战略关系的基础和最高目标，中美贸易也一直受到美国国会1974年通过的“杰克逊-瓦尼克修正案”的约束，所以中美经贸关系的发展起伏不定。第三阶段，是从1990年至今，这一时期，中美加速发展经贸关系的条件逐渐具备，双边贸易额获得跃进式增长。根据美国统计数字，1991年中美贸易达到了127亿美元，1992年为180亿美元，1993年为230亿美元。1994年5月，当时的美国总统克林顿宣布将人权问题与中国最惠国待遇问题脱钩，美国对华经贸政策也开始做出重大调整。1999年11月15日，中美两国政府代表在北京签署了关于中国加

入世贸组织的双边协议,大大加快了中国加入 WTO 的进程,也为中美经贸关系在双赢格局下长期稳定发展创造了条件。2000 年 5 月,美国国会通过了对华永久性正常贸易关系法案。2001 年在中国加入 WTO 后,美国总统乔治·布什正式宣布解决中国永久性正常贸易待遇问题,消除了困扰两国关系多年的一大障碍。

中美经贸关系是中美关系的重要基础和组成部分。由于两国经济的强大互补性和双边经贸合作的巨大潜力,中美经贸关系一直持续快速发展。与中美两国建交时相比,目前的中美双边经贸关系发生了质的变化,合作方式向多元化、多样化发展;合作内容变得更加丰富,更具实质性;合作范围进一步扩大和深入。

1. 双边贸易和投资快速增长,相互依赖程度增强

据中国海关统计,1991—1994 年,中美年贸易总额分别为 142.02 亿美元、174.90 亿美元、276.52 亿美元和 354.30 亿美元;1995 年突破 400 亿美元;1997 年中美年贸易额为 489.9 亿美元;1998 年为 549.4 亿美元;1999 年为 614.3 亿美元;2000 年增至 744.67 亿美元;2001 年增至 804.9 亿美元,比 2000 年增长 8.1%,其中中国出口 542.8 亿美元,同比增长 4.2%,中国进口 262 亿美元,同比增长 17.2%;2002 年猛增至 971.8 亿美元,增长 20.8%,其中中国出口 699.5 亿美元,增长 28.9%,自美国进口 272 亿美元,增长 3.9%,2002 年中国已取代日本成为美国第三大进口来源国;2003 年 1 至 10 月,中美双边贸易额已经超过 2002 全年的数字,首次突破千亿美元大关,达到 1 024.8 亿美元,同比增长 30.7%,其中,中国进口 275.6 亿美元,增长 25.7%,出口 749.2 亿美元,增长 32.7%。从 1979 年中美贸易有统计数字以来,两国贸易额 25 年增长了 40 倍。目前美国是中国第二大贸易伙伴,而中国是美国第四大贸易伙伴。据美国商务部统计,2000 年,中国是美国的第八大出口市场,对华出口占美对外贸易总额的 2.1%,2002 年中国已成为美国的第七大出口市场,对华出口的比重进一步增至 3.2%。2003 年 1—8 月,中国已成为美国第六大出口市场,美对华出口占美国出口总额的比重也达到了 3.6%。

中美双向投资持续增长,投资领域不断扩大。美国统计数字表明,20 世纪 90 年代以来,美国对华直接投资持续攀升,年均增长近 40%。据中国海关统计,2002 年美国对华投资项目 3 363 个,比上年增长 29%;合同利用美资 81.6 亿美元,增长 8.5%;美资实际投入 54.3 亿美元,同比增长 22.4%;2003 年 1—9 月,

美对华投资项目3 054个,同比增长27.1%;合同利用美资72.76亿美元,同比下降0.74%,美资实际投入30.85亿美元,同比下降28.04%。截至2003年9月底,美对华投资项目累计达40 334个,合同利用美资金额835.58亿美元,美资实际投入429.74亿美元,分别占全国外资总额的8.9%和8.8%。美国已成为中国外资的最大来源国。目前美商投资绝大部分属于我国鼓励类项目,并以技术先进、管理水平高而著称,在CDMA、飞机、汽车、计算机芯片和工程机械等领域的许多投资,为我国相关产业升级换代发挥了重要作用。同时,美国在华投资范围和领域十分广泛,在二十多个省、自治区和直辖市中有投资,涉及的行业包括机械、石油、电子、通讯、化工、纺织、能源、轻工业、食品、农业、制药业、旅游、保险、房地产、汽车以及航空工业等。美国500强企业中已有80%在华投资,而且投资企业总体经营状况良好。据中国美国商会2003年8月公布《2003年白皮书》显示,65%以上的美国合资或独资企业处于盈利状态,44%的美资公司表示去年收入"大幅增长",10%的美资公司"盈利状况极佳",那些尚未盈利的公司中,有91%的公司预计在未来三年内将实现盈利。据美方统计,现在中国市场(包括内地和港、澳特别行政区)是美国在发展中国家最大的海外投资收益来源地,2000年美国从中国市场的收益为70亿美元。

同时,中国在美国兴办的贸易型和非贸易型公司也呈增长趋势,2003年上半年新批中国在美投资企业29家,协议投资金额3 095万美元,其中,中方投资2 687万美元。截至2003年上半年,经批准的中国在美投资企业共计732家,协议投资总额超过11.6亿美元,其中,中方投资约8.6亿美元,涉及工业、科技、服装、农业、餐饮、食品加工、旅游、金融、保险、运输和承包等各领域。

随着双方贸易和投资的持续增长,中美双方各自在对方对外贸易中的地位上升,相互依赖程度增强。

2. 双边经济技术合作日益活跃,大型项目明显增多

2002年,中美签署了总金额高达47亿美元的五大经贸合作项目,其中中石化与美国埃克森美孚合作的炼油化工一体化项目就高达33亿美元。又如,青岛啤酒集团与美国最大啤酒制造商安布公司的战略性投资合作协议、上海制皂集团并购美国电池生产商莫泰克公司的合同生效及经营权转移协议,以及中国联通与摩托罗拉、朗讯、北方电讯和爱立信公司的CDMA二期工程通信设备采购框架协议等,这些签约合同广泛涉及石油化工、电信和能源等重要领域,表明了

中美经济合作领域的产业相互依赖格局正在形成。此外,中美汽车业的合作也是两国产业合作的一个亮点。美国通用汽车公司在上海浦东投资 20 亿美元与中方合作生产汽车。上海汽车集团与通用汽车全面合作,进军中国重型汽车和微型汽车市场,以高达 9 960 万美元的总投资,打造中国"重型车巨人"和"微型车巨人"。

3. 双边贸易的商品结构发生显著变化

20 世纪 80 年代中期以前,我国对美出口产品主要是纺织品(约占对美出口的 40%以上)、工艺品和轻工业品等劳动密集型产品。到 20 世纪 90 年代后期,虽然家用电器、机床及部分高新技术产品在出口总额中的比重有所变化,但总额仍然不是很大。2002 年,中国对美出口商品的贸易结构发生显著变化,对美出口结构基本改变了以服装、鞋帽和纺织品为主的经贸格局,机电、通信类商品在中国对美出口中的比重大幅上升。根据美国商务部的统计,2002 年中国对美出口排在前五位的商品分别是杂项制品(19.44%)、办公用机械及自动数据处理设备(11.7%)、电信及声音的录制及重放装置设备(10.74%)、鞋靴(8.7%)和电力机械器具(8.09%)。我国自美国进口的产品以机电、高新技术产品和相关农产品为主。2003 年 1—8 月,我国从美国进口机电产品 114 亿美元,占自美国进口总额的 51.8%;进口高新技术产品 77.3 亿美元,占自美国进口总额的 1%。我国自美国进口的部分大众农产品和原料类商品金额大,增幅高。2003 年 1—8 月,我国从美国进口棉花 38 万吨(从全球进口 62 万吨),是上年同期的 12.6 倍。同期,自美国进口大豆 628 万吨(从全球进口 1472 万吨),进口金额高达 15.8 亿美元。

(二) 中美经贸关系中存在的主要问题

1. 双边贸易不平衡状况加剧

按美方统计,美国对华贸易自 1983 年起就出现逆差,其后不断扩大;1996 年贸易逆差额达 395 亿美元,使中国成为仅次于日本的美国第二大贸易顺差国;2000 年,美国对华贸易逆差额更高达 1 000.63 亿美元。而按中方统计,在 1992 年以前,中国对美贸易一直是逆差,1993 年起才转为顺差,并且 1996 年的顺差额仅为 105 亿美元,2000 年的顺差额为 297.4 亿美元,美方统计数字竟比中方统计数字高出 703.22 亿美元。据中国外经贸部统计,2002 年中国对美贸易顺差为 427.2 亿美元,比 2001 年同比增长 52.1%。而根据美国商务部公布的数据,

2002 年美国对华贸易逆差高达 1 031.2 亿美元。为了查清中美双方因统计上的原因所造成的差异究竟有多大,1994 年,在中美商贸联合委员会下成立了双边贸易统计小组,进行专题研究。通过一年多的努力,比较了中国内地、美国和中国香港特别行政区 1992 年和 1993 年的贸易统计数据,双方得出三点结论:(1) 美方的进口统计因忽视转口和转口增加而高估了从中国的进口。货物离开中国后在第三方增加的价值不应该计算为中国的出口;(2) 美方的出口统计因忽视转口而低估了对中国的出口;(3) 美国确定货物原产地所采用的方法,导致双方统计上的差异。据此,该小组认为,仅因转口因素,1992 年和 1993 年美国统计的对华逆差平均被高估 40%。在差异如此巨大的统计数字指导下,中美两国对双边贸易的不平衡有着各自不同的理解。美国依据其至少夸大了 1/3 的统计数字认为,美国的对外贸易逆差有相当部分源自中国,因此,近年来,对华贸易逆差问题在美国逐渐升温,美方称 2004 年对华贸易逆差达 1 620 亿美元。美国国内把高失业率归咎于中国的观点十分流行,美方不断在纺织品配额、市场准入等各种问题上对中国设置障碍,施加压力,引起中美贸易摩擦。

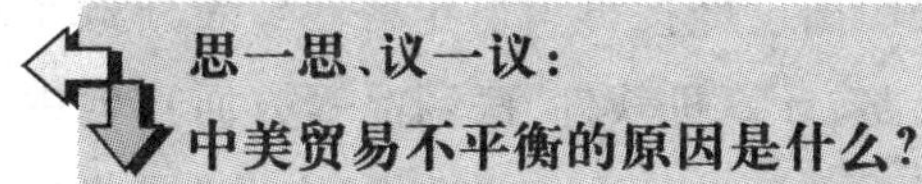


2. 相互展开反倾销调查成为双方经贸关系的新焦点

反倾销是美国用来保护其国内生产商,使其免受不公平竞争损害的最为有效的一种方法。在中美 WTO 协议中,美国认为中国是一个“非市场经济”国家,中国政府对企业出口的补贴过高,美国将根据协议条款继续实施对华反倾销政策。20 世纪 90 年代以来,随着中美贸易的不断发展,美国对中国产品实行反倾销案件不断上升。美国立案调查的反倾销案中有半数是针对中国产品,迄今对中国产品实施了近 100 起反倾销措施。近年来,面对中国快速增长的对美出口形势,美政府加大了对华反倾销调查的力度,先后对我输美轴承、用于炼钢的钒铁、搬运物体的制动器装置以及可锻性铸铁管件等展开反倾销调查或征收高额反倾销税。2003 年 11 月一个月之内,美国连续 4 次发动对中国生产的纺织品、胸罩、袍服、电视机、铸铁钢管和木制卧室家具等进行反倾销调查和征收高额反倾销税。在美国对华反倾销调查指控压力加大的情况下,中国开始利用 WTO 的有关条款反击美国的不公正做法。2002 年首次对美国的进口苯酚产品、铜版纸

进行反倾销立案调查。2003年,中国企业对美反倾销群起反击,积极应诉。相互开展反倾销调查成为中美双边经贸关系的新焦点,对未来双边经贸发展产生重要影响。

3. 中美知识产权纠纷进入新阶段

中美知识产权领域的纠纷由来已久,而且,纠纷的演变与中美经贸关系的发展是紧密相连的。纠纷产生的根源在于经济利益。1991年、1994年及1996年美国三次宣布将中国列入未能对美国的知识产权进行保护的"特殊301条款"的"重点国家",2000年、2001年,美国又宣布将中国列入知识产权保护监控国家名单,双方经过艰苦谈判,最终达成保护知识产权谅解备忘录和协议。从中美知识产权纠纷的内容看,可以分为三个阶段:第一阶段是1979—1994年,美国重点关注的是中国知识产权保护的立法进展以及法律的完备性;第二阶段是1995—2001年,美国重点关注的是中国是否依法保护知识产权,强调执法制度的健全和执法机构的完善;第三阶段是2001年至今,2001年年底,中国加入了WTO,开始履行《与贸易有关的知识产权协定》,这也标志着中美知识产权纠纷进入一个新阶段,尽管加入WTO两年来,中国已经按世贸协定修改或重新颁布了有关的知识产权法律法规(关于集成电路、计算机软件、医药品等方面),但中美知识产权纠纷仍有升级的危险,美国关注的重点已经转向要求中国"严格执法",以便为美国企业开辟更大的市场。在美国贸易代表提交的《中国履行WTO协议》2003年报告中,强调了"美国把解决中国对知识产权方面的执行问题置于第一要务",要求中国加强行政处罚、民事赔偿和刑事惩罚的力度,制止侵权行为的蔓延。2003年,在中美经贸关系上,除人民币汇率问题外,美国最关注的就是知识产权问题。随着中美双边贸易的急剧增长,有关知识产权的纠纷将继续加剧。

4. 美对华高技术出口管制更为严厉

美国对华出口管制政策的目的就是要在经济和安全两者之间取得平衡。为此,美国政府规定美对华出口的许多产品必须由美国商务部发放许可证。因此,在我国技术引进国别和地区排序中,美国基本位居第2、3位,在我国技术引进总额中所占比例不大,与美国科技大国的地位不相称。布什政府上台后,进一步实施对中国的技术出口限制,并通过紧急授权维持美国《出口管理法》到期后出口管理制度的效力。2002年,布什政府敦促国会尽快通过新的《出口管理法》,通过对包括中国在内的国家实施更为有效的出口管制方式,保护美国的“国家安全利益”。虽然中国呼吁美国政府加强对华技术转让,中美两国还签署了民用技术合作协定,但美国政府仍继续对中美在技术合作方面的进展采取“打压”的立场。2002 年年底,美国国务院再次指责休斯电子公司和波音卫星系统公司向中国提供卫星和火箭技术,并向联邦法院提交了 32 页的“指控书”,说明美国对华政策中戒备和防范中国崛起的成分并没有因“中美建设性合作关系”的加深而减少。中美技术转让与合作仍然是两国经贸关系中最为滞后的领域,成为发展两国经贸关系的一大制约因素。

5. 农产品、纺织品贸易摩擦不断

农产品贸易是中美贸易的重要组成部分,从 20 世纪 90 年代初至今,美国对华农产品出口增长了 1.5 倍,进口增长了 2.7 倍,中国是美国农产品出口的主要市场之一,位居第五。按美方统计,2002 年,美国向中国出口农产品 20.7 亿美元,主要是大众农产品,如大豆和谷物等;从中国进口 10 亿美元,主要是消费类农产品,如蔬菜、水果、肉类和加工制品。按照中方统计,2002 年中国对美国出口农产品 16.3 亿美元,美国是中国农产品出口的第四大市场。2003 年 1—11 月,中国从美国进口农产品 15 亿美元。美国是中国最大农产品进口国。在中美两国政治意愿的推动下,2003 年 1—9 月,按美方统计,美国对华出口农产品 29 亿美元,比 2002 年同期增长了 102%,其中大豆出口达到创纪录的 12 亿美元,棉花出口 3.37 亿美元,同比增长 478%。

2002 年 3 月 20 日起,中国开始实施新食品法,对大豆和玉米等转基因农产品的进口加以限制,影响到美国的农产品出口,美方认为农产品贸易“已证明是美国和中国之间特别有争论的问题”。为解决这一问题,中美双方进行了多轮磋商,最终就转基因问题达成了协议,暂时避免了中美之间爆发新的贸易战。近年来,美国更多利用检验检疫手段来限制中国的农产品,中国对美出口的水果、盆景和水产品等,都碰到了各类严格标准及其实施程序的限制,美国也认为中方设置了不合理的食品和动植物检验检疫标准。检验检疫问题也日益成为主导中美农产品贸易战的主要方面。2002 年,美国国会通过《2002 年农业法》,贸易保护倾向进一步加强,不仅增加了补贴力度,而且扩大了补贴范围,补贴增幅达年均 190 亿美元。中美作为全球的农产品生产和贸易大国,在农业领域的贸易也将在动态的摩擦中发展,农产品贸易日益上升为今后中美爆发贸易战的雷区之

一。纺织行业是中国出口创汇的生力军。多年来,美国对我输美纺织品一直实行严格的配额管理制度,不断制造各种借口,限制我纺织品输美。中国加入WTO后,2002年第一季度,中国对美纺织品出口剧增27%,超越墨西哥、加拿大,重新坐上对美纺织品出口的头把交椅。根据美国纺织品制造商协会的统计,2002年上半年,中国对美国的纺织品服装出口增加近9亿平方米。在中国对美纺织品出口激增的情况下,2002年9月美国纺织生产商协会(ATMI)指责中国企业利用低价倾销手段冲击美国市场,要求美国纺织品协议执行委员会(CITA)对从中国进口的五种纺织服装商品施行特别保障措施。2003年10月,美国宣布对中国乳罩、袍服、针织品三大类纺织品设立新的配额限制。2005年美又单方面对中国出口到美的纺织品设限。2005年5月,美国相继对针织衬衫、棉制裤子等7种中国纺织品实施进口配额。此后,中美之间进行了4次会谈。8月1日,美方宣布,将中国毛制裤子等6种纺织品设限决定日期延长到8月31日。同时,美方表示,将与国内纺织业界和国会议员进行沟通,以寻求与中方在纺织品贸易上达成一个涵盖更多产品的、综合性的协议。8月底,中美开始第四轮纺织品磋商。中美双方在纺织品问题上还有许多问题需要解决,此轮磋商,无论其结果如何,双方在纺织品贸易上的"拉锯战"很难就此终结。

6. 人民币汇率问题

人民币汇率问题是美国近年来最为关注的一个问题。美国布什政府出于国内政治特别是选举政治的需要,将人民币汇率与中美贸易不平衡牵扯在一起,使之成为双边经贸关系中的一个新焦点。布什政府中不少人认为,中国经济的增长是实施人民币盯住美元政策的结果,这表现了美国对华经济政策的功利性和实用性以及只顾自身经济利益的狭隘性。美国是从其自身经济利益而非双赢观点出发要求人民币升值的,因而具有浓厚的转嫁损失、阻止中国经济高速发展的意图。东南亚金融危机期间,中国坚持人民币不贬值,不仅有利于亚太地区金融稳定,而且受到美国称赞。目前,在中国逐渐履行"入世"承诺、开放国内市场以及逐步进行金融改革的关键时刻,人民币升值对中国而言意味着国际竞争力的减弱、外资流入的减缓,并可能引发金融不稳定以及经济增长率下降;换言之,中国经济有可能步20世纪80年代末日本经济衰退的后尘。对美国而言,从经济层面看人民币升值也是有害无益的,不仅会损及在华投资的美商,而且会伤害美国从事中美贸易的中间商与零售商,从而伤害美国消费者,因此,美国要求人民币升值是不公正且有害的。

**思一思、议一议：**
**为什么人民币升值并不能解决中美贸易的不平衡？**

（三）中美经贸关系的发展前景

中美经贸关系经过二十多年的发展，已经成为两国在21世纪共同利益的汇合点和重要交叉点，在整个中美关系中占据非常重要的地位，并开始主导甚至决定中美关系的发展方向。中美经贸关系的发展前景是广阔的。

第一，作为世界上最大的发展中国家和最大的发达国家，中美进一步发展经贸合作符合两国的根本利益。中美两国在自然条件、人力资源、市场、资金、技术和出口产品结构等方面互补性较强，这是促进中美经贸关系快速发展的最直接动因，中美经贸合作充分体现出两国经济互为补充的比较利益的优势，中国劳动密集型产业的优势和美国技术密集型的优势不构成矛盾，相反，两者是互补的，互补带来了互利，中美经贸合作是建立在互利互惠和双赢的基础上的。从美国方面来看，加强与中国的经贸关系符合美国的战略定位、战略利益和发展需要，加强与中国的经贸关系，可以解决美国自身存在的经济难题，可以使美国扩大与中国的经济往来，占领更多的中国市场，增强美国企业与日本、欧盟等贸易伙伴的国际竞争力，这些已成为美国近几届政府共同追求的目标。从中国方面来看，扩大与美国的经济交往，加强与美国的经贸关系不仅有利于中国产品在美国市场的拓展，也可以获得更多的、中国急需的美国资金和技术，加速中国建设现代化的进程，这也是中国与美国发展经贸关系的根本利益所在。

第二，中美经贸关系发展的潜力依然巨大，两国经济的持续增长，为经贸合作的加强提供了可能。尽管中美经贸关系近年来发展很快，但对于美国这样的世界贸易强国来讲还远远不够。美国每年的贸易额高达2万多亿美元，而中美贸易才1 000多亿美元；美国在国外的投资总额高达12 000多亿美元，而在华投资仅仅393亿美元。另外，根据美国商务部估计，中国未来的计算机等高科技产业和服务业市场前景尤为光明。到2005年，中国信息产业的硬件、软件和服务业市场的投入额，将从2001年的210亿美元，猛增到500亿美元，中美经贸合作前景十分广阔。中美两国经济的持续增长为双边贸易关系的扩大和加深奠定了良好的物质基础。

第三,改善中美贸易不平衡问题,需要两国的共同努力。中方希望美方放宽对华高技术出口限制,避免将贸易问题政治化。中国加入WTO后,市场进一步开放,市场规模也将进一步扩大,不断发展的中国经济将为美国企业提供巨大的商机。中美双方应增进相互了解和信任,努力排除非经济贸易因素的不利影响,以平等协商、积极务实的态度,解决经贸关系发展过程中出现的问题,共同促进中美经贸关系的健康稳步发展。

但是,我们也要看到,在布什政府贸易保护主义政策不断加强的情况下,中美经贸关系的发展也面临许多挑战和难题,如双边在贸易不平衡问题上的争论将进一步突出,中国面临来自美国的压力将会加大;美国把中国作为反倾销重点对象的趋势将持续扩大,反倾销问题将成为中美经贸关系的焦点难题等。

2003年12月,温家宝总理访问美国,提出了发展中美公平贸易和经济合作的五条原则,这五条原则是:第一,互利共赢,从大处着眼,既要考虑自身利益,又要考虑对方利益。第二,把发展放在首位。通过扩大经贸合作来化解分歧。第三,发挥双边经贸协调机制作用。及时沟通和磋商,避免矛盾激化。第四,平等协商。求大同存小异,不动辄设限和制裁。第五,不把经贸问题政治化。这五条原则是建立在世贸组织框架和国际贸易基本准则基础上的,也是正确认识和妥善处理今后一个时期中美贸易可能出现的分歧和摩擦所需要的,原则的核心和精髓是六个字:发展、平等、互利。这六个字中,发展是动力,平等是前提,互利是目的。

在未来的日子里,中美经贸关系的前景是机遇和挑战并存。为了在新世纪维护一个稳定健康的中美经贸关系,双方应站在时代高度,以战略的、长远的、发展的、建设的眼光来对待和处理分歧,在有共同利益的领域加强合作,在有分歧的地方相互探讨,切实遵守国际关系基本准则和世界贸易组织规则。只有这样,中美经贸关系才能不断地迈上新台阶,而且中美经贸合作也必将进入一个新的前景更为广阔的阶段。

## 二、中国和日本的经贸关系

### (一)中日经贸关系的发展现状

中日两国是一衣带水的邻邦,中日两国的贸易关系有着悠久的历史。新中国成立后,当时的日本政府追随美国对中国实行封锁禁运,两国贸易量很小,只有少量的民间贸易。1972 年,中日两国实现邦交正常化,这是两国经贸关系的转折点,中日贸易快速发展。进入 20 世纪 80 年代初,中国改革开放全面展开,中日贸易更呈现出快速增长的势头。1972 年,两国贸易总额只有 11 亿美元,1982 年就达到了 88.63 亿美元,增加了 7 倍多,1983 年即突破 100 亿美元大关。1989 年的政治风波使 1990 年的中日贸易受到巨大影响,1990 年的贸易总额比 1989 年下降 11.84%。

进入 20 世纪 90 年代以来,中日经贸关系发展迅速,呈现出如下几个特点:

1. 双边贸易持续高涨

1991 年日本率先打破了西方国家对华制裁,中日贸易从 1991 年起开始恢复,随即显示迅速增长的势头,1991 年双边贸易额达 228 亿美元,在 1991 年、1992 年、1993 年、1994 年和 1995 年,中日贸易总额增长分别达 22.3%、25.1%、53.8%、22.7% 和 17.99%。1994 年达 478.92 亿美元,占中国进出口总额的 22.34%,日本成为中国的第一大贸易伙伴。1995 年双边贸易额已达 574.6 亿美元。在 1997—1998 年间,由于受亚洲金融危机和国际市场需求变化的影响,中日对外贸易有所下降。到 1999 年达 661.67 亿美元,占中国进出口总额的 18.34%。2000 年贸易总额达到 831.7 亿美元,与上年同比增长 25.7%。2001 年,虽然中日之间发生了严重的贸易摩擦,但中日贸易仍再创历史新高,按中方统计,贸易总额达到 877.5 亿美元,同比增长 5.5%,其中中方对日本出口为 449.6 亿美元,同比增长 7.9%,中国从日本进口为 428 亿美元,同比增长 3.1%。2002 年中日双边贸易继续保持高速增长态势,并创历史新高,据中国海关统计,2002 年中日贸易首次突破 1 000 亿美元大关,达到 1 019.05 亿美元,较上年增长 16.2%,其中,我国对日出口 484.4 亿美元,同比增长 7.8%,自日进口 534.7 亿美元,同比增长 25%。2002 年中日贸易占中国对外贸易总额的 16.4%,日本继续为我国第一大贸易伙伴。2003—2004 年,中日贸易额继续保持高速增长。

据统计,从 1990—2002 年,中日贸易以年均 15% 的速度增长,高于同期中国对外贸易年均增长 14% 的速度,中日贸易在中国对外贸易的比重中虽然一直居较高水平,但是由于中国对外贸易增长迅速,这一比重呈下降趋势:1999 年,中日贸易额占中国对外贸易的比重为 18.3%,2000 年则降为 17.6%,2001 年降为 17.2%,2002 年降至 16.4%,但在日本对外贸易中,这一比重则是不断上升的。2000 年,中日两国的贸易额占日本对外贸易总额的比重为 9.9%,2001 年上升

为11.8%,首次突破10%大关,2002年达到了13.5%。

2. 日本对华投资增加,项目趋于大型化

日本是向中国进行直接投资的主要国家之一。20世纪90年代初期日本企业对中国直接投资项目每年不到600个,合同金额不到9亿美元,实际执行金额只有5亿多美元。2000年以来,日本对华投资不仅投资项目和金额增加,一些大企业和跨国公司对中国的投资也在迅速增长。2002年日本对华全年投资项目数为2745个,合同外资金额52.98亿美元,实际投资金额41.9亿美元,是我国利用外资的第四大来源地。2002年日本对中国直接投资平均每个项目的金额达193万美元,比1993年增加一倍多。1979—2002年,日本对华直接投资项目累计25147个,实际投入金额为363.39亿美元。日本对华直接投资具有以下特点:一是在实际投资金额上,资金到位率居世界各国和地区的首位,日本投资项目成功率比较高,大部分投资企业营运情况良好,但每个项目的平均投资额低于其他投资国家和地区。二是近年来,日本以电机、水泥等为重点的大型投资项目增多,汽车行业改变以往对华投资不积极的态度,加快了进入中国市场的步伐;对能源、交通、通信、原材料等基础产业的投资增加,在商业和流通领域的投资活跃;投资区域已从沿海向内地扩展。

3. 中日进出口商品结构发生变化

2002年我国对日机电产品及高科技产品保持较为旺盛的增长势头,中国机电产品超过了纺织品,成为对日出口的第一大商品,而传统轻纺类产品、农产品和矿产品的出口均呈下降局面。2002年我国自日进口除纺织品原料及其制品外,均呈大幅度增长态势,特别是汽车及汽车底盘进口增幅最大,其他机电产品也保持较高增长,表明我国履行入世承诺大幅降低工业品关税,刺激了进口,同时也表明国内经济保持快速增长带动了机电产品的旺盛需求。

4. 日本对华提供的政府开发援助(ODA)最多

日本政府开发援助主要包括日本政府贷款(日元贷款)、无偿援助和技术合作部分。截至2002年年底,日本累计向中国承诺政府贷款29504.89亿日元,项目数达199个,用于基础设施、能源、环保和教育等领域的建设。自2001年以来,日本政府将过去的一次承诺五年的贷款金额及项目的做法改为一次仅承诺一年的贷款金额及项目。2002年,日本政府对华无偿援助金额为61.5亿日元(约合5100万美元),项目为10个,截至2002年年底,中国共接收日本无偿援助累计 1 279.72 亿日元。

5. 经贸范围不断扩大，形式更加多样化

从 20 世纪 80 年代起，中日两国的经贸关系已从单纯的商品贸易扩大到了包括货物贸易、技术贸易、相互投资、政府资金合作等全面的经济合作，如加工贸易、综合性的长期补偿贸易、石油和煤炭等领域里的合作开发等。这些新的贸易方式，有力地促进了中日贸易的发展。

（二）中日经贸关系中存在的主要问题

随着中日经贸关系的不断扩大，经贸摩擦的问题也随之产生，并已成为两国关系发展中不容忽视且急需解决的问题。

1. 近年来两国贸易摩擦加剧

2000 年 12 月，日本政府宣布对从中国进口的大葱、鲜菇、蔺草席三项农产品实施设限调查，紧随其后，又对中国水产品、多种纺织品、轻工产品进行进口限制。2001 年 4 月，日本政府不顾中国政府的坚决反对，单方面启动对大葱、鲜菇和蔺草席三项农产品实行 200 天的临时设限措施。随后，日本政府又突然宣布停止从中国进口家禽，将 8.8 亿美元中国产家禽拒之门外。同时，日本方面将贸易战从农产品扩大到工业品，从启用保障条款到采取技术壁垒措施，涉及金额高达 36 亿美元以上。针对日本采取的措施不断升级，中国政府于 2001 年 6 月，宣布对原产于日本的汽车、空调及移动电话等征收特别关税，予以有力的回击。

2. 日本对从华进口产品实行苛刻的检疫手段

2002 年以来，日本政府针对中国输日蔬菜、冷冻食品实施强化检疫。据不完全统计，2002 年 1—7 月，日本监控中国进口蔬菜 5 523 次，称其中有 14 项检查发现超过正常残留农药或化肥标准；实施命令检查 1 478 次，发现超标现象 22 项；对中国进口冷冻蔬菜检疫 944 次，发现超标现象 42 项。在日本媒体的炒作下，从中国进口的部分蔬菜、冷冻食品被日本人当成“毒菜”，吓得日本消费者不敢吃从中国进口的食品。受此影响，中国对日本出口蔬菜、冷冻食品的数量和金额由多年持续增长转为连月下降。现在，检疫问题已成为中日经贸摩擦的一个新焦点。

（三）中日经贸关系的发展前景

中日经济贸易关系的发展，尽管还存在着一些不利因素和困难，但总是在不断前进的，合作领域不断扩大，贸易迅速发展。从长远看，发展中日经贸关系的

有利条件多于不利条件，两国的经贸合作前景是广阔的。

1. 发展中日经贸关系的有利条件

(1) 发展中日经贸关系符合两国人民的根本利益。自 1972 年中日邦交正常化以来，中日两国政府都十分重视发展睦邻友好关系和经贸关系。1978 年缔结了《中日和平友好条约》。1983 年两国政府确定了发展两国关系的基本原则是：和平友好，平等互利，相互信赖，长期稳定。1984 年两国领导人互访，成立了中日友好 21 世纪委员会。1998 年江泽民同志访日，中日共同发表了《中日共同宣言》，以"构筑致力于和平与发展的友好合作伙伴关系"，为发展中日关系和经贸关系奠定了基础。

(2) 中日贸易发展具有互补性。中日经济处于不同的发展阶段，中国是一个发展中国家，日本是最发达的工业国家之一，这为两国的经贸合作提供了可能。

日本科技发达，管理先进，资金充裕，但资源缺乏；而中国资源丰富，市场巨大，但科技落后，资金短缺。双方各具优势，发展经贸关系具有较强的互补性。特别是当前亚太地区经济呈现繁荣景象，中日经贸关系的发展，不仅是中日双方利益所在，而且对促进亚太地区的经济发展和繁荣也具有特别的重要意义。

(3) 中国加入 WTO 与实施西部大开发战略，有利于两国经贸关系进一步发展。中国已于 2001 年加入 WTO，这无疑会对中日经贸关系的发展产生积极影响。据世界银行的报告，到 2005 年将使作为中国第一大贸易伙伴的日本获益 610 亿美元，远远大于美国及其他国家和地区，中国入世使中日贸易具有更大的发展空间和潜力。

同时，中国实施西部大开发战略，也将对中日经贸关系的发展产生积极的影响。中国西部地区资源丰富，与其他地区相比对日本经济更具互补性，西部大开发将带动日本对华直接投资的增长，西部广阔的市场将给日本对华出口带来更大的市场空间。

2. 发展中日经贸关系的不利条件

(1) 中国加入 WTO，将大大推进中国贸易自由化进程，欧美发达国家的企业、资本、商品将涌入中国市场，使日本对华贸易面临欧美等国的激烈竞争。同时中国加入 WTO 后，将进一步降低关税、开放市场，日本产品进入中国市场将更容易，而中国对日出口拉动却颇为有限，由此可能导致新的中日贸易不平衡。

(2) 日本对外贸易政策和战略正在发生改变,不利于中日贸易的发展。日本对华贸易政策的一贯特点是高度依赖和重视多边贸易体制。日本是西方发达国家中唯一没有与其他国家签订双边贸易协定的国家。然而,目前日本的对外贸易政策正在发生一些改变,越来越重视双边贸易体制,日本同新加坡、韩国和墨西哥等国的双边贸易发展迅速,但从目前看,日本尚无和中国建立双边贸易的迹象。这势必使日本产生相应的贸易转移,使中日贸易发展受到不利影响。

综上所述,中日两国经贸关系的前景是乐观的,中日双方应充分利用有利条件,努力减少和避免摩擦,积极推动双边贸易向前发展。

### 三、中国与欧盟的经贸关系

欧洲联盟(European Union,简称欧盟),于 1995 年 1 月 1 日成立,当时有 15 个成员国,2004 年 5 月 1 日接纳 10 个新成员,这些新成员包括波兰、捷克等 8 个中欧的前社会主义国家和地中海的塞浦路斯、马耳他两国。欧盟于 1993 年建成欧洲统一大市场,商品、科技、金融、劳务和服务等都非常发达,其整体实力在世界经济中占有十分重要的地位,其成员国国内生产总值超过美国居世界第一,贸易额占世界贸易总额的 40%,是世界上最大的经济和贸易集团。

**资料卡**

欧盟总部设在比利时首都布鲁塞尔,成立纪念日为每年的 5 月 9 日,盟歌为贝多芬第九交响曲《欢乐颂》的序曲,盟旗为蓝底上 12 颗金色五星构成圆环。欧盟现有 25 个成员国,为法国、德国、意大利、荷兰、比利时、卢森堡、丹麦、爱尔兰、英国、希腊、西班牙、葡萄牙、奥地利、芬兰、瑞典。欧盟 15 国总面积为 333.7 万平方公里,人口为 3.76 亿,1999 年国内生产总值达 84 583 亿美元,超过美国和日本。欧洲联盟的前身是“欧洲共同体”(European Communities),简称欧共体(EC)。1951 年 4 月 18 日,法国、德国、意大利、荷兰、比利时、卢森堡在巴黎签署了《欧洲煤钢共同体条约》。1952 年 7 月,欧洲煤钢共同体正式成立。1957 年 3 月 25 日,上述六国在罗马签署了《欧洲经济共同体条约》和《欧洲原子能共同体条约》,统称《罗马条约》。1958 年 1 月,欧洲经济共同体和欧洲原子能共同体宣告成立。1965 年 4 月 8 日,上述六国在布鲁

塞尔达成协议，将以上三个共同体合并，统称“欧洲共同体”。为了推动欧洲一体化建设，1986年2月17日，欧共体各成员国政府首脑在卢森堡签署了旨在建立欧洲统一大市场的《欧洲单一文件》。1991年12月，欧共体政府间会议在荷兰的马斯特里赫特签订了旨在使欧洲一体化向纵深发展和成立政治及经济货币联盟的《欧洲联盟条约》，也称《马斯特里赫特条约》。1993年11月1日，该条约获得所有成员国批准并生效，欧洲联盟正式成立。欧盟的三大支柱为：欧洲共同体、共同外交和安全政策、内政和司法合作。1997年6月，欧盟领导人在荷兰首都阿姆斯特丹签署了《阿姆斯特丹条约》，确定了欧盟跨世纪的战略目标。1999年12月，欧盟首脑在赫尔辛基召开的“千年峰会”上确定了21世纪的欧盟扩大战略，决定将下一步扩大的目标从6个增加为13个，欧盟“东扩”、“南下”步伐加快。

（一）中欧经贸关系的发展现状

中国与欧洲共同体（简称“欧共体”，是欧盟的前身）于1975年5月正式建立外交关系；1983年，中国与欧共体签署了贸易合作协定；1994年以来，欧盟开始实施亚洲新战略，并相继制定一系列对华关系政策性文件：(1) 1995年制定《欧中关系长期政策》，强调要同中国全面发展政治、经济和贸易关系，这是欧盟制定的第一个对华关系长期发展战略，初步形成了欧盟对华战略性政策框架；(2) 1996通过《欧盟对华合作新战略》，主张加强与中国政府的政府对话和经贸合作；(3) 1998年通过《与中国建立全面伙伴关系》的对华政策文件，把欧盟对华关系提高到与美、俄、日同等重要地位，标志着中欧经贸关系进入稳定成熟的发展阶段。1998年在卢森堡举行的欧盟外交部长会议还通过了新的对华关系备忘录，这个备忘录对中欧关系进行了广泛的重新评价，它包括各种具体措施，以支持中国经济与世界经济接轨，这个备忘录的主要建议是将欧中关系升级为欧美、欧日和欧俄关系同等重要的关系地位。2000年5月19日，值中欧建交25周年之际，中欧就中国加入世界贸易组织达成协议。2001年9月5日，中国与欧盟领导人在布鲁塞尔举行了第四次中国—欧盟领导人会晤，一致认为应继续努力扩大双边贸易。2003年，中国发表了第一个《中国对欧盟政策文件》，这是发展双边关系的一个新的里程碑。

近年来，中欧经贸关系发展稳定，继续保持良好势头。

1. 双边贸易合作迅速增长

据中国海关统计，1997 年中国同欧盟的贸易总额为 430.3 亿美元，而到 2000 年，双方贸易额达到 690.4 亿美元，比上年增长 24%。2001 年，在世界经济增速普遍放慢的形势下，双方贸易仍呈较快增长势头，贸易额增加到 766.3 亿美元，比上年增长 11%。2002 年双方贸易额又增长到 862.6 亿美元，占我国当年对外贸易总额的 14%。2003 年 1—9 月，中国与欧盟的贸易总额为 890.6 亿美元，同比增长 41.5%；虽然欧盟仍为中国的第三大贸易伙伴，但中欧贸易总额已相当接近中日(959.7 亿美元)、中美(909.7 亿美元)贸易总额，其增长速度更是大大超过中日(31.7%)、中美(29.9%)，欧盟已成为中国第四大出口市场和第二大进口来源国，中国也已成为欧盟第五大出口市场和第二大进口来源地，且进一步增长的势头很强，中欧间相互的贸易依赖性在日益增强。

我国对欧盟出口以农副土特、轻纺及工艺品为主，从欧盟进口主要是机械、工业设备、精密仪器及运输机械等，而且进口机械设备时，都涉及了技术转让。中欧贸易结构的一个突出特点是：中国从欧洲进口的技术设备比重较大，占 60% 以上，大大超过了日本和美国。欧盟成员国是我国技术、设备的主要供应者之一。2002 年度，我国从欧盟引进技术合同 1 508 个，合同金额为 50 亿美元。截至 2002 年年底，我国从欧盟共引进技术 15 003 项，合同金额 722 亿美元。

2. 欧盟在中国投资持续增长

欧盟一直是中国重要的资金来源地，特别是近几年来，欧盟国家不断增加在中国的投资。1999 年，欧盟国家来华直接投资项目 894 个，协议金额为 40.9566 亿美元，实际投资金额为 44.7906 亿美元。2000 年，欧盟国家来华直接投资项目 1 130 个，比上年增加项目 236 个，增长 26.4%，协议金额 88.5516 亿美元，实际投资金额为 44.7946 亿美元。2001 年，欧盟国家来华直接投资项目 1 214 个，比上年增加项目 84 个，增长 7.4%，协议金额为 51.5284 亿美元，比上年下降 42%，实际投资额为 41.827 亿美元，比上年下降 6.6%。2002 年欧盟来华投资项目 1 486 个，协议外资金额 45.1 亿美元，实际投入 37.1 亿美元。2002 年，欧盟列中国外资来源地的第六位，累计投入金额列第四位。截至 2002 年年底，欧盟成员国来华投资项目数达 14 084 个，协议外资金额 600 亿美元，实际投入 339 亿美元。到 2003 年 6 月底，欧盟对华直接投资的 14 963 个项目，总数中有 51% 的项目和 75% 的实际投资发生在 1997—2003 年的 6 年时间内。

3. 中欧科技合作更加开放

中欧科技合作始于20世纪80年代初,并在欧盟第四和第五科研框架计划期间(1994—2002)得到长足发展。中国参与了欧盟的一百多个科研项目,中国已成为欧盟最活跃的合作伙伴。仅2001年一年,中国就争取到了33个欧盟项目,包括19个INCO项目(欧盟专门支持发展中国家的合作项目),总资金为1710万欧元;还有14个主题项目(欧盟框架计划的核心部分,即高科技部分),总资金为2230万欧元。截至2002年年底,我国从欧盟共引进技术15003项,合同金额722亿美元。根据中欧科技合作协定,总预算近150亿欧元的欧盟第五个研究与技术开发框架计划正式对华开放;中国的"863"和"973"计划也同时向欧盟开放。

中欧双边合作遵循"联合研究,共同资助,共享成果"的原则,研究项目向第三国开放。今后欧洲每年分批派遣上百名年轻的经理人员来中国的中小企业学习、实践和考察。中欧合作将从传统的经贸、科技、环保等领域,扩大到法制、农业发展及人力资源开发等诸多领域。

(二)中欧经贸关系存在的主要问题

1. 中欧贸易不平衡问题

中欧双方统计都表明中方是贸易顺差方,而欧方是贸易逆差方,但两者在进出口金额和顺逆差具体金额的统计上却相差甚远。据欧方统计,2002年,欧方统计欧盟对中国出口321.6亿美元,进口769.1亿美元;同期中方统计欧盟对中国出口385.4亿美元,进口482.1亿美元。欧方统计的2002年欧盟对中国贸易逆差447.5亿美元,同期中方统计欧盟对中国贸易逆差96.7亿美元,两者相差350.8亿美元。2003年上半年,欧盟统计局公布的统计数字表明,欧盟从中国进口516亿欧元,出口227亿欧元。而中方的统计是,中方出口额为372.07亿美元,进口额为291.93亿美元。统计数据存在如此大的差异,原因是多方面的,有双方在统计方法、计价方式、时间段和对统计机密的理解等方面的不同;除此之外,双方在现实贸易中存在的一些实际情况,也直接影响到贸易数据的统计。首先,以原产地为标准的判定方法无法避免由于间接贸易而产生的统计误差。当第三国进口商从中国进口商品时,依据出口商的申报,中方的统计为对该国的出口;而事实上,部分进口商进口商品后,直接出口欧盟或在本国再加工后出口欧盟,根据以原产地为准的原则,欧盟则将该出口统计为来自中国的进口。其次,欧方的进口统计因忽视转口增加值而高估了从中国的进口。中欧之间的贸易有相当部分是经第三方转口的，尤其是经我国香港特别行政区转口，转口过程中由于存在着进一步加工和包装，并加入了香港特别行政区的运输服务，这样就产生了较大的增加值。根据欧方原产地规则，欧方统计中将转口过程中的增加值计为中国的出口。实际上，货物离开中国后在第三方增加的价值，不应计算为中国的出口，中方在统计时并不将这部分计算为中国对欧的出口。再次，转口贸易容易导致出口统计不全。欧盟经别国和地区转口出口到中国的货物有可能存在漏统计现象，从而低估了对中国的出口。此外，由于走私或其他非正常贸易方式的存在，中方从欧盟的实际进口可能还高于中方所公布的数据。中欧间相互的贸易依赖性在日益增强，但持续的贸易逆差及双方在贸易统计上的巨大差异，必将影响到中欧经贸关系的进一步发展。

2. 欧盟有差别的普惠制缩小了中国产品的受惠范围，削弱了其竞争力

欧盟在1980年已给中国出口商品普惠制待遇，但比起其他发展中国家，条件苛刻，规章制度烦琐。1995年欧盟开始实施新的普惠制方案，更缩小了中国产品的受惠范围。近年来，欧方认为，欧中贸易逆差首先同中国充分利用普惠制有关，于是，在取消了欧盟对中国化学品、皮革与毛制品、服装、鞋、玻璃及陶瓷制品、家具、玩具、游戏及运动用品等的普惠待遇之后，欧盟于2003年6月又作出决定：从2004年上半年开始将正式取消对华另外6种产品的普惠制，即乳制品，蛋制品和天然蜂蜜等，塑料及橡胶产品，纸制品，机电产品与光学、照相器材，计量、检验和精密仪器、医疗和手术器械及设备，钟表、乐器及其零件和附件。今后尚能继续享受欧盟普惠待遇的中国产品已所剩无几，严重削弱了中国产品的竞争力。

3. 对中国商品实行限制的问题

欧盟对从中国进口商品进行限制的主要手段是：配额限制、反倾销限制和技术壁垒。

配额限制包括：(1) 空头配额，即每年所给配额中，很多是中国根本不具备出口能力的产品；(2) 双边配额限制，对于我国来说，主要是纺织品贸易双边配额；(3) 单边配额限制，这是对我国最为苛刻和最具歧视性的限制措施。欧盟各国每年公布一次该年度限制从我国进口商品的类别和限额。欧盟始终把我国视为国营贸易国家，进口限制仍属最严之列，并无实质性的改善。

在反倾销限制方面:在西方国家中,欧盟率先对我国商品进行反倾销立案调查。据中国商品交易中心(CCEC)统计,欧盟在1979—2002年4月底的23年间,对中国产品实施的反倾销案90余起,其中1979—1988年23起,1989—1998年46起,后10年是前10年的2倍。目前正在实施中的反倾销案还有40余起,中国出口到欧盟的产品中,约有10%受到欧盟反倾销的影响。

在技术壁垒方面:欧盟的技术壁垒对我国出口产品和企业的危害并不比反倾销小,这些壁垒主要来自4个方面:(1)技术法规标准繁多、要求高和修订频繁;(2)对包装、标签以及劳工保护要求严格;(3)"绿色壁垒";(4)竭力控制参与国际标准的制定。如欧盟对诸如食品、药品和农产品,现在还扩大到纺织品等的生产全过程中每一个环节都设有技术指标,比如种菜的土壤如何、蔬菜瓜果的品种、培植过程中用的什么化肥农药、果子采摘后包装箱所使用的材料等的技术标准。

4. 对与我国的贸易仍有歧视

1998年以前,中国一直被视为"非市场经济国家",而在1998年同样被欧盟排除在"市场经济国家"名单外的俄罗斯,2年后也获得了市场经济国家地位,而中国还需等待。1998年后,欧盟考虑到中国在市场经济体制改革方面所取得的成就,调整了政策,将中国视为"转型经济国家",允许中国企业在个案中抗辩市场经济地位。1999—2002年年底,中方仅有16家企业获得市场经济地位,28家企业获得分别裁决。就总体而言,中国企业在欧盟反倾销调查中所面临的"非市场经济问题"仍未得到彻底解决,中国产品遭到欧盟的反倾销调查时,欧盟往往采用"替代国"同类产品的价格计算中国产品的正常价值,这是导致中国产品屡屡被裁定征收高额反倾销税的最主要原因,不公正地限制了中国产品对欧盟的正常出口。

(三)中欧经贸关系的发展前景

中国是世界上最大的发展中国家,欧盟是世界上发达国家最为集中的区域集团,中欧发展经贸关系有着良好的基础,双方没有根本的利益冲突,具有较好的政治关系,中欧经贸关系的健康发展符合双方的共同利益。欧盟对我国技术出口限制较松,是我国获得先进技术的主要来源地。欧盟在产品结构和经济政策的调整中,正处于低增长、高失业的困难时期,同时又面临日本和美国在经济和科技领域里的激烈竞争,中国市场潜力很大,在原料和能源方面有许多产品能提供给欧盟。中欧贸易具有较强的互补性,使中欧贸易有着长久发展的余地。随着欧洲统一大市场形成和欧元货币的流通以及中国加入世贸组织,将为中欧经贸合作开辟新的领域,提供新的契机,双方合作的前景是十分广阔的。

但是中欧经贸合作也面临一些挑战。第一,欧盟东扩对中欧贸易关系的发展会带来不利影响。欧盟东扩使得更多的中东欧国家加入和即将加入欧盟,中东欧入盟候选国的经济贸易结构与欧盟现有成员国差别较大,互补性较强,随着双方联系的日益加强,欧盟也将逐渐增加从东欧国家的进口,从而替代一部分原来从中国的进口,尤其是劳动密集型制成品和原料密集型制成品,这就使中国扩大对欧盟出口的努力面临更严峻的局面。同时,欧盟内部贸易障碍的消除,欧元区内实现贸易高度自由化,汇率风险消除,交易成本降低,有利于欧盟内部企业竞争力的提高和成员国之间相互贸易的扩大,这就会产生以内部贸易替代部分区外贸易的效应。因此,中国在欧盟区外贸易中的市场份额将会受到影响。第二,欧盟一体化对中国出口商品结构提出了更高的要求。欧盟一体化对于中国与欧盟的贸易的扩大是有益的,但也要看到,欧盟进口增长中不同类别商品的进口增长是不同步的,中国向欧盟出口的大众商品恰恰是在欧盟进口中增长较慢或出现下降的商品,而欧盟进口需求增长较快的商品,又多是中国无法提供或缺乏竞争力的商品,比如机械和运输设备、化工产品等是欧盟国家最重要的进口项目,但在我国向欧盟的出口中所占比重不高。第三,由于 2002 年 1 月 1 日在欧元区各国汇率取消,使中国对欧盟出口企业无法实施基本汇率风险基础上的差别价格战略,因而将连带承受欧盟征收反倾销税或削减配额的压力。

综上所述,中国和欧盟的经贸关系既面临重大发展机遇,也面临一些困难和挑战。我们必须加强调查研究,制定出切实可行的对策及措施,去应付所面临的严峻挑战,以积极稳妥的方式参与区域集团化的国际分工和国际竞争,使我国与欧盟的贸易关系得到进一步的发展。

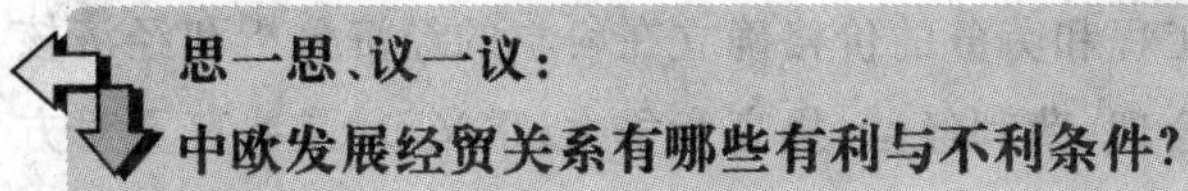

## 第三节 中国与发展中国家的经贸关系

发展中国家是指经济发展相对比较落后，一般以农业和原料生产为主，工业、科技和文化尚不发达，正处于逐步发展之中的国家。中国与大多数发展中国家一样具有相同的历史遭遇，面临共同的问题和发展经济的任务。因此，加强同发展中国家的团结和友好合作关系，不断探索南南合作的新途径，对促进我国经贸关系的多元化具有重要的意义，是我国对外政策和对外贸易的基本立足点。

### 一、中国与发展中国家经贸关系的基本原则

1983年1月，中国提出了同非洲国家进行经济合作的四项原则："平等互利、讲求实效、形式多样、共同发展"。这四项原则也是中国同发展中国家发展经济贸易关系，开展南南合作的指导原则。平等互利是指中国同发展中国家进行经济技术合作，遵循团结友好、平等互利的原则，尊重对方主权，不干涉对方内政，不附带任何政治条件，不要求任何特权。讲求实效是指中国同发展中国家进行经济技术合作，从双方的实际需要和可能条件出发，发挥各自的长处和潜力，力求投资少、工期短、收效快，取得良好的经济效益。形式多样是指中国同发展中国家进行经济技术合作，方式可以多样，因地制宜，包括提供技术服务、培训技术和管理人员，进行科学技术交流、承包工程、合作生产和合资经营等。共同发展是指中国同发展中国家进行经济技术合作，目的在于取长补短、互相帮助，以利于增强双方自力更生的能力和促进各自民族经济的发展。

在我国第七个"五年计划"中还提出了中国发展对外工程承包和劳务合作的经营方针："守约、保质、薄利、重义"。守约，就是要重合同，守信用，按合同规定办事；保质，就是要讲究工程质量，从设备材料的供给到施工、管理都要精益求精；薄利，就是要把对外承包工程和劳务的价格确立在科学的经济分析和经济核算的基础上，随行就市，公平合理，薄利经营，提高竞争力；重义，就是要尊重对方国家的法律，尊重当地民族的生活习惯，平等互利，不损害对方的利益。

### 二、中国与亚洲发展中国家和地区的经贸关系

中国与亚洲近四十个发展中国家和地区的贸易额，约占中国与整个发展中

国家和地区贸易额的70%以上。中国与亚洲发展中国家和地区的贸易状况大体上可分为以下五大类：

（一）中国与东盟国家的经贸关系

资料卡

东盟(ASEAN)是东南亚国家联盟的简称，成立于1967年8月8日。最初成立时仅有印度尼西亚、新加坡、马来西亚、菲律宾、泰国和文莱六国，后来老挝、缅甸、越南和柬埔寨相继加入，目前已经拥有10个成员国。东盟地区面积约450万平方公里，人口约5.3亿，占世界总人口的9.4%。近年来，东盟各国国内生产总值达七千多亿美元，对外贸易额每年达六千多亿美元。东盟是当今世界上经济活力较强的地区。1992年，东盟6个老成员国签订了成立东盟自由贸易区的协定，签署了代表发展东盟自由贸易区重要标志的纲领性文件：《东盟自由贸易区共同有效普惠关税方案协议》。经过多年的努力，东盟自由贸易区于2002年1月1日正式启动，东盟自由贸易区的建成将使东南亚经济发展进入一个新的阶段。

东盟自由贸易区成员国中，既有新兴工业化国家新加坡，也有发展中国家印度尼西亚、泰国等，还有最不发达国家柬埔寨，成员国间经济发展差距较大。同时，东盟自由贸易区的国家属中小国家，结盟时间较长，长期以来在政治上采取不同西方结盟的政策，经过三十多年的努力，形成了较为完善的运行机制和较为一致的行动目标。东盟自由贸易区的建成，实现了商品和服务、资本和人力在区域内自由流动，通过小国合作这种模式实现了政治上独立和经济上发展的共同目的。

1. 中国与东盟国家经贸关系的现状

由于历史、地理以及民族习俗等因素，中国和东盟国家的贸易往来有着悠久的历史。新中国成立后，由于种种原因，相互间贸易发展十分缓慢，改革开放以来，双方经贸关系有了令人瞩目的发展。至1991年9月，中国与东盟所有国家建立和恢复了外交关系，中国与东盟各国的关系得到了全面发展。1991年7月，时任中国外长的钱其琛出席了第24届东盟外长会议开幕式，这是中国首次同东盟组织进行正式接触，自此，中国外长每年都出席东盟外长会议。近年来，

双方关系经历了几个标志性阶段。1996年,双方由东盟的磋商国上升为全面对话伙伴国,双方关系进入了一个新的发展阶段。1997年2月,双方确定包括5个平等机制的总体对话框架:中国—东盟科技联委会、中国—东盟高官磋商会、中国—东盟经贸联委会、中国—东盟联合合作委员会以及东盟北京委员会。1997年12月,中国与东盟领导人首次非正式会议在吉隆坡举行,双方发表了《联合声明》,宣布建立面向21世纪的睦邻互信伙伴关系。此后,双方领导人在每年"10+3"领导人会议期间定期以"10+1"形式举行会谈。1999—2000年,中国与所有东盟成员国分别签署或发表了面向21世纪的双边关系框架文件。2000年,在中国的倡议下,东盟各国同意成立专家组,就建立中国—东盟自由贸易关系等问题进行研究。在2001年11月举行的中国与东盟"10+1"领导人会议上,中国与东盟领导人批准了专家组的建议,一致同意确定今后10年内(2010年)建成中国—东盟自由贸易区,以便开展更密切的合作,促进共同繁荣和发展。2002年11月,中国和东盟签署了《中国—东盟全面经济合作框架协议》,为中国—东盟自由贸易区的建立奠定了法律基础。这标志着中国—东盟自由贸易区的进程正式启动,自此,中国与东盟的关系,尤其是经贸关系,进入了一个新的发展阶段。

20世纪90年代以来,中国和东盟国家经贸关系发展迅速。具体表现在以下三个方面:

(1) 双边贸易。1975年双方贸易额只有5.24亿美元;1989年增加到66.5亿美元;1993年达107亿美元;1994年增至132.0885亿美元,占中国对外贸易总额的5.57%;1995年为200亿美元;1996年增至203.95亿美元;1997年为243亿美元;1998年受亚洲金融危机影响,下降为235亿美元;1999年升至272亿美元;2000年达395.2亿美元;2001年达416亿美元;2002年已增至547.67亿美元,占中国对外贸易总额的8.82%,比上年增长31.7%,高于中国总体对外贸易增幅近10个百分点,其中,中国出口235.69亿美元、进口311.98亿美元,分别比上年增长28.30%和34.40%;2003年1—10月,双边贸易额已超过2002年全年水平,达626亿美元,同比增长44.1%。东盟整体仍为中国第五大贸易伙伴,中国为东盟的第六大贸易伙伴。在东盟国家中,马来西亚是中国最大的贸易伙伴,2002年贸易额达142.7053亿美元,占东盟对华贸易额的26.5%。

(2) 双向投资。东盟来华直接投资项目多于中国到东盟直接投资,1998

年,东盟国家对华投资项目 14 670 个,协议投资金额达 430 亿美元,实际投入资金额达 170 亿美元。截至 2002 年年底,东盟国家累计来华投资 19 731 项,合同外资金额 580.86 亿美元,实际投入金额 294.33 亿美元。2002 年,中国企业在东盟国家投资项目 52 项,项目总投资 1.09 亿美元,其中,中方投资 0.664 亿美元。截至 2002 年,中国企业在东盟国家投资项目共有 792 项,项目总投资 12.01 亿美元,其中,中方投资 7.16 亿美元。

(3) 经济合作。随着中国与东盟经贸关系的发展,东盟已取代中东地区成为中国在海外的主要工程承包市场。2002 年,中国与东盟新签承包工程合同 478 个,合同金额 16.84 亿美元,完成营业额 15.60 亿美元;新签劳务合作合同 1 998 个,合同金额 3.23 亿美元,完成营业额 6.56 亿美元;新签设计咨询合同 27 个,合同金额 983 万美元,完成营业额 1 207 万美元。

近年来,中国与东盟双边经贸关系发展呈现出以下几个特点:

(1) 中国对东盟的贸易逆差逐步扩大。近年来,中国从东盟的进口增长速度一直高于对东盟的出口增长速度。1998 年以来,在中国与东盟的双边贸易中,中国一直处于贸易逆差地位,而且数额逐年增大:1999 年,中国从东盟进口 149 亿美元,出口到东盟 123 亿美元,逆差 26 亿美元;2000 年中国进口 221.8 亿美元,出口 173.4 亿美元,逆差 48.4 亿美元;2001 年,中国进口 232.3 亿美元,出口 183.8 亿美元,逆差 48.5 亿美元;2002 年,中国进口 311.98 亿美元,出口 235.69 亿美元,逆差进一步扩大至 76.29 亿美元,比上年增长 57.62%。

(2) 双边贸易额在中国对外贸易总额中的比重逐年上升。近二十年来,中国与东盟双边贸易年均增长 20%,中国与东盟的贸易额占中国对外贸易总额的比重不断上升。1995 年,中国与东盟的贸易额占我国对外贸易总额的 5.3%,1995 年为 6.94%,2000 年这一比重增长至 8.33%,2002 年增长至 8.82%。中国对东盟的出口总额占出口总额的比重由 1995 年的 6.24% 上升至 2000 年的 6.96%,只上升了 0.54%,而自东盟的进口占我国进口总额的比重却从 1995 年的 7.37% 上升至 2000 年的 9.85%,上升了 2.48 个百分点,中国占东盟贸易进出口总额的比重也由 1994 年的 2.1% 上升到 2000 年的 3.9%。

2. 中国与东盟经贸关系中存在的主要问题

近年来,中国与东盟国家的贸易关系有了很大发展,但仍然存在以下一些困难和问题:

(1) 东盟内部的经济和社会发展水平差异过大,民族色彩浓厚,意见不一,各国对于合作前景的意见尚未完全一致。

(2) 东盟欠发达国家缺乏规范的市场运行机制,政策变化快,税收体系不够完善,政府对市场的调控能力较差,尤其是与中国接壤的周边国家,贸易投资环境中的不稳定因素仍然存在。外汇支付能力也较低,使中国企业与东盟国家经贸合作存在一定的市场风险和制约。

(3) 国内企业在与东盟国家经贸关系中还存在着一些短期行为。一是输出积压商品,使中国产品的声誉和市场占有率逐年下降;二是营销方式落后,缺乏全局意识和现代市场理念,单纯地通过边境贸易批发商品,漫无目标地销售,这与跨国公司在投资国培养和使用当地人才、建立专门的经销商和完备的销售网络相比,差距甚远;三是存在一些投机行为,如在东盟新四国炒作土地开发权等。

(4) 东盟国家对中国产品质量差的印象还没有完全改变。低价竞销、恶性竞争是中国企业在东南亚多年来存在的老问题,现在仍未杜绝。如20世纪90年代,中国出现对越南出口水泥设备和制糖设备的恶性竞争;近年来,又出现出口摩托车散件的竞争,致使一些产品质量下降,产品形象和利益受损。中国商品在这些国家市场所占比重很小,多为低档廉价消费品,大多只能在地摊销售。

(5) 中国企业对东南亚的市场情况掌握很少,信息渠道不畅通,银行业务不通畅,结算手续不简便也是制约因素。

(6) 东盟内部在政治和经济两个方面对中国的顾虑并没有完全消除。

3. 中国与东盟经贸关系的发展前景

尽管中国与东盟经贸关系还存在一些问题和困难,但是,面对区域经济合作和经济全球化的浪潮,中国与东盟在"10+1"框架下率先启动自由贸易区进程,既是双方经济发展和经贸合作的必然趋势,又是双方长期以来形成的睦邻友好的政治关系的一种必然选择。同时,这一选择既适应了经济全球化的大潮,又应对了全球化带来的挑战,也有利于应对欧、美区域一体化所带来的贸易保护主义。中国—东盟自由贸易区的建立将为中国和东盟带来互利双赢的局面。目前,中国—东盟自由贸易区谈判进展顺利,中国—东盟贸易谈判委员会已举行了10次会议。2003年10月在第七次"10+1"领导人会议上,东盟提出了2020年建立经济、政治、社会和文化共同体的设想。这次会议对中国与东盟关系具有里程碑意义,中国率先作为非东南亚大国正式加入《东南亚友好合作条约》,加强了双方关系的政治法律基础。同时,中国与东盟建立了战略伙伴关系,签署并发表了《中国—东盟面向和平与繁荣的战略伙伴关系联合宣言》。这是我国第一次与地区组织建立战略伙伴关系,标志着在总结双方关系巩固发展的基础上,中国与东盟关系深化的新起点、新阶段。在这次会议上,中国同东盟还签署了《中国—东盟全面经济合作框架协议》修改议定书。会议还决定,2004 年起每年 11 月在南宁举办中国—东盟博览会,推动中国与东盟国家间的经贸合作。从 2004 年 1 月 1 日起,自由贸易区框架下的"早期收获"计划付诸实施,双方将以建设自由贸易区为契机,进一步深化金融、服务、投资、农业及信息产业等领域的合作,积极促进经济融合。

在中国与东盟关系中,经济关系和双边贸易始终是基础和重要推动力。自 1997 年建立睦邻互信伙伴关系以来,双方贸易年均增长 20%。2003 年,温家宝总理提出,在 2005 年以前实现双方贸易额突破 1 000 亿美元。在贸易关系发展基础上,中国还注重与东盟的地区合作开发和科技合作。中国与东盟部分成员国启动了湄公河流域开发的全面合作,与东盟签署了《大湄公河次区域便利运输协定》和《政府间电子贸易协定》。

根据双边经济合作的特殊性,中国与东盟各个成员国进行了双边谈判,加强与经济相对落后的东盟成员在经贸领域的互利合作。中国政府决定免除柬埔寨、老挝、缅甸和越南等国对华的所有到期债务,向东盟一些国家提供不附任何条件的、真诚的援助。比如,中国和老挝就援助老挝建设昆曼公路老挝境内部分路段和经济技术合作等问题,签署了中国向老挝提供援助的《经济技术合作协定》和《中华人民共和国政府和老挝人民民主共和国政府关于建设昆曼公路老挝境内部分路段项目的议定书》。

中国和东盟的关系发展不仅将会为双方经济的发展提供动力,而且还会有助于解决双方由于经济结构雷同所产生的矛盾和摩擦,促进整个东亚地区经济的一体化,符合双方的根本和长远利益。温家宝总理对此作了精辟的论述:"中国与东盟都是亚太地区的重要力量,中国的发展将给东盟带来机遇,东盟的强大符合中国的利益,将为地区和平与发展做出更大的贡献。"

### (二) 中国与韩国的经贸关系

#### 1. 中国与韩国经贸关系的发展现状

(1) 双边贸易。韩国是"亚洲四小龙"之一。1992 年 8 月中韩建交后,两国

贸易发展迅速,年均递增幅度高达27.2%。1991年,中韩贸易额为32.5亿美元;1992年增至50.6亿美元;2002年中韩贸易大幅增长,创历史最高纪录。据中国海关统计,2002年中韩双边贸易额为440.71亿美元,同比增长22.8%,其中中方出口154.97亿美元,进口285.74亿美元,同比分别增长23.8%和22.2%,中方逆差130.77亿美元,同比增长20.3%。2002年,韩国是我国的第五大贸易伙伴、第四大出口对象和第三大进口来源。据韩方统计,我国是韩国2002年的第三大贸易伙伴、第二大出口市场和第三大进口来源。

(2) 双向投资。1989年,韩国在华投资企业仅有15家。到1993年年底,经中国批准的投资项目已达到2 691个,协议金额22亿美元,实际利用金额5.5亿美元。近年来,韩国对华直接投资高速增长,我国成为韩国企业最大的海外投资对象国,对韩国企业的吸引力与日俱增。据商务部统计,2002年,我国共批准韩国企业对华直接投资4 008项,协议韩资金额52.82亿美元,实际利用金额27.21亿美元,同比分别增长37.8%、51.5%和26.4%。2002年韩国对华投资同比增幅不仅大大高于同期全国平均水平,而且投资金额(协议金额和实际到位金额)在1997年金融危机后首次全面超过危机之前的最高水平。

据韩国统计,2002年韩国企业对华投资项目、金额均超过对美投资,我国首次全面超过美国,成为韩国第一大海外投资对象国。韩国的多项调查显示,在今后较长时期,我国将是韩国企业海外投资的首选地区。

我国对韩直接投资金额也成倍增长,劳务合作继续保持一定规模。据商务部统计,我国对韩投资近年逐步形成规模,并呈快速增长的趋势。2002年,我国共批准企业对韩直接投资7项,协议金额1.25亿美元,中方投资额0.83亿美元,分别同比增长2.5倍、8.4倍和10.3倍。2002年,我国企业对韩投资金额大大超过了此前历年对韩累计投资的金额。截至2002年年底,我国共批准对韩直接投资62项,协议金额1.75亿美元,中方投资额1.08亿美元。

(3) 经济合作。据商务部统计,2002年中韩新签劳务合同366份,合同金额2.24亿美元,完成营业额2.11亿美元,派出研修生人数1.58万人,同比分别减少39.6%、5.5%、7.0%和15.5%,年末在韩中国研修生达4.09万人。

从以上资料可以看出,中韩两国贸易规模发展十分迅速,发展速度罕见。尽管规模迅速扩大,但两国贸易的商品结构仍主要集中在部分商品上,韩国对华出口的90%是化工、机械、机电产品和塑料、纤维、金属、橡胶制品及矿产品,而中国向韩国出口的80%左右是地矿、化工、机电产品和纤维、金属及音像制品。资本密集型产品仍是韩国对华出口的主要产品,在出口总额中所占比重始终保持在60%以上;但技术含量较高的电子类产品所占比重逐年上升,初级产品以及生活用品、纤维制品和杂货等劳动密集型产品所占比重持续下降。我国对韩出口仍以劳动密集型产品为主,虽然近年来电子部件对韩出口增长迅速,但是技术含量低,多为加工组装产品;农副产品及矿产品等资源密集型产品所占比重保持稳定,约占对韩出口总额的1/4,但农产品呈负增长;化工、钢铁及运输设备等资本密集型产品所占比重持续下降。

2. 中韩经贸关系中存在的主要问题

中韩双边经贸合作中存在的最突出问题就是我国对韩贸易连年逆差,而且逆差额不断扩大。自1992年中韩建交以来,我国对韩贸易连年持续逆差,且逆差规模连年不断大幅度增加,至2002年年底累计已达739亿美元,其中2002年逆差就高达130.77亿美元,同比增长20.3%,再创历史最高纪录。中方逆差连年大幅度增加的主要原因是:随着中国经济的快速增长和韩国企业对华投资的增加,从韩国进口迅速扩大;而韩国方面只注重向中国增加出口,对中国商品进入韩国市场却持消极态度,有时还千方百计地加以限制,阻碍了两国贸易的正常均衡发展。

3. 中韩经贸关系的发展前景

尽管中韩两国贸易关系中还存在一些尚待解决的问题,但毕竟在短时间内已有了长足的发展,且存在的问题主要是由于双方缺乏了解所造成的,从长远看,中韩两国进一步发展经贸关系有着许多有利的条件。

(1) 中韩两国经济技术水平既有相似之处,又各具特点,双方在技术合作方面有较强的互补性,中国在基础研究方面占优势,韩国在应用技术方面占优势。双方在通信、汽车、家电、医药、化工、航空航天、机械、光学及环保等众多领域都有合作潜力。

(2) 中韩两国政府和人民都有发展经贸关系的愿望。中韩建交以来,两国高层互访不断,双方正式签署了贸易、经济合作等一系列协定,为两国经贸关系的发展提供了法律保证。中韩两国毗邻而居,长期睦邻友好,通过双边合作谋求经济共同发展是两国的共同展望和追求的目标,这为双方经贸关系的发展提供了动力。同时,从历史和文化上看,两国人民有两千多年的交往和联系,而且文

化习俗、思维方式上有许多共同点,这也是推动双方经贸合作发展的动力。

(3) 中韩两国具有的地理交通优势为双方经贸往来创造了良好的条件。中韩两国一水之隔,交通十分便利,使两国间的经贸联系更方便、快捷。

随着中韩两国交往的不断增加,加上两国贸易关系中的天时、地利、人和等多种因素,可以预见,中韩两国贸易关系将持续向前发展。

(三) 中国与其他东亚国家的经贸关系

东亚发展中国家包括朝鲜和蒙古。

朝鲜是中国的亲密邻邦,矿产资源丰富,机械、纺织、化纤、丝织、苹果、高丽参等均可供出口。中朝贸易额 1994 年为 6.2374 亿美元,1996 年为 5.6567 亿美元,1997 年为 6.5629 亿美元,1998 年为 4.1302 亿美元,1999 年为 3.7 亿美元,2000 年为 4.88 亿美元,2001 年为 6.3 亿美元,2002 年为 7.3851 亿美元。近年来,中朝两国贸易额变化不大,主要原因是朝鲜连年遭受天灾,粮食短缺,经济不景气。

蒙古是一个畜牧业国家,中蒙两国在经济上具有一定的互补性和合作潜力,中国的服装、纺织、食品和家电等深受蒙古消费者欢迎,蒙古的皮革、矿产品也为中国所需要。在对外贸易上,蒙古进口多、出口少,出口以活牲畜、肉、乳、牛皮为主;进口以日用工业品和机械为主。2000 年蒙古向我国出口额为 2.12 亿美元,从我国进口商品总额为 1.1 亿美元;2001 年,中蒙双边贸易达到 3.2 亿美元;2002 年蒙古向中国出口额为 2.23 亿美元,从中国进口商品总额为 1.4003 亿美元,中国对蒙古的直接投资为 0.75 亿美元,是蒙古的最大贸易和投资伙伴。

(四) 中国与西亚国家的经贸关系

本文所指的西亚国家包括沙特、伊朗、科威特、伊拉克、阿联酋、阿曼、卡塔尔、巴林、土耳其、以色列、巴勒斯坦、叙利亚、黎巴嫩、塞浦路斯、也门及约旦等国家。这一地区石油资源十分丰富,不少国家出口石油,外汇非常充裕。同时,西亚地区经济发展不平衡,经济单一化比较严重,因此,这一地区是世界上最大的进口市场和转口市场,年进口贸易额达 700 亿美元。西亚地区市场的显著特点是对外依赖性很大和支付能力较强,市场比较开放,贸易限制和外汇限制基本没有,关税也较低,所以这一地区成为各大出口国争夺的重要市场。西亚地区是中国实施市场多元化战略的重要地区和出口商品的重要市场,也是中国在本世纪能源需求的主要供应地,同时,它也是中国开展对外劳务承包最早的地区之一和吸引外资需重点做工作的地区。伊拉克战争结束后，在新的政治经济格局下，这一地区的战略地位显得更加重要。因此，发展中国与西亚国家的经贸关系，对加强中国在国际上的政治地位，促进中国自身的经济发展都具有十分重要的意义。

1. 中国与西亚国家经贸关系的发展现状

中国与西亚国家经贸往来历史悠久，但是正式的经贸关系是在20世纪50年代随着双方建交逐步发展起来的。1990年，随着中国与沙特阿拉伯建交，中国与所有阿拉伯国家都建立起外交关系。与此同时，经贸关系也逐渐发展成熟起来，至今中国已与绝大多数国家签署了双边经济、贸易和技术合作协定，中国与西亚国家经贸合作形式日趋多样化，双边经贸在数量和质量上都有较大提高。

(1) 双边贸易。1999年，中国与西亚地区国家的贸易额达到67.8亿美元，比1998年增长11.9%，其中出口38.9亿美元，比1998年增长了14%，进口28.9亿美元，比1998年增长了9.3%。到2002年，中国与西亚国家（此处指约旦、叙利亚、黎巴嫩、巴勒斯坦、伊拉克、以色列、也门、沙特阿拉伯、阿联酋、科威特、巴林、卡塔尔及阿曼13个国家）贸易额已达152.5亿美元，比2001年增长17.8%，其中出口81.21亿美元，增长30.9%；进口71.29亿美元，增长5.7%。其中，沙特阿拉伯是我国在该地区的最大贸易伙伴，双边贸易额2002年达51.07亿美元，其次是阿联酋，2002年我国对阿联酋出口达34.5亿美元，是我国在该地区出口最多的国家。

在进出口贸易不断增长的同时，中国与西亚国家贸易的商品结构也发生了较大变化，主要表现在：第一，出口产品的档次不断升级，2002年中国对西亚地区出口的主要商品是机电产品、服装、纺织品、计算机与通信技术产品等，其中，机电产品的出口占了重要份额，如2002年中国对伊朗机电产品出口达6.631亿美元，占当年中国对伊出口总额的47.5%。第二，在进口方面，原油及石化产品的比例不断提高。2002年，中国继续从这一地区进口原油，沙特阿拉伯是该地区中国最大的原油供应国。中国还从阿曼、也门、科威特、伊拉克、卡塔尔等国进口原油。2002年，中国从西亚地区进口原油2 376万吨，金额达43.24亿美元，比2001年的2 302万吨增长了74万吨。原油仍然是中国从该地区进口额最大的商品，继续在中国与该地区国家的经贸合作中起一定程度的主导作用。中国从该地区进口的其他主要商品有成品油、液化气、塑料、乙二醇、化肥和铝等。

2002年中国同其他西亚国家（土耳其、伊朗、塞浦路斯、阿富汗4个国家）的

贸易额为53.6亿美元,其中我国出口27.3亿美元,进口26.3亿美元,同比分别增长23.2%、60.6%和下降0.7%。中国对土、伊贸易均创历史新高,分别达37.4亿美元和13.78亿美元,同比增长13%和52%。

我国对上述4国主要的出口商品有纺织品、机电产品及成套设备、五矿及化工产品、仪器仪表和工农具等;主要进口商品有原油、钢材、铬矿石等。

(2) 双向投资。中国与西亚地区开展双向投资合作起步较晚,规模也较小。

近年来,中国公司和企业在西亚地区建立的独资、合资工厂逐渐增多,主要集中在阿联酋。2002年,经中国政府批准在西亚地区新投资的项目共有7个,协议投资额为4838万美元,中方投资额为2470万美元。

随着我国投资环境的不断改善,西亚地区各国企业界人士对我国投资环境和政策逐渐加深了了解,表现出了在华投资的兴趣,有越来越多的企业派团来华考察和投资。截至2002年年底,约旦、叙利亚、黎巴嫩、巴勒斯坦、伊拉克、以色列、也门、沙特阿拉伯、阿拉伯联合酋长国、科威特、巴林、卡塔尔及阿曼等西亚13国在中国投资123个项目,外资协议金额5.81亿美元,实际投入金额5.53亿美元。

值得一提的是,以色列近年来对华投资一直呈上升之势,截至2001年12月,在华投资项目已有106个,涉及化工、食品加工、电力、农业、电子通信和珠宝钻石等多个行业。

(3) 经济合作。2002年,我国"走出去"战略在西亚地区得到了很好的实施,工程项目和劳务领域的合作继续扩大。据统计,2002年,我国在该地区(此处指约旦、叙利亚、黎巴嫩、巴勒斯坦、伊拉克、以色列、也门以及位于海湾地区的沙特阿拉伯、阿拉伯联合酋长国、科威特、巴林、卡塔尔及阿曼等13个国家)共签订承包劳务合同432份,合同金额6.22亿美元,其中工程承包项目合同119份,合同金额4.06亿美元。2002年年末,我国在该地区13个国家共派有各类人员4.28万人,其中在以色列有17300多人,约旦近9000人,阿联酋8300多人,科威特3500多人。

我国同其他西亚国家(土耳其、伊朗和塞浦路斯3个国家)新签承包工程和劳务合作合同80份,合同金额9.86亿美元,营业额4.2亿美元,派出劳务人员1118人次。该地区为我国海外承包工程和劳务合作的重要市场。

2. 中国与西亚国家经贸关系中存在的主要问题

(1) 双方之间的合作水平与彼此的市场容量相比,依然存在着一定的差距。就贸易而言,中国对西亚国家贸易额只占中国进出口贸易总额的3%,我国对西亚国家进口商品在当地市场所占比例仍不高,仅3%左右,中国与西亚国家贸易合作的层次和规模还有待进一步拓展。

(2) 双方进出口商品结构还存在不适应性。从西亚国家进口产品看,主要是三大类:生活耐用消费品、吃穿用品、建筑材料。近几年我国从西亚进口原油数量急剧增长。我国出口货单中,初级原料和半成品不为西亚国家所需要,耐用消费品无法与发达国家产品竞争,建筑材料在质量、规格等方面又不符合要求。

(3) 贸易渠道不太畅通,信息不灵。中国企业对西亚市场了解不够,产品宣传也不够,质量和售后服务不佳,产品的档次不高和附加值较低。仅以中国在西亚最大的机电产品市场阿联酋为例,据资料统计,阿联酋机电产品进口占其贸易总额的38%,大约135亿美元,但其高、中档机电产品进口主要来自西方国家,约占其进口总额的70%左右,而中国对阿联酋的机电产品出口仅占阿联酋机电产品进口额的4%左右,而且仍以技术含量及附加值较低的轻工类机电产品为主,因此,双方合作的层次和范围都有待提高。

3. 中国与西亚国家经贸关系的发展前景

西亚国家市场容量较大,加上伊拉克战争结束,科威特、伊拉克等国需要尽快医治战争创伤,恢复经济,进口需求日趋旺盛,承包劳务市场活跃,这为我国进一步与西亚各国发展经贸关系、开拓西亚市场带来了良好机遇。

当前,中国与西亚经贸交往存在许多有利的条件。第一,中国与西亚国家有着良好的政治关系,加强中国与西亚国家之间的经贸合作,符合双方的长远利益和根本利益;第二,美国在伊拉克战争后对中东市场影响力下降,有利于扩大中国在中东国家市场的份额,尤其是电器产品的出口;第三,中东市场规模将进一步扩大。随着经济振兴,美伊战争后,中东市场规模将进一步扩大,估计在未来的10年里,海湾国家仅用于发展电力生产项目的投资将达456亿美元。发展规模最大的沙特战后用于扩建和维修的项目预算资金估计达126亿美元;政府还将继续在一些基础设施项目上投入资金,预计到2005年之前,计划投资总额达1 792亿美元。中东其他国家在战后也都推出了大批新兴发展项目,尤其是在电力、通信、公路、港口和机场扩建等方面的项目层出不穷,如叙利亚2003年5月

一下批准了25个工农业发展项目，投资总额达4.8亿美元；第四，中国与中东经济上互补性强，开展合作潜力巨大。中国与中东国家经济发展各有特色，开展互利的经贸合作具有良好的条件。从战后中东市场需求情况来看，中国公司应着力开拓制造业、建筑材料及各类技术产品的出口，以提高出口创汇能力。值得一提的是，伊拉克作为中东地区的一个重要新兴市场，如果中国公司能够抓住伊拉克战后重建契机，伊拉克将有可能成为中国产品的重要出口地。第五，战后中国与中东石油资源开发合作也将进一步扩大。中国是产油大国，但又是石油消费大国。1993年，中国由石油净出口国转为石油净进口国，并且这一趋势可能在未来更加突出。中东地区是中国最理想的石油来源地，目前看来，双方石油开发合作的前景良好，因为一是中东国家近年来为了打破欧美和日本等少数发达国家垄断石油生产、运输和加工的格局，提出了能源发展新战略，从以出口原油为主逐步转向建立勘探、开采、提炼和运输一体化的完整的石油工业体系。这就为中国积极拓展中东石油市场开辟了广阔前景；二是中国早在20世纪90年代就积极参与中东一些油气田的开发，并成功建立了自己的海外石油基地，双方合作已经有了一个良好的开端。因此在战后中东重建新形势下，只要抓住时机，采取灵活多变、积极主动的策略，中国与中东国家在石油开发方面的合作有望取得新的突破。

（五）中国与南亚国家的经贸关系

南亚国家包括印度、巴基斯坦、孟加拉国、斯里兰卡、尼泊尔、马尔代夫、不丹、锡金及阿富汗等，大部分国家与中国接壤，有共同边界达三千多公里。历史上我国与南亚国家有着传统的经商活动与友好往来，新中国成立后，南亚许多国家与我国建交较早，并积极发展了经贸关系。20世纪50年代，朝鲜战争爆发，美国禁止橡胶生产国向我国出口橡胶，但锡兰（现斯里兰卡）政府于1952年却与我国进行以橡胶换大米的易货贸易，并于当年签订了中锡两国政府第一个五年米胶贸易协定，两国的米胶贸易已持续近半个世纪。目前，除不丹和锡金外，南亚国家均与我国有贸易往来。1988年，中国与南亚国家进出口贸易额为8.03亿美元，1989年超过12亿美元，1994年达30.9473亿美元，1997年达39.0333亿美元，1999年达39.4199亿美元。2000年，中国与南亚8国（不含锡金）的贸易额为56.85亿美元，占中国对外贸易总额的1.2%，其中，我国出口37.97亿美元，进口18.88亿美元。2001年达69.3亿美元。2002年，我国与南亚7国（印度、巴基斯坦、孟加拉国、尼泊尔、斯里兰卡、马尔代夫和不丹）的贸易总额为83.1亿美元，同比增长50.5%，其中，我国出口68.2亿美元，进口28.8亿美元，分别比上年增长62%和24.6%。2002年，我国与南亚国家新签承包工程和劳务合作合同213份，合同金额13.95亿美元，营业额9.1亿美元，派出劳务人员3905人次。中国对南亚国家出口的主要商品有机电产品、化工及医药原料、生丝、焦炭、钢材、水泥和纺织品等。中国从南亚国家进口的主要商品有铁矿砂、铬矿石、皮革和纺织原料等。2002年中国与南亚国家贸易主要呈现出以下特点：一是中国与该地区国家高层互访不断，有力地促进了双边经贸关系的发展；二是我国与印度、巴基斯坦及孟加拉国三国贸易持续发展，双边贸易总额均连续三年创出历史新高；三是我国自南亚国家的进口增幅低于出口增幅，贸易不平衡状况有进一步扩大的趋势。在南亚国家中，印度是中国最大的贸易伙伴，也是一个发展中的世界大国。1990年中印贸易额只有2.6亿美元，占当年中国对外贸易额的0.2%；2000年两国贸易额达29.14亿美元，其中，中方出口15.61亿美元，进口13.53亿美元，占中国对外贸易总额的0.6%；2002年为49.4591亿美元，占中国对外贸易总额的0.79%，其中中方出口额为26.7173亿美元，进口额为22.7418亿美元，在中国对外贸易国家和地区中排名第2位。

### 三、中国与非洲国家的经贸关系

#### （一）中国与非洲国家经贸关系的发展现状

非洲有58个发展中国家和地区，大部分国家由于几百年的殖民统治，经济比较单一，出口商品构成也单一，以初级产品出口换取制成品进口，所以这些国家对国际市场的依赖性较强，对外贸易在这些国家经济中占有十分重要的地位。我国同非洲的贸易有着悠久的历史，早在明朝就开始往来。新中国成立后十分重视与非洲国家的贸易关系，1950年只有埃及、摩洛哥与我国有贸易关系，贸易额仅有1214万美元。目前，中国已同非洲国家的51个国家和地区建立了经贸关系，并同其中40多个国家签订了政府间的贸易协定。

2002年，中非高层往来密切，经贸合作不断加强，中国国家主席和总理相继访非，中国外经贸部也分别访问了非洲17个国家，同时，9个非洲国家部级代表团也来华访问。双方的不断交流，进一步推动了中非经贸关系的发展。

1. 中非贸易稳步增长

1988年,中国与非洲国家的贸易额达10.2亿美元;1993年达到25.3亿美元;1994年达26.43亿美元;1996年达40.3062亿美元;1997年达56.7066亿美元;1998年达55.3587亿美元;2000年达105.98亿美元;2001年达107.9亿美元;2002年达123.8909亿美元,占中国对外贸易总额的1.99%,其中,中国出口额为69.6167亿美元,同比增长15.9%,进口额为54.2742亿美元,同比增长13.2%,中国对非贸易已连续三年突破百亿美元大关。

2002年,中国对非洲出口上亿美元的主要商品共12项,出口金额62亿美元,占整个对非出口额的89.24%。其中,机电和高科技产品几乎占整个对非出口的半壁江山,达45.2%。传统产品出口继续保持优势,增长迅速。2002年中国从非洲进口1亿美元以上的商品共7项,进口额41亿美元,占从非进口总额的75.6%。

2. 中非投资领域不断扩大

2002年,中国在非洲新增企业36家,协议总投资7283万美元,中方投资6275.5万美元。截至2002年年底,中国累计在非洲投资设立企业585家,协议总投资11.56亿美元,其中中方投资8.18亿美元。目前,中非经济合作规模不断扩大,领域不断拓宽,多元化格局正在形成。

3. 中非经济技术合作取得进展

2002年中国企业在非洲新签承包工程和劳务合作项目合同共995份,合同额29.3亿美元,完成营业额20.2亿美元,当年共派出32898名劳务人员赴非。截至2002年年底,中国在非承包劳务累计合同额219.71亿美元,完成营业额160.52亿美元,年底在非劳务人员共有61164人。

4. 中国对非援助进展顺利

截至2002年6月底,中国政府已减免了31个与之友好的非洲重债贫穷和最不发达国家债务156笔,赢得了非洲国家的广泛赞誉。

2002年,中国先后向47个非洲国家提供各类援助共计99笔,在34个非洲国家承担了34个成套项目,新开工项目24个,竣工项目18个,向非洲国家提供了48批一般物资援助。

5. 中非合作论坛后续行动稳步实施,机制不断完善

截至2002年6月底,我国已与31个非洲国家签署减债协议,提前完成了

2000年部长级会议上承诺的减免这些国家欠我国部分到期债务的工作。我国积极扩大了与非洲国家的人力资源合作，进一步加强了各部门对非人员培训工作的协调。2002年4月，《中非合作论坛后续机制程序》正式生效，保证了论坛机制的长期规范。9月，我国有关部门在北京召开中非农业投资与合作研讨会。11月底，在埃塞俄比亚成功举行了中非合作论坛高官会，与我国有外交关系的所有非洲国家均派代表与会。

（二）中国与非洲国家经贸关系中存在的主要问题

我国与非洲国家的贸易虽然发展较快，但在我国外贸总额中所占比重却很低，造成这种情况的主要原因是：第一，非洲各国经济贸易状况恶化，初级产品价格下跌，非洲国家经济增长较低，债务负担更为严重，国外资金流入减少，使许多国家的经济发展遇到较大困难。对扩大中非贸易不利；第二，中非贸易中我方顺差较大，一直是出口大于进口，也影响了贸易的进一步发展；第三，目前中非贸易面临激烈的竞争。非洲大部分国家采取贸易自由化政策，外贸外汇管制较松，因此是各国竞争的主要市场之一，而我国在竞争中在许多方面处于劣势。首先，我国与非洲相距太远，交货期长，影响了商人的资金周转；其次，非洲国家的主要贸易伙伴是西方国家，已形成广泛的贸易网络，而且中间环节少、货款周转快，我国与非洲国家贸易往来不多，贸易网点尚不普及，许多商品要经香港特别行政区转到非洲，加大了商品成本；再次，在对非洲贸易中，我国的付款方式不够灵活，坚持使用信用证付款，而非洲许多国家银行业不发达，再加上贸易对象大多为中小商人，一般本钱不大，很难接受我国坚持的这种缓慢的付款方式。

（三）中国与非洲国家经贸关系的发展前景

随着世界经济一体化、经济全球化进程的加速，南北差距持续扩大，贫富分化加剧，发展中国家，特别是广大非洲国家维护经济安全、实现可持续发展的任务更加艰巨。非洲大部分国家与我国有着良好的政治关系，各国政府都有与我国发展贸易关系的愿望，我国许多商品，尤其是轻工、纺织和土特产品在非洲很有市场，另外，我国出口的小型机械、化工产品及家用电器也很适应非洲国家的生产技术水平和消费水平，特别是目前非洲许多国家重视发展农业，需要大量的农机产品，这为扩大对非出口非常有利。同时，非洲国家拥有丰富的矿产资源及其他产品，正积极寻求出口市场，也希望我国购买。

2003年12月15日，中非合作论坛第二届部长级会议在亚的斯亚贝巴开幕。

会上，温家宝总理提出了中非关系发展的四项原则：相互支持，推进传统友好关系继续发展；加强磋商，促进国际关系民主化；协调立场，共同应对全球化挑战；深化合作，开创中非友好关系新局面。2003年后，中国政府将在中非合作框架内逐步增加对非援助；进一步开放市场，对非洲最不发达国家部分商品进入中国市场给予免关税待遇；对"非洲人力资源开发基金"增加33%的资金投入，今后3年为非洲培养、培训1万多名各类人才；鼓励和推动中非企业间开展互利合作，支持中国企业赴非洲投资；加强与非方旅游合作，新增加8个非洲国家为"中国公民自费出国旅游目的地"国家；中国政府还倡议2004年在中国举办"中非青年联欢节"和以非洲为主题的大型文化交流活动；同时，积极开展与非洲国家的艾滋病、疟疾及肺结核等传染病防治和预防自然灾害、环境保护等领域的合作。这些措施的实施，将进一步扩大中非经贸合作，开创中非经贸关系的新局面。

## 四、中国与拉丁美洲国家的经贸关系

拉丁美洲国家指美国以南的所有美洲国家和地区，包括墨西哥、中美洲、西印度洋和南美洲，有墨西哥、古巴、巴西、阿根廷及智利等33个独立国家和13个地区，这一地区多数国家战后经济发展较快，开放程度也较高，对国际市场的依赖性较强，部分国家被定为新兴工业化国家，属于发展中国家中比较发达的地区。迄今为止，我国同这些国家和地区都有贸易往来。

### （一）中国与拉丁美洲国家经贸关系的发展现状

#### 1. 双边贸易

1980年中拉贸易额为13.3亿美元；1993年为37.072亿美元；1994年增至47.02亿美元；1996年增至67.29亿美元；1997年拉美国家经济增长率达4%以上；1998年中国与拉美国家的贸易额为83.1216亿美元；2000年达125.9亿美元，占中国对外贸易总额的2.7%，其中，我国对拉美出口71.8亿美元，进口54.1亿美元；2002年，受阿根廷经济危机辐射、巴西大选引发市场信心危机以及欧美经济低迷的综合因素影响，拉美和加勒比国家经济进一步下滑，地区经济出现0.5%负增长。然而2002年中拉双边贸易却逆势上升，在上年基础上继续保持两位数增长，并再创历史新高。根据中国海关统计，全年中拉双边贸易总额达178.26亿美元，占中国对外贸易总额的2.78%，其中中国对拉美和加勒比地区出口94.89亿美元，进口83.36亿美元(中方顺差11亿美元)，同比分别增长

19.3%、15.2%和22.4%。据中国海关统计,2003年1—11月,中国与拉美国家双边贸易额达242.8亿美元,同比增长49.2%,2003年中达到创纪录的268亿美元。

在拉美国家中,巴西是中国的最大贸易伙伴,2002年,双边贸易额为44.69亿美元。2002年我国对拉美和加勒比地区出口的大众商品有机电产品(36.6亿美元)、服装和纺织品(28亿美元)、高新技术产品(11.4亿美元)等。2002年我国从拉美和加勒比地区进口的主要商品有大豆(15.2亿美元)、机电产品(13.7亿美元)和铜材(9.3亿美元)等。

2. 双边投资

根据我国商务部统计,截至2002年,经国家授权部门批准并在商务部备案的中国在拉美和加勒比地区投资企业共有362家,双方协议投资总额为7.97亿美元,中方投资总额6.58亿美元,其中,2002年新批境外企业46家,双方协议投资总额5 141万美元,中方投资总额3 697万美元。投资对象包括巴西、墨西哥、委内瑞拉、秘鲁和古巴等国家,投资的行业涉及资源开发、加工装配和贸易等。

同期,拉美和加勒比国家在华投资继续保持良好的发展势头。截至2002年,拉美和加勒比国家在华投资项目共计9 158个,合同外资金额625亿美元,实际投资金额295.8亿美元,其中,2002年拉美和加勒比在华投资项目达2 366个,合同外资金额153.2亿美元,实际投资金额75.5亿美元。

3. 经济合作

2002年我国在拉美和加勒比地区开拓工程和劳务承包市场方面取得一定的进展,项目规模和业务范围都有较大的突破,技术水平也不断提高,合作领域日益拓展。截至2002年,中国企业共在拉美和加勒比地区签订承包工程和劳务合作合同2 346份,合同总金额31.2亿美元,完成营业额16.3亿美元。2002年,我国还对拉美和加勒比国家提供了各类经济技术援助。

### (二) 中国与拉丁美洲国家经贸关系中存在的主要问题

(1) 从结构上看,进出口商品结构不相适应,中国商品竞争能力较弱。拉美国家资源丰富,有许多出口商品是我国传统进口的大众商品,而我国向拉美国家出口的商品品种比较单一。此外,我国对拉美国家出口资源不足,拉美国家每年进口化工产品和医药原料100亿美元、机电产品120亿美元,我国因供货能力有

限或产品质量不符合要求、价格缺乏竞争力而失去不少成交机会。

(2) 外汇短缺,支付能力差,影响了双方贸易的进一步发展。20 世纪 80 年代以来,拉美国家出现了债务危机,影响了拉美国家从我国的进口。

(三) 中国与拉丁美洲国家经贸关系的发展前景

中国与拉丁美洲国家发展经贸关系具有一些有利条件,主要表现在:中国和拉美国家都十分重视发展双边经贸合作;双方在资源和产品上互补性强,各有优势,相互间各具合作潜力。近年来,中国改革开放不断深入,拉美一些国家也宣布了贸易开放政策,降低关税,简化进口手续,为扩大双边经贸关系提供了良好的机会。

中国与拉丁美洲国家发展经济关系也具有一些不利条件,主要表现在:双边贸易额不大,特别是美洲自由贸易区将于 2006 年 1 月建立,届时将成为世界最大的自由贸易区。美洲自由贸易区组建之后,更多的贸易将在区内进行,使我国对拉美市场的出口面临更多困难。

我国与拉美国家经济发展水平相近,相互间有着良好的国家关系,我国应抓住当前拉美各国新的对我开放的契机,制定正确的策略,进一步推动对拉美贸易的向前发展。

## 第四节 中国与独联体及东欧国家的经贸关系

1991 年,前苏联解体后,其 15 个加盟共和国独立为 15 个主权国家。1991 年 12 月,11 个国家在平等互利基础上组成独立国家联合体。1993 年,格鲁吉亚也宣布参加独联体。东欧国家包括波兰、匈牙利、罗马尼亚、保加利亚、捷克、斯洛伐克和前南斯拉夫等。独联体与东欧国家是我国的传统贸易伙伴,目前,这些国家正处于向市场经济转轨过渡的发展阶段,我国发展与这些国家的经贸关系,既具有新的机遇,也面临挑战。

### 一、中国与俄罗斯的经贸关系

俄罗斯是中国最重要的邻国之一,两国经济互补性强,双边贸易潜在市场巨大。近年来,随着两国"面向未来的战略合作伙伴关系"的建立和睦邻友好条约的签署,使双边贸易关系稳步发展。

(一) 中俄经贸关系的发展现状

1992 年至今,中俄两国贸易的发展大致经历了以下四个阶段:

第一阶段(1992—1993),这一阶段因为原苏联解体后,俄罗斯商品十分缺乏,企业生产滑坡,急需从我国进口商品,我国对易货贸易也实行了一系列优惠政策,所以发展很快。1993 年双边贸易额达到 76.6 亿美元的高峰。

第二阶段(1994—1996),1993 年俄方大幅度提高进口关税,降低出口关税,鼓励出口,所以使我国出口商品盈利下降,抑制了出口,我国对俄的进口额有所回升。同时,这一时期贸易方式由易货贸易逐步向现汇贸易过渡,由于双方企业均缺乏资金,所以在此时期双边贸易下降,1994 年双边贸易额为 50.8 亿美元,比上年降幅达 33.8%。

第三阶段(1997—1998),由于上述原因的持续,这一时期双方贸易额仍然下降。1997 年贸易额为 61.2 亿美元,与上年同比下降 10.5%,1998 年贸易额为 54.8 亿美元,同比又下降 10.5%,但是这一时期两国边境地方贸易发展较快,1998 年边地贸易额比 1997 年增长 20% 以上,约占两国贸易总额的 1/3。

第四阶段(1999 年至今),1999 年两国贸易止跌回升;2000 年中俄签署了《中俄政府间 2001—2005 年贸易协定》;2001 年 7 月又签署了《中俄睦邻友好合作条约》。2000—2001 年,中俄贸易增长速度超过了我国对外贸易总额增长速度。2000 年我国对外贸易总额同比增长 31.5%;而中俄贸易增长速度更快,同比增长 39.98%,双边贸易额突破了 1993 年的历史最高纪录,为 80 亿美元。2001 年,中俄贸易额约达 106 亿美元,同比增长 33.38%,再创新高。2002 年中俄贸易总额达 119.27 亿美元,比上年增长 11.8%,连续第四年保持增长,其中,中国出口额为 35.4 亿美元,进口额为 84.07 亿美元。2003 年,中俄双边贸易额为 157.6 亿美元。目前,俄罗斯已成为中国的第八大贸易伙伴,中国也成为俄罗斯的第四大贸易伙伴。

(二) 中俄经贸关系存在的主要问题

(1) 中方的贸易逆差进一步扩大。中俄贸易长期处于不平衡状态,中方贸易逆差较大,且随着双边贸易的增加有不断扩大的趋势。

(2) 双边贸易在我国的对外贸易总额中所占比重不高,近年来有下降趋势。中俄贸易增幅虽然大幅提高,但仍低于全国外贸平均增长水平 6.4 个百分点。中俄贸易在我国外贸中的比重不断下降,2001 年下降为 2.1%,2002 年下降为

1.92%,2003年下降为1.88%。

(3)商品结构单一,双边的贸易结构有待进一步调整。目前中俄两国的贸易结构以初级产品为主,中方以出口食品、轻工品及日用消费品为主,俄方向中方出口的商品以钢材、木材、化肥及渔类产品等原材料性产品为主,双方进出口商品的附加价值低,有高科技含量的商品较少。单一的商品结构易受市场需求变化及两国相关产业政策调整的影响,成为双边贸易发展的制约因素。

(4)中俄双边的贸易体系不够完善。中俄双方在贸易服务体系方面,如金融、保险及仲裁等领域的合作还处于起步阶段,特别是在金融领域的合作较少,两国企业之间的贸易无法采用国际贸易正常的结算方式,如信用证结算、支付预付款等,这对企业的贸易活动产生了一定的影响,也限制了贸易额的扩大。

(5)经贸合作领域摩擦加剧,能源合作等大型项目久拖不决。2003年中俄双方出现了自中俄战略协作伙伴关系建立以来少有的摩擦,而这些摩擦主要集中于经贸合作领域。中石油投标俄罗斯"斯拉夫石油公司"拍卖遭遇封杀。俄当局突然叫停论证多年的安加尔斯克至大庆输油管线(简称"安大线")建设方案;从伊尔库茨克州经中国到韩国的天然气管道工程也被迫推迟开工。一系列经贸领域的摩擦与分歧纷至沓来。

(6)俄罗斯经贸法律法规不健全,经济环境有待改善。法律不完善、政策随意性强、缺乏透明度及经营风险高,已成为中方企业在俄投资和经营中最头疼的难题。最近几年,俄执法部门多次以"灰色清关、来源不明、非法走私"为名查抄中国商人的货物。2004年2月12日,俄警方就查抄了莫斯科"艾米拉"市场中国商人的大量货物,使中国商人蒙受了巨大的经济损失。俄罗斯国内的经济秩序、经营环境混乱,社会治安差,使正常的经营活动难以顺利进行。中方在俄从事经营活动的人员受到勒索、敲诈,人身和财产安全及权益得不到保障。与此同时,俄执法机关有法不依、收受贿赂的现象十分普遍,加剧了经营秩序的混乱,也加大了经营成本,影响了中国企业家开拓俄罗斯市场的信心和积极性。

(三)中俄经贸关系的发展前景

中俄两国互为最大邻国,双方有着四千三百多公里的共同边界,发展边贸有着得天独厚的地缘优势。近年来,随着两国人员往来和商贸活动的增多,越来越多的俄罗斯人抛弃了对中国的偏见,开始重新认识中国。目前,两国加强经贸合作具备了天时、地利、人和等优势。2003年5月,胡锦涛主席对俄罗斯进行访问，两国提出在近年内将双边贸易提高到200亿美元的目标。2003年9月，中俄总理第八次定期会晤期间，两国领导人又提出下一步发展双边经贸合作的主要方向是：扩大双边投资合作，加快能源合作步伐；改善贸易商品结构，提高机电产品在双边贸易中的比重；加强两国地区与企业间的合作，特别是我国与俄远东地区合作和俄参与中国西部开发和东北老工业基地改造的合作。

随着俄罗斯经济的好转，其经济秩序逐步理顺，各项经济立法日趋完善，经济环境逐步改善，为两国间贸易的发展创造了良好条件。俄方正积极推进早日加入WTO，将为中俄贸易的战略性发展提供重要契机。预计在未来5年内双方的贸易将会有较大幅度的增长。随着大型合作项目的启动，两国在经济技术领域的合作也将进入较快的发展时期。

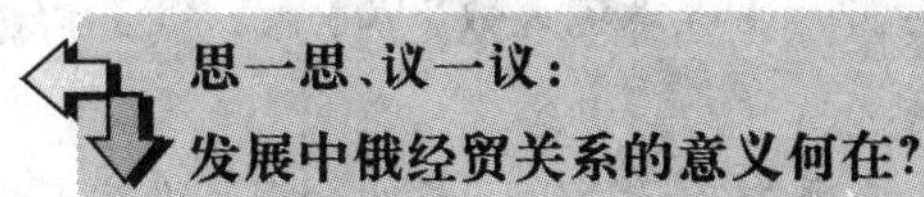


## 二、中国与其他独联体国家的经贸关系

### （一）中国与其他独联体国家经贸关系的发展现状

原苏联解体后，中国积极发展与独联体国家的经贸关系。到目前为止，我国同绝大多数独联体国家都正式签署了政府经贸协定。我国与哈萨克斯坦和乌兹别克斯坦分别签订了中方提供商品贷款协定和成立政府经贸和科技合作委员会的协议。我国还与乌兹别克斯坦签订了投资保护协定以及有关铁路、公路、海运、民航、边境口岸以及银行合作等方面的协定和议定书。我国与中亚五国共建的“上海合作组织”机制成为保障中亚地区安全的有效机制。这些为今后双边经贸关系的发展奠定了坚实的基础。

1. 中国与独联体内中亚五国的经贸关系

独联体内中亚五国（哈萨克斯坦、乌兹别克斯坦、塔吉克斯坦、吉尔吉斯斯坦和土库曼斯坦）与我国西北地区毗邻，是我国开展与周边国家经贸合作的重点地区。原苏联解体后，中亚五国刚一独立，中国即与其建立正式外交关系，并签订了政府间的经济贸易协定，除塔吉克斯坦外，还签订了商品贷款协定和互相保护投资协定。1993年中国与中亚五国的贸易额达6亿多美元，1999年增加到17.35亿美元，在6年中翻了两番。2002年双边贸易额为23.88亿美元，比上年

增长 58.5%，其中，我国出口 9.44 亿美元，增长 92.3%，进口 14.44 亿美元，增长 42.1%，中方逆差 5 亿美元。哈萨克斯坦是我国在独联体内第二大贸易伙伴，2002 年中哈贸易额为 19.55 亿美元。2004 年吉尔吉斯斯坦、乌兹别克斯坦是我国在独联体内第三、第四大贸易伙伴。

中国对中亚 5 国出口的主要商品是：机电产品、纺织品和服装、鞋帽等。中国自中亚 5 国进口的主要商品是：钢材、铜及铜材、铝及铝材及原油等。

中国与中亚 5 国经济技术合作规模逐年扩大。截至 2002 年年底，中国在该地区投资近 7 亿美元，投资项目主要涉及油气勘探开发及管线建设、化工、造纸、农产品加工及贸易等诸多领域。5 国在华投资约 900 多万美元。2002 年另与中亚国家新签劳务、工程承包合同 47 份，合同金额 4.56 亿美元，完成营业额 3.39 亿美元（累计）。截至 2002 年年底，在外劳务与工程承包人数 1 908 人。

2. 中国与其他独联体国家的经贸关系

2002 年，中国与独联体国家的贸易总额为 157.51 亿美元，比上年增长 20.0%，其中，中国出口 51.14 亿美元，进口 106.37 亿美元，中方逆差 55.23 亿美元。2002 年中国与独联体、波罗的海国家新签劳务合作、工程承包合同 344 项，新批准独联体、波罗的海国家在华投资项目 138 个，合同金额 5 504 万美元，实际使用 4 380 万美元。截至 2002 年年底，共批准其在华投资项目 1 598 个，合同金额 82 541 万美元，实际使用 32 480 万美元。

（二）中国与其他独联体国家经贸关系存在的主要问题

（1）商品结构单一。中国出口商品仍以传统的轻纺产品和食品为主，进口以原材料性商品为主。双边贸易中高科技含量和高附加值的商品所占比重较小。商品结构单一导致双边贸易额易受市场需求变化及相关产业政策调整的影响。

（2）缺乏相互了解。双方企业对对方国家优势行业和产品缺乏了解，各自优势尚未在双边经贸合作中得以体现，从而限制了双边贸易规模的扩大和进出口商品的多样化。

（3）合作主体实力有限。独联体国家经济水平普遍不高，购买力相对较低。企业缺乏资金，技术和管理经验滞后，信誉不高，竞争力有限。中国企业在独联体、波罗的海国家涉足不深，大型项目不多。

（4）对方国家投资经营环境欠佳。一些独联体国家法规多变，执法过程中人为因素比较明显，加之社会治安不好，中国企业及经贸人员财产、人身安全和合法权益得不到保障，开拓当地市场风险较大。

（5）双边贸易秩序问题突出。许多独联体国家灰色清关盛行，对我国产品进入其市场构成极大障碍。而在不规范贸易的背景下，一些中国假冒伪劣商品流入独联体市场，严重损害了中国商品的声誉。

（6）双边贸易服务体系是经贸合作的薄弱环节。独联体国家商业银行信用较低、风险高，两国银行直接结算规模不大。同时，保险、信贷领域合作水平不高，一定程度上制约了双边经贸合作的健康发展。

#### （三）中国与其他独联体国家经贸关系的发展前景

尽管中国与其他独联体国家的经贸关系还存在许多问题，面临一些挑战，但从独联体各国情况看，近年来经济形势渐趋好转，从长远看，中国与其他独联体国家发展经贸关系具有广阔的前景。

（1）我国与独联体国家都具有发展双边贸易合作的积极性。独联体各国经济仍较困难，消费品市场商品极度匮乏，因此，迫切希望发展与我国的经贸关系，而我国出口市场过于集中，不利于全方位对外开放，不利于冲破贸易保护主义，因此，我国也需要调整市场格局，积极发展与独联体国家的贸易关系。

（2）独联体国家市场容量大，与我国贸易合作互补性强。独联体国家在科技领域，如海上运输、连续炼钢、宇宙开发、电站建设、和平利用原子能、航空工业等方面具有较强优势，可为我国提供大量的先进技术与设备。此外，独联体国家地大物博，在一些生产用的原材料和燃料供应上具有一定优势；我国市场繁荣，轻纺、家电和食品资源充足，双方在贸易商品结构上互补性强，有利于双边贸易的发展。

（3）我国与独联体国家具有地缘优势，发展经贸合作很有潜力。地缘优势在改革开放以来中国与独联体国家的经贸关系中发挥着极为重要的作用，中国与俄、哈、吉、塔4国有两万多公里的共同边境线，铁路、公路、河流及航线相连，交通便利，有利于发展经贸关系。

### 三、中国与东欧国家的经贸关系

#### （一）中国与东欧国家经贸关系的发展现状

东欧国家是中国的传统贸易伙伴，早在20世纪50年代初，中国就先后与东

欧国家签订了长期贸易协定,开展贸易合作。20世纪60年代后,随着中苏关系的变化,中国与东欧国家的经贸关系也受到了影响。20世纪80年代后,中国与东欧国家的经贸关系又有了明显的恢复和改善。1985年,中国与东欧国家签订了长期经济技术合作协定和关于成立经济贸易、科技合作委员会议定书,并就东欧国家参加中国现有企业的技术改造,共计约100个项目达成初步协议,这标志着双方的经贸合作进入一个新的发展阶段。1988年中国与东欧各国的贸易额达35亿美元,6年间增加了4.6倍。

1990年以来,东欧国家的经济普遍下滑,受此影响,我国与东欧国家的经贸关系,一直处于徘徊状态。1993年双方贸易额为17.2094亿美元,其中,中方出口为6.4372亿美元,进口为10.7222亿美元;1994年贸易额为15.2404亿美元,其中,中方出口为9.1475亿美元,进口为6.0929亿美元;1996年贸易额为13.9265亿美元,其中,中方出口为11.2152亿美元,进口为2.7113亿美元;1997年贸易额为17.0243亿美元;1998年贸易额为18.24亿美元,其中,中方出口额为17.0655亿美元,进口额为1.1744亿美元;2002年贸易额为48.35亿美元,其中,中方出口额为38.80亿美元,进口额为9.55亿美元。2002年,我国在东欧地区的最大贸易伙伴是匈牙利,贸易额为16.17亿美元。我国自该地区进口的商品中58%为机电产品,22%为原材料类商品;我国对该地区出口商品中49%为轻纺产品,34%为机电产品。

(二)中国与东欧国家经贸关系中存在的主要问题

(1)东欧国家经济尚未完全恢复,其出口商品多属中等技术水平,而且价格较高,我国用户对其产品一般不感兴趣。

(2)贸易方式的改变影响了双边贸易的发展。进入20世纪90年代,我国与东欧国家的贸易由记账贸易改为现汇贸易,但双方企业的经营观念和经营方式未能及时适应这种转变。加之双方外汇支付能力有限,从而导致双边贸易额下降。

(3)西方资本主义国家已通过技术、投资、援助及考察等进入东欧市场,加剧了市场竞争,对我国商品是一种挑战。加上近年来,东欧市场受我国假冒伪劣商品影响,使我们名誉受损,增加了出口困难。近年来,东欧国家普遍向西方国家靠拢,其贸易重点也由前苏联等社会主义国家向西方资本主义国家转移。

(4)双方企业缺少新的合作伙伴。近几年,由于双方国家经济政策的调整以及经济形势的变化,不仅市场需求发生了较大变化,而且原有的合作伙伴也发生了较大的变化。特别是东欧许多国家实行私有化以后,一些旧的合作伙伴已不复存在,大批新的经济组织和企业又不被我国企业所了解,这在很大程度上影响了双边贸易的积极开展。

(三) 中国与东欧国家经贸关系展望

从上述情况看,中国同东欧国家发展经贸关系是机遇与挑战并存,既有困难,又有机遇。

(1) 中国与东欧国家都有发展互利合作关系的要求和愿望。1989 年后,我国尊重东欧地区各国人民的选择,在和平共处五项原则的基础上建立超越社会制度、意识形态和价值观念的新型国家关系。我国认为应该采取多种形式扩展双方的经贸合作,可针对其私有化的动向,利用其搞企业私有化、股份化,廉价出售的时机,有选择地收买或委托收买一部分有发展前途的商业、服务业、小型企业和一些大型企业的股份。

(2) 东欧国家的经济都已开始复苏,主要国家国民经济已有不同程度增长,这就为发展双方经贸关系提供了物质基础。

## 第五节　祖国大陆与港、澳、台地区的经贸关系

香港特别行政区、澳门特别行政区和台湾地区都是中国的神圣领土,长期以来,香港特别行政区和澳门特别行政区与祖国大陆有着非常密切的经济贸易关系,港、澳地区不仅是祖国大陆主要的出口及转口市场,而且也是收取外汇的主要来源地。台湾地区与祖国大陆的贸易关系近年来发展非常迅速,成为祖国大陆的主要贸易地区之一。

### 一、祖国大陆与香港特别行政区的经贸关系

香港特别行政区包括香港、九龙和新界三部分,总面积 1066 平方公里,总人口 620 万人,其中 98% 是祖国同胞,外籍居民只占总人数的 2%。香港特别行政区地少人多,自然资源匮乏,长期以来,进料加工和来料加工工业较发达,加上交通十分便利,战后几十年经济发展非常迅速,成为“亚洲四小龙”之一。目前,香港特别行政区已从一个转口贸易港发展成为国际性的贸易、金融、信息、交通运

输和旅游中心。

1840年鸦片战争后,香港特别行政区长期被英国占领。1984年12月19日,中英两国关于香港问题的联合声明在北京正式签字,确认了我国将在1997年7月1日对香港恢复行使主权。1997年7月1日,香港特别行政区正式回归祖国。祖国大陆与香港特别行政区的贸易关系是中国主体同单独关税区之间的贸易关系。

(一)祖国大陆与香港特别行政区经贸关系的发展现状

祖国大陆与香港特别行政区的经贸关系由来已久。新中国成立后,经贸关系越来越密切:20世纪50年代,祖国大陆与香港特别行政区的贸易额只有2亿美元;20世纪60年代为6亿美元;20世纪70年代发展到近30亿美元;进入20世纪80年代以后,随着中国改革开放的发展,祖国大陆与香港特别行政区的贸易关系取得了飞速的发展,香港特别行政区在祖国大陆经贸发展中占有十分重要的地位。

1. 祖国大陆与香港特别行政区双边贸易快速发展

据中国海关统计,1991年祖国大陆与香港特别行政区贸易额达496亿美元;1992年猛增到580亿美元,比20世纪70年代初增长近20倍。1992年,两地贸易额在祖国大陆对外贸易总额中的比重上升到35%,在香港特别行政区外贸总额中的比重上升到24%,大大超过了1970年的12%和8.8%。1993年下降为325.4亿美元;1995年增至445.8亿美元;1996年降为407.4亿美元;1997年增至507.7亿美元;1998年降为454.1亿美元;1999年为437.8亿美元;2000年升至539.5亿美元,比上年增长23.3%,占当年祖国大陆进出口总额的11.37%,其中祖国大陆对香港特别行政区出口445.20亿美元,比上年增长20.8%,占当年祖国大陆出口总额的17.86%;自香港特别行政区进口94.29亿美元,比上年增长36.8%,占当年祖国大陆进口总额的4.19%。2001年,祖国大陆与香港特别行政区进出口贸易总额为559.7亿美元,比上年增长3.7%,其中祖国大陆对港出口465.5亿美元,比上年增长4.6%;自港进口94.2亿美元,比上年下降0.4%。2002年,香港特别行政区经济在结构调整中缓慢复苏,全年GDP增长2.3%,双方贸易总额升至692.1亿美元,比上年增长23.7%;其中祖国大陆对港出口584.7亿美元,比上年增长25.6%;自港进口107.4亿美元,比上年增长14%;两地外贸总额占2002年祖国大陆对外贸易总额的11.2%。目前，香港特别行政区是祖国大陆第三大贸易伙伴和第二大出口市场。2003年1—5月，双方贸易额已达312.2亿美元，其中祖国大陆对港出口267.7亿美元，自港进口44.5亿美元。

2002年以来祖国大陆与香港特别行政区进出口贸易有以下特点：两地进出口贸易实现了“跳跃式发展”，进出口贸易总额比2001年迅猛增加132.5亿美元，增长额创下自1978年以来的最高纪录；祖国大陆对香港特别行政区出口增幅高于进口增幅，贸易顺差不断扩大，2002年顺差高达447亿美元，香港特别行政区是祖国大陆最大的顺差来源地；祖国大陆对港出口的大众商品均呈现增长态势，占对港出口比重最大的机电类商品在2002年大幅增长41.6%，位居次席的纺织品增长20.3%。

2. 祖国大陆吸收港商投资大幅增长

祖国大陆吸引港资（实际使用金额）在1995年达到200.6亿美元之后，在1996—1997年两年维持在206亿美元的高位，但随后3年因亚洲金融危机的影响，港商投资持续微幅下降。2000年祖国大陆吸收香港特别行政区直接投资项目7 058个（占同期祖国大陆总数的31.32%），合同港资金额174.38亿美元（占同期祖国大陆总数的27.83%），实际使用港资162.16亿美元（占同期祖国大陆总数的39.77%），分别比上年增长20.12%、33.65%和2.35%。港商投资在2001—2002年实现回升，2001年祖国大陆吸收香港特别行政区直接投资项目7 976个（占同期祖国大陆总数的30.5%），合同港资金额205.98亿美元（占同期祖国大陆总数的29.8%），实际使用港资168.63亿美元（占祖国大陆同期总数的35.9%），分别比上年同期增长13.0%、18.1%和4.0%。2002年，祖国大陆吸收港商投资大幅增长，吸收直接投资项目10 845个，合同港资金额252亿美元，实际使用港资178.6亿美元，分别比上年增长35.43%、21.83%和6.84%。香港特别行政区连续为祖国大陆吸收外资的最大来源地。

截至2002年，祖国大陆共吸收港资项目210 702个，实际使用港资2 053.9亿美元，分别占同期祖国大陆吸收外资累计总数的49.7%和45.8%。2002年香港特别行政区对祖国大陆投资所占比重比美、日投资分别高出24个和26个百分点。从2002年港资领域和行业分布来看，58.5%投资于制造业，33%投资于服务业，只有约2%投资于农林渔业；就港资分布地区来说，84%的港资投向东部地区，中部为12%，西部地区仅为4%。港商在制造业的投资大部分涉及加工

贸易生产,以投资为主体,加工贸易生产为主线的运作方式成为两地经贸合作中的主要特点。

3. 转口贸易在两地贸易中地位突出

据香港特别行政区政府统计,祖国大陆仍为香港特别行政区最大的转口来源地和转口市场,转口贸易在祖国大陆与香港特别行政区的贸易往来中扮演十分重要的角色。据统计,2000年祖国大陆经香港特别行政区转口运往海外商品价值1 199.37亿美元,较上年增长17.7%,为当年香港特别行政区转口货值的61.04%;海外经港转口运往祖国大陆商品价值4 888.23亿美元,较上年增长22.5%,占当年香港特别行政区转口货值的35.12%。2001年,祖国大陆经香港特别行政区转口运往海外商品价值1 036亿美元,较上年减少4.8%,占当年香港特别行政区转口货值的60.9%;海外经港转口运往祖国大陆商品价值637亿美元,较上年增长1.6%,占当年香港特别行政区转口货值的37.4%。自1988年以来,香港特别行政区转口贸易中有80%以上是和祖国大陆有关的,或作为转口的供应来源地,或作为转口市场。

(二) 祖国大陆与香港特别行政区经贸关系中存在的主要问题

(1) 随着中国加入WTO,香港特别行政区的中转作用会逐步减弱。目前,祖国大陆有40%的对外贸易是由香港特别行政区转口的。据统计,香港特别行政区出口占GDP的比例从20世纪90年代以来就超过了100%,香港特别行政区是祖国大陆商品出入境的跳板,海峡两岸贸易和台商投资以及许多外资企业都通过香港特别行政区进入祖国大陆。随着中国入世,按照WTO协议的规范要求,许多贸易投资不必通过香港特别行政区中转,必然会影响到祖国大陆和香港特别行政区的经贸关系。

(2) 祖国大陆与香港特别行政区的进出口商品结构还不完全适应双方进出口需求的变化。从今后香港特别行政区进口商品结构变化的趋势看,对机械设备、原料、半成品、能源、高技术产品和高档耐用消费品的需求将有较大的增长。从祖国大陆发展需要看,先进技术和设备的进口也将日益占有重要的地位,对这些需求日益急迫的商品,双方短期内难以供应。

(3) 祖国大陆与香港特别行政区贸易起落较大。1992年以前,两地贸易占我国对外贸易总额的35%,1993年骤降至16.6%,几年来又有回升、跌落,这种大起大落不利于两地贸易的稳定发展。

(4) 近年来水货冲击香港特别行政区市场严重,影响了祖国大陆对香港特别行政区的出口,造成价格下跌,出口收汇减少,同时还影响了商品的信誉,破坏了正常的贸易渠道。

(三) 祖国大陆与香港特别行政区经贸关系的发展前景

祖国大陆与香港特别行政区的经贸关系是互补互利、共存共荣、唇齿相依、密不可分的。香港特别行政区是祖国大陆进入国际市场同世界联系的桥梁,是海峡两岸实现“三通”和祖国统一的纽带,是祖国大陆出口创汇的重要基地和吸收外资的主要来源,香港特别行政区的地位是无法取代的。香港特别行政区已回归祖国,要继续保持其经济的繁荣和稳定,充分发挥其国际贸易中心、金融中心、交通运输中心、信息中心及旅游中心的地位,进一步扩大祖国大陆与香港特别行政区的经贸关系意义重大。随着香港特别行政区外围经济的逐渐好转,尤其是美国经济的逐步复苏,香港特别行政区自身经济结构的调整,以及加入WTO后祖国大陆经济的持续蓬勃发展和对外开放领域的进一步扩大,祖国大陆与香港特别行政区相互间贸易投资增长速度将会加快。

2001年年底,时任香港特别行政区行政长官的董建华来京述职时提出建立祖国大陆与香港特别行政区自由贸易区的有关建议,其后,澳门特别行政区行政长官何厚铧也提出相关建议,对此,中央政府给予了积极回应。2002年,按照“一国两制”方针,在符合WTO原则的基础上,祖国大陆与香港特别行政区“更紧密经贸关系安排”的磋商正式启动。2003年6月29日,中央政府和香港特别行政区政府签署了《内地与香港关于建立更紧密经贸关系的安排》(CEPA),2004年1月1日正式启动。CEPA主要包括货物贸易、服务贸易及贸易投资便利化等三个方面的内容。在货物贸易方面,祖国大陆将对原产香港特别行政区的进口金额较大的273个税目的产品实行零关税,这对香港特别行政区制造业及相关行业的发展和解决就业问题相当有利;在服务贸易方面,提早在法律服务业、银行业、证券业及保险业等17个领域进一步向香港特别行政区开放服务业市场,香港特别行政区服务进入祖国大陆,更能凸现香港特别行政区国际金融贸易服务中心的地位。CEPA的实施,将进一步优化和提升祖国大陆和香港特别行政区的产业合作。基于祖国大陆与香港特别行政区在自然资源、资本供给、信息、技术水平与构成、管理、人口数量与素质等要素上的差异,在新的两地经贸关系支持下,两地经贸合作的领域将会更加广阔。

## 二、祖国大陆与澳门特别行政区的经贸关系

澳门特别行政区原属广东省珠海县,面积15.51平方公里,人口约50万,其中95%以上是中国人。澳门开埠已400余年。1887年澳门被葡萄牙侵占,1999年12月30日澳门回归祖国,成为中国的特别行政区。20世纪80年代以来,澳门特别行政区经济发展迅速,目前已逐步建立起一个以出口加工业、旅游业、博彩业、建筑业及金融业为支柱的外向型经济体系。

祖国大陆与澳门特别行政区的经贸关系有悠久的历史。澳门特别行政区一直是祖国大陆出口商品的传统市场和收取外汇的重要地区之一,其生活必需品,特别是粮食、副食品以至食用水,全部靠祖国大陆供应,祖国大陆供货占澳门特别行政区首位。1950年祖国大陆对澳门特别行政区的出口总额仅为1 246万美元,到2002年已增至8.8亿美元。祖国大陆与澳门特别行政区的进出口贸易总额1996年为6.9亿美元;1997年增至7.6亿美元;1998年增至8.7亿美元;1999年降至7.37亿美元;2000年又有所回升,达8.05亿美元,其中祖国大陆对澳出口7.10亿美元,自澳进口0.95亿美元,分别比上年同期上升9.6%、11.3%和下降2.0%;2001年增至8.6亿美元,其中祖国大陆对澳出口7.43亿美元,自澳进口1.19亿美元,分别比上年同期上升7.2%、4.7%和25.4%;2002年突破10亿美元,达10.2亿美元,其中,祖国大陆对澳出口8.8亿美元,自澳进口1.4亿美元;2003年1—5月达4.77亿美元。2001年,祖国大陆吸收澳门特别行政区直接投资项目475个,合同总资金额5.03亿美元,实际使用澳资2.76亿美元,分别比上年增长5.5%、43.9%和减少20.4%。

截至2001年年底,祖国大陆共吸收澳资项目7 280个,实际使用澳资42.62亿美元。2002年,澳门特别行政区经济在博彩旅游业持续增长带动下,已步入快速发展轨道,全年本地生产总值稳步增长9.5%,回归以来连续第三年实现经济增长。澳门特别行政区作为一个国际化城市,是中国南大门仅次于香港特别行政区的最主要出口地,在西方经济不景气、澳门产品出口困难时,祖国大陆增加从澳门特别行政区的进口,对稳定澳门特别行政区经济起了雪中送炭作用,并成为推动澳门特别行政区对外贸易发展的强大动力。为进一步推动祖国大陆与澳门特别行政区经贸关系向前发展,2003年10月17日,中央政府与澳门特别行政区政府正式签署了《内地与澳门关于建立更紧密经贸关系的安排》(CEPA)及其6个附件文本，CEPA是中国国家主体与其单独关税区澳门之间建立自由贸易区的经贸安排。CEPA于2004年1月1日实施，主要包括货物贸易和服务贸易的自由化以及贸易投资便利化三个方面。在货物贸易方面，祖国大陆于2004年1月1日起对273个税目的澳门特别行政区产品（包括部分化工产品、纸制品、纺织服装、首饰制品、电子电器产品、药品和食品等）实行零关税，并不迟于2006年1月1日，对273种以外的澳门特别行政区产品实行零关税。在服务贸易方面，祖国大陆向澳门特别行政区进一步开放管理咨询、会议展览、广告、会计、法律、医疗及牙医、物流、货代、仓储、分销、运输、旅游、建筑、视听、电信、银行、保险及证券等18个服务行业，对澳门特别行政区提前实施对WTO成员的部分开放承诺，许多行业对澳门特别行政区公司取消股权限制，允许独资经营，降低对注册资本、资质条件等的要求，放宽地域和经济范围限制。在贸易投资便利化方面，双方合作将在贸易投资促进、通关便利化、商品检验、动植物检验检疫、食品安全、卫生检疫、认证认可及质量标准化管理、电子商务、法律法规透明度、中小企业合作和产业合作等7个领域加强合作。同时双方还明确了金融和旅游领域的合作内容，同意加快关于专业人员资格相互承认的磋商。

CEPA的实施是“一国两制”方针的具体体现，符合WTO规则。它的实施，将减少和消除两地投资贸易方面的制度性障碍，为两地企业发展提供更大的机遇和空间，提高两地经贸合作的层次和水平，促进两地经济融合，实现共同发展。

### 三、祖国大陆与台湾地区的经贸关系

台湾地区位于福建省东南，包括台湾岛、澎湖列岛、乌龟山岛、火烧岛、钓鱼岛等岛屿，面积36 188平方公里，人口2 248万。台湾地区是中国第一大岛，自古以来就是中国领土。1895年被日本侵占，1945年抗日战争胜利后回归祖国。1949年祖国大陆解放前夕，国民党政权席卷大批资产逃往台湾地区，在美国援助下，依靠上述资产发展了台湾地区经济。20世纪70年代以后，台湾地区经济发展非常迅速，成为有名的“亚洲四小龙”之一。

#### （一）祖国大陆与台湾地区经贸关系的发展现状

祖国大陆与台湾地区的经贸关系发展是曲折渐进的，而且受政治因素干扰。从1949年新中国成立到1978年，祖国大陆和台湾地区没有任何政治、经济或其他通邮、通航的联系。1979年，全国人大常委会发表《告台湾同胞书》，提出对台

通商基本方针，两岸间接贸易得以进行。1979—1983 年是两岸贸易的初级阶段，经香港特别行政区间接贸易额分别为：1979 年 385 万美元，1980 年 1 595 万美元，1981 年 2 608 万美元，1982 年 1 810 万美元，1983 年 1 925 万美元。1984—1986 年，在台湾地区工商界要求改善两岸关系和通商的呼声日益高涨的情况下，两岸贸易加快，尤其是台湾地区对祖国大陆出口贸易量迅速增长。1986 年台湾地区对祖国大陆出口达 7.28 亿美元，进口为 1.55 亿美元，总额为 8.83 亿美元。1987 年以后，台湾地区当局进一步放宽政策，如开放 27 种内地商品与 50 种内地工农业原料的间接进口；开放台湾地区同胞赴祖国大陆探亲；赴祖国大陆间接投资等，两岸贸易迅速发展。

进入 20 世纪 90 年代以来，两岸经贸关系突飞猛进，持续升温，保持了发展的势头。

1. 双边贸易继续增长

从 1990 年至今，祖国大陆与台湾地区的进出口贸易总额持续增长。据中国海关统计，1990 年总额为 52.47 亿美元；1992 年增至 126.17 亿美元；1993 年增至 143.94 亿美元；1994 年增至 163.26 亿美元；1995 年增至 178.82 亿美元；1996 年增至 189.84 亿美元；1997 年增至 198.38 亿美元；1998 年增至 204.99 亿美元；1999 年增至 234.8 亿美元；2000 年增至 305.3 亿美元，首次突破 300 亿美元，再创历史新高，同比增长 30.1%，是两岸贸易开始恢复的 1979 年贸易额的 396.5 倍，其中，祖国大陆对台湾地区出口 50.4 亿美元，同比增长 27.6%，祖国大陆从台湾地区进口 254.94 亿美元，同比增长 30.6%；2001 年，两岸贸易额达 323.4 亿美元，同比增长 5.9%，其中祖国大陆对台湾地区出口 50 亿美元，同比下降 0.8%，祖国大陆从台湾地区进口 273.4 亿美元，同比增长 6.3%；2002 年，两岸贸易额首次突破 400 亿美元大关，达到 446.7 亿美元，其中祖国大陆对台湾地区出口 65.9 亿美元，从台湾地区进口 380.6 亿美元；2003 年 1—10 月，两岸贸易额已达 466.3 亿美元，同比增长 29.4%，其中祖国大陆对台湾地区出口 70.4 亿美元，同比增长 33.5%，祖国大陆从台湾地区进口 395.9 亿美元，同比增长 28.7%，全年两岸贸易突破 500 亿美元，达到 583.6 亿美元，同比增长 30.7%。

从贸易结构看，祖国大陆从台湾地区进口的主要商品是人造纤维、电机、电子零件、机械设备及塑胶原料等；出口的主要商品有中药材、煤炭、钢材、水泥等工业原材料。近年来，机电产品和高新技术产品成为两岸贸易的主要商品类别，

2001年分别占祖国大陆对台出口和自台进口总额的71%和75%，2001年对台出口煤炭1 514万吨，首次超过澳大利亚和印度尼西亚，成为台湾地区第一大煤炭进口市场。

2. 台商投资大幅上升

20世纪80年代初期，台商开始以外商名义中转前来祖国大陆投资经商，形成投资的第一次高潮。1992年祖国大陆掀起新一轮改革发展浪潮，台商加快对祖国大陆投资，又形成第二次高潮。据祖国大陆统计，1992—1994年3年间，台商对祖国大陆投资项目计2.3万个，协议金额200多亿美元，实际投资额75.8亿美元，协议金额当年仅次于香港特别行政区，居祖国大陆吸收来自祖国大陆以外资金的第二位。1995年以后，两岸关系危机不断，特别是李登辉1996年提出“戒急用忍”口号，限制对祖国大陆投资，加上亚洲金融危机的影响，台商对祖国大陆投资在20世纪90年代后期出现徘徊局面。进入21世纪，中国于2001年12月正式加入WTO，标志着祖国大陆经济进入一个新的发展时期，台商抓住这一重要历史机遇，开始扩大在祖国大陆的投资布局。2000年开始，台商对祖国大陆投资出现第三次高潮。据统计，2000—2002年，祖国大陆批准台商投资项目合计12 131个，协议台资金额176.3亿美元，实际投资金额94.9亿美元，分别占历年台商投资总数的21.8%、28.6%与28.5%。到2003年9月底，台商对祖国大陆投资项目累计59 003个，协议台资金额累计673.8亿美元，实际投资金额累计358.7亿美元，祖国大陆已成为台湾地区对岛外投资最多的地区，累计投资金额占台对岛外投资总额的45%左右。尤其是台商对岛外制造业的投资进一步向祖国大陆集中，据台湾地区“经济部”2003年公布的调查数据，目前，台商对祖国大陆制造业投资占其对岛外制造业投资总额的77.7%，显示祖国大陆逐渐成为台湾地区制造业的加工中心。

近年来，台商投资祖国大陆的格局发生全方位变化，呈现以下几个特点：

（1）投资逐渐多元化，投资领域不断扩大，投资产业层次不断提高。初期以制鞋、塑胶、纺织、基本金属等传统产业与劳动密集型产业为主；第二波投资则以消费性电子产品、化工、运输工具、建材水泥、玻璃及食品饮料等产业为主；第三波投资则以电脑、电子信息、半导体、精密机械等资本与技术密集行业为主导。台商投资的产业领域不断扩大，日趋多元化，产业集中度在降低。此外，近两年来，台商投资迅速向房地产及土地开发、商业、金融、保险、证券、风险投资、旅游、

专业服务、信息广告、医疗、教育以及媒体等领域发展,并成为台商新的投资方向。

(2) 台商投资规模进一步大型化,投资主体由中小企业主导发展为大企业主导。大企业或上市企业成为投资的主导,数千万美元甚至数亿美元的投资项目明显增多,以高科技产业为主体的技术密集型的投资取代劳动密集型的投资成为主流趋势。

(3) 投资形态逐渐向市场扩大型转变,内销市场成为台商积极争取的新目标。近年来,随着祖国大陆经济持续快速发展,内销市场不断扩大,以拓展祖国大陆市场为主的投资增多,台商正进行市场布局,扩充生产规模,以期在两岸加入 WTO 后抢占新的商机和市场。

(4) 投资区域布局发生变化。总体上来讲,台商对祖国大陆投资呈现从南向北、从东向西以及从沿海向内地的逐渐转移过程,只是转移的程度与速度各地有所不同。具体而言,20 世纪 80 年代,台商投资以地缘、文化更接近的福建省为主;20 世纪 90 年代后对距香港特别行政区较近的珠江三角洲地区投资大幅增加,台商对广东省的投资金额于 1992 年开始超过福建省,跃居对祖国大陆投资最多的地区;此后,以上海为中心的长江三角洲地区经济发展迅速,台商投资重点又转向这一地区。1994 年起,台商对上海与江苏省的投资金额连续 3 年超过对广东省的投资。于是"珠三角"与"长三角"成为台商投资两大重点地区。随后,台商对广东省投资又出现一次高潮,投资金额一度超过上海与江苏省。但 2000 年起,台商对长江三角洲地区的投资重新出现大幅增长势头,再度超过广东省,成为台商在祖国大陆投资最多的地区。另外,山东半岛、京津唐、江西以及中西部的重庆与成都等地也逐渐成为台商投资的热点地区。

(二) 祖国大陆与台湾地区经贸关系存在的主要问题

1. 两岸贸易基本上未突破间接贸易的格局

由于台湾地区当局的阻挠,祖国大陆与台湾地区的贸易还不能直接进行,只能通过香港特别行政区等地转口进行,费时费力,增加成本,降低了产品在国际市场上的竞争力,影响了双方贸易的发展。

2. 两岸间贸易发展严重不平衡

祖国大陆存在巨额逆差,且差额日益扩大。1980 年,两岸进出口贸易差额仅为 1.64 亿美元,到 2000 年已达 204.54 亿美元,21 年间扩大了约 124 倍。

2001 年祖国大陆逆差为 223.4 亿美元。2003 年 1—10 月,祖国大陆逆差已达 359.5 亿美元。出现逆差的原因,一是由于台湾地区当局对从祖国大陆进口设限;二是祖国大陆为推进两岸贸易的发展,不采取严格限制台湾地区商品进口的办法来促进双边贸易。

3. 两岸"三通"不通对经贸关系造成负面影响

时至今日,由于台湾地区当局的阻挠,两岸经贸交流仍处于"间接、单向、片面"的状态,两岸通商仍存在着许多限制。如台湾地区当局仍对占其进口商品总数的 25% 共两千多种商品禁止对祖国大陆开放进口,台湾地区民众喜爱和需要的祖国大陆家用电器、化工及服装等产品以及大米、玉米、水果和蔬菜等农产品无法进入岛内,两岸贸易不能正常进行;台湾地区当局不允许祖国大陆公司入岛投资、开展经贸活动,祖国大陆工商界人士赴台限制诸多、手续烦琐,两岸不能直航增加货物和人员往来的费用和时间等,这些人为造成的障碍大大阻碍和束缚了两岸经济合作进一步发展的空间。

### (三) 祖国大陆与台湾地区经贸关系的发展前景

加入 WTO 后,祖国大陆将逐步开放金融、保险、电信、旅游、商业等领域的投资,加之西部大开发的展开,这将为台资进入祖国大陆提供广阔的市场空间。祖国大陆还将较大幅度降低关税,逐步取消非关税壁垒,关税目前已降到 10% 左右;非关税措施除少数关系国计民生的商品外,大多数均将取消,这为台湾地区的商品进入祖国大陆提供了良好的机遇。

两岸先后加入 WTO 和迫于岛内外的压力,台湾地区当局以"积极开放、有效管理"取代"戒急用忍"政策,有条件开放台商赴祖国大陆直接投资,开放两岸贸易商直接贸易,逐步放宽对祖国大陆商品进口的限制,客观上有利于台商来祖国大陆投资和祖国大陆扩大对台湾地区出口。

随着国际经济景气逐渐由落底转为回稳,尤其是美国经济可能逐步好转,将带动台湾地区出口增长,而台湾地区出口的增长将使台湾地区对祖国大陆元器件、零部件需求增加,从而有利于祖国大陆对台出口的增长。此外,祖国大陆在充分利用自身市场和劳动力资源等优势的前提下,通过实施进一步扩大内需和对外开放的政策,始终保持较高的经济增长率,并逐步成为全球重要的制造业基地,对台商投资具有磁吸作用。

根据 WTO 非歧视原则和贸易便利化原则,台湾地区当局理应开放两岸直接

"三通",取消对两岸经贸交流的一切不合理限制。从这个角度讲,两岸加入WTO为两岸直接"三通"问题的解决提供了契机和条件,但此契机如何把握,还要靠海峡两岸的共同努力。但遗憾的是,台湾地区当局在两岸"三通"问题上仍设置了一系列障碍,如果这些根本问题不解决,直接"三通"将无法实现,两岸经贸交流还会继续受到影响。我们一贯主张以"一个中国、直接双向、互惠互利"的原则推动两岸直接"三通"。只要把两岸"三通"看成一个国家内部的事务,即可采用民间对民间、行业对行业及公司对公司协商的办法,尽快"三通"起来。

多年来两岸经贸关系发展的实践证明,两岸经济合则两利,通则双赢。在世界经济区域化、全球化的今天,我们希望台湾地区当局能够尊重和顺应历史潮流,承认"一个中国原则",放弃阻碍两岸经贸交流的各种限制,促进两岸直接"三通"和两岸经贸交流,实现共同发展。

## 本章小结

1. 我国对外贸易关系的基本政策是:在改革开放总方针指引下,实行全方位协调的国别地区政策,即坚持平等互利原则,致力于同世界上所有国家和地区发展多种形式的多边、双边经济贸易关系。我国在发展对外经贸关系时,遵循下列原则:独立自主原则,平等互利原则,互惠、对等的原则,外贸、外交相结合的原则。

2. 发达国家主要指北美洲的美国、加拿大、亚洲的日本、欧洲的欧洲联盟国家和大洋洲的澳大利亚、新西兰等国家。美国、日本、欧盟等主要发达国家是我国重要的贸易伙伴,我们应在平等互利的基础上积极发展与这些国家的贸易关系。

3. 中美经贸关系是中美关系的重要基础和组成部分。由于两国经济的强大互补性和双边经贸合作的巨大潜力,中美经贸关系一直持续快速发展。与中美两国建交时相比,目前的中美双边经贸关系发生了质的变化,合作方式向多元化、多样化发展;合作内容变得更加丰富,更具实质性;合作范围进一步扩大和深入。但中美经贸关系在发展过程中也存在一些问题,需要双方本着求同存异、互利互惠的原则加以解决,只有这样,中美经贸关系才会有光明的前景。

4. 中日两国是一衣带水的邻邦,中日两国的贸易关系有着悠久的历史。1972年中日两国实现邦交正常化,这是两国经贸关系的转折点,中日贸易快速发展。进入20世纪80年代初,中国改革开放全面展开,中日贸易更呈现出快速增长的势头。中日两国经贸关系的前景是乐观的，中日双方应充分利用有利条件，努力减少和避免摩擦，积极推动双边贸易向前发展。

5. 中国与欧洲共同体于1975年5月正式建立外交关系。1983年，中国与欧共体签署了贸易合作协定。1994年以来，欧盟开始实施亚洲新战略，并相继制定一系列对华关系政策性文件。近年来，中欧经贸关系发展稳定，继续保持良好势头。中国和欧盟的经贸关系既面临重大发展机遇，也面临一些困难和挑战。我们必须加强调查研究，制定出切实可行的对策及措施，去应付所面临的严峻挑战，以积极稳妥的方式参与区域集团化的国际分工和国际竞争，使我国与欧盟的贸易关系得到进一步的发展。

6. 发展中国家是指经济发展相对比较落后，一般以农业和原料生产为主，工业、科技和文化尚不发达，正处于逐步发展之中的国家。中国与大多数发展中国家一样具有相同的历史遭遇，面临共同的问题和发展经济的任务。因此，加强同发展中国家的团结和友好合作关系，不断探索南南合作的新途径，对促进我国经贸关系的多元化，具有重要的意义，这是我国对外政策和对外贸易的基本立足点。

7. 1991年，前苏联解体后，其15个加盟共和国独立为15个主权国家。1991年12月，11个国家在平等互利基础上组成独立国家联合体。1993年，格鲁吉亚也宣布参加独联体。东欧国家包括波兰、匈牙利、罗马尼亚、保加利亚、捷克、斯洛伐克和前南斯拉夫等。独联体与东欧国家是我国的传统贸易伙伴，目前，这些国家正处于向市场经济转轨过渡的发展阶段，我国发展与这些国家的经贸关系，既具有新的机遇，也面临挑战。

8. 香港特别行政区、澳门特别行政区和台湾地区都是中国的神圣领土，长期以来，香港特别行政区和澳门特别行政区与祖国大陆有着非常密切的经济贸易关系。港、澳特别行政区不仅是祖国大陆主要的出口及转口市场，而且也是收取外汇的主要来源地。台湾地区与祖国大陆的贸易关系近年来发展非常迅速，成为祖国大陆的主要贸易地区之一。

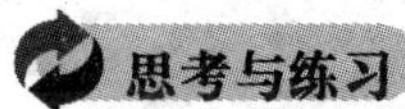


**一、单项选择题**

1. 我国发展对外贸易必须遵循的基本方针和政策是(　　)。

A. 实事求是　　　　B. 独立自主

C. 对外开放　　D. 四项基本原则

2. 我国发展对外贸易的总方针是(　　)。

A. 和平友好　　B. 和平与发展

C. 改革、发展、稳定　　D. 独立自主、自力更生

3. 对外贸易在社会再生产中处于特定的(　　)。

A. 辅助地位　　B. 重要的战略地位

C. 关键地位　　D. 中介地位

4. 建国后至1956年过渡时期内,我国对外贸易的性质实际上是(　　)。

A. 国家资本主义的性质

B. 社会主义与资本主义结合的混合的性质

C. 半殖民地的性质

D. 社会主义性质

5. 我国的劳动力优势大部分集中在(　　)生产上。

A. 加工食品　　B. 轻纺产品　　C. 服装　　D. 工艺品

6. 在我国与之发生贸易的各个国家和地区中,对进口商品限制较少的是(　　)。

A. 日本　　B. 欧盟　　C. 东盟　　D. 西亚

7. 1980年,香港特别行政区最大的转口市场是(　　)。

A. 中国内地　　B. 美国　　C. 日本　　D. 台湾地区

8. 开辟中美关系前景的过程中,为中美贸易的恢复与发展奠定基础的事件是(　　)。

A. 1979年的联合公报　　B. 1972年,中美《上海公报》

C. 中美正式建交以后　　D. 克林顿总统访华以后

9.《中美贸易关系协定》的最重要的条款,而且是两国经贸关系的基石的是(　　)。

A. 普遍优惠制待遇

B. 关于中国的台湾问题

C. 中美双方的反倾销问题

D. 中美双方相互给予最惠国待遇问题

10. 我国对外经济联系的最重要、最基本的内容是(　　)。

A. 利用外资　　　　B. 引进技术

C. 出口贸易　　　　D. 国际技术合作

**二、简答题**

1. 我国对外贸易关系的主要原则是什么？

2. 简述中美贸易关系的现状和发展前景。

3. 中日贸易的发展前景如何？

4. 我国同欧盟发展贸易关系有哪些有利因素和不利因素？

**三、论述题**

1. 分析我国与独联体各国发展经贸关系的有利条件和不利因素。

2. 简述祖国大陆同台湾地区贸易发展中存在的问题及其原因。

**技能实训**

通过阅读有关的书籍及资料写一篇关于中国对外贸易的论文。

**案例分析**

**案例 7－1**

来自中国商务部的统计数字显示,2005 年一季度中美贸易额达 436.23 亿美元,比 2004 年同期增长 24.3%。美国方面的统计虽有所不同,但同样看出双方互为重要经贸伙伴。按美方统计,2005 年 1—6 月,美中贸易额达 1 039 亿美元,美中贸易占美国对外贸易额的 10.4%。在美国重要贸易伙伴中,中国名列第三。这期间美国对华出口 191 亿美元,占美国出口总额的 4.3%,中国成为美国第五大出口市场。在进口方面,2005 年 1—5 月美国来自中国的进口额为 1 092 亿美元。在美国的重要进口来源地中,中国名列第二,来自中国的进口占美国进口总额的 13.8%。

在直接投资方面,中国商务部的数据显示,2005 年 1—6 月美国对华投资实际使用金额本年累积 145 975 万美元,2004 年同期为 205 171 万美元,同比下降 28.85%,但合同金额本年累积 649 753 万美元,2004 年同期为 582 447 万美元,同比上升 11.56%。中国对美国的投资也有所发展。2004 年,

经中国商务部批准或备案，中国在美国设立非金融类中资企业97家，中方协议投资额1.4亿美元。截至2004年年底，中国在美国累计投资设立非金融类中资企业883家，中方协议投资总额10.9亿美元。

上述数据表明，无论是按照美国方面的统计，还是按照中国方面的统计，都足以说明中美双方存在着互为重要伙伴的经贸关系，沿着双赢的方向发展是近期中美经贸关系发展的主线。

良好的形势并不能掩盖存在的问题。一直困扰双方的美国贸易赤字问题并未出现好转的迹象。按美方统计计算，2005年1—6月的美国对华贸易中，美方赤字为901亿美元。巨额贸易赤字的存在一直是引发中美双方贸易摩擦与纠纷的重要因素之一。

中国的贸易顺差实际上并未单由中国享用。中国向美国大量出口，所得顺差收入用于大量购买美元计价资产，主要是美国债券。2005年6月末，中国外汇储备余额已达7 110亿美元，中国的大量外汇储备和商业性金融机构外汇资金投向美国的国债、联邦机构债券市场，使中国连续数年位居世界第二大外汇储备国和美国国库券第二大外国持有人地位。从理论上讲，贸易赤字的根源在于一国国民消费过高而储蓄过低。一个经济体的外国储蓄等于其进出口差额，贸易顺差表明其国民储蓄为别国所用，贸易逆差表明其国民储蓄不足以满足投资需求，从而利用了国外的储蓄来弥补本国国民储蓄与总投资之间的缺口。中国购买美国债券，意味着美国只用很低的利率就吸收了中国的巨额国民储蓄。因此，美国对华贸易出现巨额逆差、中国又将所得美元用于购买美国国债，美国从这一格局中受益颇多。尽管如此，美方往往还在此问题上提出不合理要求。

近年来，中国一直受到部分国际利益集团的指责，认为中国政府人为操纵币值以推动出口增长。美国参议院4月6日通过以高关税(27.5%)迫使人民币在半年内升值的提案。但包括一些诺贝尔经济学奖得主在内的美国经济学家认为，人民币升值对改善美国贸易赤字问题作用不大，更无助于减缓美元走弱的压力，美中贸易赤字的增加不是中国的错，人民币升值也不会减少美国的贸易赤字。甚至美国财长斯诺也指责参议院“动作过急”。他认为推动这项法案是一个“严重错误”，可能会产生适得其反的效果。由于中国廉价和高效的劳动力，在过去几年，大量来自日本、新加坡、韩国等国家和地区的企业将自己的公司和生产转移到了中国，同时也把对美国的贸易赤字带到了中国。因此，不论是中国汇率体制的调整，还是人民币币值的重估，都不会对中美的贸易赤字有重大影响。目前人民币小幅升值至多只是有助于使局势得到缓解，但问题仍然存在。

商业行为政治化也是近来干扰中美经贸关系的主要不利因素之一。在联想收购 IBM 个人电脑业务中，由于受到美国某些政治势力的阻挠，2004—2005 年的联想收购 IBM 个人电脑业务交易几经周折方才成功，而且联想还不得不引进美国机构投资者与其分享对原 IBM 个人电脑部门的控制权。海尔竞购美泰同样也遇到干预，6 月底美国《纽约时报》及英国《金融时报》报道，有美国众议员及证券分析员认为，中国企业往往能从国有银行取得廉价资金，这对于外国企业来说是不公平的。而最近刚刚结束的中海油收购优尼科案中的政治干预则更为明显。此次收购未成固然有雪佛龙提价等原因，但最大的阻力实际上来自于政治方面。在中方未正式提出收购之前，就有议员与政客以国家安全为由反对此项收购。共和党议员理查德·庞博和众议院军事委员会主席邓肯·亨特要求美国联邦政府对中海油收购联合石油公司的计划进行国家安全调查，并称美国需要将满足能源需求列入外交政策、国家安全和经济安全的考虑范围，当事涉中国时情况尤其应该如此。但事实上，中海油收购优尼科完全是出于经济上的考虑，因为优尼科所拥有的已探明石油天然气资源约 70% 在东南亚和里海地区，中国企业收购优尼科是为了扩大石油来源。在美国能源供应中，优尼科所占比例很小，因此即便收购成功，中国也不可能影响美国的能源供应，更不可能操控世界原油市场。此外，在知识产权问题、环境保护问题及中国市场经济地位问题等方面，中美间双赢的合作都在拉锯战中进行。

**问题：**

1. 中美经贸关系发展的原因是什么？
2. 阻碍中美经贸关系发展的原因是什么？
3. 发展中美经贸关系的意义是什么？

# 参 考 文 献

1. 韩玉珍:《国际贸易与国际金融》,北京大学出版社 2002 年版。
2. 项义军:《国际贸易理论与实务》,中国物资出版社 2002 年版。
3. 毛筠、孙琪:《国际贸易理论与政策》,浙江大学出版社 2003 年版。
4. 黄静波:《中国对外贸易政策改革》,广东人民出版社 2003 年版。
5. 佟家栋、周申:《国际贸易学——理论与政策》,高等教育出版社 2003 年版。
6. 张相文:《国际贸易学》,武汉大学出版社 2004 年版。
7. 舒玉敏:《中国对外贸易》,对外经济贸易大学出版社 2005 年版。
8. 曲如晓:《中国对外贸易概论》,机械工业出版社 2005 年版。
9. 刘慧芳:《国际贸易理论:政策与实务》,中国经济出版社 2005 年版。
10. 李月娥、李永:《国际贸易理论与政策》,立信会计出版社 2005 年版。
11. 赵玉阁:《中国对外贸易教程》,科学出版社 2004 年版。

## 教师反馈及课件申请表

北京大学出版社以“教材优先、学术为本、创建一流”为目标，主要为广大高等院校师生服务。为更有针对性地为广大教师服务，提升教学质量，在您确认将本书作为指定教材后，请您填好以下表格并经系主任签字盖章后寄回，我们将免费向您提供相应教学课件。

| 书号/书名 | | | |
|---|---|---|---|
| 所需要的教学资料 | 教学课件 | | |
| 您的姓名 | | | |
| 系 | | | |
| 院/校 | | | |
| 您所讲授的课程名称 | | | |
| 每学期学生人数 | ______人　　______年级 | 学时 | |
| 您目前采用的教材 | 作者：__________ 出版社：__________<br>书名：____________________ | | |
| 您准备何时用此书授课 | | | |
| 您的联系地址 | | | |
| 邮政编码 | | 联系电话（必填） | |
| E-mail（必填） | | | |
| 您对本书的建议： | | 系主任签字<br>盖章 | |

**我们的联系方式：**

北京大学出版社经济与管理图书事业部

北京市海淀区成府路 205 号，100871

联 系 人：石会敏

电　　话：010-62767312 / 62752926

传　　真：010-62556201

电子邮件：shm@pup.pku.edu.cn　em@pup.pku.edu.cn

网　　址：http://www.pup.cn